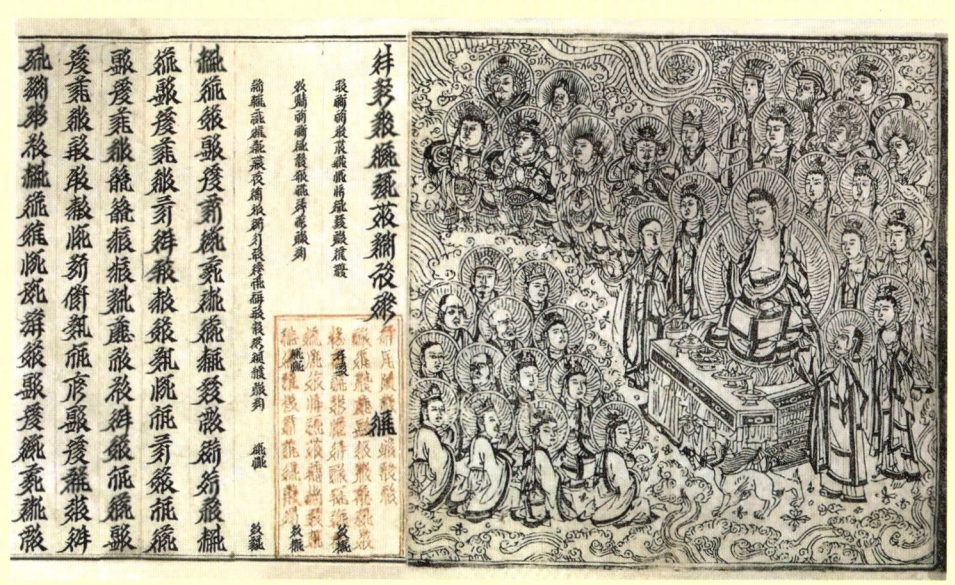

《中国阅读通史》编委会

主　编　　王余光
副主编　　徐雁　刘洪权　熊静

理论卷	王余光　汪琴
先秦秦汉卷	先秦编／徐林祥　张立兵
	秦汉编／张积
魏晋南北朝卷	何官峰
隋唐五代两宋卷	黄镇伟
辽西夏金元卷	王龙
明代卷	王龙
清代卷（上）	何官峰
清代卷（下）	王美英
民国卷	许欢
图录卷	熊静　黄镇伟　赵晓　刘刈青

中国阅读通史

王余光 主编

辽西夏金元卷

王龙 著

时代出版传媒股份有限公司
安徽教育出版社

图书在版编目（CIP）数据

中国阅读通史. 辽西夏金元卷 / 王余光主编；王龙著. —合肥：安徽教育出版社，2017.12
　ISBN 978 - 7 - 5336 - 8636 - 9

　Ⅰ.①中⋯　Ⅱ.①王⋯②王⋯　Ⅲ.①阅读—文化史—中国—辽宋金元时代②阅读文化史中国西夏　Ⅳ.①G252—092

中国版本图书馆 CIP 数据核字（2017）第 292459 号

中国阅读通史·辽西夏金元卷
ZHONGGUO YUEDU TONGSHI · LIAO-XIXIA-JIN-YUAN JUAN

出 版 人：郑　可
质量总监：武常春
策划编辑：刘洪权
责任编辑：刘　静　孙婷婷
装帧设计：袁　泉
技术编辑：陈善军

出版发行：时代出版传媒股份有限公司　安徽教育出版社
地　　址：合肥市经开区繁华大道西路 398 号　邮编：230601
网　　址：http://www.ahep.com.cn
营销电话：(0551)63683012,63683013
排　　版：安徽时代华印出版服务有限责任公司
印　　刷：安徽新华印刷股份有限公司

开　　本：710×1010　1/16
印　　张：31.75
字　　数：470 千字
版　　次：2017 年 12 月第 1 版　2017 年 12 月第 1 次印刷
定　　价：215.00 元

（如发现印装质量问题，影响阅读，请与本社营销部联系调换）

目 录

导言 ·· 1

第一章　辽的阅读 ·· 9
第一节　历史文化背景和阅读特点 ································· 9
第二节　书籍来源、刻印业与阅读活动 ···························· 18
第三节　儒学及汉文阅读 ·· 24
第四节　契丹文文献及其阅读 ······································· 38
第五节　藏书与阅读 ·· 42
第六节　佛（道）教与阅读 ·· 46
第七节　教育与阅读 ·· 54

第二章　西夏的阅读 ·· 65
第一节　历史文化背景和阅读特点 ································· 65
第二节　出版印刷业及其对阅读活动的促进 ······················ 72
第三节　汉文典籍的流传与阅读 ···································· 79
第四节　西夏文文献的流传与阅读 ································· 88
第五节　藏书与阅读 ·· 98
第六节　佛（道）教之盛与阅读活动 ······························ 100
第七节　教育与阅读 ·· 109
第八节　草原牧民的原始阅读对象——岩画 ······················ 112

第三章　金的阅读 ·· 115
　第一节　历史文化概况 ·· 115
　第二节　阅读发展的阶段和地域文化特点 ················ 119
　第三节　图书的搜集、刻印与阅读 ·························· 128
　第四节　书籍的传入、流通与阅读 ·························· 135
　第五节　藏书与阅读 ·· 138
　第六节　教育与阅读 ·· 150
　第七节　女真读者群体 ··· 175
　第八节　契丹文阅读和契丹读者 ····························· 195
　第九节　汉族文人读者群体 ··································· 200
　第十节　宗教和通俗文学的阅读 ····························· 226

第四章　元代的阅读 ·· 236
　第一节　社会和文化特点 ······································ 237
　第二节　阅读活动发展的阶段和地域文化特点 ·········· 243
　第三节　蒙古读者群及其阅读活动的特点 ················ 255
　第四节　色目读者群及其阅读特点 ·························· 290
　第五节　汉族读者及其阅读特点 ····························· 320
　第六节　教育对阅读活动的促进 ····························· 369
　第七节　书籍刻印与阅读活动 ································ 384
　第八节　藏书与阅读 ·· 395
　第九节　书籍焚毁与阅读 ······································ 411
　第十节　通俗文学的勃兴与阅读活动 ······················· 415
　第十一节　宗教与阅读 ··· 420
　第十二节　西藏及其他边疆少数民族的阅读 ·············· 430
　第十三节　阅读方法和理论 ··································· 448

主要参考书目 ·· 458

索引 ··· 465

导　言

916年到1368年是中国历史上非常特殊的一个时期。这个时期先后有契丹、党项、女真和蒙古族建立了自己的封建王朝。这些王朝在它们各自存在的时期里,以其鲜明的历史文化特点产生了各自的阅读文化。这些阅读文化作为中国阅读史的一部分,将永远载入史册。

一、辽的阅读特点

辽(916—1125)是由契丹族建立的封建王朝。它起源于辽河流域,后疆域扩展到燕云地区(今河北中部、山西北部),共存在210年。虽然它历史并不短,也创制了自己的文字,但它并没有给后世留下多少文字记载。我们只能从一些有限的记载中窥其大概面貌。

1. 契丹文与汉文阅读并存

契丹族本无文字,建国后为凸显其民族性,先后创制了契丹大字和契丹小字。契丹字产生后,主要在上层贵族中推广使用,并用于处理公文政事。由于种种原因,用契丹文创作的文献非常少,今天所能看到的契丹文,只是一些碑刻文字。为了推广契丹文的使用并学习汉文化,辽用契丹文翻译了许多汉文典籍。这些汉文典籍就目前所知,内容有法律、历史、医学、道教等,如《通历》《贞观政要》《五代史》《阴符经》及白居易的《讽谏集》等。尽管我们无法查考到更多辽翻译自汉文的典籍，但可以看得出来，辽所译汉文典籍都是以有利于其治国理政为目的的。

契丹文的读者以契丹贵族为主，这些契丹贵族由于长期与汉族文人学士接触，所以多数能通晓汉语言文字。这样就在契丹贵族中产生了一批兼通契丹文和汉文的读者。这些读者无论对契丹文阅读的推广，还是对整个辽国汉文化的学习，都起到了奠基和推动的作用。

2. 汉文阅读源远流长，蔚为主流

契丹族在立国前就已开始接触汉文典籍，一些贵族早已成为杰出的汉文读者，他们与周围的汉族知识分子一起形成了汉文读者群体，并由此奠定了契丹族立国的文化和政治基础。立国后，一是契丹统治者大力主张"华夷同风"，倡导尊孔崇儒，学习汉文化。此后几百年，契丹人形成了学汉文、读儒书的文化传统，并产生了无数杰出的读者。这是辽能立国200余年的深厚基础。二是辽疆域内占多数的人口是汉族，特别是辽吞并的燕云十六州，这些地区不仅汉族人口稠密，而且崇儒重读风气浓厚。三是汉族知识分子无论是在数量上还是文化素质上始终是辽最主要的读者群体。四是汉文典籍作为主要读物，不仅在南部的汉人居住区有深厚的阅读基础，而且传播到了北部边远地区，这反映了辽境内汉文典籍阅读的广泛性。

3. 上层贵族、文人学士和僧侣是主要读者群体

这里的上层贵族主要指统治民族契丹族中的贵族。他们出于统治的需要，并且有着优越的读书条件，所以读书的积极性较高，从而构成了契丹文的主要读者群。他们的数量虽不及汉族读者，但作为决策者，他们的阅读能力对整个辽阅读活动的发展具有决定性的作用。文人学士主要是指汉族知识分子。他们数量大，阅读的质量高，是整个辽国阅读文化发展的奠基者、推动者和读者群体的培养者。辽佛教文化发达，僧侣也形成了一个庞大的读者群体。

4.佛教阅读兴盛,读者群体庞大

辽佛教文化之发达,阅读活动之兴盛,不仅成为辽文化的显著特点,而且成为辽阅读的一大特色。其有四个表现:一是产生了类型多样、层次不同的大量的佛教读物;二是众多僧人信徒形成了一个庞大的读者群体;三是产生了一批内外兼通、颇有学术造诣的高僧学者,他们不仅是僧徒中的杰出读者,而且是辽学术文化界的精英;四是寺院伽蓝遍布辽境,不仅为佛教典籍阅读提供了场所,而且成为社会阅读教育的重要机构。

5.书禁严厉,读物流通有限

辽一方面号召人们努力学习汉文化,另一方面则禁止民众私自刊印书籍和与宋朝进行书籍贸易。这一方面限制了辽书籍出版的数量和规模,另一方面减少甚至切断了北宋书籍向辽境的输入。这无疑会对辽社会阅读的发展产生严重的负面影响。

二、西夏的阅读特点

西夏(1038—1227)是由党项羌在中国西北建立的一个王朝,共存在190年。虽然它存在的时间并不短,但如果没有黑水城文献的被发现,它将仍然是一段鲜为人知的历史。尽管如此,有关西夏阅读活动的记载还是少之又少。我们只能从有限的史料中发现一些蛛丝马迹,并由此窥其概貌。

1.西夏文文献流传广泛且影响深远

与契丹族一样,党项羌为凸显和保持自己的民族性,在建国后很快就创制了自己的文字——西夏文。经过西夏统治者的大力推广,西夏文得到了普及。文人学士们用它不仅创作了大量的作品,而且翻译了多种汉文典籍。特别是用西夏文翻译的佛经更是数量大且流播远,对后世产生了深刻影响。西夏文阅读成为西夏社会阅读的普遍现象。

2.汉文典籍阅读基础深厚,汉化趋势明显

西夏统治的区域虽然多民族并存,但仍以汉族人口居多。早在西夏建国前,这里就广泛流传着汉文典籍。特别是党项贵族中多有读儒书、精通汉文化者。建国后,党项统治者把尊孔崇儒、学习汉文化作为基本国策。于是,读儒书、兴儒学、重用汉族文人学士、广开渠道输入汉文典籍,在不断推进汉文典籍阅读的同时,整个西夏党项族的汉化趋势已不可阻挡。

3. 佛经阅读是文化主流

佛教是西夏的国教。与之相关的阅读活动亦成为西夏文化的主要特点。其主要有三个表现:一是僧徒众多,全民拜佛;二是佛经印刷数量大,散施范围广;三是境内寺院林立,诵经念佛活动兴盛。

4. 多文字阅读并存

西夏地处藏、汉、回鹘等多民族文化交汇的西北地区,立国之前这里就是一个多文字并存的地区。立国后,西夏统治者除推广使用西夏文之外,还特别重视对藏、汉和回鹘文典籍的输入及其文人学者的重用,这就更强化了西夏境内多文字阅读并存的现象,并且决定了西夏文化的多元性特点。

5. 僧徒和贵族是主要读者群体,下层民众中也有阅读活动存在

西夏佛教盛行,上自皇帝、皇后,下至平民百姓,无不诵经念佛,于是就产生了一个庞大的读者群体。党项贵族和以汉族人口为主的文人学士是西夏阅读活动的推动者和读书人口的培养者,是西夏阅读发展的根基和主要读者群体。西北地区文化基础深厚,民间实用性和娱乐性阅读活动也始终存在。其读物主要为课本、占卜类文字、民谣、医药典籍和故事等。

三、金的阅读特点

金(1115—1234)是由女真族建立的封建王朝。虽然它存在时间不及辽和西夏长,但其阅读文化之繁荣远胜辽和西夏。这既由其历史环境所决定,也是历史发展之必然。

1. 读者群体壮大,儒学阅读繁荣

金疆域已南扩至淮河以北地区。这些地区汉文化发达,崇儒重读风气浓厚,人口密集,曾是北宋政治、经济和文化最发达的地区。金承北宋之底蕴,一变辽衰陋之俗,大力推进文化教育,广泛搜罗人才,使以汉族文人学士为核心的读者群体不断发展壮大。

伴随着读者群体的壮大和偃武修文政策的推行,金学术文化繁荣,阅读活动兴盛。学者们对宋儒的读书治学传统或继承,或批评,或创新,论说迭出,作品繁富,能自树立于唐、宋间,有辽世所不能及者甚多。

2. 书籍业发达,书籍流通广泛

金书籍之丰富,流通之广泛,"文物之盛"亦远非辽所及。其原因主要有四个:一是搜掠北宋所遗丰富藏书和书版;二是继承了辽特别是北宋发达的书籍出版业,并在此基础上有所发展;三是社会藏书活动普遍,对阅读活动的促进作用明显;四是南宋人的著述通过各种渠道传入金境,这在丰富金人读物的同时,也使金人的读书治学保持着相对的先进性。社会书籍业的发达,必然使书籍流通广泛。金出版的书籍不仅在金境内得到了广泛传播,而且传播到了像西夏黑水城这样的边陲地区。

3. 女真汉化显著,多文字阅读并存

汉化是边疆少数民族入主中原后的必然趋势。女真族在立国前所生活的区域就是一些有汉文化基础的地区,而且在女真贵族中已有不少习通汉文典籍者。立国后,随着疆域的南扩,女真族与汉民族杂居并存,先进而发达的汉文化成为他们治国安邦、寻求生存之道的思想来源和知识基础。于是,读儒书、吟诗赋、习书作文在女真族中渐成风气,并且由此产生了一大批博通经史、工诗能文的杰出读者。

女真文与契丹文的阅读同时存在。女真统治者在创制女真文之后,通过设女真字学,译汉文经典,使女真文阅读在女真人中得到了不同程度的推广。此外,由于金是在辽的基础上建立起来的,所以契丹文也是女真族最早接触和学会的文字之一。甚至在一定程度上,女真族是通过学习契丹文,才学会并开始了他们的阅读的。与此同时,也有一大批契丹知识分子入金,因此在金的大部分时间里,女真文、汉文和契丹文阅读是同时存在的。

4. 南北差异显著,阅读发展不平衡

女真族起源于东北的白山黑水间,后来其统治的疆域扩展到中原以南的淮河流域。南北地域的历史文化差异,决定了阅读文化存在和发展状况的差距,并在读者数量、书籍保有量和社会阅读率方面表现出不平衡性。

四、元代的阅读特点

元朝(1206—1368)是由蒙古族建立的王朝,也是中国历史上版图最辽阔、民族成分最多、阅读文化最多元化的时期。虽然蒙古族统治者汉化迟缓,对整个社会阅读有所影响,但其鲜明的文化特点,亦给中国阅读史增添了色彩浓重的一笔。

1. 读者成分多元化,汉化趋势显著

随着蒙古统治者入主中原,统一全国,大批西域、西亚及欧洲的各色人种进入中原内地。其种族之多,成分之复杂,数量之大,为历史所罕见。他们从事着各种职业,亦作为第二等人受到蒙古统治者的重用。随着元朝政治的稳定,这些形形色色的各民族人遂"舍弓马而事诗书",以其良好的文化基础和勤奋好学的品格,逐步融入到了汉文阅读的大军中,并产生了一大批杰出的学者、作家、诗人和书画家,为中华民族文化的丰富和发展做出了重要贡献。

2. 多文字阅读并存,文化融合与碰撞显著

在各色民族共存于中原大地的同时,多文字阅读现象也随之出现。除了蒙文、汉文和波斯文三种官方使用的文字外,女真、契丹、藏、梵、西夏、粟特、回鹘等文字也在元境内被不同人群使用着。与之相应

的是,伊斯兰教、藏传佛教、基督教、犹太教等多种宗教文化与儒学并存、融合和碰撞凸显。

3.汉族读者是主体,儒学阅读是主流

虽然以蒙古族为首的其他各色民族以其统治者的身份和所具有的社会地位成为元代社会的主体民族,但在读者数量和阅读质量上,汉族读者仍然是元代社会阅读的主要读者群体,并且是整个元代社会阅读活动发展的推动者和社会阅读风气的引领者。特别是随着元朝统治者将理学确立为官学和统治思想,读儒书、研儒学成为元代学术文化发展的主流趋势。

4.蒙古族汉化迟滞,阅读发展缓慢

在包括元朝在内的少数民族建立的王朝中,蒙古族是汉化最迟缓的一个民族。这并不是因为他们缺乏学习能力,而是因为他们来自远离中原的草原朔漠,割舍不断对游牧文化的眷恋,从而与儒学之间总是存在着一种隔膜。这一点不仅影响了他们个人阅读的汉化程度,而且影响了整个元代汉文典籍阅读的发展水平。这也是元代学术文化少有建树的一个重要原因。

5.民族地区阅读有所发展,文化交流频繁

西藏、西北和东北等边疆民族地区统一归入元朝版图后,为民族间的文化交流创造了便利条件。在原有阅读文化的基础上,这些地区的典籍交流和传播,进一步促进了各民族的文化发展与进步。

综上所述,辽、西夏、金、元四个由不同少数民族建立的王朝,虽然阅读发展水平各异,但作为中华民族历史发展中的一个阶段,在阅读文化的产生和发展上都表现出了一些共同特点:

(1)无论各民族自己创制了什么样的文字,儒学典籍始终是他们最主要的阅读内容。

(2)无论有多少个民族进入中原,汉族读者始终是社会阅读的主体。

(3)以儒学为核心的汉文典籍始终是统治民族的思想来源和文化基础。

(4)不管来自什么样的民族或具有什么样文化背景的人群,他们都能被内涵丰富、博大精深的汉文典籍所吸引,并成为杰出的读者。

(5)中华民族的统一和强盛是历史发展的必然趋势。

第一章　辽的阅读

第一节　历史文化背景和阅读特点

辽是以契丹族为主的少数民族建立的封建政权。契丹族源出东胡,主要生活在辽河上游的西拉木伦河和土河(今老哈河)流域,是我国古代北方的古老民族之一。唐朝末年,中原纷乱,藩镇割据。契丹贵族首领耶律阿保机统一各部,于916年称帝,建元神册,定国号为契丹,后称辽。

契丹王朝先后与五代和北宋南北对峙。极盛时的辽国有5京,6府,州、军、城156个,县209个,部族52个,属国60个。"东至于海,西至金山,暨于流沙,北至胪朐河,南至白沟,幅员万里"①,即东邻今鄂霍次克海、日本海,西越阿尔泰山,南至今河北中部、山西北部,北至外兴安岭。境内除契丹外,还有汉、渤海、女真、奚等族。辽共历九帝,于1125年被金所灭,享国210年。在辽将要灭亡时,辽宗室耶律大石自立为王,率部西迁,在今吉尔吉斯斯坦境内称帝,史称西辽,1218年

---

① 脱脱等:《辽史》卷三十七《地理志一》,北京:中华书局,1974年,438页。

为蒙古所灭。

一、历史文化背景

1. 南北分治

辽建国之后,随着疆域的不断南扩和众多汉族儒士被辽的重用,特别是燕云十六州并入辽以后,辽的政治、经济、文化都发生了重大变化。多民族、多文化并存,农业、畜牧业、手工业等多种经济共同发展。虽然有了封建制的成分,但奴隶制仍然占主导地位。南北方的生产和生活方式不同,南部的汉人"耕稼以食,桑麻以衣,宫室以居,城郭以治",北部的契丹和其他游牧民族过的是"畜牧畋渔以食,皮毛以衣,转徙随时,车马为家"的生活。对此,辽在管理体制上采取了南北院分治的方法:南院官统治汉人,管理州县、租赋、军马等事,由汉人和契丹人担任;北院官统治契丹人和汉族以外的其他民族,由契丹人充任。"至于太宗,兼制中国,官分南、北,以国制治契丹,以汉制待汉人。"①这就是所谓"因俗而治",即辽创造的"一国两制"。这种管理体制极大地促进了政治、经济和文化的发展,使辽逐渐强大起来。

2. 以正统自居

由于华夏、汉族发源于中原,因此古时中原也被称为"中国""中华""中州"等,而把华夏、汉族及"中国"以外的民族和地区称为夷、狄、蛮,即东方曰夷,南方曰蛮,西方曰戎,北方曰狄、貉。后来也将他们统称为夷,形成华夷对立的观念。逐渐强大起来的辽,与北宋形成南北对峙的局面。当时,宋称辽为"北朝",为夷、虏;辽称宋为"南朝",称宋及中原历代王朝为"中国""中华"。如辽圣宗说:"五百年来中国之英

---

① 脱脱等:《辽史》卷四十五《百官志一》,北京:中华书局,1974年,685页。

主,远则唐太宗,次则后唐明宗,近则今宋太祖、太宗也。"①

辽虽然是一个少数民族建立的王朝,但在政治观念上始终不把自己作为"夷"来看待。契丹统治者虽称中原王朝为"中国""中华",但力图淡化华夷之别。特别是在辽中期之后,随着以儒学为代表的中原传统文化在辽的广泛传播,契丹人逐渐以正统自居,认为自己是中原王朝的合法继承者。这种观念自然影响和推动着辽对以儒学为主要内容的文化教育的重视。如有一次道宗听汉人侍从为他讲《论语》,当侍从读到"北辰居其所而众星拱之"时,他说:"吾闻北极之下为中国,此岂其地耶?"当讲至"夷狄之有君"句时,讲者疾读而不敢讲解。道宗又说:"上世獯鬻,猃狁荡无礼法,故谓之'夷',吾修文物,彬彬不异中华,何嫌之有?"令侍从继续讲下去。② 由此可见,道宗是把"礼法""文物",即文化建设作为区分华夷的标志,认为辽的文明已与中华无异了。这说明至少在道宗时,辽已非常重视包括书籍阅读在内的文化教育事业了。

3. 华夷同风

契丹族系少数民族,与汉文化相比,其民族文化落后,无法借以安邦治国、宣文兴教,所以只能袭用汉族礼制与儒家思想来建立其政治制度和意识形态。建国之后,"时太祖问侍臣曰:'受命之君,当事天敬神。有大功德者,朕欲祀之,何先?'皆以佛对。太祖曰:'佛非中国教。'倍曰:'孔子大圣,万世所尊,宜先。'太祖大悦,即建孔子庙,诏皇太子春秋释奠"③。这段话说明了三点:一是契丹人普遍信仰佛教,二是儒学在辽建国前已有一定基础,三是辽在意识形态中确立了尊孔崇儒的文化政策。此后第三年,即神册三年(918)五月,太祖阿保机又"诏建孔子庙、佛寺、道观"④。神册四年(919),"秋八月丁酉,谒孔子

---

① 叶隆礼:《契丹国志》卷七《圣宗天辅皇帝》,上海:上海古籍出版社,1985年,71页。
② 叶隆礼:《契丹国志》卷九《道宗天辅皇帝》,上海:上海古籍出版社,1985年,95页。
③ 脱脱等:《辽史》卷七十二《宗室》,北京:中华书局,1974年,1209页。
④ 脱脱等:《辽史》卷一《太祖上》,北京:中华书局,1974年,13页。

庙,命皇后、皇太子分谒寺观"①。可见其对孔子及儒家思想的崇拜与重视。实际上,太祖阿保机在建国前就十分重视对汉族士人的任用和对汉文化的学习,他本人能讲一口流利的汉语。辽早期这种对儒学和汉文化的重视和吸收,直接影响了其后来的朝政决策和文化发展。"自契丹侵取燕、蓟以北,拓跋自得灵、夏以西,其间所生豪英,皆为其用。得中国土地,役中国人力,称中国位号,仿中国官属,任中国贤才,读中国书籍,用中国车服,行中国法令。"②这种政策的实施冲破了汉族士人与契丹贵族之间的文化隔膜,使契丹文化与汉文化逐渐融合,发展成为二者合一的辽文化。辽文化在辽圣宗至道宗时期(982—1100)达到了鼎盛。当时的辽社会"学唐比宋""华夷同风"成为时代风尚。在辽朝廷的积极倡导下,上自当朝皇帝,下至普通百姓,都热心学习中原文化。辽道宗宣懿皇后作《君臣同志华夷同风应制》一诗,该诗真实地反映了契丹民族"华夷同风"的时代精神,诗曰:

> 虞廷开盛轨,王会合其琛。
> 到处承天意,皆同捧日心。
> 文章通蠡谷,声教薄鸡林。
> 大寓看交泰,应知无古今。③

这首诗颂扬了辽的国威和辽文化的盛况。辽文化继承、发扬中原文化传统,并影响、传播到北部边陲地区,消除了长城南北的文化隔阂,缩小了民族之间的差别,极大地促进了北方各民族文化的发展。契丹人并不把自己视为夷,而是把自己视为中华的一分子。"华夷同风"的观

---

① 脱脱等:《辽史》卷二《太祖下》,北京:中华书局,1974年,15页。
② 李焘:《续资治通鉴长编》卷一五〇《仁宗·庆历四年》,北京:中华书局,1985年,3640—3641页。
③ 懿德皇后:《君臣同志华夷同风应制》,见陈述《全辽文》卷三,北京:中华书局,1982年,62页。

念已成为契丹人的共识,这种共识反映了他们对汉文化的倾慕和对汉文典籍的钟爱以及阅读活动的普及。这种阅读活动的普及为后来契丹民族融入中华民族的大家庭奠定了基础。

4. 创制文字

契丹族原来只有语言而无文字,"契丹本无文记,惟刻木为信"①。所以,太祖阿保机诸事"多用汉人"。建国后,阿保机为发展本民族文化,保持自己的民族性,提高契丹人的文化素质,于神册五年(920)春正月,"始制契丹大字"。九月"大字成,诏颁行之"。② 其创制过程是"汉人教之以隶书之半增损之,作文字数千,以代刻木之约"③。可见这种契丹大字是汉族知识分子以隶书之半增减制成的。后来,契丹学者、太祖之弟迭剌又在借鉴回鹘文字优点的基础上,对契丹大字进行改进和利用,制成契丹小字。由此可见,契丹大、小字的创制与汉字均有着直接与间接的渊源关系。这也说明了汉族文化对辽文化的深刻影响,当然也包括对契丹人阅读学习的影响。

在阿保机统治时期,北方各部多数使用契丹文字处理政务、书写文件,接近汉区的地带既用汉文又用契丹文。这样,在辽这种契丹文化与汉文化并存的社会环境中,就出现和形成了双语阅读的现象与特点。据出土文物,从太祖阿保机开始,有不少石碑是用契丹与汉两种文字合刻的。辽掌管"天子文翰事"的是两个官署:一是"大林牙院",主持契丹

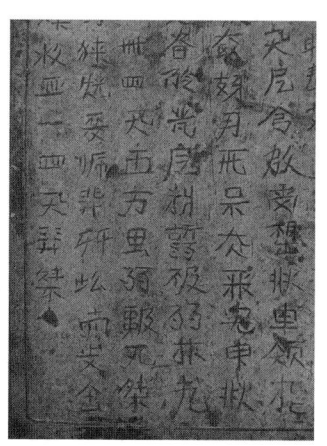

契丹大字碑刻

---

① 王溥:《五代会要》卷二十九《契丹》,上海:上海古籍出版社,1978年,457页。
② 脱脱等:《辽史》卷二《太祖下》,北京:中华书局,1974年,16页。
③ 叶隆礼:《契丹国志》卷二十三《国土风俗》,上海:上海古籍出版社,1985年,221—222页。

文翰,置于北面官中;二是"翰林院",主持汉文翰,置于南面官中。不少契丹贵族既通晓契丹文,又熟悉汉文。文字的使用无疑有助于契丹人保持自身的尊严与文化特性。但这种文化的双重性也会在契丹贵族精英中间播下长期冲突的种子:一些人固守契丹部落的传统与习俗,另一些人则接受了中原汉文化的观念与习俗。虽然文字的颁行是契丹族建国之后为突显自己的主体地位而采取的一项重大措施,但由于汉字的阅读和使用在辽境内的人群中有着悠久的历史和广泛的基础,所以新文字自产生之后一直没有得到大范围的推广使用,辽更没有像西夏那样用西夏文字刻印大量的书籍,所以辽的主要阅读对象仍然是汉文读物。

5. 佛教盛行

辽的另一个文化特点是佛教盛行。契丹统治者在崇尚儒术的同时,也尊崇佛教、道教及其他原始宗教。佛教自汉代传入中国,历经传播,至唐朝发展到高峰,出现了别具一格的中国佛教。契丹在唐末五代初期入主东北,在唐代佛教发展的基础上,在统治者的大力提倡和保护下,佛教在辽也得到了极大的发展。特别是在圣宗、兴宗和道宗三朝,佛教达到鼎盛,大有超过儒学之兴的趋势,以至历史上有"辽以释废,金以儒亡"的说法。佛教成为辽文化的重要组成部分。

总之,辽文化是以农业文化为主的中原文化与以游牧文化为代表的契丹文化的交流与融合。由于中原文化处于优势地位,所以辽文化主要表现为契丹文化对中原文化的吸收与借鉴。在这个过程中,它将中原文化推广传播到边远地区和其他国家,沟通了南北方的文化交流,为后来汉文化的传播与发展以及民族融合奠定了基础,也将草原文化和其他民族的文化融入汉文化中,为汉文化平添了几分豪放质朴之气。然而,在吸收和借鉴汉文化的同时,契丹族也在努力保持自己的传统文化特色,并没有被完全汉化。

辽的阅读就是在这样的政治、经济和文化的社会环境下产生与发展的。

二、阅读特点

辽的历史文化背景和社会环境决定了其社会阅读活动具有以下几个特点：

1.汉文阅读源远流长，蔚为主流

这里所说的汉文主要是指非佛教的汉文书籍，包括经、史、子、集各部。纵观整个契丹民族和辽的发展史，汉文典籍始终伴随其发展与壮大。可以说，如果没有那些代表汉文化的汉族知识分子给他们引路，为他们提供精神食粮，离开占人口多数的作为国力基础的汉族人，特别是如果没有汉文典籍给他们以文化滋养，那么契丹人的强大乃至能立国200余年，都是不可想象的。因此，汉文阅读始终是辽的阅读主流和文化基础，是契丹人的精神文化源泉，是他们借以安邦治国的强大力量。其具体表现为以下四点：一是契丹人在立国前就开始接触汉文典籍，学习汉文化，一些契丹贵族早已是杰出的汉文读者，他们与周围的汉族知识分子一起形成了汉文读者群体；二是立国后的契丹统治者更是主张"华夷同风"，倡导尊孔崇儒，学习汉文化，在几百年的发展中，契丹人已形成了学汉文、读儒书的优良传统，并出现了很多杰出的读者和学者，他们的文化传统已基本被汉化；三是辽境内的人口以汉族居多，所以汉族也是辽国人数最多、最主要的读者群体；四是汉文典籍作为辽境内的主要读物，不仅在南部的汉人居住区有着深厚的社会阅读基础，而且传播到了北部的边远地区，反映了汉文典籍阅读的社会广泛性和影响的深远性。

2.佛教文化发达，阅读活动兴盛

辽佛教文化的发达，不仅成为辽文化的显著特点，而且极大地促进了阅读活动的发展。这有以下三个表现：第一，包括佛经、通俗读物、工具书等在内的佛教读物大量产生并广泛流传，成为辽佛教阅读兴盛的基本条件；第二，僧人信徒之众，构成了辽最为庞大的读者群体，特别是其中产生了一大批儒释兼通、深有学术造诣的高僧学者，他们不仅是佛教典籍阅读的领袖，代表着辽佛学阅读的水平，而且是辽学术文化界的精英，反映着辽学术文化的水平和特点；第三，寺院伽蓝遍布辽境，为佛教阅读提供了主要场所，而且，这些众多的寺院也成为传播知识文化、开展社会教育，提供、组织、引导和促进阅读的最主要和最有力的社会机构。

3. 契丹文与汉文阅读并存，促进了阅读活动的发展

辽创制了契丹文以后，也对它进行了大力推广和使用，并创作和翻译了大量作品与典籍，在辽亦产生了很多既懂契丹文又精通汉文的读者。这些读者主要集中在贵族和知识分子阶层，契丹文并没有在普通民众中得到推广，而且目前所知的契丹文文献也主要是一些公文政书和数量有限的翻译自汉文的典籍。但我们从史料中亦会发现，它对契丹人阅读活动的促进和文化水平的提高也曾起过巨大作用。

4. 上层贵族、文人学士和僧侣是主要读者群体

由于社会历史条件所限，辽的阅读活动同样也只是少数人的行为。而在这个占社会总人口极少数的读者群体中，从阅读数量、质量和所产生的社会影响来看，其主要成分有三：一是契丹贵族。这个群体的数量和质量虽然不及汉族读者，但他们是统治民族，掌握着政治、经济和文化的权力，决定着文化教育政策，甚至还操控着思想文化的话语权。所以，他们的文化素质和阅读水平也往往决定了整个辽的阅读发展水平。他们是契丹文的主要读者群体，同时也逐渐被汉化，已融入到了汉文阅读的历史潮流中，成为中华民族不可分割的一部分。二是汉族知识分子或读书人。他们不仅数量最多，而且是整个辽阅读活动发展的中坚。他们是辽文化的缔造者，是阅读活动的先驱和开拓

者,更是整个辽读书人口的培养者以及读书风气的推动者和引领者。没有他们,契丹人很难实现其建国之大业,经国之宏图。三是僧侣群体。宗教对阅读活动的促进是其他任何力量所难以企及的。佛教在辽之盛促进了一个庞大的读者群体的形成。虽然这个群体的构成面貌、阅读情况及社会影响等,我们暂时还没能做出进一步考察,但从整个辽佛教发展的盛况来看,由僧侣和一般信徒组成的读者群体及其阅读活动的影响是广泛而深远的。特别是他们中所产生的一大批学问赅博、儒释兼通的高僧学者,不仅反映和代表着辽佛学的兴盛和水平,而且对整个辽的学术文化发展做出了巨大贡献。

5. 南北地域文化差异明显,阅读发展不平衡

辽的北部和东北部是草原牧区和半农半牧区,多民族杂居,文化教育相对落后,阅读普及率低,读者主要集中在少数几个城镇中。这些地区的大小寺院也是主要的阅读场所。南方靠近中原的燕云地区主要是汉民族生活区。这里人口稠密,人文荟萃,重文兴教之风浓厚,书籍出版业发达。由宋入境的读物也主要在这些地区传播,这些地区将中原汉文典籍传播到北部、东北部以及西部和西北部的少数民族广大地区。它们是中原汉文化向四周辐射和传播的桥梁和中介。无论是在政治、经济、军事方面,还是在民族文化发展方面,燕云地区都具有极其重要的战略地位。所以,这些地区是辽读者最为密集、阅读活动最为发达的地区。

6. 书籍禁限,阅读发展缓慢

辽在很长时间内对书籍的刻印和贸易采取了严格的政策:一是禁止民间私自刊印书籍,二是禁止与宋朝的书籍贸易。这种政策显然对辽这样一个文化本不发达的国家来说是极其不利的。因为它一方面切断了书籍的来源渠道,另一方面限制了读物复制的规模和数量。所以,这就不能不对辽的阅读活动产生严重的负面影响。关于这一点,我们从史料中也能看到其寂寥的面貌。

第二节　书籍来源、刻印业与阅读活动

汉文书籍在辽境内的流传，使契丹人特别是契丹贵族阶层很早就有了阅读活动。也正是这种阅读活动，使他们接触到了中原的文明，使他们由射猎畜牧向农业生产移动，使他们在儒学的熏陶中逐渐融入了中华民族的大家庭中。当然，它更使辽境内广大汉族读者的阅读需求得到满足，使汉文化在这里能够延续和发展。

一、书籍来源

虽然历史上的契丹族以鞍马为家，以射猎畜牧为生，不事农耕稼穑，崇尚勇武，既无文字，也少有创作，但从其祖先早在4世纪初就招纳汉人，发展农业，吸收汉族文化，[1]经过600年的发展，到立国前后，以太祖阿保机为首的契丹上层贵族深受汉文化熏陶、颇有汉文修养来看，汉文典籍早已至少在契丹贵族阶层流传，不少契丹贵族不仅早已是汉文典籍读者，而且是深有造诣的学者。如太祖长子耶律倍"工书画，颇知书"，他在南京（今辽宁辽阳）居住时，"起书楼于西宫，作《乐田园诗》"[2]。天显五年（930），他自扶余泛海奔于后唐，"载书数千卷，枢密使赵延寿每假其异书、医经，皆中国（中原）所无者"[3]。由此可见，契丹人早已十分重视对中原传统典籍的搜集和收藏，其收藏之精、之

---

[1] 张正明：《契丹史略》，北京：中华书局，1979年，1页。
[2] 脱脱等：《辽史》卷七十二《宗室》，北京：中华书局，1974年，1210页。
[3] 欧阳修：《新五代史》卷七十三《四夷附录第二》，北京：中华书局，1974年，901页。

富虽是契丹人中的个别现象,但这也足以说明汉文典籍在契丹贵族中流传的普遍性,而且,汉文典籍已被契丹人作为宝贵的文化遗产加以继承和发展。从中可以看出,正是契丹人的这种良好的汉文阅读修养,才成就了他们的立国经邦之伟业。

然而,"辽起松漠,太祖以兵经略方内,礼文之事固所未遑。及太宗入汴,取晋图书、礼器而北,然后制度渐以修举。至景、圣间,则科目聿兴,士有由下僚擢升侍从,骎骎崇儒之美。但其风气刚劲,三面临敌,岁时以搜狝为务,而典章文物视古犹阙"①。契丹建国之初,太祖戎马倥偬,无暇顾及文化教育事业。到大同元年(947),太宗耶律德光率军南下灭后晋,从开封掠得大量图书、礼器运往京城,此后,制度渐修,文教事业渐盛。到景宗、圣宗时,辽开始设科取士,尊孔崇儒之风大兴。兴宗重熙末年,始建秘书监收掌内府书籍,然而图书典籍仍然缺乏。

契丹归并了燕云十六州之后,其疆域扩展到了中原地区,契丹人与汉族杂居,与汉族交往更加频繁,逐渐接受了先进的汉文化。在辽宋边境贸易中,中原汉族的书籍也成为宋朝输出的热销商品之一。大量的宋朝出版物就像宋朝的铜钱一样,在辽境内广泛流通。对此,北宋政府大概出于政治、经济和文化保守等方面的考虑,对书籍向北部边境输出限制甚严。景德三年(1006),宋朝申令:"民以书籍赴沿边榷场博易者,非'九经'书疏悉禁之。"②由此可见,除"九经"书疏可以通过榷场卖出之外,其他的汉文书籍通过民间贸易流入辽境的还不在少数。所以元丰元年(1078),北宋"复申卖书北界告捕之法"③。尽管如此,北宋的各种书籍仍源源不断地以走私的形式流向辽境,其数量之

---

① 脱脱等:《辽史》卷一〇三《文学上》,北京:中华书局,1974年,1445页。
② 脱脱等:《宋史》卷一八六《食货志下八》,北京:中华书局,1977年,4562页。
③ 脱脱等:《宋史》卷一八六《食货志下八》,北京:中华书局,1977年,4563页。

大、流通速度之快都相当惊人。如苏轼的《眉山集》问世不久,在辽就有了翻刻本。苏轼的弟弟苏辙使辽时,"馆客者侍读学士王师儒能诵洵、轼之文及辙《茯苓赋》,恨不得见全集"①。苏辙寄诗与乃兄云:"谁将家集过幽都,每被行人问大苏。"②张芸叟奉使辽,宿幽州馆中,见墙壁间有题苏轼《老人行》,又听说范阳(今河北涿州市)书肆也刻印有苏东坡诗数十篇,名曰《大苏集》。③"(蔡)襄作《四贤一不肖诗》,都人士争相传写,鬻书者市之,得厚利。契丹使适至,买以归,张于幽州馆。"④所以,苏辙回到北宋后,根据在辽境内的所见所闻而上书道:"本朝民间开版印行文字,臣等窃料北界无所不有。"⑤由此可见,北宋流入辽境的书籍确实很多,而且传播也很广。由于辽境甚至有不少人专门收蓄宋朝见行印卖文集书册,因此,宋朝书籍一经贩之契丹,便"其利十倍"⑥,这也致使书籍走私始终无法禁止。当然,由此可推知,这些购书者一是有钱的贵族,二是书籍刻印者,一般百姓读者是买不起的。

辽宋之间的关系时紧时松,但文化往来从未间断。虽然辽宋双方都有禁令,不准书籍外流出境,但辽统治者出于对中原汉文化的倾慕和发展本朝文化、增强国力的需要,也大力搜求图书典籍。如前面提到的太宗德光入汴,掠走后晋大量图书、礼器、文物。还有清宁十年(1064)十一月,道宗"诏求乾文阁所阙经籍,命儒臣校雠"⑦。辽的这种官方行动恐怕远不止这一次。此外,一些上层人物也常常私下购求

---

① 脱脱等:《宋史》卷三三九《苏辙传》,北京:中华书局,1977年,10828页。
② 胡仔纂集,廖德明校点:《苕溪渔隐丛话》(前集)卷四十一《东坡四》,北京:人民文学出版社,1962年,280页。
③ 胡仔纂集,廖德明校点:《苕溪渔隐丛话》(前集)卷四十一《东坡四》,北京:人民文学出版社,1962年,280页。
④ 脱脱等:《宋史》卷三二〇《蔡襄传》,北京:中华书局,1977年,10397页。
⑤ 苏辙:《栾城集》卷四十二《北使还论北边事劄子》,上海:上海古籍出版社,1987年,937页。
⑥ 苏辙:《栾城集》卷四十二《北使还论北边事劄子》,上海:上海古籍出版社,1987年,938页。
⑦ 脱脱等:《辽史》卷二十二《道宗二》,北京:中华书局,1974年,264页。

书籍、文物。这也成为书籍流入辽境的重要渠道。如辽南院枢密使萧融,"好读书,亲翰墨,尤善丹青,慕唐裴宽、边鸾之迹,凡奉使入宋者,必命购求,有名迹不惜重价装潢即就,而后携归本国"①。书画如此,书籍读物何尝不会如此呢?

由上述可见,尽管封建王国的统治阶级之间经常钩心斗角,甚至发生血腥战争,但各族人民为了满足物质生活和文化生活的需要,总是渴望加强经济联系和文化交流,包括文献的交流和阅读。

二、刻印业与阅读活动

随着辽境内汉族人口的日益增多,契丹族受汉文化影响日益加深,辽文化教育事业日益发展,辽的汉文读者不断增多,阅读能力也在不断提高。辽通过各种渠道由宋朝输入的书籍已远远不能满足需要。而且,北宋发达的印刷技术也会传入辽境,特别是燕云地区本身就是汉族生活区,是北方汉文化的发祥地。这里人文荟萃,文化底蕴深厚,有着刻印书籍、读书兴学的良好基础和传统。所以辽的刻书事业也很快发展起来。如前所述,苏轼的《眉山集》问世不久,在辽就有了翻刻本,可见其刻印业的发达。

辽的出版物主要是汉文书籍。虽然辽的印刷业发达,但辽版书流传下来者很少。这主要有以下三个原因:一是天灾人祸,社会动荡、变迁,书籍难以保存;二是"契丹书禁甚严,传入中国者法皆死"②,因此书籍没有广泛传播的机会;三是辽禁止私人刻书,"道宗清宁末,又禁私刊文字,故流传者无多"③。所以就目前所知,除上述之外,史料所

---

① 厉鹗:《辽史拾遗》卷二十一,丛书集成初编,北京:中华书局,1985年,408页。
② 沈括:《元刊梦溪笔谈》卷十五《艺文二》,北京:文物出版社,1975年,6页。
③ 陈述:《全辽文·序例》,见《全辽文》,北京:中华书局,1982年,3页。

记载的辽版书还有清宁元年（1055）十二月，"诏设学养士，颁《五经传疏》"①，咸雍十年（1074）十月，"诏有司颁行《史记》《汉书》"②。所颁行的这些书籍无疑是辽官方刻印的、体现着官方思想意识形态并极力主张广泛流传的出版物。此外，辽民间刻印书籍可考的还有统和十五年（997）刻的字书《龙龛手鉴》、乾统年间（1101—1110）刻的医书《肘后方》和《百一方》。辽所刻印的汉文典籍不仅满足了自己的需求，而且传播到了边陲部落。如开泰元年（1012）八月，"（铁骊）那沙乞赐佛像、儒书，诏赐《护国仁王佛像》一，《易》《诗》《书》《春秋》《礼记》各一部"③。

辽的刻书地点除南京（今北京）外，还有南京道涿州范阳（今河北涿州市），西京道云州（今山西大同市）、应州（今山西应县）等。刻书的繁盛也引起了统治者的担心，而民间刻印的书籍中，有的可能触犯了统治者的利益，所以，清宁十年（1064），道宗耶律洪基下令"禁民私刊印文字"④。这说明，此前辽民间刻书还未受到限制。

像西夏一样，对契丹族和辽文化影响最大者是儒学和佛教，而且它们都来自中原的汉文化。所以，辽除输入并刻印了大量的儒学和其他汉文典籍外，还从宋朝输入并刻印了大量的佛经，其中工程最大的是《辽藏》。《辽藏》也称《契丹藏》，于圣宗统和年间雕印，根据宋版《开宝藏》翻刻而成，五千余卷，五百七十余帙，全部于当时辽的南京（后称燕京，今北京）雕印。南京地区经济文化发达，人才荟萃。它有以白纸坊地区为中心的造纸作坊，有优秀的校对、书写者，有技术熟练的雕工，有众多的寺观，如悯忠寺、弘法寺、天王寺等，有《续一切经音义》的作者高僧希麟，有为《龙龛手鉴》作序的高僧智光和悯忠寺的无碍大师

---

① 脱脱等：《辽史》卷二十一《道宗一》，北京：中华书局，1974年，253页。
② 脱脱等：《辽史》卷二十三《道宗三》，北京：中华书局，1974年，276页。
③ 脱脱等：《辽史》卷十五《圣宗六》，北京：中华书局，1974年，171页。
④ 脱脱等：《辽史》卷二十二《道宗二》，北京：中华书局，1974年，264页。

诠明,更有为数众多的读者。这些条件决定了燕京成为辽雕版印刷业的中心。1974年在山西应县木塔发现的辽印刷品多为燕京雕造。这批印刷品包括《辽藏》(《契丹藏》)12卷,其他佛经35卷,刻书1件,杂刻7件,版刻佛画6件。① 这些印刷品雕版工整,字体隽秀,纸墨精良,印刷技术上乘,反映了辽印刷业的发达和繁荣。其中的佛经多为燕京地区最为宏伟、雄壮的弘法寺校勘雕印流通。"辽在燕京设有印经院专门从事刻经。"②所以《契丹藏》的雕印很可能由印经院主持。此外,辽民间坊刻佛经也很多,如应县木塔刻经中有"燕京檀州街显忠坊门南颊住冯家印造""燕京仰山寺前杨家印造"等标记,并有刻工姓名。在《法华经玄赞会古通今新抄》中,有刻工45人之多。③ 由此可见,燕京民间坊刻佛经之盛,辽燕京作为出版印刷中心之盛况。此外,五台山、永安山的佛寺也刻板印经。

为了弘扬佛法、传播佛教、保存经本,辽除刊印了大量的佛教典籍外,还继承前代勒经于石的做法,从圣宗太平七年(1027)开始,到道宗清宁三年(1057),在房山云居寺续刻石经,刻完《大般若经》《大宝积经》,它们与原存石经《大涅槃经》《华严经》合称四大部经,是对佛教经典的又一次校勘整理。

从辽佛经印刷的发达可看出辽社会对佛教典籍有着广泛的需求,佛教典籍的阅读在辽阅读史上占有重要地位。

---

① 国家文物局文物保护科学研究所等:《山西应县佛宫寺木塔内发现辽代珍贵文物》,载《文物》,1982年第6期,1—8页。
② 国家文物局文物保护科学研究所等:《山西应县佛宫寺木塔内发现辽代珍贵文物》,载《文物》,1982年第6期,1—8页。
③ 国家文物局文物保护科学研究所等:《山西应县佛宫寺木塔内发现辽代珍贵文物》,载《文物》,1982年第6期,1—8页。

第三节　儒学及汉文阅读

尽管辽的疆域界线最靠北方，所统辖的地区偏离中原，与江南隔绝，许多地区为游牧民族聚居地，各少数民族的文化形态不尽相同，而且辽还创制了自己的民族文字——契丹大、小字。但由于辽推行尊孔崇儒、学唐比宋、"华夷同风"的国策，所以举国上下积极学习汉文化、阅读汉文典籍就成为辽的阅读主流。而且在多文化的交融中，形成了辽求朴崇实的阅读风气。在这个浩荡的阅读历史中，契丹贵族和汉族文人读者扮演了主要角色。

一、契丹贵族读者群体

如前所述，早在4世纪初，契丹祖先就开始接触和学习汉文化。我们虽然无法考证他们在那个时候的阅读情况，但可以肯定的是，他们中有一些人是懂汉文，并且有过阅读汉文典籍经历的。在后来契丹族漫长的历史中，有一些契丹人已汉化很深了。如唐代大将军李光弼的父亲李楷洛曾为契丹酋长，后入唐朝。[1] 李光弼"未冠，以将门子工于骑射，能读《左氏春秋》，兼该太史公、班固之学"[2]。可见他不仅饱受汉文化熏陶，而且早已熟读汉文典籍了。

在历史的长河中，契丹族自觉或不自觉地接受着汉文化的影响。契丹社会的文明、进步乃至逐渐强大的过程就是不断学习并吸收汉文化的过程。中原的封建文明对契丹民族有着强大的吸引力。阿保机

---

[1]　欧阳修、宋祁：《新唐书》卷一三六《李光弼传》，北京：中华书局，1975年，4583页。
[2]　颜真卿：《李公神道碑铭》，见董诰《全唐文》卷三四二，北京：中华书局，1983年，3469页。

建立政权前后,汉族先进的政治、经济和文化对契丹产生了极其重大的影响。这也充分表明我国民族关系史上汉族的主体作用。汉族虽然当时在政治上处于少数民族的统治之下,但还是不断地发挥着它的先进作用,给其他民族以巨大影响,促进他们社会的政治、经济和文化迅速发展。正如马克思所说:"野蛮的征服者总是被那些他们所征服的民族的较高文明所征服,这是一条永恒的历史规律。"①

阿保机立国之初,就确立了尊孔崇儒的思想文化政策。这就为后来辽的文化教育、阅读活动确立了发展方向。契丹上层贵族作为统治阶级,有着优越的物质条件和充裕的时间,也有着更多的接触汉族文人学士的机会。出于管理国家的需要,当然也出于人类对文化学习的本能渴望,他们比一般契丹人有更多的机会阅读和学习,接受良好的文化知识教育。所以,他们既保持着北方草原牧民的生活传统,又必然会受到中原文化的熏陶。南北文化在他们身上、在这样一个社会碰撞和汇合,并由此产生着冲突、矛盾和融合。

随着辽对汉文化学习的日益重视,辽上层贵族的汉文阅读活动也自上而下随之大兴。在之后200余年的发展中,辽的阅读活动不仅使契丹人形成了世代阅读汉文典籍的传统,而且对后世也产生了重要影响。

辽的皇帝,特别是中后期的皇帝,大多崇尚中原文化,精通汉文,能阅读书写,乃至创作诗文,具有较高的儒学修养。辽太祖阿保机虽然平时讲契丹语,但也精通汉语,崇尚儒学。其子太宗耶律德光通晓汉文,曾从开封掠得后晋大量图书、礼器。圣宗耶律隆绪"幼喜书翰,十岁能诗"②。其母承天太后对他自小进行儒化教育,包括阅读儒家

---

① 马克思:《不列颠在印度统治的未来结果》,见中共中央马克思、恩格斯、列宁、斯大林著作编译局《马克思恩格斯选集》第二卷,北京:人民出版社,1972年,70页。
② 脱脱等:《辽史》卷十《圣宗一》,北京:中华书局,1974年,107页。

经典,并延聘名儒硕彦侍奉其左右,以讲习辅导,耳濡目染。其中就有"好学博古,善属文,尤长于诗"的马得臣。圣宗"阅唐高祖、太宗、玄宗三《纪》,得臣乃录其行事可法者进之"①。他"好读唐《贞观政要》,至太宗、明皇《实录》则钦伏"②。《贞观政要》一书以儒家政治学说为指导,分类记载了唐太宗与臣下的问答、诤议、谏疏以及政治上的措施,是对唐朝及其以前各代封建统治经验的总结,一直为历代统治者所重视,被视为封建统治的典范。在文学阅读中,唐宋文学在辽有着广泛的影响,所以圣宗尤喜唐诗。契丹族崇尚勇武,豪爽开朗,所以他们喜爱的汉族作家的作品也多具有自然明快、豪放开朗的风格。如白居易的作品在辽很受推崇,耶律倍曾拟白居易字"乐天",称其字"乐地"。圣宗耶律隆绪雅好词翰,曾"亲以契丹字译白居易《讽谏集》,诏蕃臣等读之"③。他还亲自出题目,让蕃汉臣僚作诗,从中挑选优秀者赐予金带,并且自称"乐天诗集是吾师"④。兴宗耶律宗真"好儒术,通音律"⑤,能诗善画,"游心翰墨,俨然一汉家天子"⑥。道宗耶律洪基,聪达明睿,观书通其大略,神领心解。曾有汉族文人为其讲《论语》,他对其中"夷狄之有君"很不以为然,认为自己的国家已同中华(中原)无异。他喜欢儒学,经常让文人学士为其讲解"五经"。如大安三年(1087)正月,"召权翰林学士赵孝严、知制诰王师儒等讲'五经'大义"⑦;大安四年(1088)四月,"召枢密直学士耶律俨讲《尚书·洪范》。五月辛亥,命燕国王延禧写《尚书·五子之歌》"⑧。耶律洪基性儒雅,

---

① 脱脱等:《辽史》卷八十《马得臣传》,北京:中华书局,1974年,1279页。
② 叶隆礼:《契丹国志》卷七《圣宗天辅皇帝》,上海:上海古籍出版社,1985年,71页。
③ 叶隆礼:《契丹国志》卷七《圣宗天辅皇帝》,上海:上海古籍出版社,1985年,71页。
④ 辽圣宗:《题乐天诗佚句》,见陈述《全辽文》卷一,北京:中华书局,1982年,18页。
⑤ 脱脱等:《辽史》卷十八《兴宗一》,北京:中华书局,1974年,211页。
⑥ 陈述:《契丹政治史稿》,北京:人民出版社,1986年,130页。
⑦ 脱脱等:《辽史》卷二十四《道宗四》,北京:中华书局,1974年,291页。
⑧ 脱脱等:《辽史》卷二十四《道宗四》,北京:中华书局,1974年,296页。

擅长作诗文,如作《放鹰赋》①《华严经赞》②等让群臣阅读,有诗文集《清宁集》行世。他除了喜读儒学典籍之外,还喜欢佛学,并对佛学有较深的造诣。天祚皇帝第二子耶律雅里,"每取唐《贞观政要》及林牙资忠所作《治国诗》,令侍从读之"③。

辽对宫廷教育的重视,使皇族子孙从小就在汉族文人指导下阅读汉文典籍。这除了上面所提到的圣宗等人之外,再如太祖阿保机长子突欲(耶律倍),在其身边曾有学问渊博的瀛洲河间人张谏,"虽非拜傅,一若师焉"④。还有文人宋琪曾任太宗之子寿安王的侍读。此外,为了提高宗室及上层官员的文化水平,辽有"诸王文学馆",下设"诸王教授"和"诸王伴读",专门负责指导这些诸王贵族及其子女的读书学习,如姚景行,重熙中为燕赵国王教授。⑤

辽社会的发展与进步,促动着读书风气的养成和制度的确立。圣宗时期,辽吸取前期"君臣昧于礼制"的教训,鉴于宋朝的强大和汉文化的先进,极力修治内政,大量起用汉人,对契丹各级官吏灌输儒家思想,倡导读书风气。统和年间,举国南征。辽在戎马倥偬之际也不忘推进对汉文典籍的阅读和学习,要求中央和地方各级官员都必须研读经史。"澶渊之盟"订立之后,辽宋之间形成了暂时的稳定局面。辽更是积极学习中原的生产技术和科学文化,使得生产恢复,人民安居乐业,文臣武将研读经史蔚然成风。如圣宗太平七年(1027)十一月,"匡义军节度使中山郡王查葛、保宁军节度使长沙郡王谢家奴、广德军节度使乐安郡王遂哥奏,各将之官,乞选伴读书史,从之"⑥。这说明了

---

① 脱脱等:《辽史》卷二十一《道宗一》,北京:中华书局,1974年,253页。
② 脱脱等:《辽史》卷二十二《道宗二》,北京:中华书局,1974年,267页。
③ 脱脱等:《辽史》卷三十《天祚皇帝四》,北京:中华书局,1974年,354页。
④ 赵衡:《张正嵩墓志铭》,见陈述《全辽文》卷四,北京:中华书局,1982年,89—90页。
⑤ 脱脱等:《辽史》卷四十七《百官志三》,北京:中华书局,1974年,795页。
⑥ 脱脱等:《辽史》卷十七《圣宗八》,北京:中华书局,1974年,201页。

两点：一方面，辽对高级官员阅读学习、提高文化素质非常重视；另一方面，当时在契丹官员内研读经史是件很时髦的事。契丹族如此，至于汉官子孙，有才学者，必令学中国书篆，习读经史。辽的阅读活动自圣宗开始繁荣起来，到道宗时，达到鼎盛。

崇尚汉文化和读书之风的大兴使契丹贵族读者群体中产生了一批熟读汉典、学问赅博、工诗能文的著名文人学者。他们是契丹族汉文阅读的杰出代表，引领着契丹族汉文阅读的潮流，并推动着辽文化的发展与进步，为金元时期的文化发展奠定了基础。

太祖阿保机的长子突欲（耶律倍）"幼聪敏好学，外宽内挚"①，"性好读书，不喜射猎"②，深有汉文化修养。在太祖立国之初，当群臣提出应尊奉佛祖时，他却提出"孔子大圣，万世所尊"，而得到太祖赞同。还在他孩提时，有一次唐明宗的使者姚坤与其父阿保机谈论国家之事，他在一旁信口举了《左传》中"牵牛蹊田"这一典故来说服姚坤。③由此可看出他对汉文史籍的熟悉。当然，这也许是他从汉族士人那里听来的，但也很有可能是他自己阅读《左传》知道的。不管如何，他自幼就开始阅读汉文书籍，这是无疑的。所以长大以后，他"有文才，博古今，习举子，曾拟白居易字乐天，称其字为乐地"④。他工诗善画，"通阴阳，知音律，精医药、砭焫之术。工辽、汉文章，尝译《阴符经》。善画本国人物，如《射骑》《猎雪骑》《千鹿图》，皆入宋秘府"⑤。其所作《乐田园诗》，为世传诵。他让皇位于其弟德光，反被怀疑，于是在海上立木刻诗曰："小山压大山，大山全无力。羞见故乡人，从此投外

---

① 脱脱等：《辽史》卷七十二《宗室》，北京：中华书局，1974年，1209页。
② 叶隆礼：《契丹国志》卷十四《东丹王》，上海：上海古籍出版社，1985年，151页。
③ 薛居正等：《旧五代史》卷一三七《外国列传第一》，北京：中华书局，1976年，1831页。
④ 陈述：《全辽文·著者索引》，见《全辽文》，北京：中华书局，1982年，405页。
⑤ 脱脱等：《辽史》卷七十二《宗室》，北京：中华书局，1974年，1211页。

国。"①耶律倍不仅好读书,工诗善画,而且还是一位藏书家,并为此而不惜重金。"初在东丹时,令人赍金宝私入幽州市书,载以自随,凡数万卷,置书堂于医巫闾山上,扁曰望海堂。"②回到南京(今辽宁辽阳)后,"起书楼于西宫"③。其所藏书中有许多"异书、医经,皆中国(中原)所无者"④。这说明其藏书之富、之精,亦说明耶律倍由于读书之广博而鉴赏水平之高,汉文化修养之深。其子平王隆先亦"博学能诗,有《阆苑集》行于世"⑤。其七世孙移剌履在金官至尚书右丞,博学洽闻,深通经史,为金著名文臣。其八世孙耶律楚材为著名的儒士和政治家,在元初,为蒙古政权的巩固和儒学发展做出了重要贡献。其十世孙耶律有尚亦为元代著名文士,累官至昭文馆大学士,兼国子祭酒。由此可见,耶律倍对读书的酷爱影响了儿孙几代人。

许多契丹臣僚也都爱好中原文化,以读书能文为荣。如耶律敌刺,"善骑射",又"颇好礼文"。⑥ 耶律突吕不,幼聪敏嗜学,与耶律鲁不古因通晓汉文及儒家经典,而参与了契丹大、小字的创制。辽卓越的文学家、史学家萧韩家奴,"博览经史,通辽、汉文字"。曾将多种汉文典籍译为契丹文,有《六义集》十二卷行于世。⑦ 耶律庶成,"幼好学,书过目不忘。善辽、汉文字,于诗尤工"。他"与萧韩家奴各进《四时逸乐赋》,帝嗟赏"。⑧ 二人共同撰修了史书《遥辇可汗至重熙以来事迹》。并且,二人奉兴宗制《礼典》之命,参阅中原王朝礼制,"博考经籍,自天子达于庶人,情文制度可行于世,不缪于古者",撰成《礼典》三

---

① 脱脱等:《辽史》卷七十二《宗室》,北京:中华书局,1974年,1210页。
② 叶隆礼:《契丹国志》卷十四《东丹王》,上海:上海古籍出版社,1985年,151页。
③ 脱脱等:《辽史》卷七十二《宗室》,北京:中华书局,1974年,1210页。
④ 欧阳修:《新五代史》卷七十三《四夷附录第二》,北京:中华书局,1974年,901页。
⑤ 脱脱等:《辽史》卷七十二《宗室》,北京:中华书局,1974年,1212页。
⑥ 脱脱等:《辽史》卷七十四《耶律敌刺传》,北京:中华书局,1974年,1229页。
⑦ 脱脱等:《辽史》卷一〇三《文学上》,北京:中华书局,1974年,1445—1450页。
⑧ 脱脱等:《辽史》卷八十九《耶律庶成传》,北京:中华书局,1974年,1349页。

卷。① 耶律孟简,六岁就作《晓天星月诗》,及长,善属文。大康二年(1076),他在被流放保州期间,及闻皇太子被害,不胜哀痛,以诗伤之,作《放怀诗》二十首,自序云:

> 禽兽有哀乐之声,蝼蚁有动静之形。在物犹然,况于人乎?然贤达哀乐,不在穷通、祸福之间。《易》曰:"乐天知命,故不忧。"是以颜渊箪瓢自得,此知命而乐者也。予虽流放,以道自安,又何疑耶?

大康中,他针对辽的国史编修,又说道:

> 史笔天下之大信,一言当否,百世从之。苟无明识,好恶徇情,则祸不测。故左氏、司马迁、班固、范晔俱罹殃祸,可不慎欤!②

可见他不仅长于诗赋,而且熟读经史典籍。

此外,还有耶律庶成侄子耶律蒲鲁,"幼聪悟好学,甫七岁,能诵契丹大字。习汉文,未十年,博通经籍"③。萧乐音奴,"貌伟言辨,通辽、汉文字,善骑射击鞠,所交皆一时名士"④。耶律弘世,"通京氏之《易传》,善申公之诗义"⑤。耶律敌烈,"宽厚,好学,工文词"⑥。奚人萧蒲奴,"聪敏嗜学,不数年,涉猎经史"⑦。萧德,"性和易,笃学好礼法"⑧。萧惟信,"笃志于学,能辩论"。其"父高八,多智数,博览古

---

① 脱脱等:《辽史》卷一〇三《文学上》,北京:中华书局,1974年,1450页。
② 脱脱等:《辽史》卷一〇四《文学下》,北京:中华书局,1974年,1456页。
③ 脱脱等:《辽史》卷八十九《耶律庶成传》,北京:中华书局,1974年,1351页。
④ 脱脱等:《辽史》卷九十六《萧乐音奴传》,北京:中华书局,1974年,1402页。
⑤ 盖之庸:《内蒙古辽代石刻文研究·耶律弘世墓志》,呼和浩特:内蒙古大学出版社,2002年,260页。
⑥ 脱脱等:《辽史》卷九十六《耶律敌烈传》,北京:中华书局,1974年,1402页。
⑦ 脱脱等:《辽史》卷八十七《萧蒲奴传》,北京:中华书局,1974年,1335页。
⑧ 脱脱等:《辽史》卷九十六《萧德传》,北京:中华书局,1974年,1400页。

今"。① 萧柳,多知,能文,有诗集《岁寒集》。② 其他如耶律国留、耶律资忠、耶律庶箴、耶律韩留、耶律陈家奴、耶律良、耶律昭、耶律谷欲、耶律宗政、耶律宗允等亦都是熟读汉典、擅长诗文者。

二、女性读者

辽虽以鞍马为家,妇女亦长于骑射,军旅田猎,未尝不从,但妇女中亦不乏聪慧娴雅、知书达礼和工诗能文者。她们不仅是妇女阅读的典范,为辽文学艺术做出了贡献,而且影响了她们的家人乃至辽的文化教育发展。

在辽泱泱可观的妇女读者中,既有皇后国妃,也有普通妇女。其中的杰出代表如圣宗的母亲承天太后萧绰。这位知书识礼、素有儒学修养、颇有文才的女性,在辅佐圣宗执政期间,大兴儒学,倡导读书,为辽中后期儒学发展与兴盛发挥了重要作用。圣宗从小受其启蒙,"幼喜书翰,十岁能诗"。统和元年(983),汉族文士室昉向太后告老以退,没有得到太后准许,于是"进《尚书·无逸篇》以谏,太后闻而嘉奖"③。

道宗皇后萧观音,工诗能书,好音乐,能自制歌词,尤善琵琶,被道宗称为女中才子,是辽著名的女作家。她的词风格凄婉、含蓄,深得唐人遗意,如《回心院》词十首之一和三:

  扫深殿,闭久金铺暗。游丝络网尘作堆,积岁青苔厚阶面。扫深殿,待君宴。
  换香枕,一半无云锦。为是秋来转展多,更有双双泪痕渗。

---

① 脱脱等:《辽史》卷九十六《萧惟信传》,北京:中华书局,1974年,1400—1401页。
② 脱脱等:《辽史》卷八十五《萧柳传》,北京:中华书局,1974年,1316—1317页。
③ 脱脱等:《辽史》卷七十九《室昉传》,北京:中华书局,1974年,1271页。

换香枕，待君寝。①

从萧观音的作品中，我们不仅可看到封建宫廷对妇女的束缚摧残，也可看出契丹妇女对汉文学作品的热爱以及她们的阅读和吸收过程，并且也看到了汉文化对她们的深刻影响。

另一位才女是天祚帝文妃萧瑟瑟。她聪慧娴雅，善骑射，工文墨，擅歌诗。其著名的作品有《讽谏歌》，其中有词曰：

> 勿嗟塞上兮暗红尘，勿伤多难兮畏夷人；
> 不如塞奸邪之路兮，选取贤臣。
> 直须卧薪尝胆兮，激壮士之捐身；
> 可以朝清漠北兮，夕枕燕、云。②

这是一首鼓励士气、发愤图强、劝谏堵塞奸邪、弘扬正气、满怀忧国忧民之心的诗歌。从中我们可以看到作者是一位饱读汉文典籍，汉文学修养很高的女才子。

秦晋国妃萧氏，"幼而聪警，明晤若神，博览经史，聚书数千卷，能于文词，其歌诗赋咏，落笔则传诵朝野，脍炙人口"。"雅善飞白，尤工丹青，所居屏扇，多其笔也。轻财重义，延纳群彦。""僻嗜书传，晚节尤甚。历观载籍，虽古之名妃贤御，校其梗概。则未有学识该洽，襟量宏廓如斯之比也。撰《见志集》若干卷行于代。妃每读书至萧房杜传，则慨然兴叹，自为有匡国致君之术，恨非其人也。"③由此可见秦晋国妃聪颖好学，熟读汉典，博览经史，工书善画，并有文集行世。她是契丹贵族女知识分子的典型，也是契丹文化和中原汉文化融合的典型。

辽杰出的女性读者，除以上这些后妃外，还有很多普通女性。如

---

① 懿德皇后：《回心院》，见陈述《全辽文》卷三，北京：中华书局，1982年，63页。
② 脱脱等：《辽史》卷七十一《后妃传》，北京：中华书局，1974年，1206页。
③ 陈觉：《秦晋国妃墓志铭》，见陈述《全辽文》卷八，北京：中华书局，1982年，193—194页。

太师适鲁之妹耶律常哥,"操行修洁,自誓不嫁。能诗文,不苟作。读《通历》,见前人得失,历能品藻"。咸雍间,她作文以述时政,其中有言:"君以民为体,民以君为心。人主当任忠贤,人臣当去比周;则政化平,阴阳顺。欲怀远,则崇恩尚德;欲强国,则轻徭薄赋。四端五典为治教之本,六府三事寔生民之命。"①从这些充满儒家思想的言论中可看出,她不仅熟读儒学典籍,而且能阐发其思想精髓。还有耶律中之妻萧氏,耶律中曾对她说:"汝可粗知书,以前贞淑为鉴。"②于是萧氏发心诵习,多涉古今。刑部郎中邢简之妻陈氏,"涉通经义,凡览诗赋,辄能诵,尤好吟咏,时以女秀才名之","有六子,陈氏亲教以经。后二子抱朴、抱质皆以贤,位宰相"。③

辽契丹族普通百姓的汉文阅读情况,虽然史料记载很少,但当时汉语已成为契丹境内各族通用的语言,"凡聚会处,诸国人言语不通,则各为汉语以证,方能辨之"④。这说明,辽境内包括契丹族在内的其他少数民族中通晓汉语的人很多,这就不能排除存在着汉文读物在普通契丹百姓中流传的可能性。虽然后来辽有了自己的文字,但契丹部落间,接近汉区的地带,一般使用汉文,如萧韩家奴《张哥墓志》中的"志"原为"至"字⑤,沙门惠敞《灵应院藏主上人遗行记》⑥全篇口语白话。这些都反映了当时这些地区的汉文读写水平。

---

① 脱脱等:《辽史》卷一〇七《列女传》,北京:中华书局,1974年,1472页。
② 脱脱等:《辽史》卷一〇七《列女传》,北京:中华书局,1974年,1474页。
③ 脱脱等:《辽史》卷一〇七《列女传》,北京:中华书局,1974年,1471页。
④ 宇文懋昭撰,崔文印校证:《大金国志校证》卷四十《许奉使行程录》,北京:中华书局,1986年,568页。
⑤ 萧韩家奴:《张哥墓志》,见陈述《全辽文》卷七,北京:中华书局,1982年,147页。
⑥ 惠敞:《灵应院藏主上人遗行记》,见陈述《全辽文》卷十,北京:中华书局,1982年,286—287页。

三、汉族文人读者群体

如前所述,契丹族向来注重吸收汉文化,很早就开始招纳汉族文人学者参政,令其主持国家的文教事业。这些文人学者作为汉文化的载体和传播者,无疑是辽汉文读者的中坚和汉文典籍阅读的引领者和推动者。这个群体人数之多,分布之广,难以进行详细考证,只能就其中一些代表人物略做介绍。

幽州安次人韩延徽,原在刘仁恭属下任"幽都府文学",以"五经"教授诸生,后入契丹,阿保机任用他为"崇文馆大学士",令其主管朝廷经籍图书、教授诸王等事。蓟州玉田人韩知古,精通汉族故典礼仪之学,入事契丹后,得到朝廷的信任,担任"总知汉儿司事,兼主诸国礼仪"。当时辽国"仪法疏阔",于是"知古援据故典,参酌国俗,与汉仪杂就之,使国人易知而行"①。磁州人张砺,"初仕唐为掌书记,迁翰林学士"。张砺入契丹后,太宗见其刚直,"有文采,擢翰林学士"②。燕京人室昉,幼谨厚笃学,苦读儒学经典,"不出外户者二十年,虽里人莫识。其精如此"③。会同初,登进士第,太宗"诏昉知制诰,总礼仪事"。室昉因治绩突出,穆宗"应历间,累迁翰林学士",直至拜相。"统和元年,告老,不许。进《尚书·无逸篇》以谏,太后闻而嘉奖"。④《无逸》是儒家经典《尚书》中《周书》部分的一篇。它讲的是周武王去世后,年少的太子姬诵继位,一些诸侯心怀异志,图谋叛乱。武王之弟周公受遗诏"摄政当国"。周公不负亡兄之望,陆续采取了一系列措施,使周政权逐渐巩固。同时,他积极培养成王,使其能当大任。成王长大后,周公归政时,深恐其"逸豫",即贪于安乐,因而作《无逸》以诫之。室昉

---

① 脱脱等:《辽史》卷七十四《韩知古传》,北京:中华书局,1974年,1233页。
② 脱脱等:《辽史》卷七十六《张砺传》,北京:中华书局,1974年,1251—1252页。
③ 脱脱等:《辽史》卷七十九《室昉传》,北京:中华书局,1974年,1271页。
④ 脱脱等:《辽史》卷七十九《室昉传》,北京:中华书局,1974年,1271页。

进《无逸》，是要用儒家思想影响承天太后，让她以周公培养成王为榜样，把圣宗培养成人。道宗时的名相王师儒曾经常为道宗讲解"五经"，并长期担任伴读，辅导天祚帝延禧读书。在"接伴"北宋使者、学界名人钱勰时，王师儒"相与论六经子史及□□□□（原文无法识别的字用□代替）山南异物医卜之书，公无不知者"①。由此可见其读书之多，见识之广。他代表了辽汉族文人学者的阅读与治学水平，也反映了辽的儒学阅读面貌。

此外，"少以儒学称于乡里"的刘晞陷入辽后，任燕京留守，主持了辽最早的科举。②安次人杨晳，"幼通五经大义。圣宗闻其颖悟，诏试诗，授秘书省校书郎。太平十一年，擢进士乙科，为著作佐郎"③。南京（今北京）人杨佶，"幼颖悟异常，读书自能成句，识者奇之。弱冠，声名籍甚"，有《登瀛集》行世。④太子左翊卫丁文道之子丁洪，"好学问，平居手不释卷……是以讲习诗书，日多闻见。视其为文亦已粗知体要。虽出于高门著族，其待人接物，甚于寒微"⑤。好学博古，工文善诗的马得臣，圣宗即位，他兼侍读学士，负责辅导圣宗阅读。当时圣宗喜欢击鞠，且无节制，所以，马得臣引盛唐之治以谏其君，其中有一段关于读书的话："臣又闻二帝（唐太宗、唐玄宗）耽玩经史，数引公卿讲学，至于日昃。故当时天下翕然向风，以隆文治。今陛下游心典籍，分解章句，臣愿研究经理，深造而笃行之，二帝之治不难致矣。"圣宗看到这段话后，"嘉叹良久"。⑥从圣宗开始，辽儒学大兴，文教昌明，读书之风蓬勃而起。这应该与马得臣对圣宗的儒学影响有很大关系。此

---

① 南抃：《王师儒墓志铭》，见陈述《全辽文》卷十，北京：中华书局，1982年，290—292页。
② 薛居正等：《旧五代史》卷九十八《刘晞传》，北京：中华书局，1976年，1317页。
③ 脱脱等：《辽史》卷八十九《杨晳传》，北京：中华书局，1974年，1351页。
④ 脱脱等：《辽史》卷八十九《杨佶传》，北京：中华书局，1974年，1352—1353页。
⑤ 陈沨：《丁洪墓志铭》，见陈述《全辽文》卷十一，北京：中华书局，1982年，313页。
⑥ 脱脱等：《辽史》卷八十《马得臣传》，北京：中华书局，1974年，1280页。

外,圣宗在位时,还重用了张俭、邢抱朴、萧朴等,他们与马得臣,"皆以明经致位"。张俭为统和十四年(996)进士第一,其家族"乡称孝廉,代肄儒墨"①。邢抱朴为刑部郎中邢简之子,好学博古,曾任户部尚书,迁翰林学士承旨,与室昉同修《实录》。他"与弟抱质受经于母陈氏,皆以儒术显,抱质亦官至侍中,时人荣之"②。萧朴的父亲劳古就读书甚多,工诗能文,为圣宗诗友。他在其父熏染下,自幼也好读善思,稳重志成,及长,博学多智。他曾召为南面林牙,守太子太傅,迁北院枢密使。姚景行,博学嗜读,为重熙五年(1036)进士,累官至参知政事。③ 史洵直自幼嗜学,卓尔不群,文章敏巧,出于自然,登清宁八年(1062)进士,内典医方、音律、星纬、书数、射御无不精妙。④ 王安裔,自幼至壮,唯以好学为志,喜词赋,大康五年(1079),擢进士第。⑤ 这些人都以饱读经史、学问赅博而得到辽的重用,并在辽的儒学传播中发挥了重要作用。

据有关专家推算,辽境内的居民约有 840 万,其中契丹族 150 万,汉族 330 万,女真 90 万,渤海奚等部 125 万,大漠南北各族各部 145 万。⑥ 由此可见汉族人口仍占多数。而且由于汉族人口受汉文化影响普遍要比其他民族深,汉文水平也普遍比其他民族高,所以就阅读来讲,在辽的普通百姓中,汉文读者占绝大多数。在少数民族聚居的地区尚且还以汉语作为共同的交流工具,并有汉文读物流传的可能性,更何况辽的南部、靠近中原的燕云十六州广大地区,自五代时归契丹,至辽末已 200 多年,它原本就是汉人居住区,饱受中原文化熏陶,文化教育

---

① 杨佶:《张俭墓志铭》,见陈述《全辽文》卷六,北京:中华书局,1982 年,128—131 页。
② 脱脱等:《辽史》卷八十《邢抱朴传》,北京:中华书局,1974 年,1278—1279 页。
③ 脱脱等:《辽史》卷九十六《姚景行传》,北京:中华书局,1974 年,1403 页。
④ 耶律石柳:《史洵直墓志铭》,见陈述《全辽文》卷十一,北京:中华书局,1982 年,318—319 页。
⑤ 王枢:《王安裔墓志铭》,见陈述《全辽文》卷十一,北京:中华书局,1982 年,341 页。
⑥ 孟古托力:《辽朝人口蠡测》,载《学习与探索》,1997 年第 5 期,15—20 页。

事业发达。"自公卿翰苑州县等官,无非汉儿学诵书识字者。"①所以燕云十六州有着深厚的汉文阅读基础,是辽汉文阅读最为发达的地区,也是辽汉文典籍传播的策源地和中原文化向北方传播的中间地带。特别是燕云地区一直是我国北方的文化中心之一。这里文化底蕴深厚,民风古朴,知书尚礼,文教事业发达,文人辈出。辽很多担任要职的文士都来自这一地区,如室昉、王师儒等。辽"既尽得燕中人士,教之文法,由是渐盛"②。就进士这个知识分子群体而言,可以说它是一个朝代人口中文化素养和阅读能力最高的一个群体。辽的进士人数不少,在能查到姓名的190人中,有95人的籍贯是明确的,其中属于燕云地区的有75人,占79%,③真可谓"北辽士子多燕人,故亦颇知学问也"④。

四、文人读书处

医巫闾山、南山、太宁山都是辽文人学者读书进修的地方。特别是被称为我国五大镇山之一,也是东北三大名山(千山、长白山、医巫闾山)之一,位于今辽宁北镇市和义县之间的医巫闾山,峰峦叠翠,古木参天,奇峰怪石,风光秀丽,绝顶上有望海书堂,存有辽太祖阿保机长子耶律倍(突欲)的万卷藏书。耶律倍曾在这里博极群书,观海望月。兴宗、道宗时期,著帐郎君之

医巫闾山耶律倍读书堂

---

① 徐梦莘:《三朝北盟会编》卷十九,上海:上海古籍出版社,1987年,137页。
② 薛居正等:《旧五代史》卷一三七《外国列传第一》,北京:中华书局,1976年,1828年。
③ 孟古托力:《辽朝汉族儒士群体的形成及历史地位辨析》,载《学习与探索》,1991年第4期,131—137页。
④ 庞元英:《文昌杂录》卷三,北京:中华书局,1958年,28页。

后耶律良也"读书医巫闾山。学既博,将入南山肄业,友人止之曰:'尔无仆御,驱驰千里,纵闻见过人,年亦垂暮。今若即仕,已有余地。'良曰:'穷通,命也,非尔所知。'不听,留数年而归"。他曾作《秋游赋》《捕鱼赋》,得到皇上赞赏。道宗把他的诗作命名为《庆会集》,并亲自为其作序。① 文学家、史学家萧韩家奴,"少好学,弱冠入南山读书,博览经史,通辽、汉文字"②,清宁五年(1059)进士,累迁翰林学士。"当代典章多出其手"的学者和文学家王鼎也是"幼好学,居太宁山数年,博通经史"。③ 他撰写的《焚椒录》至今流传。由上可见,由于社会上缺乏安静的读书环境,所以学者们往往入山读书。入山读书固然说明了一个读书人须经过遁迹山林、远离尘世、耐得寂寞的苦读钻研才能成为文人学者的艰辛历程,但同时反映出当时社会上的读书人还不是很多。

第四节 契丹文文献及其阅读

阿保机建国之初,就创制了自己的民族文字——契丹文。有了文字,就会产生阅读活动,契丹文文献的阅读是辽阅读的重要特点。

探讨契丹文文献的阅读问题,首先要了解有关契丹文文献的情况。契丹文文献从著作方式分,主要有两种:一是契丹人的原创著作,二是翻译自汉文的文献。如前所述,契丹文文献流传下来者极少,原因有四:一是年代久远和社会动荡;二是契丹文使用者少,后来渐成死

---

① 脱脱等:《辽史》卷九十六《耶律良传》,北京:中华书局,1974年,1398页。
② 脱脱等:《辽史》卷一〇三《文学上》,北京:中华书局,1974年,1445页。
③ 脱脱等:《辽史》卷一〇四《文学下》,北京:中华书局,1974年,1453页。

文字;三是辽书禁甚严,没有传播机会;四是在道宗清宁间官方禁民私刊文字。当然,文献流传下来者极少,并不能说明当时的辽社会契丹文阅读现象就少。

因此,关于契丹文文献及其阅读的情况,我们只能从有关记载中窥其大略。

一、契丹文创作及其阅读

在契丹人自己创作的作品中,具有代表性的当数寺公大师的《醉义歌》。这首诗长达120句,是仅存的辽人长篇,原作为契丹文,现已不存。这首诗流传了几百年之后,耶律倍的八世孙、元初大学者耶律楚材随成吉思汗西征,在西域遇到西辽前郡王李世昌,并在李世昌这里看到了它。于是好学博古的耶律楚材从李世昌学会了契丹文,并将这首长诗翻译为汉文。耶律楚材在译文的序言中写道:"辽朝寺公大师者,一时豪俊也。贤而能文,尤长于歌诗,其旨趣高远,不类世间语,可与苏黄并驱争先耳。有《醉义歌》,乃寺公之绝唱也。昔先人文献公尝译之。先人早逝,予恨不得一见。及大朝之西征也,遇西辽前郡王李世昌于西域,予学辽字于李公,期岁颇习,不揆狂斐,乃译是歌,庶几形容其万一云。"①从这首诗的规模和艺术造诣来看,契丹语言文学已达到了相当高的水平。由其"旨义精美,想见契丹一代以其国语撰造者,亦多斐然之作。录此聊著其万一"②。此外,尽管契丹文主要是上层贵族使用的文字,但它不仅具有很强的语言表现力和可读性,而且由其创作的作品也曾广为流传。

---

① 耶律楚材:《湛然居士文集》卷八《醉义歌》,北京:中华书局,1986年,171页。
② 陈述:《全辽文》卷十二《醉义歌·按语》,北京:中华书局,1982年,364页。

二、译自汉文的文献及其阅读

辽用契丹文翻译了不少汉文著作。这些著作除官方使用的律书,如统和元年(983),"枢密请诏北府司徒颇德译南京所进律文"①之外,辽上自皇帝大臣,下至普通官员、文人学者,不仅喜好阅读,而且善于翻译。如耶律倍尝译《阴符经》,圣宗耶律隆绪亲以契丹字译白居易《讽谏集》,并诏契丹族大臣读之。因契丹人鲜知切脉审药,所以"上命庶成(耶律庶成)译《方脉书》行之,自是人皆通习,虽诸部族亦知医事"②。大将耶律学古"颖悟好学,工译鞻及诗"③。萧韩家奴为辽撰修了《实录》,编制了《礼典》之后,"又诏译诸书,韩家奴欲帝知古今成败,译《通历》《贞观政要》《五代史》"④。此外,创作《醉义歌》的寺公大师也"昔先人文献公尝译之"。至于寺公大师乃至整个辽国还译了些什么书,我们虽然不得而知,但毫无疑问的是,统治者选择什么样的汉文著作进行翻译,反映着统治者的思想,即对统治者有利的东西,这是选择的标准。如上述辽诏译的三种史书中,《通历》是一部记述9世纪通史的著作,而译《五代史》是因为五代时期正是契丹崛起的时期,《贞观政要》这部唐太宗与其大臣们的问答录,是一部生动的唐代治国方略指南,对国家治理很有作用,因此受到各朝统治者青睐。当然它也被译为西夏文、女真文和蒙古文,并在几百年后被译为满文。儒家经典作为治理国家和调整社会关系的理论体系和基本准则,而且辽是一个崇奉儒学,以儒治国的王朝,契丹皇帝和大臣们应该熟知并且利用儒家经典,可是,我们在史料记载中难以发现契丹人翻译的这类著作。由此,我们结合前面的论述,可以断定,他们所阅读的儒家经典都是汉

---

① 脱脱等:《辽史》卷十《圣宗一》,北京:中华书局,1974年,110页。
② 脱脱等:《辽史》卷八十九《耶律庶成传》,北京:中华书局,1974年,1349页。
③ 脱脱等:《辽史》卷八十三《耶律学古传》,北京:中华书局,1974年,1303页。
④ 脱脱等:《辽史》卷一〇三《文学上》,北京:中华书局,1974年,1450页。

文本子。

　　从上述翻译情况中可看出,辽的契丹文读者主要是契丹贵族,而且他们也往往是辽、汉文字兼通者。这样的读者除上述之外,还有前面提到的耶律蒲鲁、萧乐音奴以及萧阳阿、耶律庶箴等。此外,这种双语阅读现象不仅存在于契丹族读者中,而且也存在于汉族读者特别是汉族官僚阶层中。后唐明宗嗣位之初,遣供奉官姚坤使契丹。阿保机接见姚坤时说:"吾解汉语,历口不敢言,惧部人效我,令兵士怯弱故也。"①由此可知,至少在阿保机执政时期,契丹朝廷是慎用汉语交谈的。那么,不言而喻,大批入事契丹的汉族或其他民族的官员就非学会或者部分地学会契丹语言不可了。辽还拥有一批既精通汉语,又熟悉契丹语的通事(翻译官),如刘昫、耿崇美、高彦英、高模翰等,他们都曾在五代时期充当过沟通契丹与中原王朝的高级翻译官。

　　虽然契丹文的使用范围主要在官方和契丹贵族之间,但契丹字的创制和契丹文文献的流传对契丹族阅读活动的促进和普及以及辽文化的发展无疑是很有意义的。此外,契丹字的创制也为西夏文、女真文的创制提供了借鉴,而且契丹文的阅读一直延续到金。"女真初无文字,及破辽,获契丹、汉人,始通契丹、汉字,于是诸子皆学之。"②不仅女真贵族纷纷学习契丹字,而且金的官方也使用契丹字,"金人初无文字,国势日强,与邻国交好,乃用契丹字"③。直到女真人仿制契丹字创造了女真字之后,契丹文还被沿用了一段时期,而且国史院还曾专写契丹字。直到明昌二年(1191),金才正式废止使用契丹字。由此可见,女真文化在某种程度上是以契丹文化为借鉴的。

---

① 薛居正等:《旧五代史》卷一三七《外国列传第一》,北京:中华书局,1976年,1831—1832页。
② 脱脱等:《金史》卷六十六《始祖以下诸子》,北京:中华书局,1975年,1558页。
③ 脱脱等:《金史》卷七十三《完颜希尹传》,北京:中华书局,1975年,1684页。

第五节　藏书与阅读

由辽的历史文化背景和地域文化特点、书籍流通和刻印业状况可见，辽的藏书也颇具一定的规模。但由于史料缺乏，我们无法查考出有关辽藏书的很多具体情况，而只能从一些零星记载中窥其一斑。

一、官府藏书

辽中央官府藏书机构有秘书监、崇文馆、乾文阁、国史院、翰林院、观书殿、昭文馆等。秘书监于兴宗重熙年间始置，主要收掌内府经籍图书。乾文阁建于重熙二十三年(1054)。道宗清宁十年(1064)十一月，"诏求乾文阁所阙经籍，命儒臣校雠"①。辽兴宗时设国史院，负责撰修国史，亦有藏书。

管理中央官府藏书者多是汉族文人学士，如幽州安次人韩延徽，太祖阿保机任他为"崇文馆大学士"，令其主管朝廷经籍图书，教授诸王读书学习。中央官府藏书的读者主要是皇室成员和上层官员。

二、学校藏书

学校藏书主要指官学藏书。辽的官学，中央有国子监和太学，地方有府、州、县学。其中的国子监分别设在上京、中京、西京和南京。此外，在五京中还有五京学，并设有博士和助教。道宗清宁元年

---

① 脱脱等：《辽史》卷二十二《道宗二》，北京：中华书局，1974年，264页。

(1055),"诏设学养士,颁《五经传疏》,置博士、助教各一员"①。

三、私人藏书

辽的藏书家主要是契丹贵族和汉族知识分子,在契丹贵族中以耶律倍最为著名,藏书也最为丰富。

耶律倍(899—936),辽太祖阿保机的长子。自幼嗜读好学,手不释卷,工诗善画。"通阴阳,知音律,精医药、砭焫之术。工辽、汉文章,尝译《阴符经》。"②他是契丹贵族中最具有儒学文化素养的代表。耶律倍酷爱藏书,曾先后在两个地方建立了藏书楼。一是在他被软禁的南京(今辽宁省辽阳市),于927年前后,"起书楼于西宫"③。二是在他隐居的医巫闾山(今辽宁省北镇市和义县之间)绝顶之大望海山(最高峰海拔866.6米),建万卷藏书楼——望海堂。望海堂修建的时间比西宫还早,而且规模更大。"倍初市书至万卷,藏于医巫闾绝顶之望海堂。"④这是当时契丹国最大的藏书楼,现遗址犹存,亦是中国东北地区最早的私人藏书楼。望海堂建于契丹建国之初,距今有一千多年的历史。当时的契丹国诸事正处草创时期,战争连年,还来不及大量出版图书。耶律倍为搜求图书,往往不顾长途跋涉,并经常派人前往中原购书。在当时战乱频仍的环境下,其藏书能有万卷之余,实为不易。而且他的藏书中有许多"异书、医经,皆中国(中原)所无者"⑤。这反映出其藏书之富、之精,亦反映出耶律倍读书之广博,鉴赏之精湛。他的读书与藏书对辽初期文化教育水平的提高乃至民族融合起

---

① 脱脱等:《辽史》卷二十一《道宗一》,北京:中华书局,1974年,253页。
② 脱脱等:《辽史》卷七十二《宗室》,北京:中华书局,1974年,1211页。
③ 脱脱等:《辽史》卷七十二《宗室》,北京:中华书局,1974年,1210页。
④ 脱脱等:《辽史》卷七十二《宗室》,北京:中华书局,1974年,1211页。
⑤ 欧阳修:《新五代史》卷七十三《四夷附录第二》,北京:中华书局,1974年,901页。

到了积极的引导和示范作用。

契丹贵族藏书家中的另一位代表人物是秦晋国妃萧氏。萧氏（1001—1069），出自皇族，母亲是景宗耶律贤之女，父亲是北宰相萧曷宁。萧氏"幼而聪警，明晤若神，博览经史，聚书数千卷，能于文词，其歌诗赋咏，落笔则传诵朝野，脍炙人口"①，有《见志集》若干卷行于世。由此可见，萧氏是契丹女性中好读能文、热爱藏书的杰出代表，其藏书之富和读书之博也自幼受到了家庭的影响，亦可见其父母也都是好读富藏者。

随着契丹汉化趋势的不断深入，辽的契丹人中也不断涌现出许多热爱汉文化，精通儒家经典，工诗能文的博学之士。虽然这些契丹知识分子数量不及汉人多，但他们作为统治民族，一是有着丰厚的财力和优越的条件可以购书、藏书，二是他们的读书、藏书活动对契丹族乃至整个辽的文化教育发展起着积极的作用。但由于史料缺乏，我们也只能间接地看到一些情况。

萧韩家奴，"博览经史，通辽、汉文字"，曾将多种汉文典籍译为契丹文，有《六义集》行世。② 耶律庶成，"幼好学，书过目不忘。善辽、汉文字，于诗尤工"③。他不仅工诗善赋，而且对辽的国史编修做出了重要贡献。耶律蒲鲁，耶律庶成侄子，嗜读好学，"博通经籍"④。奚人萧蒲奴，"聪敏嗜学，不数年，涉猎经史"⑤。萧惟信，其父高八，多智数，博览古今。⑥ 此外，还有耶律国留、耶律资忠、耶律庶箴、耶律良、耶律宗政等，也都是熟读经传，博通文史的饱学之士。从他们的学识和读

---

① 陈觉：《秦晋国妃墓志铭》，见陈述《全辽文》卷八，北京：中华书局，1982 年，193—194 页。
② 脱脱等：《辽史》卷一〇三《文学上》，北京：中华书局，1974 年，1445—1450 页。
③ 脱脱等：《辽史》卷八十九《耶律庶成传》，北京：中华书局，1974 年，1349 页。
④ 脱脱等：《辽史》卷八十九《耶律庶成传》，北京：中华书局，1974 年，1351 页。
⑤ 脱脱等：《辽史》卷八十七《萧蒲奴传》，北京：中华书局，1974 年，1335 页。
⑥ 脱脱等：《辽史》卷九十六《萧惟信传》，北京：中华书局，1974 年 1400 页。

书范围来推断,他们的藏书也一定会很丰富。

汉族文人学士是辽私人藏书的主体。他们作为汉文化的主要继承者和传播者,其读书与藏书活动代表着辽文化教育发展的水平。一般来说,汉族知识分子都有藏书,只是规模和数量不同而已。藏书是他们借以安身立命,从事学术文化活动的物质条件。而辽统治者从一开始就十分重视网罗汉族知识分子,或对其委以重任,或将其倚为谋士,或令其主持文化教育,在统治管理阶层,形成了一个庞大的汉族文人学士群体。特别是燕云地区有着深厚的汉文化基础,这里文教事业发达,读书向学风气浓厚,人文荟萃,学士辈出,是辽藏书家最集中的地区。不过,由于史料缺乏,我们也只能从一些零星的记载中略窥其面貌。

南京(今北京)人室昉,会同初进士,官至枢密使兼北府宰相,自幼谨厚笃学,读书勤苦,"不出户外者二十年,虽里人莫识,其精如此"①。他既然能"不出户外"而读书20年,就必定会有丰富的藏书。道宗时的名相王师儒,曾为道宗讲解"五经",并长期担任皇太子伴读。在一次接待北宋使者、学界名人钱勰时,王师儒"相与论六经子史及□□□□山南异物医卜之书,公无所不知者"②。由此可见其读书之博,藏书之富。史洵直,清宁八年(1062)进士,官至左谏议大夫,"内典、医方、音律、星纬、书数、射御无不精妙。……退食之余,安坐静室,则唯群籍拥榻而已"③。南院枢密使萧融,"好读书,亲翰墨,尤善丹青,慕唐裴宽、边鸾之迹,凡奉使入宋者,必命购求,有名迹不惜重价装潢即就,而后携归本国"④。官至奉陵军节度使的王泽,辞官后,杜门不复仕,信奉佛教,"间年,看《法华经》千三百余部,每日持《陁罗尼》数

---

① 脱脱等:《辽史》卷七十九《室昉传》,北京:中华书局,1974年,1271页。
② 南抃:《王师儒墓志铭》,见陈述《全辽文》卷十,北京:中华书局,1982年,291页。
③ 耶律石柳:《史洵直墓志铭》,见陈述《全辽文》卷十一,北京:中华书局,1982年,319页。
④ 厉鹗:《辽史拾遗》卷二十一,丛书集成初编,北京:中华书局,1985年,408页。

十本,全藏教部,读览未竟"①。宦官王继恩,棣州人,"通书及辽语,好清谈,不喜权利,每得赐赉,市书至万卷,载以自随,诵读不倦"②。一位宦官如此热爱读书与藏书,不要说辽,就是在整个中国历史上也属少见。

关于辽的寺院和道观藏书及其阅读活动的情况,将在下面的内容中给予讨论,这里不再涉及。

第六节 佛(道)教与阅读

有辽一代,佛教盛行。佛教作为辽文化的重要组成部分和显著特点,对辽的阅读活动产生了重要影响。此外,虽然辽道教的规模和影响远不及佛教,但其藏书和阅读亦有所存在和发展。

一、佛教读物

辽佛教的盛行与发达,必然使佛学读物大量产生并广泛流传,构成辽阅读的一大特点。如《全辽文》中关于佛教的文献,包括碑铭、碑记、塔记、幢记、造经题记及序文杂著等有 260 余篇,占全部文献的三分之一。文献的作者除僧侣外,很多是俗家文人学士。抛开这类文献由于载体和其他因素而容易保存这个原因外,其亦反映出辽佛教的繁荣和兴盛。而其中的造经题记和经幢记有 90 余篇之多,这也是辽佛经刻印繁盛状况的一个反映。辽的佛教读物从来源、性质看,可分为

---

① 王纲:《王泽墓志铭》,见陈述《全辽文》卷七,北京:中华书局,1982 年,165 页。
② 脱脱等:《辽史》卷一〇九《宦官》,北京:中华书局,1974 年,1480—1481 页。

两类:一是由宋和周边国家传入并经抄写、翻译或刻印的佛经,这是辽佛经的主要来源和数量最大、最主要的佛教读物;二是辽僧人撰写的佛教经典以及有关的工具书和通俗读物。

宋朝不仅向辽传播了儒学,而且是辽佛学和佛教经典的主要来源地区。在辽从宋传入并刊刻的佛经中,规模最大、在辽佛教史和佛教阅读史上具有重大意义的是咸雍四年(1068)在南京(今北京)刻印的579帙《大藏经》(《契丹藏》)。这是继北宋初年雕印《大藏经》之后,对佛教经典的又一次大规模汇辑、整理和刊印。辽不仅把这部《大藏经》散施于国内,而且多次赠送与高丽,如咸雍八年(1072)十二月,"庚寅,赐高丽佛经一藏"①。

除了宋朝大量向辽输入佛经外,西夏和高丽也曾向辽进佛经。如咸雍三年(1067)十一月,夏进回鹘僧、金佛、《梵觉经》。② 寿昌元年(1095)十一月,夏进贝多叶佛经。③ 大康九年(1083)十一月,"诏僧善知雠校高丽所进佛经,颁行之"④。至于佛经的翻译,辽是否有译经院,不见记载,但辽曾有中天竺摩揭陀国慈贤,任"大契丹国师",共译出密教经典十部。⑤

佛教的繁荣促进着佛经的生产和流传,佛经的流传与阅读促进着佛学的繁荣,佛学的繁荣使辽产生了一批造诣很高的佛学学者和高僧。这些学者和高僧为传播与弘扬佛教文化,在佛学研究上做出了卓越的贡献,其著述之丰,影响之大,为历史上所少见。这些著作既是辽佛学阅读与研究的结果,也丰富了辽佛学读物的内容,促进了佛学阅

---

① 脱脱等:《辽史》卷二十三《道宗三》,北京:中华书局,1974年,274页。
② 脱脱等:《辽史》卷二十二《道宗二》,北京:中华书局,1974年,267页。
③ 脱脱等:《辽史》卷二十六《道宗六》,北京:中华书局,1974年,308页。
④ 脱脱等:《辽史》卷二十四《道宗四》,北京:中华书局,1974年,289页。
⑤ 朱子方:《辽代佛学著译考》,见陈述《辽金史论集》第二辑,北京:书目文献出版社,1987年,175—198页。

读活动的发展。如穆宗时的高僧道㲀,苦心钻研密宗佛学,著有《显密圆通成佛心要集》《供佛利生仪》等;圣宗时的高僧、佛学大师诠明一生著述甚丰,其中有《法华经会古通今钞》《金刚般若经宣演科》《宣演会古通今钞》等数十卷,高僧非浊著《往生集》20卷;高僧法悟曾主持中京报恩寺,颇耽释典,撰《释摩诃衍论赞玄疏》五卷,该书后被日本刊入《续藏》。① 南京(今北京)僧人希麟撰《续一切经音义》10卷,为《开元释教录》以来的佛经注音,是一部阅读佛经的工具书。它与另一部佛学字书《龙龛手鉴》齐名。《龙龛手鉴》为幽州高僧行均撰。该书的编撰动因是,要晓佛理首先要准确译佛经,要准确译佛经又要首先正确使用汉文,了解汉字的形、音、义。全书共收26430余字,于辽统和十五年(997)成书。作为一部佛学字书,它在辽的佛学读物中,无论是功能与用途,还是编制规模与编排体例,都有其独特之处与可读性,对佛教在辽的传播与普及起到了重要的作用。据统计,有辽一代的佛学著译有98种,另有存疑14种。②

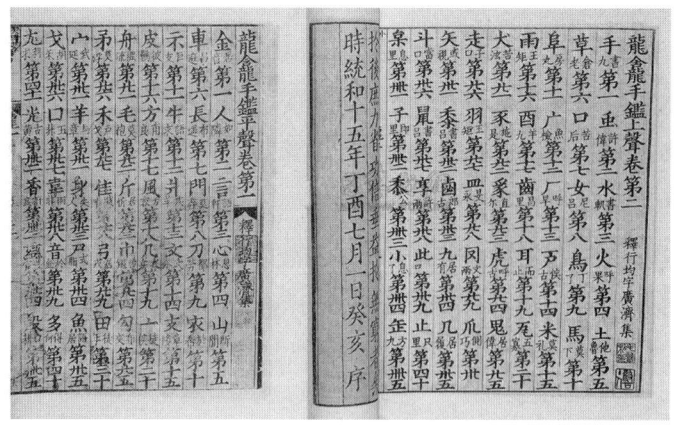

《龙龛手鉴》内页

---

① 陈述:《全辽文·著者索引》,见《全辽文》,北京:中华书局,1982年,405页。
② 朱子方:《辽代佛学著译考》,见陈述《辽金史论集》第二辑,北京:书目文献出版社,1987年,175—198页。

为了劝诱听众信奉佛教,把佛教经义通俗化,取佛经中的富有文学意味的故事,以寺院为表演场所,有说有唱地加以通俗演绎,所以就产生了讲经文、变文这种通俗的话本。它尽管是说唱的底本,但无疑会作为一类读物,经抄写或刻印而流传开来,构成佛教阅读的一种重要内容和方式。当然,在辽这样一个佛教普及程度很高的历史时期,它也是大众阅读的主要内容之一。1974年山西应县佛宫寺木塔发现的写本中就有这种文学作品,如《大乘杂宝经》《五言唱词》《杂抄》等就属于这类读物。①

这类读物既传播和普及了佛教教义,也促进了社会大众的阅读活动,当然更是一种易于让人接受、社会效果良好的教育读物。

二、僧人与信徒

辽佛教的发达和对阅读活动的促进,不仅表现为佛学读物出版业发达,读物种类之多、数量之大、流传之广,而且表现为僧人信徒之众、读书治学风气之浓、僧人文化修养之高和名师高僧辈出。

辽上自皇帝,下至百姓,佛教信奉者之众难以数计。早在建国初期,太祖阿保机就诏建孔庙、佛寺、道观,并令家人前往拜谒。阿保机之后的每一个皇帝也无一不笃信佛教和提倡佛教。特别是道宗耶律洪基,他本人不仅是一个虔诚的佛教徒和修养很高的佛经读者,而且能够为诸京僧徒及其群臣,执经亲讲。他还著书立说,鼓励阅读。如咸雍四年(1068)二月,"癸丑,颁行御制《华严经赞》"②。咸雍八年(1072)七月,"丁未,以御书《华严经五颂》出示群臣"③。大康元年

---

① 史树青:《应县佛宫寺木塔发现的辽代俗文学写本》,载《文物》,1982年第6期,34—39页。
② 脱脱等:《辽史》卷二十二《道宗二》,北京:中华书局,1974年,267页。
③ 脱脱等:《辽史》卷二十三《道宗三》,北京:中华书局,1974年,274页。

(1075),"三月乙巳,命皇太子写佛书"①。

僧人和普通信徒,早在辽初,就"别作一城,以实汉人,名曰汉城,城中有佛寺三,僧尼千人"②。之后,经过辽统治者大力提倡并身体力行地发展佛教,辽的僧人信徒之众至道宗耶律洪基达到高峰。道宗"一岁而饭僧三十六万,一日而祝发三千"③。其场面之宏大,可谓空前绝后。辽最后一个皇帝天祚帝每年四月廿九日做道场一昼夜,延僧一万人,诵《法华经》十万部,读诵《金光明经》二千部。④ 僧人信徒之众,也说明佛经读者之众。佛寺中的僧尼,多数都是汉族出身。如《胡峤陷北记》载,胡峤当时在上京所见,"宦者,翰林、伎术、教坊、角觗、秀才、僧尼、道士等,皆中国(中原)人,而并、汾、幽、蓟之人尤多"⑤。如燕京人王泽、李氏夫妇一家,他们的两个儿子皆登进士第,并在朝廷任官。李氏本人"近于佛乘,净信三归,坚全五戒"。他们的三个女儿中有两个出家,并"诵全部莲经,习讲经律"。⑥ 王泽为开泰十年(1021)进士,素重佛乘,淡于权利。其妻李氏去世后,杜门不仕,"看《法华经》千三百余部,每日持《陁罗尼》数十本,全藏教部,读览未竟"⑦。由此可见,他虽然没有出家,但更是一个手不释卷的虔诚读者。这个家庭是辽的一个典型的佛教之家,是汉族士人家族"慕道崇儒,敬佛睦族"之杰出代表。这除了说明契丹僧人信徒数量多之外,也反映出它受汉族传统习俗影响之深,而且汉族人普遍要比契丹及其他少数民族人文化修养高,而僧人信徒又普遍地比世俗百姓的文化修养高。这就更决定了僧人信徒是辽的主要读者群体和文化的传播者。

---

① 脱脱等:《辽史》卷二十三《道宗三》,北京:中华书局,1974年,276页。
② 薛居正等:《旧五代史》卷一三七《外国列传第一》,北京:中华书局,1976年,1830页。
③ 脱脱等:《辽史》卷二十六《道宗六》,北京:中华书局,1974年,314页。
④ 郑皓:《张世卿墓志铭》,见陈述《全辽文》卷十一,北京:中华书局,1982年,326—327页。
⑤ 叶隆礼:《契丹国志》卷二十五《胡峤陷北记》,上海:上海古籍出版社,1985年,238页。
⑥ 王泽:《李氏墓志铭》,见陈述《全辽文》卷七,北京:中华书局,1982年,161页。
⑦ 王纲:《王泽墓志铭》,见陈述《全辽文》卷七,北京:中华书局,1982年,165页。

在僧侣中，由于文化水平、经济基础乃至政治地位和背景的不同，他们分属于不同的阶层。一般僧尼只能晨昏梵呗；上层高僧则有不少人精通佛典，熟读儒书，工诗能文。他们既是文化上的高级阶层，也是经济和政治上的贵族和统治者。就文化而言，佛教徒把释家经典称为内学，把除此之外的其他文化知识和学问统称为外学。辽僧精内典者甚多，而且著述宏富，影响广泛，如道殿、诠明、非浊、法悟、思孝、澄渊、觉苑、慈贤、志德、德云、志福、守臻、鲜演、志实、志延、道㲀、常真等。① 此外，博通外学的释子亦不少。如丰阳玄心寺的和尚了洙，"研讨六艺子史之学，掇其微妙，随所意得，作为文辞，而缀辑之。积数十岁，不舍铅素，浸然声闻，流于京师"②。又如高僧觉苑著《大日经义释演密抄》，广征儒书、经史，旁及子、集，以证释典。③ 还有高僧郎思孝，曾经举进士第，"一日，厌弃尘俗，祝发披缁。已而行业超绝，名动天下"。他不仅有佛学著作行世，而且在文学上亦有很高造诣，擅长诗文，有《海山文集》行世。兴宗时，他曾被赐予"崇禄大夫守司空辅国大师"称号，以至"自国主以下，亲王贵主，皆师事之"。④ 此外，还有前面提到的著名的《续一切经音义》的作者希麟和《龙龛手鉴》的作者幽州沙门行均，他们在文字、音韵学方面多有创新，也都是寺院里培养出来的专家学者。辽僧人文化修养之高，从《全辽文》中也可见一斑。《全辽文》中有许多幢记、题记、碑铭、塔记、墓志都是由这些高僧撰写的。这些文采斐然、言简意赅的文章既记述了辽佛教发展的盛况、高僧的生平与行状，也反映了作者本人的文史修养和文化水平。

---

① 朱子方：《辽代佛学著译考》，见陈述《辽金史论集》第二辑，北京：书目文献出版社，1987年，175—198页。
② 杨丘文：《柳溪玄心寺洙公壁记》，见陈述《全辽文》卷十，北京：中华书局，1982年，282页。
③ 陈述：《辽代教育史论证》，见《辽金史论集》第一辑，上海：上海古籍出版社，1987年，140—158页。
④ 陈述：《全辽文·著者索引·郎思孝》，见《全辽文》，北京：中华书局，1982年，411页。

三、寺院阅读

辽佛教极盛，名刹伽蓝遍布境内。其中的著名佛寺主要集中在五京等主要城市。如上京有天雄、大广、节义、安国、兴王、弘福诸寺，东京有金德、大悲、赵头陀诸寺，中京有感圣、报恩、镇国诸寺，南京有奉福、悯忠、天王、大延寿、法源、天宁诸寺，西京有华严、善化诸寺。由于城市人口相对密集、文化层次相对较高，所以，城市内寺院的集中更加速了佛教的传播，也更促进了寺院文化教育功能的发挥。

寺院既有雄厚的经济基础，又是文化传播的重要场所。无论是在寺院内僧人信徒研读佛典、日常念诵，还是高僧们对经、史、子、集的博览研读，乃至寺院和僧人通过通俗读物和其他形式对信徒和大众进行的教义宣讲和文化传播活动，每一所寺院都是一个文化传播和教育的场所。特别是在地广人稀、交通闭塞、文化落后的草原上，寺院阅读活动既是阅读活动的唯一或重要形式，又成为茫茫草原上的一道独特的人文景观。

寺院里的佛学阅读，辽承袭唐制，以经、律、论为三学。中京、南京均建三学寺，"择僧行清高者为纲首，举诸郡内经、律、论学优者为三法师。凡取经律论师，差官考试，于各宗出题答义，中选取者三人为三宗法师"①。这种办法一直延续到金元时期。三学寺成为佛教的最高学府。在学习过程中，主要从讲解、修持、讽诵三方面进行培养和提高，这无论是形式还是内容，其实质都是文化教育和阅读活动。寺院和高僧不仅通过这样来培养佛学人才，还通过各种形式点化信教民众，指导他们阅读。所以，除了寺院里这种高层次的佛学阅读外，对于一般的信徒，特别是对于普通民众，佛教对他们日常生活的影响便是念佛

---

① 陈述：《辽代教育史论证》，见《辽金史论集》第一辑，上海：上海古籍出版社，1987年，140—158页。

诵经，日不暇给。一些豪门大族更是在日常诵经之外，还经常做一些道场，延请名寺高僧上坛诵读佛教经典，讲经弘法。此外，如前所说的那些通俗化的佛经俗讲变文也是大众阅读的主要内容和寺院阅读的重要形式。

在寺院里的文化知识学习和阅读能力训练方面，就培养一位高僧的过程来讲，需经过一套严格的训练和考验，其中包括阅读能力的培养和文化知识的学习。启蒙识字，首先学汉文，学汉文就离不开《三字经》《百家姓》《千字文》《蒙求》《论语》之类的读物。通过对这些教材的阅读和学习，打下汉文阅读能力的基础。只有具备通解汉文的阅读能力，才能顺利地阅读经典，理解经义。佛教五明中的声明，就相当于汉学中的小学、训诂、目录学。辽高僧中有不少是精于声明之学的，如前面提到的燕京崇仁寺沙门希麟、幽州沙门行均等。总之，寺院既是辽佛教阅读的组织者，又是辽阅读活动的一个重要场所，在辽的文化教育和学术发展中发挥着重要的作用。

综上所述，在统治者的大力倡导和推动下，佛教在辽得到了空前发展。从佛教读物的大量产生和传播，僧人和信徒之众，到寺院伽蓝遍布境内，佛学阅读繁荣兴盛，佛教已成为辽文化的显著特点，与之有关的阅读活动也成为辽阅读文化的重要组成部分。

四、道教与阅读

辽的道教，其规模和影响要远比佛教小得多，所以其藏书和阅读活动鲜有史料记载。但从辽统治者提倡和信奉道教来看，辽的道教藏书和阅读亦有一定规模和发展。如神册三年(918)五月，太祖阿保机"诏建孔子庙、佛寺、道观"①，"四年秋八月丁酉，谒孔子庙，命皇后、皇

---

① 脱脱等：《辽史》卷一《太祖上》，北京：中华书局，1974年，13页。

太子分谒寺观"①。景宗第三子隆裕,"自少时慕道,见道士则喜,后为东京留守,崇建宫观,备极辉丽,东西两廊,中建正殿,接连数百间。又别置道院,延接道流,诵经宣醮,用素馔荐献,中京往往化之"②。圣宗隆绪"至于道释二教,皆洞其旨"③。兴宗宗真亦好道,"常夜宴,与刘四端兄弟、王纲入伶人乐队,命后妃易衣为女道士"④。

第七节 教育与阅读

契丹族虽然起自朔漠,逐水草而居,以游牧射猎为生,但在建国之后,随着社会政治、经济的发展,出于巩固政权、发展经济和文化建设的需要,也积极地模仿中原体制,发展各类教育。这不仅为辽乃至后来的金培养了许多有用的人才,而且推动了辽阅读活动的发展,提高了辽社会的文化水平。

一、历史背景

辽境内,北方草原和南方燕云地区社会历史发展的差异,导致了文化教育和阅读发展水平的差异。北方草原牧区是契丹族的发源地,知识传授方式一直比较原始,更无从谈起文化教育。生产和生活知识、经验通过父子或家庭,在生产和生活实践中传授。太祖时期,虽然制成了契丹大、小字,但只为上层贵族中的少数人学习和掌握,所以在

---

① 脱脱等:《辽史》卷二《太祖下》,北京:中华书局,1974年,15页。
② 叶隆礼:《契丹国志》卷十四《齐国王隆裕》,上海:上海古籍出版社,1985年,153页。
③ 叶隆礼:《契丹国志》卷七《圣宗》,上海:上海古籍出版社,1985年,72页。
④ 叶隆礼:《契丹国志》卷八《兴宗》,上海:上海古籍出版社,1985年,83页。

辽的二百余年间,契丹人中绝大部分是文盲。

南方燕云地区,由于在地理位置上接近中原,所以保存了中原的文化传统,特别是燕蓟地区,"水甘土厚,人多技艺,秀者学读书,次则习骑射"①,文化气息浓厚,教育事业发达。当然,对读书来说,由于经济和政治地位的差异,不同阶层的人还是有所区别的。地主以及上层贵族子弟,一般攀缘科举,由此可进入官僚阶层,成为统治阶级的人才。一般平民百姓的读书目的,则是获取生产和生活必需的一些文化知识,如簿记、契据等。在这样的历史地理和社会文化背景下,辽无论是官学、私学,还是科举考试,都表现出了它自己的特点,并对阅读活动产生了重要影响。

二、官学

辽的官学主要有中央和地方两种类型。中央官学是指国子监和太学。太宗时期,在上京置国子监,神册三年(918)建孔子庙。这是契丹人在祖国北方草原上的创举。建国子监的还有中京和西京。清宁六年(1060)六月,"中京置国子监,命以时祭先圣先师"②。西京的国子监则以宏伟、宽敞和幽静闻名。太宗时,在南京(后称燕京,今北京)设立了太学。③ 这是后唐太原节度使石敬瑭为了夺取后唐的天下,向辽进献燕云十六州后,由幽州州学升格而成的。圣宗时,由于太学生员不断增多,出现供养不足的矛盾,因此统和十三年(995),圣宗特赐水碾庄一区,④以扩校舍。道宗以后,五京城市除设置国子监外,还设

---

① 叶隆礼:《契丹国志》卷二十二《南京》,上海:上海古籍出版社,1985年,217页。
② 脱脱等:《辽史》卷二十一《道宗一》,北京:中华书局,1974年,258页。
③ 脱脱等:《辽史》卷四十八《百官志四》,北京:中华书局,1974年,807页。
④ 脱脱等:《辽史》卷十三《圣宗四》,北京:中华书局,1974年,147页。

置了学校——五京学,并设有博士和助教。① 到清宁元年(1055),道宗"诏设学养士,颁《五经传疏》,置博士、助教各一员"②。

属于地方的府、州、县学校,据《辽史·百官志》所记,黄龙府、兴中府都有府学,均设博士、助教;各州县有州学、县学,也设博士、助教。其中涿州州学的设置较早。开泰元年(1012),"归州言其居民本新罗所迁,未习文字,请设学以教之,诏允所请"③。圣宗之后,设学渐多,上自中央五京的国子学,下至各府、州、县,均设学校。道宗耶律洪基更是"劝农兴学,救灾恤患,粲然可观"④。应州州学、滦州州学就是在道宗清宁年间所建的。大公鼎任良乡县令时,"建孔子庙学,部民服化"⑤。天祚帝统治时期,辽地方官学仍在发展,如耶律孟简任高州(今内蒙古赤峰市附近)观察使时,"修学校,招生徒"⑥。

五京城市及地方府、州、县学校教育的发展无疑促进了这些城市及地区阅读活动的发展,促进了社会文化水平的提高和人文气氛的养成。契丹人也受到了儒学文化的熏陶,这为后来的文化教育发展奠定了基础。

三、私学

私学一般是指私人开办的学校,主要有私塾、经馆和书院三种类型。这里把辽的私学分为家传和师授两种方式。就家传而言,古代无数的文人学者、饱读之士都不同程度地受益于家庭的启蒙和熏染,家庭是他们最早接触文字和书本的课堂,是他们读书治学的起点,当然

---

① 脱脱等:《辽史》卷四十八《百官志四》,北京:中华书局,1974年,807页。
② 脱脱等:《辽史》卷二十一《道宗一》,北京:中华书局,1974年,253页。
③ 脱脱等:《辽史》卷十五《圣宗六》,北京:中华书局,1974年,172页。
④ 脱脱等:《辽史》卷二十六《道宗六》,北京:中华书局,1974年,314页。
⑤ 脱脱等:《辽史》卷一〇五《能吏传》,北京:中华书局,1974年,1460页。
⑥ 脱脱等:《辽史》卷一〇四《文学下》,北京:中华书局,1974年,1457页。

也更是培养他们良好品德和坚强意志的摇篮。辽的家庭教育和读书风气也秉承了中国耕读传家的优良传统，注重对子女从小进行读写能力训练，为其日后成才打下坚实的基础。有许多人，或得益于家庭的启蒙，或完全受益于家庭传授，从而成长为辽的栋梁之材。如耶律孟简，六岁时，父亲就让他作诗，后任高州观察使及昭德军节度使。邢抱朴与其弟邢抱质自幼受经于母亲陈氏，后皆以儒术显。景宗时的户部吏及武定、开运二军节度使刘景家庭可谓书香门第，其父刘守敬曾任南京副留守，他本人"资端厚，好学能文"。其子慎行曾任北府宰相、监修国史。其孙六人中，有三人进士及第。[1] 耶律庶成与其弟耶律庶箴、其子耶律蒲鲁都是幼好学，通辽、汉文字，善属文，从小就受到良好的家庭教育者。此外，还有汉族人中的杨晳、杨佶、王鼎等人也都受家庭影响，自幼就熟读经典、工诗能文。

有教师指导授业的私塾式教育在辽也很发达。私塾教学注重因材施教，强调记忆和背诵，注重基本知识的积累和阅读能力的训练，很适合对儿童进行启蒙教育，更适宜于对古典文史知识的学习和掌握。辽从帝王将相到平民百姓，许多人的文化知识得自这种古老、传统而有效的教学方式。在汉族生活区，特别是在南方的燕云地区，中原传统的村学塾庠会在这里保存下来，可能有村学私塾之类的教学形式。虽然目前还没有发现有关村学的直接记录，但从当地留下的契据、志文等文化遗迹可看出当时的村学文化程度。[2] 许多契丹人就是通过私塾式的教学方式识字断文，学会阅读汉典，掌握中原先进的科学和文化知识的。如萧蒲奴，"幼孤贫，佣于医家牧牛。伤人稼，数遭笞辱"，后来医者"教以读书，聪敏嗜学。不数年，涉猎经史，习骑射。既冠，意气豪迈"。[3] 由

---

[1] 脱脱等：《辽史》卷八十六《刘景传》，北京：中华书局，1974年，1322—1323页。
[2] 陈述：《辽代教育史论证》，见《辽金史论集》第一辑，上海：上海古籍出版社，1987年，140—158页。
[3] 脱脱等：《辽史》卷八十七《萧蒲奴传》，北京：中华书局，1974年，1335页。

此可见，只有读书才能使一个孤苦伶仃的放牛娃成长为一个意气豪迈的男子汉。辽皇室子弟的文化水平往往高出时人，这与他们从小就接受专门的贵族式教育有很大关系。如前所述的太宗长子突欲、圣宗耶律隆绪、道宗耶律洪基，以及萧观音、萧瑟瑟、萧绰、秦晋国妃等，他们从小就有饱读之士侍读左右，讲读疏解，传道授业。即使是皇帝，也经常有文人学士为他们讲解"五经"大义和其他史书汉典，以至他们都有着很高的汉文水平和儒学修养。

四、课本

学校的设立和其他各种形式教育活动的开展都是以汉文为教学内容和阅读对象的。这无疑会促进儒学书籍的阅读和儒家思想的传播。就目前所知，辽所用的课本和教材除了史书所载官方曾颁布的中原传统的教科书《五经传疏》外，还有《史记》《汉书》这样浸染着儒学精神的中原典籍。民间学习课本，唐宋以来，一般均用《论语》《孝经》，"小儿学问止《论语》，大儿结束随商旅"①。此外，1974年7月28日在山西应县佛宫寺木塔出土的辽印刷品中有唐李翰编撰的《蒙求》一卷。《蒙求》是采辑历史人物言行故事，特别是经传中的善恶事例，编成四言韵语，以便儿童诵习的启蒙课本。该读本共约三千言。唐人李华在序中曰："安平李翰著《蒙求》一篇，列古人言行美恶，参之声律，以授幼童，随而释之，比其始终，则经史百家之要，十得其四五矣。推而引之，源而流之，易于讽习，形于章句，不出卷而知天下，其《蒙求》哉。"②如其开头云：

---

① 杜甫著，杨伦笺注：《杜诗镜铨》卷十二《最能行》，北京：中华书局，1962年，602页。
② 毕素娟：《世所仅见的辽版书籍——〈蒙求〉》，载《文物》，1982年第6期，20—28页。

> 王戎简要,裴楷清通。
> 孔明卧龙,吕望非熊。
> 杨震关西,丁宽易东。
> 谢安高洁,王导公忠。
> 匡衡凿壁,孙敬闭户。
> 郅都苍鹰,宁成乳虎。
> 周嵩狼抗,梁冀跋扈。
> 郗超髯参,王珣短簿。①

《蒙求》由于语言洗练、押韵,内容生动简要,所以为当时中原和北方学童所喜爱。王重民先生指出:"自中唐至于北宋,是书为蒙童课本,最为通行。"②根据辽汉文化普及与汉文典籍流行情况分析,辽的蒙学读物和中原一样,也是《急就篇》《百家姓》《千字文》以及《太公家教》等读物。其中的《急就篇》和《太公家教》都是唐以后流行的启蒙教材。《急就篇》是西汉史游编撰的一本字书。《太公家教》是一部旨在对儿童进行伦理道德教育的读本,凡580余句,2610多字。语句多摘自《礼记》《孝经》《论语》诸篇,全书贯穿了忠孝、爱人、修身、勤学等儒家思想,如:

> 小而学者,如日出之光;长而学者,如日中之光;
> 老而学者,如日暮之光;老而不学,冥冥如夜行。
> 勤是无价之宝,学是明月神珠。

王重民先生说:"《太公家教》是从中唐到北宋初年最盛行的一种童蒙教材。大概说来,自从第八世纪的中叶直到第十世纪的末年(750—1000)通用在中国本部;第十一世纪到第十七世纪的中叶(1000—

---

① 李翰:《蒙求》,见彭定求等《全唐诗》卷八八一,北京:中华书局,1999年,10033页。
② 王重民:《敦煌古籍叙录》卷三《李氏蒙求》,北京:中华书局,1979年,207页。

1650），还陆续不断地被中国北部和东北的辽、金、高丽和满洲各民族内说各种语言的儿童们采用。"① 另外，说到蒙童读物，20 世纪 50 年代，在发掘出来的辽画像石墓中，有一些描绘二十四孝故事的画像，如"闻雷泣墓""孟宗哭竹""董永卖身葬父""王祥卧冰求鱼""郭巨为母埋儿"等。② 这说明中原的民间传说及绘画读本早已在辽境内广泛流传了。

以上所述，都是以汉文为阅读对象的教育活动。辽既然在建国初就创制了契丹字，那么是否也有以契丹文为阅读对象的契丹字学校？这虽然没有见到明确记载，但从契丹字在辽官员中的普及情况看，应该是有专门的学校的，否则契丹字的传授与阅读就只能依靠家庭教育的方式了。何况，当时的高丽也曾几次派儿童到辽学习契丹语言文字。这种留学式的教育更应该是在学校内进行的。

五、科举

辽太宗耶律德光会同初年，辽大规模地获得了汉地和汉民，社会的政治、经济和文化发生了变化。为了巩固自己的统治，管理好人口数量占多数的汉族百姓，辽也开始采用科举选士的方式。"会同初，（室昉）登进士第，为卢龙巡捕官。"③ 此后，从圣宗统和六年（988）开始，辽基本每年一次放进士。据《辽史》诸帝纪记载，包括辽末耶律淳在燕京建立的北辽政权，辽共放进士 55 次，每次从一两人到百余人不等，55 次总计人数为 2338 人。④

---

① 王重民：《敦煌古籍叙录》卷三《太公家教》，北京：中华书局，1979 年，220 页。
② 王增新：《辽宁辽阳县金厂辽画像石墓》，雁羽：《锦西大卧铺辽金时代画像石墓》，载《考古》，1960 年第 2 期，25—33 页。
③ 脱脱等：《辽史》卷七十九《室昉传》，北京：中华书局，1974 年，1271 页。
④ 杨若薇：《辽朝科举制度的几个问题》，载《史学月刊》，1989 年第 2 期，33—38 页。

由于辽一贯奉行"以国制治契丹,以汉制治汉人"的政策,所以辽的科举之设,主要是针对汉人和渤海人的,目的是笼络汉族地主知识分子,让他们参与政权建设,以扩充统治集团,从而巩固和加强契丹贵族的统治。所以,应举者仅限于汉人和渤海人,而契丹人应举则治之以罪。这是为了保持契丹人骑射驰骋的尚武传统,以维护他们的统治地位。在契丹统治者看来,如果将主要精力用到读书应举上,则"文才如此,必不能武事"①。在征战和护卫方面,皇族承担着重要的军事责任。所以辽朝廷尤其禁止皇族成员参加科举考试。重熙年间,耶律蒲鲁违规参加科举考试,其父耶律庶箴以"擅令子就科目"之罪名受到了"鞭之二百"②的严惩。不过,契丹人学习汉文、博览经典不在禁止内容之列,否则就不可能有那么多的契丹贵族既精于骑射,又熟读经史,工诗能文,有很高的文化修养。就连参加科举的耶律蒲鲁也是"兼习骑射,在流辈中亦可周旋"③。不过,随着辽社会的发展和契丹族汉化的日益加深,禁止契丹人应举的政策也并非一成不变。辽末年,耶律大石就参加了科举。耶律大石,西辽创立者,"字重德,太祖八代孙也。通辽、汉字,善骑射,登天庆五年(1115)进士第,擢翰林应奉,寻升承旨"④。处于风雨飘摇之际的辽,不仅仍然在不慌不忙地继续倡导读书兴学,进行科举取士,而且还培养出了这样一位才华绝代,文采飞扬,能够以区区二百铁骑,历经艰险,驰骋万里,开疆拓土,在异国他乡建立了西辽(1131—1218)的传奇式人物。

随着社会文化教育水平的提高,辽应举人数也在不断增长,所以朝廷对汉人应举也有了禁限,如辽兴宗重熙十九年(1050)六月壬申,

---

① 脱脱等:《辽史》卷八十九《耶律庶成传》,北京:中华书局,1974年,1351页。
② 脱脱等:《辽史》卷八十九《耶律庶成传》,北京:中华书局,1974年,1351页。
③ 脱脱等:《辽史》卷八十九《耶律庶成传》,北京:中华书局,1974年,1351页。
④ 脱脱等:《辽史》卷三十《天祚皇帝四》,北京:中华书局,1974年,355页。

"诏医卜、屠贩、奴隶及倍父母或犯事逃亡者,不得举进士"①。辽天祚帝乾统五年(1105)十一月又诏:"禁商贾之家应进士举。"②这一点承袭了汉代的惯例,并在以后历代相沿而行。直至清代,都有类似的禁限。这也从反面说明当时社会上各阶层和各行业人物都有参加科举应试的。科举成为他们进身、提高或改变社会地位的主要途径。这也反映了科举在辽社会具有的广泛影响。所以,这些禁令,不仅限制了人才的选拔范围,而且限制了读书人群的范围,不利于社会大众读书之风的形成和文化水平的提高。因为科举毕竟是社会阅读活动的推动器,对社会文化教育的发展和普及具有强大的促进作用。

辽科举考试的科目,史书记载:"程文分两科,曰诗赋,曰经义,魁各分焉。"又载:"圣宗时,止以词赋、法律取士,词赋为正科,法律为杂科。"③李世弼《金登科记序》云:"金天会改元,始设科举,有词赋,有经义,有同进士,有同三传,有同学究,凡五等。……词赋之初,以经传、子、史内出题,次又令逐年改一经,亦许注内出题,以《书》《诗》《易》《礼》《春秋》为次,盖循辽旧也。"④《五经传疏》是中原王朝进行文化教育和思想统治的工具,当然也是培养和选拔人才的必读书和标准教材。此外,辽的科举也学习唐代的办法,以诗出题。关于这方面的情况,史籍上也有一些记载,如圣宗在一次游猎时,曾一箭贯三鹿。时幽州试举人,遂以一箭贯三鹿为赋题。⑤ 重熙五年(1036)十月壬子,兴宗"御元和殿,以《日射三十六熊赋》《幸燕诗》试进士于廷;赐冯立、赵徽四十九人进士第"⑥。如此等等,再从辽皇帝、大臣及其他上层贵族

---

① 脱脱等:《辽史》卷二十《兴宗三》,北京:中华书局,1974年,241页。
② 脱脱等:《辽史》卷二十七《天祚皇帝一》,北京:中华书局,1974年,322页。
③ 叶隆礼:《契丹国志》卷二十三《试士科制》,上海:上海古籍出版社,1985年,227页。
④ 王恽:《秋涧先生大全文集》卷九十七《玉堂嘉话》卷五,四部丛刊集部,5—6页。
⑤ 叶隆礼:《契丹国志》卷七《圣宗天辅皇帝》,上海:上海古籍出版社,1985年,72页。
⑥ 脱脱等:《辽史》卷十八《兴宗一》,北京:中华书局,1974年,217—218页。

文人喜吟诗作赋,并有大量作品流传来看,唐宋诗词在辽很流行,诗歌阅读也是辽阅读的主要内容。

皇帝不仅亲自出题试进士,还对举人、进士的读书治学提出严格要求,如对于经籍的阅读学习,既讲究内容、形式和数量,也讲求质量。如道宗大安五年(1089)三月,"诏析津、大定二府精选举人以闻,仍诏谕学者,当穷经明道"①。

辽的科举除了具有政治方面的社会作用外,还对我国北方社会文化教育的发展和普及起到了促进作用。由于实行科举取士,辽境内,汉族子孙(主要是地主阶级)自小就"习进士业"而刻苦读书、博览经史,形成了浓厚的读书风气。通过科举入仕,在上层贵族中,汉文读者的数量增加了,他们带动了整个辽的汉文阅读,提高了汉文阅读的质量和层次,促进了汉文化在北方的传播与发展。这也为金的文化教育发展贮备了人才,奠定了基础,从而影响着金乃至后来的阅读活动的发展。契丹贵族和其他民族也受此影响和熏染,习读汉文,博览经典,赋诗作文,积极学习汉文化。特别是到了辽末年,契丹贵族耶律大石突破了"契丹人应举,则治之以罪"的禁限,登进士第。这在客观上对北方各民族文化教育水平的提高起到了促进作用,从而也推动着各民族阅读活动的普及和深入。所以,从这个角度来讲,科举取士也成为沟通契丹统治者与汉人地主阶级的一道桥梁。正像宋朝使者路振在辽所看到的情况:"蕃、汉官子孙有秀茂者,必令学中国(中原)书篆(汉字),习读经史。自与辽朝通好以来,岁选人才,尤异聪敏知文史者,以备南使,故中朝声教,皆略知梗概。"②经史阅读与文化教育不仅消弭了契丹、汉民族之间的隔阂,维护了各民族的和平共处,对延续辽的统

---

① 脱脱等:《辽史》卷二十五《道宗五》,北京:中华书局,1974年,298页。
② 陈述:《辽代教育史论证》,见《辽金史论集》第一辑,上海:上海古籍出版社,1987年,140—158页。

治起到了积极的作用,密切联系和沟通了我们祖国的南方和北方,而且使儒家传统文化成为中华各民族难以割裂的纽带和滔滔不绝的生命之河。

从辽的阅读史来看,契丹族自古以来就是中华民族大家庭中的一员,它所建立的政权是地方民族政权。其制度文化、思想观念等都与中原王朝及中华民族有着千丝万缕的联系。契丹族后来逐渐融于中华民族的母体之中,应是历史之必然。

第二章 西夏的阅读

第一节 历史文化背景和阅读特点

西夏是11—13世纪党项羌在中国西北地区建立的一个封建王朝。其所辖范围包括今宁夏、甘肃大部、陕西北部、内蒙古西部和青海东部的广大地区,共历10代帝王,享国190年(1038—1227)。如果从"夏虽未称国,而王其土久矣"①的拓跋思恭所建夏州政权算起,则西夏更是历时347年(881—1227),比同它先后相鼎立的辽、北宋、金和南宋,历时更长久。这样一个长时期屹立于祖国大地上、疆土辽阔的地方割据政权,在其悠久而辉煌的历史发展中,形成了自己独特的历史文化和阅读特点。这种独特的历史文化和阅读特点,既是以党项族为主的西夏各族人民经过长期的社会实践所形成的社会文明,又是以党项族为主的西夏政权能够长时期存在,并在我国中古时期几国纷争中处于举足轻重地位的主要原因。

---

① 脱脱等:《宋史》卷四八六《夏国下》,北京:中华书局,1977年,14030页。

一、历史文化背景

1. 党项族的历史是一个逐步汉化的过程

党项族是古代羌族的一支,原居住在今四川、西藏、青海的交界地区。唐朝初年,由于不堪忍受吐蕃奴隶主国家的胁迫和压榨,他们逐渐向甘肃东部、陕西北部一带迁徙。唐朝末年,定居在夏州(今陕西靖边县北、内蒙古自治区鄂尔多斯市西南部)一带的党项族平夏部,由于对黄巢农民起义军的镇压有功,其酋长拓跋思恭被封为定难军节度使,爵号夏国公。其统辖范围也扩大到夏、绥(今陕西绥德县)、银(今陕西米脂县)、宥(今陕西靖边县)四州。到北宋初年,党项羌贵族统治集团在太祖李继迁领导下除恢复此前献宋的夏、银、绥、宥诸州外,还从宋朝夺取了灵、盐两州,为西夏建国奠定了初步基础。在这个漫长的迁移和扩张的过程中,由于党项族与汉族人民的频繁交往和长期杂处,汉族的先进文化深刻地影响着党项羌,使其政治、经济和文化发生了深刻的变化。到李元昊时,党项贵族已基本上完成了从氏族酋长的奴隶制到封建领主制的转变。为了巩固其势力范围,保障统治集团的既得利益,党项贵族迫切要求建立自己的政权,以实现政治、经济和文化的统一。

1038年,李元昊正式称帝,国号大夏,定都兴庆府(今宁夏银川市)。西夏建国后,随着党项族与汉族人民之间的交往日益增多,上层统治集团也大量吸收汉族封建地主和士人,使党项族的汉化程度日益加深,西夏的政治、经济和文化发生了飞跃式的发展。尽管统治者内部曾围绕实行"汉礼"还是"蕃礼"进行了几次斗争,但吸收先进的汉文化已成为不可阻挡的历史趋势,也成为西夏文化的一个显著特点和基本内容。正如当时的宋朝大臣富弼对西夏的政治、经济、文化特点所概括的那样:"得中国土地,役中国人力,称中国位号,仿中国官属,任中国贤才,读中国书籍,用中国车服,行中国法令。"①虽然西夏党项统治者在不断强调发展本民族的文化,"然能崇尚儒术,尊孔子以帝号,其文章辞命有可观者"。这是西夏能够立国近200年,"抗衡辽、金、宋三国"②的重要原因。

2. 多民族和多元文化的社会

西夏的地理位置处于辽(后来是金)、宋、吐蕃和回鹘之间,境内的民族成分除主体党项族外,还有汉、藏、回鹘、蒙、契丹以及形形色色的羌人和突厥人。所以,西夏的社会文化发展自然要受到这些民族文化的影响。其中汉文化、藏文化以及以回鹘为代表的西域文明对西夏的影响最大。西夏党项从内迁到立国以后广泛汲取汉文化来安邦治国,巩固和加强其封建统治,其汉化程度之深自不必说。西夏党项羌本身就来自吐蕃生活的地区,其种族、语言和生活习性相近,在文化上有着渊源关系,所以藏文、藏语在西夏境内流行,特别是藏传佛教在西夏广为流行,无论是藏族僧人还是藏文经书都极有势力和影响。处于河西走廊的西夏,其西端与回鹘所建立的高昌国(今新疆吐鲁番)接壤。高昌国是中古时代"丝绸之路"上的重镇,在中原与西域文化交流与传播中起着重要作用,是西域文化东传的总汇。其发达的经济和文化对西夏产生着很大的影响。回鹘文在西夏的流传,回鹘僧在西夏的重要作用和地位,以及善于经商的回鹘人对西夏商业经济发展所起的作用,都无不显示了回鹘所代表的西域文明对西夏的影响。当然,西夏在接受西藏和西域文化的同时,也将这些文化传播于宋、辽和金,并将中原的汉文化传播于吐蕃和西域,成为西域与中原文化交流与传播的主要通道,而处于两种文化的交汇点上。所以西夏文化是多民族文化交融

---

① 李焘:《续资治通鉴长编》卷一五〇《仁宗·庆历四年》,北京:中华书局,1985年,3641页。
② 脱脱等:《金史》卷一三四《西夏》,北京:中华书局,1975年,2877页。

的结果。

3. 民族文化的特有标志——西夏文

随着党项族统治地盘的扩大和社会的进步,其民族自觉性和独立称帝的欲望也在日益膨胀。内迁后的党项族第三代领袖李元昊具有雄才大略和远大抱负,立志"英雄之生,当王霸耳"[①]。他一向喜欢标新立异,并能"创制物始"。为了巩固西夏党项族的民族语言的地位,突显其民族性,实现其政治上的独立性,1036年,李元昊将已经创制的西夏文字进行规范化整理,并将其作为西夏的国字正式颁布推行。"元昊自制蕃书,命野利仁荣演绎之,成十二卷,字形体方整类八分,而画颇重复。教国人纪事用蕃书,而译《孝经》《尔雅》《四言杂字》为蕃语。"[②]元昊将这种形体方正,笔画繁复,看似汉字,实则迥异的新文字尊为国字,凡国中艺文诰谍尽易蕃书。1037年,元昊设立蕃字(西夏文)和汉字院,命其掌管西夏与周边各王朝的往来表奏。具体规定如下:西夏送达宋朝的公文,中书汉字,旁列夏字,由汉字院负责撰写;送往吐蕃、回鹘及西域各国的文书,一律用西夏文书写,并各以该国的文字为副,由蕃字院担任书写。这样,党项族不仅以"衣皮毛、事畜牧,蕃性所便"为自己的民族生活特征,而且具有了自己独特的民族文化标志——西夏文。

由于西夏政府对西夏文字的积极推行和大力提倡,西夏字被广泛使用和流行开来。上自官方文书,下至有关民间日常生活的借据、契约、告示等,都将西夏文作为记录和交流的工具。佛教经典、世俗文献,不管是汉文、藏文,还是回鹘文,都大量地被译为西夏文。同时,西夏文人、学者也用西夏文创作了很多有关法律、语言、文字、文学、历法、医学、卜筮等方面的著作和读物。西夏文的阅读成为西夏社会生

---

① 脱脱等:《宋史》卷四八五《夏国上》,北京:中华书局,1977年,13993页。
② 脱脱等:《宋史》卷四八五《夏国上》,北京:中华书局,1977年,13995页。

活中的一种普遍现象,从而促进了西夏政治、经济和文化的发展。同时,西夏文的推行,也在客观上极大地促进了西夏阅读活动的发展,为西夏阅读的多元化发展奠定了基础。所以从这个意义上讲,开国皇帝李元昊是西夏阅读活动的奠基者和开拓者。

4. 以佛教作为国教

西夏所处的河西走廊地区是佛教东来的交汇点。其东、南、西三方邻接的宋、吐蕃(西藏)和回鹘(高昌)都具有深厚的佛教文化基础。所以远在西夏建国前,党项族就信奉佛教。史称李德明"幼晓佛书"。宋景德四年(1007),德明就曾派使者前往五台山进行朝觐活动。建国后,西夏统治者在继承党项族的历史文化传统的基础上,出于政治与文化的需要,大力提倡和推广佛教,使佛教成为国教,在上自皇帝、皇后,下至平民百姓中广为流传。佛寺林立、僧徒众多,佛经印刷业发达,成为西夏社会的一种主流文化和显著特点,从而对西夏的政治、经济和文化产生了巨大影响。

二、阅读特点

在上述历史文化背景下,西夏的阅读活动表现出以下一些特点:

1. 汉文阅读社会基础深厚,阅读活动汉化趋势明显

西夏虽然是由党项羌建立的王朝,但它所统治的区域主要还是以汉民族为主的生活区,汉文化有着深厚的社会基础,汉语、汉字始终是这些地区的主要语言和文字。早在西夏建国前,汉文典籍就已在这些地区广泛流传。而且,党项贵族中也多是读儒书、精通汉文化者。西夏建国后,虽然党项统治者为巩固和维护其政治的独立性,在文化上保持其民族性,创制并使用了自己的民族文字——西夏文,但它也只是充当着一种吸收汉文化的中介和工具。因此,尽管西夏文文献数量

大、流传广，但它们除了是佛教典籍和官方文书外，真正用于促进社会阅读活动的经典著述和世俗读物种类很少，即使是有一些读物，也多数是对汉文著述的翻译。所以，从内容来讲，他们所阅读的仍然是以儒学为核心的汉文经典，所吸收的仍然是儒家文化的精髓。特别是建国以后，西夏统治者更是以尊孔崇儒、学习先进的汉文化为安邦治国的基本国策。读儒书，兴儒学，仿汉制，行汉法，吸纳重用汉族文人学士，广开渠道输入汉文典籍，以科举取士选拔儒学人才，其文化发展和阅读活动的汉化趋势已更为明显。这也是党项族能够最终融入中华民族大家庭，并为后世做出重要贡献的主要原因。

2.西夏文得到强力推广，阅读活动广泛而影响深远

如前所述，西夏统治者为了巩固其政权，保持其民族性，创制并使用了自己的文字——西夏文。为此，他们专门建立了蕃学，以培养西夏文的读写人才，推广使用西夏文。特别是他们用这种文字翻译和著述了大量的佛教文献和世俗文献，使西夏文文献广为传播，阅读活动蔚为可观。其中，尤以佛教文献数量最大，读者最广，影响深远，而令人震撼，乃至在西夏灭亡后的几百年，仍有人在阅读和使用它，这是西夏和党项阅读史上的重要特点，也是中国阅读史上的一个奇迹。

3.佛教文献大量生产，佛经阅读成为文化主流

由于西夏统治者大力倡导佛教，因此佛教成为西夏的国教而得到了广泛传播。与之相伴随的是，佛经被大量印刷出来，并被散施到全国各地。其数量之大，流传范围之广，为历代所少见。尽管佛教文献的制作并不完全是为了阅读，也未必都能够被阅读，但其刻印数量和规模之大，散施和诵读场面之恢宏，气氛之热烈与庄严，参与人数之众和影响之深远，亦为历代所鲜见。由此也形成了西夏社会具有统治地位的一种思想文化现象和阅读文化潮流。僧人和信徒们的晨昏梵呗、日课念诵自不必说，就是佛经的翻译、刻印，乃至散施、流通和供养的过程也是

一种阅读活动。因为,文献的存在就意味着阅读活动的存在。

4. 民族文化交流频繁,多文字阅读并存

西夏统治的区域,东与中原接壤,南与吐蕃(藏区)相邻,西到玉门关以外,处于东西文化的交汇处,又是藏民族文化与中原文化交流的主要渠道。境内除党项和汉族之外,还生活着藏、回鹘、突厥以及形形色色的族群。其地理位置决定了它必然会受到多种文化的影响。而且,党项统治者也向来善于吸取其他民族的先进文化,重视文献的输入与传播。因此,汉、西夏、藏、回鹘等文字的文献和读物大量地传播于西夏境内,构成了西夏多文字阅读的特点。这不仅极大地促进了西夏社会阅读活动的发展与进步,也使西夏文化呈现出异彩缤纷的景象。

5. 僧徒和贵族构成主要读者群体,平民大众中亦有阅读活动存在

佛教作为西夏的国教,几乎达到了全民顶礼膜拜、处处诵经念佛的程度。因此,就整个社会的读者成分和阅读内容来讲,僧人和信徒就成为西夏社会阅读活动中最主要的群体。同时,我们从史料中也发现,西夏与历代王朝一样,在整个社会中,有条件和有资格的读书者还为数不多。而且,他们主要集中在上层贵族和士大夫阶层。此外,文字和图画作为人类信息交流的基本工具,每个人对它们的使用都有一种本能的需求和向往。由此,我们也可从一些有限的西夏遗书中发现,在平民大众中,也存在着一些与其日常生活紧密相关的阅读活动。那些广泛分布于山林草原中的岩画和文字,更是反映出了生活在这些地区的人们对信息交流的渴望。

第二节　出版印刷业及其对阅读活动的促进

书籍的生产是阅读的前提和条件，出版印刷是读物生产的最主要途径。阅读活动的发展有赖于发达的出版印刷业，出版印刷业的发达是社会阅读活动发展的前提和最重要的条件。

中国雕版印刷业产生于中晚唐时期，在宋代达到极盛。西夏印刷业能够从无到有，从雕版印刷到活字印刷，并在规模、数量、技术等方面走在时代的前列，主要受以下几方面因素的影响：其一，与西夏相邻的北宋，其政治中心在黄河流域，经济繁荣，文化发达，雕版印刷业发展迅速。它不仅向西夏传输了印刷技术和印刷材料，而且源源不断地传输着儒释典籍，为西夏刻印事业的发展提供了物质条件。其二，西夏统治者有较高的文化素养，这对西夏文化教育和刻书事业的发展有着积极的影响。其三，西夏重儒兴佛，特别是统治者信奉佛教。佛教阅读的需求是西夏发展印刷业的强大动力。其四，西夏文的创制和推广是西夏印刷业发展的基础。

一、官刻、寺院刻和私刻

根据目前所掌握的资料，西夏的官刻主要是指国家印刷机构"刻字司"所刻印的书。西夏的刻字司设置于11世纪末到12世纪初。从现有资料来看，刻字司以刻印西夏文非佛教著作为主，而且主要是一些官方认为意义重大、影响广泛而深远的著作，内容涉及语言文字、文学、历史、儒家经典、军事、社会等。其中有被称为西夏百科全书的大型类书《圣立义海》，有歌颂党项族辉煌历史和西夏太平盛世内容的《西夏诗集》，有作为学校教科书和科举考试教材的《论语全解》《六韬》

《孙子兵法三注》,还有未及时付梓的译稿《孝经传》和《孟子传》等。它们都是经过钦定的,具有权威性和规范性,能起到统一思想观念、规范社会知识理论作用的读物,所以要由国家统一出版发行。

寺院刻书主要是指寺院的佛经刻印。西夏寺院刻书规模之大、品种数量之多,不仅在西夏印刷业中占有重要地位,而且在中国佛教史上也属罕见。佛教在西夏的盛行,佛经在西夏的被重视,引发了广大信徒对佛经阅读的需求,刺激了佛经刻印业的发展与兴盛,而佛经刻印业的发展与兴盛又为佛经阅读提供了物质保障,从而促进了佛经阅读活动的发展和佛教文化的繁荣。

西夏刻印佛经自前期已经开始,到中后期则呈现繁荣局面。所刻文字有西夏文、汉文,还有藏文和梵文。寺院刻经主要有两种情况:一是皇室举办的重大法事活动刻印佛经,二是寺院为弘扬佛法刻印佛经。除都城兴庆府的寺院外,其他地区的寺院也在刻经。这些寺院目前已知的有惠宗时期的大延寿寺,仁宗时期的大度民寺、温家寺,襄宗时期的普化寺以及雕刻了全部汉文大藏经版,并至少印制过十二部汉文大藏经的贺兰山佛祖院。[①] 此外,还有贺兰县寺庙以及出土了许多佛经雕版的黑水城寺庙。黑水城位于今内蒙古额济纳旗东部,是西夏西北边陲的军事重镇,与西夏政治、经济与文化中心的兴庆府相距甚远。西夏腹地所印佛经虽然能施放和流传到这个边远的地区,但仍需要当地印经来满足所需。由此可见西夏对佛经需求之大,佛经传播之广。

私刻是指私家书坊或个人出资刻印的书。私家书坊刻印的书有著名的乾祐二十一年(1190)张氏书坊刻本《番汉合时掌中珠》等。关于私家书坊印书或盗版印刷,西夏文字典《音同》跋里说:"今番文字

---

① 史金波:《西夏佛教史略》,银川:宁夏人民出版社,1988年,99页。

者,祖帝在世时令其搜集而兴盛。设刻字司,以番学士等为首,所刻印,颁行世间。后刻印者利欲所致,不管其它,重新刻印,而施文坛。不知正字,印颂无所依;头尾脱落,偏旁注字参杂,学者迷惑。"①这说明在西夏也存在着民间刻坊和私刻盗版书的现象。同时,这告诉我们,在西夏类似《音同》这样的工具书也有刻坊书贩为利所驱而盗版刻印,说明这类书也属于读者需求量大的市场紧俏读物。从这个角度来看,当时西夏人学习并运用西夏文的现象已很普遍。此外,盗版现象的存在也说明社会对书籍的需求大和所表现出的阅读兴趣。

个人出资印书在西夏也很盛行。在世俗著作中,如著名学者梁德养收集编纂的西夏谚语集《新集锦合辞》是在商人蒲梁尼的赞助下,于乾祐十八年(1187)雕版印行的。② 这在佛经印刷中更为普遍,如:惠宗时期的信徒陆文政、僧人守琼;仁宗时期的宗室嵬名直本,僧人刘德真、智通,施主袁宗鉴等人;桓宗时期的信士仇彦忠等人;襄宗时期的僧人张盖利、李智宝,以及贺兰山佛祖院僧人李慧月、平尚重照禅师等。③ 这些私刻有的纯由个人出资,如仁宗天盛四年(1152),僧人刘德真雕印《注华严法界观门》,其发愿文中称:"今者德真幸居帝里,喜遇良规,始欲修习,终难得本。以至口授则音律参差,传写者句文脱谬,致罢学心,必成大失。是以恭舍囊资,募工镂板,印施流通。备诸学者,若持若诵,情尽见除;或见或闻,功齐种智。"④有的私刻为佛教信徒集资雕印,如仁宗人庆三年(1146),由宗室嵬名直本为首雕印的《妙法莲华经》⑤等。还有的私刻是由寺院主持僧人等出资雕印的。个人出资印书,除了说明西夏人文化传播意识强外,也说明西夏人阅

---

① 李范文:《音同研究》,银川:宁夏人民出版社,1986年,482页。
② 陈炳应:《西夏谚语》,太原:山西人民出版社,1993年,26页。
③ 白滨:《西夏雕版印刷初探》,载《文献》,1996年第4期,163—177页。
④ 史金波:《西夏佛教史略》,银川:宁夏人民出版社,1988年,95页。
⑤ 史金波:《西夏佛教史略》,银川:宁夏人民出版社,1988年,95页。

读观念的进步。

应该说,西夏的私刻作为一种刻书类型是对官刻和寺院刻的重要补充。虽然它有时只是为了利益而不顾质量,但它往往能够及时满足读者需求,并能刻印一些其他印书机构不愿或不能刻的,但很有阅读价值的读物。所以,它无论是对西夏的书籍印刷业,还是对西夏的阅读活动,乃至对西夏的文化教育事业的发展,都有着积极的贡献。

二、刻印业特点与阅读

西夏刻印业的发达是西夏社会文化发展的一个重要特点。因此,它也是我们认识西夏社会历史的一个重要方面。与西夏同时期的,地处中原的辽金,其刻印业也很发达,但迄今很少见有契丹文、女真文刻本,更未见有活字印本。用西夏文雕印书籍和用西夏文翻译雕印佛经,开中国用少数民族文字大量雕印书籍的先河,后来也少见。所以,西夏刻印业的特点也成为这个地处西北的地方政权的不同凡响之处,也是其与辽金重要的不同之点。西夏刻印业的发达与繁荣极大地促进了阅读活动的发展,而阅读活动作为道德教化、知识学习、信息获取的主要途径,必然要促进西夏政治、经济和文化的发展,从而增强西夏的综合国力。所以,它也是西夏立国之本,并使西夏能与辽、宋、金相抗衡的重要因素之一。

目前发现的西夏最早的印刷品是 1073 年刻印的汉文佛经《大般若波罗蜜多心经》。同时,根据其他史料记载推测,中原的雕版印刷术应是在 11 世纪末期传入西夏的。① 由于在短时间内西夏人难以掌握西夏文的刻印技术,所以西夏的雕版印刷最初是从汉族刻工刻印汉文

---

① 聂鸿音:《西夏刻字司和西夏官刻本》,载《民族研究》,1997 年第 5 期,77—82 页。

佛经开始的。目前发现的西夏文最早的印刷品是贞观时期(1101—1113)刻印的军事法典《贞观玉镜统》。从现存的西夏出版物来看，70%是仁宗时期(1140—1193)刻印的，这说明西夏的中后期是西夏刻印业的繁荣期，也是西夏阅读活动的鼎盛期。

西夏的刻印能力主要反映在佛经印刷上。西夏为传播佛教，弘扬佛法，要大量散施佛教经典，所以往往一次动辄数万数十万地刻印佛经，其规模之大、数量之多，反映了西夏佛教盛行的状况和刻印能力的不凡。

随着刻印业的繁荣，西夏的造纸业发展起来，并有纸工院专门负责。造纸材料主要为麻和树皮，所造纸张类型多样，质地良好，为西夏印刷业的发展提供了丰富的物质材料保障。

西夏书籍装帧形式多样，版面设计美观、大方、活泼，特别是许多西夏文书籍，在字行空白处插入形形色色的小花饰，如菱形、火炬、三角形花纹、方孔钱、梅花、菊花、无名小花以及各种各样的人物等。这些小花饰不仅出现在诸如《番汉合时掌中珠》《杂字》等通俗读物中，还出现在辞典、佛经中，其中著名的西夏法典《天盛改旧新定律令》最为丰富，各种花饰有十几种。这些精心描绘、图案各异的花饰无疑能够增强感官的娱乐性，提高读者的阅读兴趣，缓解读者在阅读中的心理和视觉疲劳，对增强阅读效果、提高阅读效率具有积极作用。它既反映了西夏人对读物形式美和感官娱乐性的重视，也反映了西夏人阅读观念的进步。

西夏的版画印刷业也很发达。目前已知的版画主要是佛经卷首扉画和佛经内插图。书籍插图，大概始于唐代咸通年间的佛经扉画。宋代已有绘刻俱佳的插图本《古列女传》梓行。因为版画镌刻远比单纯的文字雕印难度大，所以它最能代表雕印技术的发展水平。西夏的佛经多数有卷首扉画，而且它们都线条流畅、构图优美、人物造型生动,反映了西夏高超的绘画与雕刻水平。经内插图,即插图本佛经。它以帮助读者理解领会经文为目的,用直观生动的图像来解释文字内容,使佛经内容通俗易懂。目前发现的西夏最为完整的,具有扉画、题图与经文插图的图解本佛经是《妙法莲华经·观世音菩萨普门品》,共有版画 55 幅。①

图像和符号是人类记录知识与信息的最古老和最主要的方式。所以,从阅读的意义来讲,图和文字有着同样的意义。实际上,从人类漫长的历史来看,最初的阅读是从读图开始的。就汉字而言,我们的阅读始终就是在读图。即使就纯粹的图画而言,人类的读图也始终是与读文字相伴随的。尽管如此,书籍插图不仅是书籍出版印刷史上的革命,而且是阅读史上的革命。

谈到西夏的刻印业特点,就不能不谈到西夏对活字印刷术的使用。我国乃至世界上关于活字印刷的最早记载是在宋代著名科学家、政治家沈括(1031—1095)所著的《梦溪笔谈》中。书中,沈括对北宋布衣毕昇创造、使用泥活字印刷做了详细介绍。但毕昇所创制的泥活字及其泥活字版印刷品都没有流传下来,我们也无法知道他印过什么书,而且泥活字之后的木活字及其印刷实物也鲜有发现。20 世纪 90 年代以后,我国科学工作者先后发现了多种西夏文活字印刷品。其中泥活字印本最早出现在西夏中期,即 12 世纪中期。木活字印本形成于西夏后期,即 12 世纪末到 13 世纪初。② 它表明,与宋朝同时期的西夏,已经开始使用并发展了活字印刷术。而且,学者们也发现,居住在敦煌、吐鲁番等地的回鹘人也曾使用活字印刷技术,并有印刷品和

---

① 白滨:《西夏雕版印刷初探》,载《文献》,1996 年第 4 期,163—177 页。
② 史金波,雅森·吾守尔:《西夏和回鹘对活字印刷的重要贡献》,载《光明日报》,1997 年 8 月 5 日,第 5 版。

活字字模传世并保存下来。① 这就是说，在 12 世纪中期，我国西北边疆地区已经较普遍地开始使用活字印刷。

西夏活字术的使用是中国印刷史上的一件大事，因为它将以往记录的中国木活字的使用时间推前了至少 100 年，并为活字的使用找到了充分的证据，有力地说明了我国是活字印刷术的故乡。而且它是我国古代各族人民文化交融、共同发展进步的见证，是各族人民对祖国科学技术发展做出的杰出贡献。从阅读的角度来讲，当地的少数民族在吸收中原文化及其他民族文化的同时，也在极力地将本民族、本地区的阅读活动向前推进。而活字印刷术的使用无论如何都是阅读史上具有决定性意义的变革，它将印刷效率大幅度提高，使读物大量、快速生产成为可能。因为大批量印刷文献最能发挥活字印刷的长处。正如《梦溪笔谈》中所说："若止印三二本，未为简易；若印数十百千本，则极为神速。"②随着书籍生产效率的提高，阅读也得到了极大的发展。由此可见，在 12 世纪后期，我国河西走廊地区的印刷业已相当发达，阅读活动也已相当繁荣。

西夏用活字印刷术印刷了很多宗教和世俗读物，包括用途很广、印量很大的历书。活字印刷术在西夏的使用也反映出西夏社会识字人口数量之多，社会对读物的需求量之大，社会阅读活动的普及以及官方对文献传播和阅读的重视。当然，它同时说明了西夏政治、经济和科学文化教育事业的进步。

---

① 史金波，雅森·吾守尔：《西夏和回鹘对活字印刷的重要贡献》，载《光明日报》，1997 年 8 月 5 日，第 5 版。
② 沈括：《梦溪笔谈》卷十八《技艺·板印书籍》，北京：文物出版社，1975 年，16 页。

第三节 汉文典籍的流传与阅读

一、建国前的阅读

党项族在内迁之前,"无文字,但候草木以记岁时"①。内迁之后,党项族在地域上拥有了夏、绥、银、宥、灵、盐等州,后又取武威、张掖、酒泉、敦煌郡地,"南界横山,东距西河,土宜三种,善水草,宜畜牧,所谓凉州畜牧甲天下者是也。土坚腴,水清洌,风气广莫,民俗强梗尚气,重然诺,敢战斗"②。党项族所居之地主要是汉文化区,"多是华人子孙,例会汉言,颇识文字"③,有着深厚的汉文化基础和有利于儒学扎根的文化土壤。所以,在文化上,党项族也逐渐受到了汉民族发达的农耕文化和儒学的影响。同时,由于在地理位置上与吐蕃、回鹘接壤,交往频繁,党项族也吸收了吐蕃、回鹘等民族文化的因素。到宋初西夏建国的四个世纪中,党项族的生产和生活方式以及文化水平发生了很大变化。建立西夏政权的党项贵族李氏,早在唐末就以夏州(陕西靖边白城子)为中心,形成藩镇势力。他们世代封爵为官,写汉字,读汉文,深受汉文化熏陶。其阅读历史反映并代表了党项贵族阅读文化的发展过程。由此我们可看到,在这几百年的漫长时间里,党项人的阅读活动从无到有,由简单到复杂,以阅读汉文为主,以藏文为辅,经历了一个不断发展和广泛深入的过程。但是,他们中什么人在读书、读了什么书、如何读书等历史情况,我们从史料上难以发现,只能根据一些零星记载觅得一些蛛丝马迹。如太宗李德明"晓佛书,通法

---

① 刘昫等:《旧唐书》卷一九八《党项羌传》,北京:中华书局,1975年,5291页。
② 脱脱等:《金史》卷一三四《西夏》,北京:中华书局,1975年,2876—2877页。
③ 李焘:《续资治通鉴长编》卷五十一《真宗·咸平五年》,北京:中华书局,1985年,1122页。

律,尝观《太乙金鉴诀》《野战歌》,制蕃书十二卷,又制字若符篆"①。西夏开国皇帝李元昊(李德明之子)"晓浮图学,通蕃汉文字,案上置法律,常携《野战歌》《太乙金鉴诀》"②。这说明,李德明至少懂汉文,并有着深厚的汉文化修养,否则,他不可能通法律、经常阅读《太乙金鉴诀》和《野战歌》,并能够制蕃书(西夏文)十二卷,又"制字若符篆"。其子李元昊幼承庭训,深受家庭环境影响,不仅通藏文和汉文,而且热爱阅读,特别是喜欢并经常阅读汉文法律著作和《野战歌》《太乙金鉴诀》等书。通过对历史的观察,我们可以推断,西夏的阅读活动发轫于李继迁、李德明时期。到西夏建国前这段时期,由于党项族与汉族的杂居相处和与宋辽的频繁交往,大量的汉文读物会通过各种渠道流入党项人管辖的广大地区,并在党项族、汉族及其他民族人群中广泛流传,成为他们共同的阅读对象和精神文化来源,否则西夏在建国时也不会有那样深厚的汉文化底蕴。因为,就最能代表西夏党项族民族文化特点的西夏文而言,它也是模仿汉字而制成的,其创制与整理者野利仁荣则是一个"多学识,谙典故",对汉文经典有很深造诣的学者。

二、建国后汉文典籍的流传与阅读

建国以后,西夏统治者为了巩固封建政权,达到其治国安邦的目的,更是积极推行汉化,崇尚儒术,学习汉族先进的典章文物制度。在这种国策的推行下,已有深厚汉文化基础的西夏,尊孔崇儒、阅读汉典蔚然成风,成为西夏阅读史上的一大特点。

李元昊是西夏第一个主张大力吸收儒学、阅读汉文典籍的皇帝。

---

① 脱脱等:《辽史》卷一一五《西夏》,北京:中华书局,1974年,1523页。
② 脱脱等:《宋史》卷四八五《夏国上》,北京:中华书局,1977年,13993页。

虽然他极力主张保持党项族的民族特点,"衣皮毛,事畜牧,蕃性所便"①,特别看重"蕃字"(西夏文),并建立了"蕃字院"(用西夏文写作、翻译和处理公文的机构)和"蕃学"(以西夏文为阅读对象的学校),但这些活动都是以阅读汉文典籍为基础,并以吸收和传播以儒学为核心内容的汉文化为目的的。这就是说,蕃字和蕃书也是传播儒家思想的工具,蕃学则是传播儒家思想、阅读儒家经典的主要场所。更何况李元昊还设立了专门从事汉文读写的机构——汉字院。

元昊之子,毅宗谅祚自幼饱受汉文化熏陶,在位时主张"去蕃礼,从汉仪"②,是一位积极的汉化主义者。为了更大范围地阅读汉文典籍,学习汉文化,传播儒家思想,他主动向宋贡马,以求汉文典籍。嘉祐七年(1062),毅宗"表求太宗御制诗章隶书石本,且进马五十匹,求'九经'《唐史》《册府元龟》及宋正至朝贺仪,诏赐'九经',还所献马"③。宋仁宗给西夏的"九经"包括《易》《书》《诗》《左传》《礼记》《周礼》《孝经》《论语》和《孟子》。

西夏前期,汉文书籍主要由辽和宋经各种渠道输入西夏,这些渠道主要有官方交换或赠送、榷场贸易、使者带回以及民间往来等。如上面所说北宋赐给西夏的"九经"及后来的《正义》《孟子传》《孝经传》和医书等。还有黑水城出土的北宋刻本《吕观文进庄子义内外篇》《广韵》《平水韵》④以及前面提到的《论语全解》也是译自北宋的陈祥道所著,而不是传统的注释本。

西夏后期,汉文典籍的输入多得之于金国。如天盛七年(1155),

---

① 脱脱等:《宋史》卷四八五《夏国上》,北京:中华书局,1977年,13993页。
② 脱脱等:《宋史》卷四八五《夏国上》,北京:中华书局,1977年,14001页。
③ 脱脱等:《宋史》卷四八五《夏国上》,北京:中华书局,1977年,14002页。
④ 魏灵芝:《俄藏黑水城文献汉文世俗部分叙录》,载《图书馆理论与实践》,2001年第3期,57—58页。

仁宗派使臣到金国，要求购买儒学和佛教书籍，得到金海陵王的许可。① 特别是与西夏相邻的金国平阳府（今山西省临汾市）是金国的出版中心，所印行的书籍很容易进入西夏境内，如黑水城出土的《刘知远诸宫调》②《新雕文酒清话》③等。此外，南宋的书籍也可能通过金流入西夏，如黑水城出土的文献中有南宋刻本《新唐书》《历书》④以及不知朝代的《礼记》《汉书》和《孙真人千金方》等残卷。

从西夏政治、军事、文教等方面汉化程度很深来看，西夏儒学和汉文典籍的流传远不止史书记载和后来出土的这些种类，如西夏编撰的法典《天盛改旧新定律令》就参考了《唐律疏议》《宋刑统》及《庆元条法事类》，说明这些典籍也已输入西夏，而且西夏建国前的李德明和建国者李元昊"通法律""案上置法律"，说明那个时候就有法律书籍至少在西夏统治者阶层流传。所以，目前我们所知的这些书籍，当是冰山一角。而且，西夏除了通过各种渠道搜罗汉文典籍外，还会刻印除佛经之外的大量汉文书籍。就黑水城出土大量文献的地方来讲，它实际上就是当时的一个图书馆。从地理位置来看，黑水城是西夏的一个军事重镇，位于远离西夏政治、经济和文化中心的西北边陲。既然它能有如此大量的儒学典籍和其他方面的文献，那么，处于西夏腹地靠近中原的其他城镇，其所拥有的汉文书籍的种类和数量当会更为丰富。1226 年，成吉思汗攻下西夏东部重镇灵州时，"诸将争取子女金帛，楚材独收遗书及大黄药材"⑤。耶律楚材是一个儒学修养很高的人，他所收集的书当主要是儒学方面的，而且可能是其他地方不易得到的。这也反映出西

---

① 脱脱等：《金史》卷六十《交聘表上》，北京：中华书局，1975 年，1408 页。
② 木子：《西夏文献整理研究的新成果》，载《民族研究》，1997 年第 4 期，109—112 页。
③ 魏灵芝：《俄藏黑水城文献汉文世俗部分叙录》，载《图书馆理论与实践》，2001 年第 3 期，57—58 页。
④ 魏灵芝：《俄藏黑水城文献汉文世俗部分叙录》，载《图书馆理论与实践》，2001 年第 3 期，57—58 页。
⑤ 宋濂等：《元史》卷一四六《耶律楚材传》，北京：中华书局，1976 年，3456 页。

夏图书典籍之丰富,儒学文化之发达,阅读活动之繁荣。

为了鼓励读书学习,提高官员的文化素质,培养高素质的有用人才,第四代皇帝乾顺兴办国学,以专门传授汉文儒家经典,吸收汉文化的优秀成果。同时,他还特别规定在选拔人才中对"工文学者,尤以不次擢"。所谓"文学"当然是指蕃文与汉学,但主要还是指汉文化。"工文学者"当是蕃汉兼通、善读书为文者。

三、汉文著述与阅读

汉文典籍的传播和阅读的发展与普及,促进了文学艺术的发展。西夏人不仅阅读由中原传入和自己雕印的汉文书籍,而且以良好的汉文学修养创作了很多脍炙人口的诗文作品。如元昊登基时,写给宋朝的一份奏文就气势磅礴,文采飞扬,反映了当时西夏已具有的文学水平,奏文如下:

> 臣祖宗本出帝胄,当东晋之末运,创后魏之初基。远祖思恭,当唐季率兵拯难,受封赐姓。祖继迁,心知兵要,手握乾符,大举义旗,悉降诸部。临河五郡,不旋踵而归;沿边七州,悉差肩而克。父德明,嗣奉世基,勉从朝命。真王之号,凤感于颁宣;尺土之封,显蒙于割裂。臣偶以狂斐,制小蕃文字,改大汉衣冠。衣冠既就,文字既行,礼乐既张,器用既备,吐蕃、塔塔、张掖、交河,莫不从伏。称王则不喜,朝帝则是从,辐辏屡期,山呼齐举,伏愿一埵之土地,建为万乘之邦家。①

元昊时的汉族谋臣张元,在一次夏、宋交战,西夏胜利后,在寺庙墙壁

---

① 脱脱等:《宋史》卷四八五《夏国上》,北京:中华书局,1977年,13995—13996页。

上题诗云：

> 夏竦何曾耸，韩琦未足奇。满川龙虎辈，犹自说兵机。①

西夏第四代皇帝乾顺，酷爱儒学，汉文学修养很高，吟诗为文，好为风雅，曾作《灵芝歌》。② 其中有"俟时效祉，择地腾芳"，"德施率土，赍及多方"③等优美的诗句。另外，西夏人写的很多碑铭、佛经发愿文也反映了西夏的文学特点和水平。如著名的《重修凉州感应塔碑》就是一篇很有风格和特点的佳作。此外，1991年在宁夏贺兰山拜寺沟方塔中出土的"汉文诗集"残卷，书名不详，写本，存诗50余首，多为七律。其中的诗篇有《重阳》《打春》《忠臣》《孝行》《柳》《雪晴》《樵父》《炭》《冬侯兰亭》《久旱喜雪》《王学士》《上招抚使》等。④ 它虽是写本，但反映出西夏存在着用汉文创作诗歌的文学活动。由此可看出，西夏人对诗歌读物的喜爱和诗歌读物在西夏流传的普遍性。总之，西夏的汉文学创作水平也是其阅读水平的反映。

四、汉族文人读者群体

如前所述，西夏所居之地也是汉文化的发祥地之一，"多是华人子孙，例会汉言，颇识文字"，社会人群中有着深厚的汉文阅读基础。在这个基础上，经西夏统治者积极倡导和推动，西夏形成了特有的阅读风气和潮流。而主导和引领这个风气和潮流的主要是汉族文人儒士群体。他们既是儒学读者群体的中坚和领导者，又为儒学和汉文典籍

---

① 史金波：《西夏文化》，长春：吉林教育出版社，1986年，135页。
② 脱脱等：《宋史》卷四八六《夏国下》，北京：中华书局，1977年，14023页。
③ 史金波：《西夏文化》，长春：吉林教育出版社，1986年，136页。
④ 牛达生：《贺兰山拜寺沟方塔废墟考古散论》，载《宁夏社会科学》，1993年第4期，57—62页。

在西夏的传播起着中介和桥梁作用,对西夏儒学和西夏文化的发展起了至关重要的作用。

李继迁在戎马倥偬之际,看到汉人尚礼好学,文化素质高,就想"借此为进取之资,成王霸之业",所以就"潜设中官,全异羌夷之体;曲延儒士,渐行中国之风"。① 一批汉族士人受其招纳,入仕党项统治集团,如郑美、何宪、张浦等。特别是出身于士大夫家庭的张浦受到李继迁的绝对信任,成为其谋士,在政治、经济和文化上对以李继迁为首的党项统治集团产生了重要影响。李德明也非常重视使用汉族知识分子,他派往宋朝的使臣多为汉族士人,如景德三年(1006),李德明"复遣牙将刘仁勖奉誓表请藏盟府,且言父有遗命",受到真宗嘉奖。②

西夏建国之后,党项统治集团在政治、经济和文化的建设中更离不开先进的汉文化,于是更加大力选拔和任用汉族文人学士,或授以将帅,或任之公卿,推诚不疑,倚为谋主。元昊即位后,"始大建官,以嵬名守全、张陟、张绛、杨廓、徐敏宗、张文显辈主谋议,以钟鼎臣典文书……"③。华州(今陕西华县)有二生张元、吴昊,因在宋朝未被重用而不得志,便改名换姓投奔西夏。"元昊大悦,日尊宠用事,凡夏国立国规模,入寇方略,多二人教之。"④

毅宗对汉族儒士更是充满敬重之心,每得汉人归附,与其共起居,并赠送中原礼品,使其高兴。所以汉族文士多乐意归之,如苏立和景询,毅宗爱其才,授以官或学士,委以重任,共商国计。

西夏官制规定,"自中书令、宰相、枢使、大夫、侍中、太尉已下,皆

---

① 李焘:《续资治通鉴长编》卷五十《真宗·咸平四年》,北京:中华书局,1985 年,1099—1100 页。
② 脱脱等:《宋史》卷四八五《夏国上》,北京:中华书局,1977 年,13989 页。
③ 脱脱等:《宋史》卷四八五《夏国上》,北京:中华书局,1977 年,13994 页。
④ 陈邦瞻:《宋史纪事本末》卷三十《夏元昊拒命》,北京:中华书局,1977 年,252 页。

分命蕃汉人为之"①。虽然这个规定限制了汉人官僚担任西夏的高级职位,但在西夏历史上,汉人担任高官者还是比比皆是。如张元曾官至太师、尚书令兼中书令。后来的汉臣慕洧、景询、斡道冲、任得敬等都先后担任过枢密使、国相等要职。入仕的汉族文人学士在西夏的政治生活中除了充当谋士、统率军队、担任外交官等外,还负责西夏的文教事业。不论充当什么角色,他们中的多数都是饱读儒家经典,有着很高的汉文化修养的儒士。其中有的原本就是宋朝的举子,如张元、吴昊、景询等。

随着西夏儒学的发展,特别是实行科举后,西夏出现了儒士文人层出不穷的局面,涌现出一批对汉文化颇有造诣的文人学士,他们在西夏的文化教育和儒学传播中发挥了重要作用。他们是西夏儒学和汉文阅读活动的中坚和杰出代表,其中见诸文献的翰林学士就有十多个,如负责编修实录的翰林学士焦景颜和王佥,由翰林学士进参知政事的名臣杨彦敬,由翰林学士进枢密直学士、户部侍郎的刘昭,作为翰林学士出使金国的王师信等。②

此外,我们在文献中见到的还有撰写《夏国谱》的罗世昌③、撰写《德行集》和《新集慈孝传》的儒学学者曹道安,以及在贞观元年(1101)力劝乾顺帝"尊行儒教,崇尚诗书",而后被乾顺帝采纳,在西夏掀起大办儒学之风的御史丞薛元礼等。特别是一代名儒斡道冲,为西夏儒学读者中的杰出代表。他祖上为灵武人,后随夏主迁兴州(今银川),世代掌管西夏史官职位,属于书香门第的读书世家。道冲自幼颖悟嗜书,八岁时就以《尚书》中童子举,成年后已精通"五经"。他也精通西夏文,曾担任西夏文和汉文教授,译《论语注》,并根据自己的理解对

---

① 脱脱等:《宋史》卷四八五《夏国上》,北京:中华书局,1977年,13993页。
② 史金波:《西夏文化》,长春:吉林教育出版社,1986年,126页。
③ 脱脱等:《金史》卷一三四《西夏》,北京:中华书局,1975年,2876页。

《论语》进行了讲解疏义,成《论语小义》二十卷,反映和代表着西夏阅读、研究《论语》的水平,也说明《论语》在西夏影响之深。此外,他还用西夏文作《周易卜筮断》,流传于西夏。① 这也说明西夏读者对《周易》及占卜类读物的喜好。斡道冲于乾祐二年(1171)被擢为中书令,后又升为国相,至乾祐十三年(1182)去世。死后家无所蓄,唯有很多书籍。鉴于斡道冲在儒学上的成就与贡献,仁孝皇帝模仿中原庙学中祭祀前代儒学大师的做法,下令以其画像从祀于学宫之中,使其成为西夏学子敬仰的一代儒学大师。到了元代,斡道冲的后代在凉州临摹了他的画像,元代著名文人虞集为画像作赞语:

  西夏之盛,礼事孔子。极其尊亲,以帝庙祀。乃有儒臣,蚤究典谟。通经同文,教其国都。遂相其君,作服施采。顾瞻学宫,遗像斯在。国废人远,人鲜克知。②

这段文字不仅赞扬了斡道冲的业绩,而且描绘了西夏尊孔崇儒、读书治学之风兴盛、儒士辈出的学术文化盛况。

五、西夏儒学阅读对元朝的影响

  儒学典籍在西夏的广泛流传和文人学士的苦读深研、传道授业,促使了西夏儒学的发达和社会文化的繁荣,也对后来的元朝产生了重要影响。这种影响既反映了西夏儒学阅读的兴盛,也反映了西夏儒学阅读传统在元代的继承和发扬。

  元灭西夏后,有着良好儒学修养的党项人作为色目人之一,以"西

---

① 虞集:《道园学古录》卷四《西夏相斡公画像赞》,四部备要本,上海:中华书局,1936年,46页。
② 虞集:《道园学古录》卷四《西夏相斡公画像赞》,四部备要本,上海:中华书局,1936年,46页。

夏子弟多俊逸"为蒙古统治者所倚重,从而为元朝做出了多方面的贡献。如在保护儒士、倡导儒学方面,隐居贺兰山的西夏进士高智耀,针对当时蒙古统治者歧视和凌虐儒士的做法,"力言儒术有补治道,反覆辩论,辞累千百。帝异其言,铸印授之,命凡免役儒户,皆从之给公文为左验",并解救了当时在淮、蜀被俘虏的儒士数千人。① 出身于西夏皇族的李桢,"以文学得近侍",也曾"奏寻访天下儒士,令所在优赡之"。② 在儒学阅读方面,由于西夏子弟从小受家庭环境影响,饱读儒家经典,所以就有朵尔赤、孟昉、斡玉伦徒、昂吉、张雄飞、王翰、纳麟、甘立、完泽、何伯翰等一批有才名、喜读书、能诗文的儒士。特别是元朝实行科举取士后,一些色目子弟以读书稽古为事,其中引领风气之先的是党项族后裔。特别是元末名臣余阙,他精通"五经",诗文、书法俱佳,为元末党项族儒士中之杰出代表。

总之,党项人以其良好的阅读传统和儒学素养在元代的阅读活动中发挥了重要作用。

第四节　西夏文文献的流传与阅读

西夏文字的创制与西夏文文献的大量产生和广泛流传是西夏乃至中国阅读史上辉煌灿烂的一页。

党项统治者为了突显自己的民族性,实现政治上的独立,而创造了自己的民族文字——西夏文。党项族是西夏的主体民族,所以西夏文作为国字,理所当然地在西夏受到重视,并被用来作为传播思想文化的

---

① 宋濂等:《元史》卷一二五《高智耀传》,北京:中华书局,1976年,3072—3073页。
② 宋濂等:《元史》卷一二四《李桢传》,北京:中华书局,1976年,3051页。

有力工具。

西夏文文献从著作方式分主要有两大类型：一是翻译自汉文及其他文字的文献，二是西夏人自己创作和编撰的文献。如前所述，西夏印刷事业发达，政府设有刻字司专门管理和主持刻印事业，这是推动西夏文文献广为流传的重要原因之一。这里主要介绍西夏文非佛教文献的流传与阅读。

一、儒学著作的翻译与阅读

随着西夏文化教育事业的发展，西夏党项统治者需要更广泛地学习汉族先进的典章文物制度，需要更多的儒学典籍来阅读和学习，以将其作为西夏人的精神文化来源。西夏除通过各种渠道从宋朝搜罗汉文典籍外，也翻译、刻印了许多儒学经典著作。西夏文字产生之后，就"教国人纪事用蕃书，而译《孝经》《尔雅》《四言杂字》为蕃语"①。众所周知，《孝经》是儒学中的一部重要经典，它所讲的是封建社会维系家庭关系的伦理道德，其核心思想是孝道——天下之行，莫大于孝。这种伦理道德自然有利于社会稳定，有利于封建帝王治理天下。《尔雅》是一部训诂方面的书，也是我国第一部词典。它可用于阅读古书、通晓方言、辨识名物、解说儒家经义，所

西夏文《孙子兵法》

---

① 脱脱等：《宋史》卷四八五《夏国上》，北京：中华书局，1977年，13995页。

以，是阅读儒家经典的必备工具书。它对西夏人阅读汉文、研习儒学无疑会有很大帮助。《四言杂字》是儒学教育的入门书，属于启蒙读物。由此可见，西夏之所以首先将这三种书籍译为西夏文，是因为它们所具有的特殊的阅读价值和社会文化意义。

1909年，俄国探险家柯兹洛夫从黑水城掘走大批西夏时期的文献。其中有译自宋人陈祥道的《论语全解》，译自魏曹操、唐李笙、唐杜牧注本的《孙子兵法三注》，译自《三略》的《六韬》，记述君王治国方略的活字本《德行集》，节译自《贞观政要》的《德事要文》，根据《国语》等书节译的，记述春秋时期鲁、齐、晋、魏诸国史事的《十二国》，择抄并译自《礼记》《左传》《周书》《毛诗》《论语》《孙子》《孝经》《孟子》《庄子》等经典的《经史杂抄》，以及译自唐代于立政同名书的《类林》。此外，还有一些没有来得及刻印的译写稿，如译自宋人吕惠卿同名书的《孝经传》、译自宋人陈禾同名书的《孟子传》、根据《列女传》及中原正史节译或改写的故事集《新集慈孝传》以及《孟子》等。① 这些著作的翻译反映了西夏对儒学吸收的广度和深度，也说明西夏统治者想通过阅读儒家著作来完善和推广西夏文的决心，当然也说明了西夏文已具有较强的表达能力和适用性，并且具有了很多的读者。这种大规模的翻译活动，也反映出西夏利用自己的文字，吸收先进的汉文化，既保持自己的民族性，又善于学习别人之长，以利于自己的民族文化发展战略。

二、西夏文的著述与阅读

目前发现的西夏人创作的西夏文文献主要有以下几部：

《天盛改旧新定律令》，这是西夏天盛年间（1149—1169），在皇帝

---

① 魏灵芝：《俄藏黑水城文献西夏文世俗部分叙录》，载《图书馆理论与实践》，2005年第2期，118—119页。

主持下,由嵬名地暴等一批高级官员修撰的一部法典,也是中国历史上第一部用少数民族文字印行的法典。该法典在修撰时曾参考了《唐律疏议》和《宋刑统》以及《庆元条法事类》,内容包括刑法、诉讼法、行政法、民法、经济法、财政法、军事法等①,是一部以儒学思想为基本原则,极力维护封建等级秩序,强调封建礼教,来规范政治、经济行为的法典。这部法典的编撰除了反映出儒家思想和中原封建文化对西夏的深刻影响外,也说明西夏文作为国字在政治生活中的重要性。

《贞观玉镜统》,这是迄今发现的西夏最早的西夏文印本。它编撰于西夏贞观年间(1101—1113),是一部西夏军事法典,内容涉及西夏兵制、军纪、奖惩制度等,是西夏军事管理思想和水平的反映。不过,这部书籍的读者群主要是与军事有关的官员、管理者及指挥者。

《西夏诗集》,为西夏乾祐十六年(1185)刻字司刻本,分《赋诗》《大诗》《月月乐诗》《道理诗》《聪颖诗》各 1 卷。② 其中的很多内容是歌颂党项民族辉煌历史和太平盛世的,所以它由官方所属的刻字司刻印。为了体现官方的意志,这样的出版物一定会得到大量印行和广泛传播。其中有一首名为《颂师典》的诗歌,是颂扬西夏文字发明的,其中有几句也赞美了读书的意义:

    文字明星东方起,光辉文字照晚夕。
    招募弟子三千七,一一教诲成人杰。
    如今伊等科学业,历历在目遍全境。
    太空之下读己书,礼仪道德吾自立。③

---

① 魏灵芝:《俄藏黑水城文献西夏文世俗部分叙录》,载《图书馆理论与实践》,2005 年第 2 期,118—119 页。
② 魏灵芝:《俄藏黑水城文献西夏文世俗部分叙录》,载《图书馆理论与实践》,2005 年第 2 期,118—119 页。
③ 陈炳应:《西夏的诗歌、谚语所反映的社会历史问题》,载《甘肃师大学报》,1980 年第 2 期,45—54 页。

《新集锦合辞》,这是一部西夏民间谚语格言集,共收谚语格言366条,乾祐七年(1176)由西夏学者梁德养初编,十八年(1187)由王仁持增补而成,并镂版问世。谚语内容涉及西夏社会的哲学思想、伦理道德、价值观念、风俗习惯以及生产和生活经验等,是西夏各族人民在长期的社会和生产实践中的经验总结和智慧结晶。这也反映了儒家思想已在西夏深入人心,有着强大的生命力。如:

> 不尊敬父母,会增加灾难和不幸;不尊敬学者,会缩小成就和知识。
>
> 不会拉弓,就不要放箭;不会说话,就不要开口。
>
> 没有比父亲和母亲更亲密的人,没有比骨头上的肉更可口的肉。①

这些来自民间的谚语和格言,以其浓浓的生活气息、朴素的哲学思想和深入人心的伦理道德观念,必然会受到读者的喜爱。

《新集碎金置掌文》,这是一篇类似于《千字文》的五言诗,共有200句,100联,全部用生活中的常用字写成,而且不重复。它属于蒙童读物,目的是使儿童在识字的同时,认识自然和社会,接受最基本的品德教育。其语言浅显易懂,朗朗上口,便于记忆。如:

> 天地世界初,日月尔时现。明暗左右转,热冷上下合。诸物能成苗,季节依次列。……弥药勇健行,契丹步履缓。羌多敬佛僧,汉皆爱俗文。回鹘饮乳浆,山讹嗜荞饼。②

---

① 陈炳应:《西夏的诗歌、谚语所反映的社会历史问题》,载《甘肃师大学报》,1980年第2期,45—54页。
② 聂鸿音、史金波:《西夏文本〈碎金〉研究》,载《宁夏大学学报》,1995年第2期,8—17页。

该读本的作者是西夏政府的一位高级官员,他编此读物的目的是让儿童通过阅读此书,达到"明文采、备才艺、解律则、少罪乱"①的境界,可见西夏学者对阅读的社会功能的认识和期待之高,也体现了中国传统蒙童读物的编写原则。由此我们也可看出作者虽是一位党项族高级官员,但其汉文化修养很高,而且该读本由于出自他之手,所以虽然是写本,但也会被传抄而流行于社会,并产生广泛的影响,而且,仅黑水城一处就出土了两种写本。另外,从它的编写目的我们也可推断,产生于梁朝、自隋代开始流行的蒙童读物《千字文》也当会在西夏流行,虽然不能肯定它是否会由官方来印行,但至少有汉文本传入西夏。

《三才杂字》,这是一部西夏文常用词语集,以天、地、人三才分章,每章下有目,如男子衣服、女子服饰、树木、蔬菜、草、五谷、姓氏、器具等,每个目下有若干词语,每个词语下注有汉字。它有多种刻本和写本,是西夏文学习的入门读物,也是需求量很大的一种课本。

西夏还有医学方面的文献流传于当时。一向以身体强壮而长寿著称的党项人原来没有医学,"病者不用医药,召巫者送鬼,西夏语以巫为'厮'也;或迁他室,谓之'闪病'"②。随着社会的发展和文化的进步,人们对医学知识逐渐有所认识,并产生了需要。例如,除了《千金方》和《神农本草》等医学书籍传入并流行于西夏外,西夏还吸收了汉族医学和印度医学中的理论内容,并结合本民族的医疗经验而形成了自己的医学理论。到目前为止所发现的西夏文医学文献有《治疗恶疮要语》和《伤寒病方》。其中记载的疾病以外科为主,兼及内、妇、儿、五官诸科。治疗方法有内服药、针灸、外敷等。

党项族崇拜鬼神,同时也崇尚巫术,占卜术盛行。《宋史·夏国下》云:党项人"笃信机鬼,尚诅祝,每出兵则先卜",而且占卜的形式多

---

① 聂鸿音、史金波:《西夏文本〈碎金〉研究》,载《宁夏大学学报》,1995年第2期,8—17页。
② 脱脱等:《辽史》卷一一五《西夏》,北京:中华书局,1974年,1523—1524页。

种多样。① 所以，中原的《易经》等占卜类书籍也很受西夏人欢迎，成为党项人问凶吉、决疑难的常用工具。其中，如前面谈到的西夏著名学者斡道冲在对《周易》研究的基础上，用西夏文写的《周易卜筮断》一书，在西夏颇为流行。还有藏于苏联科学院东方学研究所的西夏写本《魔断要语》《谨娄》及"各种咒语"也属于巫术类读物。此外，1972年在甘肃武威下西沟岘山洞中发现的西夏遗物中有西夏文占卜辞，其中一页的内容如下：

卯日遇亲人，辰日买卖吉，巳日□□□，
午日求财顺，未日出行凶，申日万事吉，
酉日与贼遇，戌日有倍利，亥日心欢喜。②

由此可见，占卜活动和占卜类文字阅读活动在党项人的日常生活中具有相当的普遍性。

在出土的西夏文文献中还有一些官私文书，如《黑水城守将告近禀帖》《天盛年卖地契》以及《钱会凭据》等。③ 它们和占卜类文字一样，反映了西夏文的记录和阅读活动在西夏社会生活中已相当普及。

三、西夏文工具书的编撰与阅读

迄今所发现的西夏文世俗读物除上述之外，还有多种字、词类工具书。这些工具书种类之多，编撰水平之高，可与其同时代的宋朝相比，标志着西夏语言文字已达到相当成熟和规范化的程度。这类书籍的大量出版和广泛流行也说明它们已成为语言文字学习、阅读和写作

---

① 脱脱等：《宋史》卷四八六《夏国下》，北京：中华书局，1977年，14029页。
② 史金波：《西夏佛教史略》，银川：宁夏人民出版社，1988年，23页。
③ 陈炳应、史金波：《西夏文》，见中国民族古文字研究会《中国民族古文字图录》，北京：中国社会科学出版社，1990年，101—136页。

活动中的工具,社会对它们有着大量的需求,西夏人对读书学习已非常重视,西夏文的使用已很普及。

这些字、词书主要有字书《音同》、仿《广韵》和《说文解字》编写的韵书《文海宝韵》、以韵图和韵表的形式表示西夏文语音体系的《五音切韵》、夏汉语对照字书《纂要》、反映同义词和近义词的抄本《义同》。其中,目前发现有五种版本的《音同》,更说明了社会对这类书的需求量之大。

由西夏著名学者骨勒茂才在仁宗乾祐二十一年(1190)编撰的《番汉合时掌中珠》是一部西夏文和汉文双解词典。它是为西夏党项人和汉人相互学习对方语言而编纂的。编者在该书的序中说:"蕃、汉文字者,论末则殊,考本则同。今时人者,蕃、汉语言可以俱备,不学蕃言,则岂和蕃人之众;不会汉语,则岂入汉人之数!蕃有智者,汉人不敬;汉有贤士,蕃人不崇。若此者由语言不通故也。"①由此可见,它是为促进蕃汉之间文化交流,培养蕃汉兼通的人才而编纂的。所以,它在西夏这样一个同时使用蕃、汉两种文字的社会里,当是读书学习者必备之工具,其印量大,流传广,乃至版本多也是很自然的。这种辞书看起来是为学习语言用的,实际上最终还是为学习汉族的强势文化服务的。此外,该书中所涉及的很多内容是宣扬儒家思想的,如"阴阳和合,得成人身;学习文

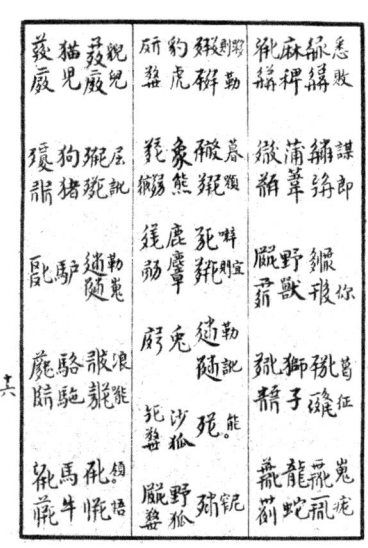

《番汉合时掌中珠》内页

---

① 骨勒茂才:《番汉合时掌中珠·序》,见李范文《西夏研究》第4辑,北京:中国社会科学出版社,2007年,153—154页。

业,仁义忠信。五常六艺,尽皆全备;孝顺父母,六亲和合","尽皆了毕,搜寻文字;纸墨笔砚,学习圣典。立身行道,世间扬名;行行禀德,国人敬爱。万人取则,堪为叹誉;因此加官,坐司主法"。① 这里宣扬的既有三纲五常的伦理道德,又有读书做官、扬名留世的人生之道。

西夏文《圣立义海》是西夏人仿中原《艺文类聚》体例编撰的一部大型类书,原书共 5 册 15 卷,分为 142 类,每类下包括若干不同的词语,每个词语下有详细的注释,内容涉及自然地理、历史文化、社会风土等,可称为西夏的一部百科全书。这部书的编排体例、内容特点以及编撰意图,都反映出其受中原汉文典籍的影响之深。此外,这部类书是经过钦定、由国家刻字司刻印的。这反映出西夏统治者对这部书的重视程度以及它对西夏社会的知识结构和概念体系的规范化作用和影响。

四、西夏文在后世的流传与阅读

如上所述,西夏用西夏文翻译、撰写、雕印了大量内容广泛、类型多样的书籍,这是西夏阅读史上的一大特点。西夏文文献不仅在西夏有着众多的读者对象,而且一直流传到了明代。

自西夏王国于 1227 年灭亡后,西夏文字仍在祖国的西北地区流行。元成宗大德二年(1298)在宣化(今河北省)西夏文《法华经》和诗曾由民间雕印,并经游学的日僧之手传播到日本。② 大德六年(1302),元朝在杭州大万寿寺雕刻完了西夏文《大藏经》,计有 3620 余卷,并印刷了 30 余藏施送于西北河西地区寺院流通供养。③

---

① 骨勒茂才:《番汉合时掌中珠》,见李范文《西夏研究》第 4 辑,北京:中国社会科学出版社,2007 年,188—204 页。
② 王静如:《新见西夏文石刻和敦煌安西洞窟夏汉文题记考释》,见吴泽《王国维学术研究论集》第一辑,上海:华东师范大学出版社,1983 年,210—248 页。
③ 吴天墀:《西夏史稿》,成都:四川人民出版社,1983 年,269 页。

著名的居庸关过街塔洞壁的六体文字（西夏文、汉文、藏文、梵文、八思巴蒙文、回鹘文）碑是在元顺帝至正五年（1345）完成的。其中有西夏文两大咒和《如来心经》《造塔功德记》。它也说明西夏文在元代仍有重要地位。陈寅恪《西夏文佛母大孔雀明王经夏梵藏汉合璧校释序》云："今日所见西夏文字之石刻及经典，其镌造雕印多在元代，实西夏已灭之后。据此可知西夏之国虽亡，而通解其文字者犹众。独至何时其文字始无人能读，殊不易考知。"①

1962 年，我国考古工作者在河北省保定发掘出明孝宗弘治十五年（1502）建立的西夏文经幢两座，刻着《尊胜陀罗尼经》。建幢人、书写者和近百个助像人均为西夏党项人。它说明在西夏灭亡后的 270 多年，还有西夏人的后裔在保定附近生活，并仍然使用着本民族的语言文字，保持着自己的宗教习俗。② 20 世纪 30 年代，陈寅恪先生在德国柏林国家图书馆看到该馆所藏明万历（1573—1619）藏文写本《甘珠尔》上面，偶有西夏文字，由此推测明代末期尚有通解西夏文者。据此可断定西夏文的使用和流传，至少已有 500 年的时间了。③ 西夏文长时间的流传和使用，表现出西夏文化有着很强的生命力，这是西夏党项文化史上的奇迹，也是西夏乃至中国少数民族文字阅读史上值得注意的现象。

以上是对目前发现的西夏流行的非佛教书籍的介绍与分析。它们尽管数量非常有限，但也能够反映出西夏社会的文化和教育发展水平以及社会的知识结构和阅读状况。西夏积极主动地输入儒学，鼓励阅读汉典，学习汉文化，这是统治者加快封建化进程以发展壮大自己，不甘心落后，欲与中原王朝相抗衡的需要。当然，这也是党项和其他各族人民向往文明进步、渴望文化交流的需要，是社会发展的必然趋

---

① 陈寅恪：《金明馆丛稿二编》，上海：上海古籍出版社，1980 年，199 页。
② 吴天墀：《西夏史稿》，成都：四川人民出版社，1983 年，270 页。
③ 陈寅恪：《金明馆丛稿二编》，上海：上海古籍出版社，1980 年，199 页。

势。属于这类书籍的主要是儒家经典、法律和军事方面的著作;语言文字类书籍是其民族文化发达,西夏文规范、成熟,并大力推广使用的反映,它们有着广泛的读者群体;谚语、格言、诗歌、故事以及实用性的医药书、卜筮书、历书等属于大众读物,而且多用西夏文写成,反映出这类书籍在大众群体中流传的广泛性和人民群众对通俗读物有着极大的热忱,同时也反映出西夏文已在社会中有着很高的普及率。

第五节　藏书与阅读

由于史料缺乏,我们很难了解西夏藏书的具体情况,但从上述西夏社会文化背景和特点、出版印刷以及书籍流传等情况来看,西夏也是一个藏书文化发达、阅读活动繁荣的历史时期。有关藏书的情况,我们可从以下一些记载中略窥一斑。

一、官府藏书

1226年,成吉思汗率军攻破西夏灵武后,"诸将争取子女金帛,楚材独收遗书及大黄药材"[①]。这些遗书当属于西夏的官府藏书,当然也可能是学校藏书和私人藏书。灵武属于西夏的一个州府,既然它有遗书,那么其他州府也必定会有藏书。至于都城兴庆府(今宁夏银川市),其中央政府的藏书必定会更为丰富。特别是位于西夏西北边陲的黑水城,自20世纪初以来,就出土了大批文献,其中数量最大者当

---

① 宋濂等:《元史》卷一四六《耶律楚材传》,北京:中华书局,1976年,3456页。

数 1908—1909 年,俄国人柯兹洛夫率领的俄国皇家地理学会探险队在城西北被称为"图书馆"的一座墓塔中发掘出的 2.4 万卷文书。其中已考定的西夏文文献有近 3000 件,内容包括译自汉文的儒家经典和史学著作,西夏法律、文学著作、图表历书、词典字书、医书咒文以及为数最多的佛经等,如《天盛改旧新定律令》《番汉合时掌中珠》《文海宝韵》《音同》等。汉文文书有 488 件,内容包括佛教、儒家、道家、历史、文学、医学、历书、占卜、版画等。① 虽然其中也有元代的遗物,但它们中的绝大部分是属于西夏时期的。而且,数量如此巨大的书籍,也只有政府机构才有力量收集和保存。而其中的佛教文献应属于寺院的藏书。由此可见,当时的黑水城,虽然地处偏远地区而远离西夏的政治、经济和文化中心,与汉文化发达的宋金相去甚远,但它不仅是西夏的军事重镇,而且已成为一个读者众多、藏书丰富、书籍流通频繁、信息交流畅通的文化重镇。而这些大量藏书的存在,也说明这里曾有过发达的"图书馆事业"。

在西夏的官府藏书机构中,设有专职人员负责藏书管理。如一代名儒斡道冲,世代掌管西夏史官职位。史官者,即负责典籍管理、史料修撰的官员。

二、私人藏书

西夏的私人藏书主要集中在党项上层贵族和汉族知识分子中。其中在党项贵族和知识分子中,如太宗李德明"晓佛书,通法律,尝观《太乙金鉴诀》《野战歌》,制蕃书十二卷,又制字若符篆"②。其子,西夏开国皇帝李元昊"晓浮图学,通蕃汉文字,案上置法律,常携《野战

---

① 牛达生:《西夏刻书印刷事业概述》,载《宁夏大学学报》,1999 年第 3 期,28—35 页。
② 脱脱等:《辽史》卷一一五《西夏》,北京:中华书局,1974 年,1523 页。

歌》《太乙金鉴诀》"①。由此可见,他们都是热爱读书、释儒兼通、知识渊博的贵族知识分子,也都是党项上层贵族中富藏书、勤阅读、家学渊源之代表。西夏文创制和整理者野利仁荣"多学识,谙典故",是党项知识分子的杰出代表,其渊博的学识一定来自他丰富的藏书。

西夏儒学盛行,文化教育发达,这主要有两个原因:一是以丰富的典籍为基础,二是依仗众多汉族文人学士的传播和推动。文人学士多有藏书,这在西夏是一种普遍现象。党项统治者从一开始就十分重视吸纳和重用汉族文人学士,使他们在西夏的政治、经济和文化发展中发挥重要作用。他们中的很多人是熟读经史、工诗能文的饱学之士。如李继迁时期的郑美、何宪、张浦等,李元昊时期的张陟、张绛、杨廓、徐敏宗、张文显、张元、吴昊,毅宗时期的苏立和景询,还有曾任翰林学士的焦景颜、王金、王师信、杨彦敬、刘昭,以及撰写《夏国谱》的罗世昌,撰写《德行集》和《新集慈孝传》的曹道安、御史丞薛元礼。特别是一代名儒斡道冲,是西夏儒士中的杰出代表。他精通西夏文,曾担任教授,译《论语注》,乾祐时,升至国相。他去世后,家无所蓄,唯有很多藏书。

关于西夏的寺院和道观藏书及其阅读活动的状况,将在下面的内容中给予论述,这里不做探讨。

第六节 佛(道)教之盛与阅读活动

西夏以佛教立国,佛教之盛是其显著的社会文化特点。早在立国之前,佛教就已传入西夏境内。太宗李德明"晓佛书,通法律",李元昊

---

① 脱脱等:《宋史》卷四八五《夏国上》,北京:中华书局,1977年,13993页。

"晓浮图学,通蕃汉文字",说明西夏党项统治者早就是佛教信徒,也早就是佛经读者。

建国之后,西夏在积极吸收汉文化、发展自己的民族文化的同时,也在大力加快佛教在西夏的流布和发展。这有两方面原因:一方面,党项族无论是历史文化传统,还是所处的地理位置,都有着佛教传播的深厚基础和有利条件;另一方面,西夏统治者认识到,佛教作为一种宗教,可以进入武力所达不到的地方,可以辅助法律所不及,可以促进一定形态的文化发展,可以调和社会矛盾,使社会安定。所以党项人建立的西夏王国在崇信佛教方面超过了以往任何一个朝代。顶礼膜拜和诵经念佛成为西夏最为普遍的社会文化现象,它对西夏的政治、经济和文化的发展都产生了极大的影响。这种文化现象,或者说是一种阅读活动,也成为西夏阅读史上一道奇特的风景。它的奇特之处具体表现在以下几个方面:

一、频繁地赎经和大规模地译经

包括各种佛教典籍在内的佛经对一个信奉佛教的国家来说,无疑是非常重要的,没有它就无从谈起佛教的存在与发展,也就更谈不上有佛教阅读活动的存在。所以西夏一开始就十分重视佛经的输入。其输入方式主要是赎经,即以官方名义向宋朝提出求赐佛经,并回赠一定数量的马匹,作为酬谢。根据史金波先生的统计,这种活动共有六次,而且主要集中在西夏前期的 43 年(1031—1073)中。[①] 这个时期正是西夏佛教发展的起步阶段。宋朝赐予西夏的《大藏经》无疑会在西夏起到至关重要的作用。它是西夏佛教理论传播的根据,是西夏大规模地翻译、印造佛经的蓝本,是佛经阅读活动广泛开展的前提和

---

① 史金波:《西夏佛教史略》,银川:宁夏人民出版社,1988年,59—63页。

条件,是西夏大规模发展佛教的基础,当然也是汉文化输入的又一重要渠道。西夏除了向宋朝频繁地赎经外,后期也派使臣到金购买佛经。如天盛六年(1154),"九月辛亥朔,夏使谢恩,且请市儒、释书"①。这表明西夏已有的佛经还不能满足需求。

为了弘扬佛法,使佛教经典广为流传,加快佛教的本土化进程,使佛教能够在西夏这片广袤的土地上生根开花,加强西夏文字的推广和使用,西夏在赎经的同时,也开始了大规模的佛经翻译活动。西夏文的创制使佛经翻译成为可能,并促进了佛教的广泛传播,佛教的传播也是创制西夏文的动因之一。当然佛教的传播也促进了西夏文字的使用和普及,使其不断完善和规范。

从立国之初,西夏就开始用西夏文翻译佛经,从元昊到崇宗,西夏用了53年的时间翻译了3579卷,共820部佛经,成就了我国的又一部大藏经——西夏文《大藏经》。

西夏文佛经大多译自汉文,特别是其中一些重要的佛经如《大般若波罗蜜多经》《金刚般若波罗蜜多经》《大宝积经》②等。除译自汉文的佛经外,还有许多译自藏文,如《圣八千颂般若波罗蜜多经》《圣大明暗王随求皆得经》《佛说圣大乘三归依经》③等。此外,西夏还将藏文佛经译成汉文,如《佛说圣大乘三归依经》《圣大乘胜意菩萨经》④等。它说明了两点:一是藏传佛教影响之大,二是西夏汉文佛经读者之众。

西夏佛经翻译数量之多、规模之大在中国佛教史上是绝无仅有的。这种绝无仅有来自西夏对译经事业的高度重视。如中国国家图书馆收藏有一幅《西夏译经图》,图中描绘了皇太后梁氏和皇帝秉常分坐于译场两侧,亲自参与译经活动,生动地再现了当时西夏译经活动

---

① 脱脱等:《金史》卷六十《交聘表上》,北京:中华书局,1975年,1408页。
② 史金波:《西夏佛教史略》,银川:宁夏人民出版社,1988年,69页。
③ 史金波:《西夏佛教史略》,银川:宁夏人民出版社,1988年,56页。
④ 史金波:《西夏佛教史略》,银川:宁夏人民出版社,1988年,57页。

的真实情境。从数量上说,西夏的佛经翻译远远超过了世俗文献。在辽金时期,尽管佛教也有着广泛而巨大的影响,但至今还没有见到有佛教文献被译为契丹文和女真文。

西夏文佛经译自汉文、藏文,并由党项、汉、藏、回鹘僧人译写。其中的回鹘人有着悠久的佛教信仰传统,他们对佛经的内容要旨理解深刻,并有着丰富的译经经验,这无疑会提高西夏的译经质量。此外,因为佛经是由不同民族的僧人译写的,所以里面掺入了不同语言的词汇,这些词汇作为外来语逐渐融入西夏文中。因此,西夏佛经也是多民族文化融合的结晶,西夏文所具有的丰富词汇和较强的表现力也是吸收多民族语言养分的结果。西夏文佛经的翻译反映出党项族对其他民族文化吸收的重视,也说明西夏文化是多民族文化交流的结果。

二、佛经的刻印与散施

一方面,由于西夏佛教兴盛,僧人信徒大量产生,他们对佛经的大量需求极大地推动了西夏印刷业的发展,使西夏的佛经刻印事业呈现出繁荣局面。另一方面,发达的印刷业促进了西夏佛教的发展,为佛经传播提供了有力的保障,满足了众多僧徒的阅读需求。西夏佛经刻印规模之大、数量之多远远超过了辽金,甚至相当于宋元时期。刻印方式有寺院出资刻印、僧人信徒出资刻印、皇室资助刻印等。其中在个人出资雕印中,信徒们把订制佛经看作如同自己抄写和刻印经文一样,是对宗教的一种虔诚表现。订制者多被称为"发愿者"或"施者"。这无疑会促进佛教读物的大量印制和广泛传播。皇室成员往往为了一次庆祝或纪念活动,出资印刷并散施大量佛经,其数量之多、规模之大为历史罕见。仁宗及其皇后就曾资助印制了大批最受欢迎的佛教文献,并在各种庆典场合大量散施。如天庆二年(1195),皇太后罗氏为祭奠仁宗去世两周年而发愿刻印西夏文、汉文佛经93000部,并做大法会,进行散施。①

西夏文佛经不仅数量大、流传广,而且流传时间长。如前所述,西夏文《大藏经》到元代还在继续雕印,并散施到河西广大地区,这说明西夏文佛经阅读历史之长、影响之大。

西夏境内有许多汉族居民区,而且汉文早就是这些地区的通用文字。所以西夏除刻印西夏文《大藏经》外,还大量地刻印汉文佛经,以满足西夏境内各族居民的佛经阅读需求。根据流传于世的汉文佛经,西夏最早刻印的汉文佛经是《大般若波罗蜜多心经》,这也是迄今所发现的西夏最早的印刷品。仁宗仁孝时期是汉文佛经刻印最盛的时期。如乾祐二十年(1189),仁宗发愿印施《观弥勒菩萨上生兜率天经》十万卷,《金刚经》《普贤行愿经》《观音经》各五万卷,并在大法会上散施。②其数量之大、场面之恢宏可见一斑。

西夏不仅刻印了大量的汉文佛经,而且编写、辑录汉文佛经,如高僧沙门智冥辑汉文《四分律行事集要显用记》,在西夏很受重视。③还有桓宗天庆七年(1200),僧人智广、慧真辑《密咒圆因往生集》,规定持诵神咒有三摩地念、言意念、金刚念、降魔念四种念诵方法,还集列了三十多种咒的规范读法和

西夏文佛经

---

① 史金波:《西夏佛教史略》,银川:宁夏人民出版社,1988年,339页。
② 史金波:《西夏佛教史略》,银川:宁夏人民出版社,1988年,96页。
③ 史金波:《西夏佛教史略》,银川:宁夏人民出版社,1988年,100页。

念诵该咒的方法和效益。① 这是对佛教中密宗咒语读法的总结和指导,可称为西夏的一部诵经念佛法。

在以弘扬佛法为主旨的佛经传播活动中,依靠发达的印刷术大量刊印佛教典籍固然是一种有力的手段。但信徒们为表示虔诚以及出于收藏和欣赏的需要,往往要动用人力、物力抄写佛经。当然,这也是一种特殊的阅读过程。如桓宗时期,罗氏皇太后曾耗用大量人力、物力抄写了几千卷西夏文《大藏经》。② 神宗遵顼光定四年(1214),以皇帝名义缮写泥金字西夏文《金光明最胜王经》③,这也说明西夏晚期仍然十分重视佛教典籍的整理和校译。

三、寺院与佛经阅读

西夏建国之后,就开始兴建佛教建筑,包括一批寺庙。如延祚十年(1047),西夏兴建了规模宏大的寺庙高台寺,将宋朝赐给的《大藏经》保存在这里,并请回鹘僧人在这里演经、译经。众多的寺院庙宇是西夏贮经、译经、印经的场所,当然也是散施佛经、诵经念佛的场所。如前所举,在印经、施经时,往往要举行规模盛大的大法会等佛事活动。在这些活动中要"读诵大藏等尊经,讲演上乘等妙法",并将印造的大量蕃、汉文佛经普施臣吏僧尼,使他们能够"每日诵持供养"。如前面所举的乾祐二十年(1189)印施《观弥勒菩萨上生兜率天经》时,其汉文发愿文中就详尽记录了这种印经、施经及诵经活动:

> 感佛奥理,镂板斯经。……并念佛诵咒,读西番、番、汉藏经及大乘经典,说法作大乘忏悔,散施番、汉《观弥勒菩萨上生兜率

---

① 史金波:《西夏佛教史略》,银川:宁夏人民出版社,1988年,100页。
② 史金波:《西夏佛教史略》,银川:宁夏人民出版社,1988年,45页。
③ 史金波:《西夏佛教史略》,银川:宁夏人民出版社,1988年,47页。

天经》一十万卷,汉《金刚经》《普贤行愿经》《观音经》等各五万卷……①

这段发愿文除说明西夏施印佛经数量大、佛教信徒众多、佛经阅读活动广泛之外,还说明在大法会上同时诵读藏文、西夏文和汉文佛经。可以想见,这种诵经活动是无比庄严和隆重的,场面宏大的诵经活动使大法会达到高潮。阅读在这里变得神圣和虔诚。同时,我们也可从这里推断这三种文字的佛经当时在西夏是同时流传的,并受到了西夏统治者的提倡和保护。

西夏文和汉文佛经的大量存在和广泛流传自不必说,而藏文佛经的流传是因为西夏在地理位置上处于西藏和中原内地的中间,是吐蕃以来西藏从西北通向中原的必经之路。西夏建国前就与吐蕃有着密切的政治、经济和文化联系,所以党项人很早就开始接触佛教,并在建国后大力发展藏传佛教。藏传佛教文化在西夏的传播以及西夏境内许多地方本身就是藏民与党项人杂居区,自然就存在着众多的藏文佛经读者。此外,西夏境内还流传着藏文注音西夏文、藏文注释汉文的佛经。这显然也是为西夏境内众多的藏族人阅读西夏文、汉文佛经而编写的。西夏法典《天盛改旧新定律令》中规定,蕃、汉、西蕃三族人可以担任僧官,而且必须会读诵十多种经咒,其中吐蕃文经咒即占半数。② 由此也可见藏文佛经的地位和藏文阅读在西夏的影响程度。再如,仁孝乾祐七年(1176)在甘州所立黑水建桥敕碑,一面用汉文书写,一面用藏文书写。③ 这也说明这一带两种文字通用。由此,我们可以推断,西夏境内既流传着藏文佛经,也流传着其他内容的藏文读物。此外,西夏境内还有梵文佛经流传。有些西夏文佛经是由梵文翻

---

① 史金波:《西夏佛教史略》,银川:宁夏人民出版社,1988年,41页。
② 史金波:《西夏佛教史略》,银川:宁夏人民出版社,1988年,53页。
③ 史金波:《西夏佛教史略》,银川:宁夏人民出版社,1988年,55页。

译来的,或者由藏文、汉文译为西夏文,再用梵文佛经进行校对。

四、佛教对阅读的影响

佛教对西夏阅读的影响主要表现在以下几个方面:

第一,僧徒对佛教典籍的需求,推动了印刷业的发展,使大量的佛教典籍在西夏流传,促进了西夏佛教典籍阅读的发展与普及。佛教典籍阅读成为西夏社会文化的一道独特景观,是西夏阅读史的重要组成部分和显著特点。

第二,佛教典籍的广泛传播极大地普及和推广了西夏文,提高了人们阅读西夏文的能力,也使西夏文不断成熟和规范。

第三,因为佛教对阅读活动有着一种无形而巨大的推动力,所以从寺院僧人、信徒念诵,到家庭诵读乃至个人念咒,阅读活动成为他们日常生活中的一种自觉行为和必须完成的课业,是他们日常生活的重要组成部分,成为他们净化心灵、向往美好未来的主要途径和精神寄托。这必然会促使他们养成阅读习惯,提高阅读能力和文化水平,从而影响他们的世界观和人生观,决定着他们的道德水平和社会实践能力。

第四,佛教传播是文化传播与交流的重要途径。不同流派、不同文字的佛教传播和佛经阅读使不同民族的思想文化实现了传播与交流。西夏多文字佛经的流传与阅读自然促进了对谙习这些文字的人才的培养,促进了这些文字文献阅读的发展。接触一种文字就是接触一种文化,阅读的多元化,促进了文化的多元化。这也是西夏文化繁荣昌盛的重要原因。此外,就藏文佛经来讲,对它的传播也就是保存和传播藏族文化。而藏传佛教能够传播到中原地区,也与西夏的佛教兴盛不无关系。因此,宗教是传播文化和促进阅读的一种有力手段和有效途径。

五、道教与阅读

除佛教之外,深受汉文化影响的西夏也十分重视和推崇道教,因此,道教在西夏也很流行。如元昊的太子宁明就向定仙山道士路修篁学辟谷法(即修炼不食五谷)以成仙。1081年,宋军对西夏大举进攻,在西夏人纷纷逃避时,"灵州城中惟僧道数百人"留守。这也说明了佛、道在西夏并存的情况。道教的流行也带来了道教典籍的传播,所以道教典籍的阅读也成为佛教典籍阅读之外的又一种阅读活动。如在西夏法典《天盛改旧新定律令》中对童子出家变道的规定:凡能诵读如《莲花经》《仁王护国经》等二部佛经那样的道教经籍,若能完善解说如般若、唯识、中道、百法等佛经那样的道教经典中的一部,知其前后大义,能熟练诵颂14卷道教经典,可以出家变道法,成为道士。这14卷道教经典是《太上黄宫□□经》2卷、《太上老子消灾经》1卷、《太上北斗延生经》1卷、《太上灵宝度理无上阴经》1卷、《至分金刚经》1卷、《太上老子说天生阴经》1卷、《太上天堂护卫经》1卷、《太上老子说上东斗经》1卷、《太上南斗六司延寿妙经》1卷、《黄庭内景经》1卷、《黄帝阴符经》1卷、《太上元始天尊说十为一为大消灾神咒经》1卷、《太上灵宝九真妙戒金录邪幽拨罪阴经》1卷。[①] 此外,在黑水城发现的西夏文献中有关道教的文献还有《吕观文进庄子义》《南华真经》《太上洞玄灵宝天尊说救苦经》[②]以及西夏文译本《庄子》[③],还有早已传入西夏的《易经》等。由此可见,西夏境内流传的道教典籍种类之多、读者之众以及西夏对有关道教典籍阅读之重视。

[①] 韩小忙:《〈天盛改旧新定律令〉中所反映的西夏道教》,载《西北师大学报》,1998年第3期,55—60页。
[②] 孟列夫:《黑城出土汉文遗书叙录》,王克孝译,银川:宁夏人民出版社,1994年,209—213页。
[③] 韩小忙:《〈天盛改旧新定律令〉中所反映的西夏道教》,载《西北师大学报》,1998年第3期,55—60页。

第七节　教育与阅读

教育与阅读的关系不言而喻。学校是阅读活动的主要场所。学校不仅要使学生通过读书获得知识，涵养道德，成为社会所需的人才，更要培养他们的阅读能力，使他们养成阅读习惯。所以，一个时代的国家、地区或民族的教育发展水平反映着这个国家、地区或民族的社会阅读能力水平，其中包括读书人口的数量、质量及其对社会发展的影响。这也是一个国家综合国力的反映。西夏之所以能够雄踞西北近200年，与辽、宋、金相抗衡，其中一个重要原因就是重视文化教育和人才的培养。

西夏的教育基本模仿中原的体制，并以汉文化和儒家典籍为主要学习内容。所不同的是，因为西夏创制了自己的民族文字，而汉文阅读在西夏境内有着深厚的基础，加上西夏统治者向来就倾慕汉文化，所以在国内就形成了蕃、汉两种文字并行的双轨制阅读教育。作为西夏官方倡导的正规教育，它们对普及西夏文和汉文的阅读，培养大批杰出的读者，提高西夏的社会阅读能力无疑起到了积极的作用。

一、蕃学

西夏在建国前夕就设立了蕃、汉二字院，专门负责这两种文字的写作和文书处理工作。西夏建国后，元昊为了推广自己民族的文字——西夏文，并培养和选拔官吏，于天授礼法延祚二年（1039）建立蕃学。它以西夏文为阅读对象，专门培养能够使用西夏文的优秀人才。元昊命西夏文的整理创制者、深有汉文化造诣的著名学者野利仁荣主持蕃学事务,并将《孝经》《尔雅》《四言杂字》《孟子》等儒学经典翻译为西夏文,作为蕃学的教科书和启蒙读物。选择党项族、汉族官僚子弟中的优秀者入学,培养他们阅读和应用西夏文的能力。此后,西夏上自官府,下至地方,都设立蕃学,到贞观元年(1101),各州由蕃学进试的学生多至数百人。蕃学的发达,也可从后来发现的大量包括佛经在内的西夏文书籍中看得出来。正是它培养了众多的读者,才使西夏文读物在西夏大量、长久地流传开来。

二、汉学

西夏政府对蕃学的高度重视,使蕃学日益发达,"而汉学日坏,士皆尚气矜,鲜廉耻,甘罗文网"①。贞观元年(1101),御史丞薛元礼针对这种情况向乾顺上书曰:

> 士人之行,莫大乎孝廉;经国之模,莫重于儒学。昔元魏开基,周齐继统,无不尊行儒教,崇尚《诗》《书》,盖西北之遗风,不可以立教化也。景宗以神武建号,制蕃字以为程文,立蕃学以造人士,缘时正需才,故就其所长以收其用。今承平日久,而士不兴行,良由文教不明,汉学不重,则民乐贪顽之习,士无砥砺之心。董子所谓"不素养士而欲求贤,譬犹不琢玉而求文采也",可得乎?②

这段话虽然从政治、历史、地理、文化等方面阐述儒学对于安邦治国的重要意义,但同时也论述了读书对于一个国家和民族发展与进步的深

---

① 吴广成撰,龚世俊等校证:《西夏书事校证》卷三十一,兰州:甘肃文化出版社,1995年,359页。
② 吴广成撰,龚世俊等校证:《西夏书事校证》卷三十一,兰州:甘肃文化出版社,1995年,359页。

远意义。在看到这段意味深长的论述之后,"建中靖国元年,乾顺始建国学,设弟子员三百,立养贤务以廪食之"①。自此,西夏掀起了大兴儒学教育之风。

到仁宗时期,西夏更大力提倡文教,推广汉学。绍兴十三年(1143),仁宗下令在各州、县设立学校,弟子增至三千,又在宫中设立小学,宗室中凡7—15岁的子弟都可入学。素有儒学修养的仁孝和知书达理的皇后罔氏也经常前往,传授读书方法和为学之道,即所谓"始建学校于国中,立小学于禁中,亲为训导"②。仁孝非常向往中原的文化教育,于是在绍兴十五年(1145)八月,又设立大汉太学,并亲自到太学祭奠先圣。第二年,尊孔子为文宣帝。这充分反映了仁宗仁孝尊孔崇儒的文化教育发展政策。绍兴十七年(1147),仁宗进一步学习中原的人才选拔制度,立唱名取士法,策试举人,正式实行了科举制度。绍兴十八年(1148),复建内学,以名儒主之。③ 凡此种种,表明西夏已完全走上了以儒治国之路。

科举之法无疑极大地刺激了学子们的读书热情,推动了社会阅读活动的发展。当然,它更培养了一批读书种子和引领一代读书之风的文人学士。

西夏著名学者斡道冲,八岁时以《尚书》中童子举。齐王彦忠之子遵顼,少年好学,博极群书,于桓宗天庆七年(1200)以宗室子弟进士及第,后来成为西夏第八代皇帝。遵顼时的吏部尚书权鼎雄,也是天庆年间进士,以文学名,授翰林学士。高智耀于乾定三年(1226)进士及第,入元后,对元初文化教育的发展做出了重要贡献。

---

① 脱脱等:《宋史》卷四八六《夏国下》,北京:中华书局,1977年,14019页。
② 脱脱等:《宋史》卷四八六《夏国下》,北京:中华书局,1977年,14024页。
③ 脱脱等:《宋史》卷四八六《夏国下》,北京:中华书局,1977年,14025页。

三、课本

西夏各级学校的课本,无论是蕃学,还是汉学,主要都以儒学典籍为主,如前面所提到的"九经":《易》《书》《诗》《左传》《礼记》《周礼》《孝经》《论语》《孟子》,以及如《汉书》《新唐书》《十二国》一类的史书等。小学层次的初级入门读物或初级识字课本,目前所知的有《新集碎金置掌文》《三才杂字》以及史书所记载的著名学者斡道冲八岁以《尚书》中童子举,说明《尚书》也是儿童必读书。此外,《新集碎金置掌文》的编写体例类似于汉文《千字文》,而且在后来吐鲁番出土的文书中,有不少是学童习字用的《千字文》残片,属于梁武帝时文学侍臣周兴嗣编撰本,时限自唐贞观(627—649)至天宝(742—755),可见处于边远的西州学童已经普遍以《千字文》作为习诵的课本了。由此可推断,它也完全有可能成为西夏的蒙童读物而广为流传。此外,我们还可根据王重民先生所言进行推断,既然像《蒙求》和《太公家教》一类的蒙童读物能被辽金各民族儿童所采用,那么它们也会成为西夏儿童的启蒙读物。

第八节 草原牧民的原始阅读对象——岩画

西夏党项族作为一个以"衣皮毛,事畜牧"为主要生活方式的民族,与其他北方少数民族一样,在生产和生活之余也创作了大量的岩画。

贺兰山是宁夏与内蒙古

西夏文岩画

的界山，自古以来我国北方的西戎、羌、匈奴、鲜卑、月氏、高车、突厥、吐蕃、党项、蒙古等民族在这里活动，度过了他们狩猎、畜牧、征战攻伐的成长岁月。这里留下的大量岩画，就是他们生活的记录和岁月的痕迹。其内容和题材非常丰富，有太阳、手脚印、刀斧、车辆以及人们的生活场景和战争场面。由此可见，贺兰山岩画是一部游牧民族用艺术形象描绘的史诗。草原牧民既是岩画的创作者，也是岩画的读者，他们用一种形象简练的符号进行着信息和情感的交流。这是一种原始的阅读活动。尽管它是文字产生前的一种信息记录和传播活动，但在文字产生以后，它仍然不断产生，并发挥着信息传播与交流的功能。这些图画所表达的信息尽管简单、浅显，但它的直观与生动，往往能为人烟稀少的深山和草原上的人们带来阅读上的欢娱和满足。这种阅读活动当然也是西夏各民族人民阅读生活的重要形式和内容。有关具体情况还需要我们进一步考证。

综上所述，西夏的阅读活动发轫于李继迁、李德明时期，从元昊、谅祚诸代开始兴盛，到乾顺、仁孝时期达到顶峰。乾顺到仁孝年间（1085—1193）是西夏王国的鼎盛时期，也是西夏文化教育事业迅速发展的一个阶段。此时，西夏的疆域囊括了鄂尔多斯和河西走廊地区，东北沿黄河与金相邻，西面边界延伸到了玉门关以外的地区，北至戈壁南缘的额济纳（黑水城），南则抵达了青海湖畔的西宁和兰州城。西夏的首都中兴府位于贺兰山脚下，在这里，西夏的皇帝统治着全国三百多万种族各异、生活方式多样的人口。除了主体民族党项族外，西夏的臣民还包括汉、吐蕃、回鹘、突厥以及形形色色的羌人族群。

在这个时期里，西夏用蕃文（西夏文）和汉文刊刻了大量的世俗和佛教书籍，特别是西夏文书籍的大量生产与传播开中国少数民族文字阅读史上之先河，成为中华民族阅读史上最辉煌灿烂的一页。而且，到元代忽必烈仍在雕刻西夏文《大藏经》，到明代仍然有人在阅读西夏文典籍。其历史之久，生命力之强，影响之大，为少数民族文字阅读史上所罕见。

西夏王国的产生和发展是中华民族历史上的重大事件。西夏党项族在长达390年的发展中,在政治、经济和文化领域取得了辉煌灿烂的成就,对中华民族的文明和进步做出了不可磨灭的贡献。西夏的书籍事业与阅读活动既是西夏文化兼收并蓄发展的结果,又促进和推动着西夏文化的繁荣和政治、经济的发展,也对周边的其他民族产生了重要影响。所以,总结西夏的阅读史,也是在探讨西夏乃至中华民族的文明之路。

第三章　金的阅读

第一节　历史文化概况

12世纪初叶,生活于阿什河流域(今黑龙江省哈尔滨市阿城区)的女真族完颜部在其首领完颜阿骨打(完颜旻)的领导下,为了反抗与摆脱辽对本族的奴役并寻求向外发展的途径,在对辽进行了几次战争,并取得初步胜利之后,于辽天庆五年(1115),在上京会宁府(今黑龙江省哈尔滨市阿城区白城子)建金国,年号收国。太宗天会三年(1125),金灭辽,次年灭北宋,后来迁都燕京(今北京)、开封等地。金国的疆域,东北到今日本海、鄂霍次克海、外兴安岭,西北到蒙古人民共和国,西以河套、陕西横山、甘肃东部与西夏接界,南以秦岭、淮河与南宋接界。天兴三年(1234),共历九帝、立国120年的金,在强大的蒙古军队进攻下灭亡。

在中国漫长的历史长河中,虽然金的历史是短暂的,但它是中国历史上不容忽视的和具有鲜明的社会历史与文化特征的朝代。

一、民族文化的交流与融合

女真族迅速灭亡比自己先进而强大的辽和北宋,使周边民族臣服,成为又一个由少数民族建立的王朝,并入主中原,由此中国历史上第二个南北朝形成。其辽阔的疆域,使东北亚与中原连为一体,促进了南北文化的交流与繁荣,这是民族文化交融与发展的又一重要时期。在这个时期里,金统治者和士人摒弃了华夷对立和"僻陋之国"不可为正统的传统观念,较少有民族的和地区的狭隘偏见。对内强调不分种族,一视同仁,"四海之内,皆朕臣子,若分别待之,岂能致一"①;对外则反对以"南北之区分"而"贵彼贱我",主张有"公天下之心"者可以为正统。这种观念有利于各民族的融合及多民族统一国家的形成,促进了我国传统文化的兼收并蓄和发展。特别是第四代皇帝海陵王在女真汉化程度日益加深和金正统观念的影响下,迁都燕京,更推动了北方文化的发展与繁荣,促进了中华民族大家庭的交流与融合,为后来的元乃至清的统一奠定了基础。

二、金文化之盛

女真族虽然来自东北边疆的白山黑水间,但是,"金用武得国,无以异于辽,而一代制作能自树立唐、宋之间,有非辽世所及,以文而不以武也"②。这个"文"当然是指文化。金文化之盛,"一变五代辽季衰陋之俗"③,在某些方面亦超过了北宋,而且对后世文化发展亦有开启之功。这除了表现在政治、经济和社会生活的方方面面外,最主要的

---

① 脱脱等:《金史》卷四《熙宗》,北京:中华书局,1975年,85页。
② 脱脱等:《金史》卷一二五《文艺上》,北京:中华书局,1975年,2713页。
③ 元好问:《遗山先生文集》卷十八《内相文献杨公神道碑铭》,上海:商务印书馆,1937年,245页。

当然还是表现在语言文字、文学艺术及学术领域方面。这是使金文化制作能够"自树立唐、宋之间，有非辽世所及"的主要方面。在语言文字方面，金创制了女真大、小字，开办了女真字学，翻译了大量的汉文典籍。这对于促进女真族的阅读活动，提高其文化素质具有重要意义。在文学艺术方面，有金一代，无论是诗、词、文的创作，还是说唱、戏剧文学，都很繁荣发达。诗词或豪放洒脱，或清空骚雅；文章继承北宋文风，长于论证而情理交融。其风格流派既以韩愈、欧阳修、苏轼为正宗，又具有北方游牧民族雄浑刚健、酣畅明快的地域特点。在这个繁荣似锦的时代里，不仅女真帝王宗亲、大臣显贵好文学，喜诗赋，讲论儒术，乙夜忘倦，"性皆与文事相浃，是以朝野习尚，遂成风会"①，而且在汉族文人中更是名家辈出，作品繁富。蔡松年、宇文虚中、吴激、党怀英、杨云翼、赵秉文、王若虚、王庭筠、李纯甫、王寂、李俊民、刘祁、元好问等，一代豪杰，数不胜数。他们大都有文集或诗集传世。其中，党怀英是和辛弃疾齐名的北宋文学家。元好问是金文学的集大成者，其《中州集》既是金文学作品的记录，又具有重要的史料价值，反映了有金一代社会文化发展的面貌和状况。此外，金的文学成就还表现在通俗文学——院本杂剧和诸宫调的发展上，它为元杂剧的繁荣准备了条件。特别是《董解元西厢记诸宫调》，开我国文学史上北曲的先河，受到后人的高度推崇。

　　在学术方面，有金一代，传统的注疏章句之学占据着绝对的统治地位。虽然学者们也继承了北宋的学术传统，但许多人不为传统所囿，不为章句所困，抱着怀疑甚至反对的态度，善于批评，长于辨惑，开一代学术批评之风，自成一家之言。如赵秉文批评词赋、经义取士之弊，批评汉以来的传注之学；王若虚著《五经辨惑》《论语辨惑》《史记辨

---

① 赵翼著，王树民校证：《廿二史劄记校证》卷二十八《金代文物远胜辽元》，北京：中华书局，1984年，623页。

惑》等,对旧的传注之学及宋儒经学进行了批评,并对司马迁的学术提出怀疑。如此等等,都是金学术文化发展与繁荣的亮点,也都是"金源一代文物,上掩辽而下轶元,非偶然也"①的原因所在。

三、女真汉化之深广

汉化是我国历史上北方民族建立政权、进入汉族地区后所共同经历的一个过程。如党项、鲜卑和契丹都是如此。这固然是由汉文化的先进性所致,但它也说明以儒家文化为代表的汉文化始终是凝聚中华民族的精神纽带和力量源泉。

金女真汉化的深度和广度都超过了契丹。这既是历史发展的必然趋势,也是金文化的一个显著特点。当然,女真汉化之深广,还有其本身的历史文化因素。首先,女真主要从事渔猎、畜牧和农耕,他们的生产方式和生活形态与汉族有许多相通之处,易于接受汉文化。而且女真族所具有的渔民文化、草原游牧文化和农业文化赋予了他们刚毅、勇敢、善谋、豪爽、开朗的民族性格。这种性格使他们能够始终以一种开放的心态吸收周边地区民族的先进文化,特别是对汉文化的吸收。其次,女真长期接受辽管辖和统治,立国前就颇受汉文化影响,如太祖阿骨打对辽进士、渤海人杨朴建议的采纳,成就了他的建国大业。建国后,特别是占据北方后,金文化之所以能够在短时间内迅速发展,主要是因为境内融入了已有很高汉文化水平的辽、宋、渤海人,特别是辽宋的文人学士,使金国具有了相当的汉文化基础。其中的北宋文人当然是金文化发展的主力军。由于北宋地域横跨南北,因此其文化兼有南北特色。金所接受的主要是具有北方特色的文化精神成分。宋

---

① 赵翼著,王树民校证:《廿二史劄记校证》卷二十八《金代文物远胜辽元》,北京:中华书局,1984年,623页。

代崛起的各大儒学流派,如荆公新学、二程洛学、苏氏蜀学等都在北方得以传播,其中苏氏蜀学独领风骚,盛行一时。辽金文人,包括文坛宗主赵秉文、史学大家王若虚都十分推崇苏轼。金太祖施行"借才异代"的治国策略,任用了大批辽、宋、渤海文人学士。这些异代之才在传播文化、辅佐国政,使女真族文化素质迅速提高,并在推动整个金源文化的发展方面起到了巨大而积极的作用。与此同时,文献典籍作为文化的载体,金特别注重对其的搜求和整理,他们把辽宋的大批图书典籍运到上京,建立了皇家图书馆,开办了学校,并大量地翻译了儒家经典,为金文化发展与繁荣打下了基础。此外,女真与汉族杂居共处,特别是金几次将女真移民于中土,与汉族百姓杂居,加强了女真与汉族的接触,为女真汉化提供了条件,更加大了女真汉化的广度和深度。

金的阅读就是在这样的社会文化背景下发展和繁荣起来的。

第二节　阅读发展的阶段和地域文化特点

总结金的阅读史,我们有必要先从时间和空间两方面对它进行一个整体的概括。虽然这种划分和概括不一定准确和全面,但也能为我们提供一些认识和了解金阅读史的基础和线索。

一、阅读发展的三个阶段

1. 太祖到太宗时期(1115—1134)

这是金阅读活动的奠基时期。这个时期虽然是金的开国初期,戎马倥偬,百端草创,礼文之事疏陋,但金在攻辽伐宋、以武得国的过程中,为了消弭华夷之别,取得统治中原的正统资格,当然更是为了学习先进的汉文化,为其日后以文治国做准备,也颇留心于文事,从而为金的阅读发展打下了基础。这一阶段,金在阅读方面主要有以下几方面进展:

一是搜罗文人学士,借才异代,发展文教事业。金建国之初,太祖阿骨打就深感文人学士在处理国事中的重要作用,于是在天辅二年(1118)九月下诏:"国书诏令,宜选善属文者为之。其令所在访求博学雄才之士,敦遣赴阙。"①破辽之后,金获得大批契丹、汉族文人学士,于是诸王子都跟他们学习契丹语、汉语,女真的阅读活动从此开始,并产生了第一批女真读者,其中具有代表性的如完颜勖、宗雄、宗宪、宗翰、完颜希尹等。到太祖伐宋,攻下汴州后,女真获得了大批经籍图书,文士也多归之。同时,金也获得了广大的土地和众多的汉族居民,这使金有了众多的汉文读者和深厚的汉文阅读基础。特别是金通过各种方式获得的许多宋朝文士,他们与此前入金的辽文人一起构成了金初的知识分子群体。政治上,他们是金的智囊团,是金"典章诰命皆彬彬可观"的制作者。文化上,他们是导师,是传播者和引领者,是借才异代中的主角。他们中不乏名流学者和文学大家,如辽文人韩昉曾是熙宗的老师。清代学者庄仲方在《金文雅·序》中说:"金初无文字也,自太祖得辽人韩昉而言始文。"②由此可见他对金初文化发展所起的重要作用。其他如宇文虚中、张斛、蔡松年、高士谈、马定国、祝简等都是宋朝著名的文人学士。因为他们的归金,金"而文字煨兴,然犹借才异代也"③。还有张用直、洪皓、朱弁、张邵等,他们都在金初的政治、经济,特别是文化教育发展中发挥了重要作用,使原来寂寞的文苑

---

① 脱脱等:《金史》卷二《太祖》,北京:中华书局,1975年,32页。
② 庄仲方:《金文雅·序》,见《金文雅》卷首,江苏书局重刻本,1891年。
③ 庄仲方:《金文雅·序》,见《金文雅》卷首,江苏书局重刻本,1891年。

呈现出一派勃勃生机的景象。其中在阅读方面,他们既是这一时期读者中的杰出代表和中坚,也是阅读活动的引导者和推动者。

二是搜集文献典籍。金太祖在认识到人才的重要性的同时,也当然知道文献典籍对一个国家的重要性,所以他在攻辽伐宋中也特别重视对文献典籍的搜求。如天辅五年(1121)十二月,他下令:"若克中京,所得礼乐仪仗图书文籍,并先次津发赴阙。"①太宗灭宋战争中,更是对藏经、苏黄文、《资治通鉴》、图籍文书、镂版,无不尽取,并且指名索取书籍甚多。此外,许多入金的宋朝文人,如宇文虚中、高士谈等也带去了大批图书。总之,金在这个时期从辽宋搜集了大批文献典籍,这些典籍成为金阅读活动发展的物质基础。

三是创制了女真字。金初无文字,素有汉文化修养的学者完颜希尹受太祖之命,依汉字、契丹字制女真字,时称"希尹之业"②。之后,女真字学兴起,乃至到实行科举取士政策,女真文阅读成为金阅读的一大特点。

四是发展教育,科举取士。这无疑推动了阅读活动的发展。

总之,这一阶段,金虽然举辽灭宋,有了仪礼制度,并述以文事,确定了经国规模,但汉族和契丹地区仍然战事频仍,百废待举,而且女真族仍然保持着自己的民族传统,汉化不很明显。朝野上下,无论是女真文的阅读活动还是汉文的阅读活动都发展缓慢。所以这一时期属于金阅读的起步阶段。

2. 熙宗到章宗时期(1136—1195)

这是金阅读活动的恢复和发展期。这一时期,金由"海内用兵,宁岁无几"的征战动乱年月进入"投戈息马,治化休明"的和平稳定时期。随着金疆域的迅速南扩,大批文人入金,女真人与汉人杂处而居。在

---

① 脱脱等:《金史》卷二《太祖》,北京:中华书局,1975年,36页。
② 脱脱等:《金史》卷八十八《纥石烈良弼传》,北京:中华书局,1975年,1950页。

汉族文明的影响下，女真汉化逐渐成为一种社会时尚和潮流。

在这样的社会环境下，金确立了"尊孔崇儒"的经国治世之道。这主要表现在金熙宗的一系列尊孔活动中：天会十五年（1137），"熙宗即位，兴制度礼乐，立孔子庙于上京"①；天眷三年（1140），封孔子49代孙孔璠为衍圣公②；皇统元年（1141）二月，熙宗又亲祭孔子庙，北面再拜，并对侍臣说："朕幼年游侠，不知志学，岁月逾迈，深以为悔。大凡为善，不可不勉。孔子虽无位，其道可尊，万世高仰如此。"③同年三月，熙宗阐述了他以文治国的思想："太平之世，当尚文物，自古致治，皆由是也。"④这与其尊孔崇儒的行动前后呼应，一脉相承，为后来金文化的繁荣昌盛奠定了思想理论基础。

皇统二年（1142）八月，熙宗下诏，让曾为金教育做出重要贡献的朱弁、张邵、洪皓归宋。皇统六年（1146）六月，因私藏图书罪，熙宗下令杀了著名文士宇文虚中和高士谈。这标志着金初"借才异代"的结束。虽然它与当时金倡导的以儒治国政策相违，但它说明金出于政治安全，视私藏中原图书为反侧、通敌行为。尽管也许它只是一种借口，但同时这也反映出，女真统治者对书籍阅读所具有的文化传播功能开始有了新的认识。

海陵王继承了熙宗的改革事业，于天德三年（1151）设养士之地国子监，此后又罢南北选，专以词赋取士。更具有划时代意义的是，贞元元年（1153），海陵王正式迁都燕京，政治中心南移，使金的最高统治集团直接置身于华北，更有利于女真族对中原先进的经济、文化成果的吸收，从而加速了女真族及整个金经济、文化的发展。

到金世宗大定（1161—1189）和金章宗明昌（1190—1195）年间，金

---

① 脱脱等：《金史》卷一〇五《孔璠传》，北京：中华书局，1975年，2311页。
② 脱脱等：《金史》卷一〇五《孔璠传》，北京：中华书局，1975年，2311页。
③ 脱脱等：《金史》卷一〇五《孔璠传》，北京：中华书局，1975年，2311页。
④ 脱脱等：《金史》卷四《熙宗》，北京：中华书局，1975年，77页。

建国已有五六代。由于对外与南宋达成和议，各自偏安南北，民族矛盾缓和，对内"躬节俭，崇孝弟，信赏罚，重农桑，慎守令之选，严廉察之责……可谓得为君之道矣"①，所以，此时的金国"群臣守职，上下相安，家给人足，仓廪有余"，进入了一个国泰民安，经济、文化繁荣，有"小尧舜"②之称的时期。元好问说："维金朝大定以还，文治既洽，教育亦至，名氏之旧与乡里之彦，率由科举之选。父兄之渊源，师友之讲习，义理益明，利禄益轻。一变五代辽季衰陋之俗。"③"世宗、章宗之世，儒风丕变，庠序日盛，士繇科第位至宰辅者接踵。当时儒者虽无专门名家之学，然而朝廷典策、邻国书命，粲然有可观者矣。"④经济、文化的繁荣更有力地促进了女真的封建化以及北方各民族的融合，当然也促使金的阅读进入了发展与繁荣的阶段。

金经过半个多世纪的发展，已经拥有了自己的文人群体和社会阅读基础。这是金文人"自足知名异代"⑤，金与南宋在文化上分庭抗礼，形成南北两派相持发展的时期。经过"渐摩培养，至大定间人材辈出，文义蔚然。加以世宗之听纳，人各尽其所能，论议书疏有可传者"⑥。所以，这也是一个文人辈出、作品繁富的时代。蔡珪、党怀英、王庭筠、王寂、赵可、刘迎、赵沨和周昂等都是这一时期的文学大家，其中的蔡珪和党怀英是这一时期的文坛盟主，也是读书界的领军人物。

这个时期，随着社会政治、经济的发展和变化，文化领域特别是文学领域也在发生着变化。这种变化当然也影响到了读书之风的变化。大定、明昌间，君臣上下淳德相尚，文人学士，少华而多实；明昌以后，

---

① 脱脱等：《金史》卷八《世宗下》，北京：中华书局，1975年，203—204页。
② 脱脱等：《金史》卷八《世宗下》，北京：中华书局，1975年，204页。
③ 元好问：《遗山先生文集》卷十八《内相文献杨公神道碑铭》，上海：商务印书馆，1937年，245页。
④ 脱脱等：《金史》卷一二五《文艺上》，北京：中华书局，1975年，2713页。
⑤ 脱脱等：《金史》卷一二六《文艺下》，北京：中华书局，1975年，2743页。
⑥ 脱脱等：《金史》卷九十六《梁襄传》，北京：中华书局，1975年，2138页。

朝野无事,侈靡成风,文人学士,多华而少实。这种学风和文风当然也是读书之风的反映。大定、明昌间,文人学士安心读书,潜心学问,学风淳朴,尚道崇古犹存;明昌以后,学界浮躁,俗艳之风滋生,读书求实尚古之风减退。同时,面对统治者纸醉金迷、酣歌恒舞的生活以及对劳动人民横征暴敛,诛求无厌,人民生活愈加痛苦深重,阶级矛盾日益尖锐的社会现状,文人学士逃避现实,安于自足,以读书自乐为人生追求,成为当时的一种风气。如王寂的《易足斋》云:

> 吾爱吾庐事事幽,此生随分得优游。
> 穷冬夜话蒲团暖,长夏朝眠竹簟秋。
> 一榻蠹书闲处看,两盂薄粥饱时休。
> 红旗黄纸非吾事,未羡元龙百尺楼。①

尽管如此,这个时期仍然是金阅读的繁荣期。

3.承安到金末时期(1196—1234)

这是金阅读史上的一个特殊时期。之所以特殊,是因为从明昌到承安是金历史上的一个转折点,"秕政日多,诛求无艺,民力浸竭,明昌、承安盛极衰始"②。尽管这时的金正在由盛而衰,乃至一蹶不振,但家国不幸诗人幸,这一时期在文学上仍然是一个繁荣期,产生了一批杰出的诗人、作家,如李纯甫、雷希颜、王渥、冀禹锡、辛愿、杨叔能、王元粹、麻九畴、杜仲梁、张仲经等。同时,在学术文化的批评和总结方面,这一时期也是一个很有成就的历史阶段。另外的一个重要现象是女真已基本上完全汉化,其汉文阅读活动也欣欣向荣。如刘祁《归潜志》云:"南渡后,诸女真世袭猛安、谋克往往好文学,喜与士大夫

---

① 元好问:《中州集》乙集第二《王都运寂》,北京:中华书局,1962年,103页。
② 脱脱等:《金史》卷十八《哀宗下》,北京:中华书局,1975年,403页。

游。"①他们博览经史，读书不辍，作诗亦多有可称。所以这个时期尽管金已逐渐走向衰落，但其阅读活动仍然繁荣而兴旺。

这一阶段的文坛盟主是赵秉文和杨云翼。二人执掌文柄二十年，时间既长，享名也盛。二人同样官至礼部尚书，典贡举三十年，门生半天下，奖掖后进，不遗余力，金末叶文坛的兴盛与二人有很大关系。与他俩同样有执掌文坛之功、在士林中影响盛大的是王若虚和李纯甫。此后还有名声更大的、集金文献之大成的大家元好问。他们都是这一时期文化界的领军人物，既是作家又是文学评论家，并且在史学、哲学方面亦有建树。特别是由于明昌、承安间文学界尚尖新、多浮艳，失去了大定、明昌间的朴实学风，为扭转学风，在金出现了文艺复兴运动。刘祁在《归潜志》中说："南渡以来，士人多为古学，以著文作诗相高。"②又说："南渡后，文风一变，文多学奇古，诗多学风雅，由赵闲闲、李屏山倡之。"③由此可见，他们既引领着文化学术的潮流，也引领着社会阅读的潮流。

二、阅读活动发展的地域文化特点

女真统治者入主中原后，随着疆界的南扩，人口数量的大幅度增加和成分的变化，以及由于自然环境和地域历史文化发展的差异，金阅读活动发展的地域文化特点也明显地表现出来。这主要表现为一个由北向南渐趋发达的态势。

北部及松辽地区，多民族杂居，文化教育比较落后，阅读活动发展缓慢，读者主要以贵族、文人和僧侣为主。而且，该地区也存在着汉

---

① 刘祁：《归潜志》卷六，北京：中华书局，1983年，63页。
② 刘祁：《归潜志》卷八，北京：中华书局，1983年，80页。
③ 刘祁：《归潜志》卷八，北京：中华书局，1983年，85页。

文、女真文、契丹文、蒙古文等多文字阅读的现象。但从读者数量、文献流传和社会影响来看，汉文阅读仍然占主流地位。

燕云地区（这里指河北和山西北部），由于地理位置靠近中原，曾是辽文化教育最为发达的地区，亦是阅读活动发展的中心地带。初期由辽宋入金的文人学士多集中于此。其中如虞仲文、滕茂实、朱弁、何宏中、姚孝锡等，他们曾是金初这一地区的重要读者群体。金太宗首开科举取士，主要在燕云地区，其中的及第者包括一些辽宋士人。这些人为金初的文化复苏和阅读发展做出了重要贡献。其中如刘扬、孙九鼎、孙九畴、孙九亿等。特别是燕京（今北京）曾是辽的首都，后又成为金的都城。这里经济繁荣，文化教育发达，文人学者荟萃，书籍刻印业集中，寺院林立，高僧云集，是辽阅读活动的渊薮，也是金阅读活动最为繁荣的地区之一。云中（今大同）亦曾是辽西部的一个政治、经济和文化中心。进入金后，它仍然保持着阅读传统，是金西部地区阅读活动最为发达的地区。

特别是燕云地区作为中原文化向漠北、西北及西部地区辐射传播的过渡地带，亦是汉民族和周边各少数民族进行文化交流、增进彼此了解与融合的一个中间地带。所以，无论是从文化地理学，还是从阅读地理学，抑或从民族文化交流史以及地缘政治学角度来讲，该地区都具有十分重要的战略地位和研究意义。

山西与河北南部以及河南与山东属于中原的腹部，曾是北宋的故地，也是汉民族文化的发祥地之一。这些地区物产丰富，经济繁荣，人口稠密，文化教育发达，人文传统深厚，是金阅读活动最为发达的地区。由宋入金的文人学士亦多集中于这些地区。他们不仅是金阅读活动的开启者和奠基者，而且为金培养了无数杰出的读者。

金的四大刻书中心，即燕京、宁晋（今河北宁晋县）、平水（今山西临汾）和南京（今河南开封），有三个分布在上述金的南部区域。其中，开封曾是北宋的首都，是北宋政治、经济和文化的中心。这里不仅是文人学者和文化教育机构云集之地,而且是刻书业与藏书业的中心。宁晋位于河北南部,靠近中原,是金书籍业和文化教育较为发达的地区。平水位于山西南部,是晋南政治、经济和文化的中心。它在金宋干戈中,亦少受战乱破坏。北宋南渡时,一部分刻书业迁移于此,于是它也成为金刻书业的重镇之一。而且,金还在这里设置了官方机构"平水书籍",以专门管理书籍刻印业,可见该地区在整个金书籍出版业中的重要地位。

出版业的发达必然会促进藏书与阅读活动的发展与繁荣,所以平水及晋南一带在金亦是藏书最为丰富和阅读活动最为兴盛的地区。这里不仅地方官府藏书丰富,如长治县藏书楼藏书万余卷,而且私人藏书活动普遍,乃至"家置书楼,人畜文库"[1]。甚至这里还出现了具有公共性质的藏书楼,以供那些"草莱贫乏之士,有志而无书者"阅读。[2]

自然环境与人文传统是形成阅读活动地域文化特点的条件和基础。鸟瞰整个金的历史文化特点,可以发现,因为金宋划淮而治,金政治中心南移,中原的经济和文化重心则北移,所以,山西、河北、河南及山东成为金统治的重心区。承北宋传统,这些地区成为金经济和文化最为发达的地区。如金章宗时,全国府试共设十个考区,即大兴府、大定府、大同府、东平府、开封府、河中府、辽阳府、平阳府、益都府和太原府,其中有八个分布在这些地区。再如山西,它在整个金的文化发展中,可谓是独领风骚,成就卓著。在文坛上,它曾先后出现了刘㧑、孙九鼎、孙九畴、孙九亿、李晏、刘汲、赵可、赵述、郝俣、元德明、杨云翼、李俊民、雷渊、刘从益、刘祁、赵元、李献能、李献甫、元好问、李汾、王予可、王㮣以及河汾诸老,即麻革、张宇、陈赓、陈庾、房皞、段克己、段成

---

[1] 孔天监:《藏书记》,见张金吾《金文最》卷二十八,苏州:江苏书局,1891年,10页。
[2] 孔天监:《藏书记》,见张金吾《金文最》卷二十八,苏州:江苏书局,1891年,10页。

己、曹之谦等大家。他们不仅是金文坛发展的主流力量,而且是金阅读活动发展的引领者,并为金培养了无数杰出的读者。特别是其中的元好问,为金文学的集大成者,被称为"一代宗匠"。杨云翼则与赵秉文执掌金文柄二十年,其文学观念与阅读主张对金及后世影响巨大。

总之,上述这些地区虽曾饱受战乱而生灵涂炭,文化凋敝,但经过金初的恢复与发展,已成为金崇文尚学、人文气息浓厚、文人学者辈出、阅读活动最为发达和繁荣的地区。

第三节 图书的搜集、刻印与阅读

书籍是一个时代赖以开展阅读活动的基础。其搜集、刻印、典藏、流通的规模反映着这个时代的阅读兴衰和文化面貌。关于金的有关情况,史料中已有许多评价,如《金史》云:"金源氏有天下,典章法度几及汉、唐。"[1]又云:"一代制作能自树立唐、宋之间,有非辽世所及,以文而不以武也。"[2]清代学者赵翼说:"金代文物远胜辽元。"[3]陈登原也说:"金源文物之盛,大可媲美元魏。"[4]这些评价无论是指典章文物、文学创作、学术研究,还是指文献典籍,都反映了有金一代文化的繁荣和昌盛。这种繁荣和昌盛的基础和表现之一就是图书收藏之富、生产之多、流通之广、读者之众。这是阅读之发展、文化之繁荣的前提

---

[1] 脱脱等:《金史》卷一二六《文艺下》,北京:中华书局,1975年,2742页。
[2] 脱脱等:《金史》卷一二五《文艺上》,北京:中华书局,1975年,2713页。
[3] 赵翼著,王树民校证:《廿二史劄记校证》卷二十八《金代文物远胜辽元》,北京:中华书局,1984年,622页。
[4] 陈登原:《古今典籍聚散考》卷二·第七章《金元之典籍聚散》,上海:上海书店,1983年,214页。

和条件。因此,总结和探讨这方面的情况,是我们了解金阅读历史的前提和基础。

一、图书的搜集与阅读

金的图书主要来自辽和宋,即使是女真文书籍也主要译自汉文。尽管金在攻辽伐宋中对中原文物不免有所敌视和摧残,但女真人还是比较有文化远见的。他们一开始就特别重视对图书的搜集。天辅五年(1121)十二月,太祖命大将杲等:"若克中京,所得礼乐仪仗图书文籍,并先次津发赴阙。"①至金军围攻汴京时,宰相刘彦宗对大将宗翰、宗望说:"萧何入关,秋毫无犯,惟收图籍。辽太宗入汴,载路车、法服、石经以归,皆令则也。"②宗翰、宗望采纳了他的意见,攻取汴京后,没有在城内烧杀抢掠,"旁即取秘书录及所藏古器",并向已成人质的宋钦宗提出要"浑天仪、铜人、刻漏、古器、秘阁三馆书籍、印本监版、古圣贤图像、明堂辟雍图、皇城宫阙图、四京图、大宋百司并天下州府职贡令应、宋人文集阴阳医卜之书"。金人得到宋朝的明堂九鼎后,竟也无动于衷,只要宋朝的三馆文籍图书和国子书版。③ 此时的宋人哪敢有求不应,于是三番五次派军队押送道释经版、监书印板以及馆中藏书给金人,有一次甚至差兵八千人运赴军前。④ 天会五年(1127)四月,宗翰、宗望"以宋二主及其宗族四百七十余人及珪璋、宝印……大乐、灵台、图书,与大军北还"⑤。不仅国子监、三馆秘阁书籍、鸿胪寺经版

---

① 脱脱等:《金史》卷二《太祖》,北京:中华书局,1975年,36页。
② 脱脱等:《金史》卷七十八《刘彦宗传》,北京:中华书局,1975年,1770页。
③ 陈登原:《古今典籍聚散考》卷二·第六章《两宋之书籍聚散》,上海:上海书店,1983年,199页。
④ 张秀民:《辽金西夏刻书简史》,载《文物》,1959年第3期,11—15页。
⑤ 脱脱等:《金史》卷七十四《宗翰传》,北京:中华书局,1975年,1697页。

被金搜刮一空,就连开封府民间书铺的书籍也不能幸免。当宗翰、宗望攻下汴州,接受宋帝投降时,太宗派完颜昂前往慰问将士。"宗翰等问其所欲。曰'惟好书耳',载数车而还。"①随宗翰攻宋的宗宪,当汴州城被攻破时,"众人争趋府库取财物,宗宪独载图书以归"②。在此期间,金人搜集书籍尤喜唐代元稹、白居易及北宋元祐诸儒之作,其影响所及,蔚然成风。破汴京后,金人频频南下,掠取物中,皆有图籍和书版。如天会六年(1128),大将赤盏晖随睿宗南下伐宋,一路攻城略地,所向披靡。大军至余杭(杭州),赤盏晖通粮饷,治桥道,载《资治通鉴》版以归。③ 由此可见,金人破宋,席卷了宋人大量累世所藏,虽行军匆迫,不无半途狼藉,但所得之多,史无前例。

二、图书的刻印与阅读

金的图书刻印业也是在辽宋的基础上发展起来的。如上所述,金从宋不但掠取了大量图书、文物,而且劫取了大量的图书印板,加上北宋留下的许多书肆、刻坊以及为数众多的雕版工人,为金书籍刻印业的发展和繁荣奠定了基础。

金的书籍刻印也有官刻、坊刻和私刻等类型。

官刻本首先是国子监本。据《金史》记载,在国子监和太学的统一课本中,有经史26种及《老子》《荀子》和《扬子》,"皆自国子监印之,授诸学校"④。国子监除印经史一类的课本外,也印一些个人作品,如太子司经刘迎"有诗文乐府《山林长语》,诏国学刊行"⑤。官刻本其次是

---

① 脱脱等:《金史》卷六十六《始祖以下诸子》,北京:中华书局,1975年,1557页。
② 脱脱等:《金史》卷七十《宗宪传》,北京:中华书局,1975年,1615页。
③ 脱脱等:《金史》卷八十《赤盏晖传》,北京:中华书局,1975年,1806页。
④ 脱脱等:《金史》卷五十一《选举一》,北京:中华书局,1975年,1132页。
⑤ 元好问:《中州集》丙集第三《刘记室迎》,北京:中华书局,1959年,109页。

史馆本。章宗泰和六年（1206），"仍以全死节送史馆，镂版颁谕天下"①。大定二十年（1180），世宗诏曰："太师昺谏表诗文甚有典则，朕自即位所未尝见。其谏表可入《实录》，其《射虎赋》诗文等篇什，可镂版行之。"②由此可见，完颜昺的谏表因有利于资政，《射虎赋》则纯属为歌颂皇上所作，所以世宗才下令出版发行。这自然也是官刻本。

金的刻坊主要集中在中都（今北京）、南京（今河南开封）、平阳（今山西临汾）和宁晋（今河北宁晋县）地区。前两地是辽和北宋的首都，是政治、经济和文化中心。在辽时，中都就刻工众多，书肆云集，造纸业和刻印业发达。这里曾雕印了卷帙浩繁的《契丹藏》，当时的畅销书苏东坡的《大苏小集》也在这里率先刻印上市。所以它曾是辽出版业的龙头。到金时，它作为首都，以其雄厚的经济和文化基础，仍然成为金的刻印业中心。南京（今河南开封）曾是北宋的首都和文化中心，出版业发达，曾经汴梁本遍天下。尽管曾遭到金人的洗劫，但它毕竟处于中原腹地，有着深厚的文化底蕴，在金的文化发展中仍然具有举足轻重的地位。特别是金迁都这里后，它又成为金的文化中心，其出版印刷业自然会很发达。这里刻坊云集，书铺林立，保留了北宋的传统，以三日、八日为书市，成为金图书的集散地之一。

平阳位于山西南部，是晋南政治、经济和文化中心。这里土地肥沃、物产丰富、经济发达，特别是盛产白麻纸，又有太原府的"造墨场"，纸墨取材方便。这里教育发达、人文荟萃，又少受战乱破坏，所以成为金的出版业中心。叶德辉说："金源分割中原不久，乘以干戈，惟平水不当要冲，故书坊时萃于此。"③当时的平阳、洪洞是"家置书楼，人蓄文库"④。由此可见，当时这一带不仅刻印业繁盛，而且藏书丰富。可

---

① 脱脱等：《金史》卷一二一《忠义一》，北京：中华书局，1975年，2641页。
② 脱脱等：《金史》卷六十六《始祖以下诸子》，北京：中华书局，1975年，1560页。
③ 叶德辉：《书林清话》卷四《金时平水刻书之盛》，北京：中华书局，1957年，89页。
④ 孔天监：《藏书记》，见张金吾《金文最》卷二十八，苏州：江苏书局，1891年，10页。

以想见,在这种浓厚的书香气息中,自然也会形成浓厚的读书风气。

由于平阳已成为金书籍生产和传播的主要地区,所以金在这里设置了"平水书籍","它既负责平阳当地书籍雕版和印刷,为国家的文教如文化宣传和路、府、州以下学子考试制度服务,同时又负责民营雕版印刷手工业的管理和税收"①。

平阳的刻印业不仅兴盛,而且代表了金的雕版印刷水平。金的雕版印刷技术保持了北宋时期的水平,刻本完全可以与南宋时期所印的最好版本相媲美。特别是在版画雕印方面,平阳是较早刻印民间招贴画的地方。西夏遗址出土的平阳徐氏刻印的《义勇武安王》(关羽像)和平阳姬氏刻印的《四美图》(王昭君、班姬、赵飞燕和绿珠像)是两幅具有很高艺术价值的版画杰作,也是目前所能见到的我国最早的木版年画。这种高超的雕印技术和兴盛的刻书业一直延续到元代,平阳成为中国版画艺术的发源地之一。对此,王重民先生在为蒙古定宗四年(1249)平阳张存惠晦明轩刻本《重修政和经史证类备用本草》所写的提要中说道:"金元两代,平水刻书之业颇盛。是书刻于金、元之交,尤为书业鼎盛时代,故字画与插图均较他处所刻者为精。卷四《海盐》《解盐》两图,古朴生动,远非宋本《列女传》托名顾恺之画者所能比。持较俄人科斯洛夫在黑水古城所得金刻王昭君、赵飞燕画像,虽雅秀殊观,而人物之活跃,极为相似。此题'平阳府姜一刊',彼题'平阳姬家敬印'。元、明以来戏曲小说所插版画,要当以此为祖,然则版画之兴,亦当由平阳启之。"②

雕版印刷水平次于平阳的是宁晋县,它位于今河北省南部,靠近中原,也是文化较为发达的地区。其中的一位刻书家叫荆祐,在他祖

---

① 齐峰、李晋林:《山西平水刻书业与中国古代出版》,载《新华文摘》,2005年第8期,135—136页。
② 王重民:《中国善本书提要》子部医家类本草,上海:上海古籍出版社,1983年,253页。

父时已"版行五经等书"。荆家书因为刻得精,价钱低,所以销路很广。不到二十年,"荆氏家籍,布满河朔"①。

上述四个出版业发达的地区,呈一个三角形集中在了当时中国的腹地,即文化发达的中原地区。这些地区不仅作为金主要的书籍生产地,为金的文化教育提供了大量的读物,而且作为出版业发达的地区,是书籍消费水平较高的地区。其地理位置也表明了金读者的地理分布,即这些地区也应是金读者最为密集、阅读活动最为发达的地区。

除上述四个主要地区外,金的刻书地还有邢台、亳社、少林寺、山阳、太原、济南、曲阜等,几乎遍及现在的河北、山西、山东、河南、陕西等省。

金文化教育之盛使个人出资刻书之风盛行。一些经济不宽裕的人甚至不惜出利借贷,以刻书为乐。这对保存和传播文化,促进阅读发展自然很有裨益。如以教授小学为生的济南李德元,以借贷刻其祖先的《窥豹集》;古泽陈氏出资刊行了赵秉文的《法言微旨》;王鼎在朋友帮助下刻印了北宋国医成无己《伤寒论注解》十卷。②

金所刻多为经史、诸子及金作家的诗、词、文集、类书、字学等。这些书除上述所举外,目前所知的还有开封刻印的《旧五代史》《贞观政要》、完颜璹的自刊诗集《如庵小藁》,平阳刻印的王朋寿《增广类林》《道德宝章》《尚书注疏》《滏水文集》《丹渊集》《通鉴节要》《春秋纂例》③《增注礼部韵略》《南丰曾子固先生集》《重编补添分门字苑撮要》《新修累音引证群籍玉篇》《萧闲老人明秀集注》《庄子全解》。④ 还有目前传世最古的诸宫调之一、西夏黑水城出土的平阳刻本《刘知远诸

---

① 王恽:《秋涧先生大全文集》卷六十《故赵州宁晋县善士荆君墓碣铭并序》,四部丛刊集部,5页。
② 张秀民:《辽、金、西夏刻书简史》,载《文物》,1959年第3期,11—16页。
③ 张秀民:《辽、金、西夏刻书简史》,载《文物》,1959年第3期,11—16页。
④ 来新夏等:《中国古代图书事业史》,上海:上海人民出版社,1990年,246页。

宫调》,它说明金诸宫调等说唱文学曾经兴盛于平阳一带,这种脚本曾是民间流行的读物,并且流传到了邻国偏远的地区。此外,宁晋荆祐刊刻的书有"五经"、《泰和律义篇》《广韵》以及流传至今的《崇庆新雕五音集韵》等。医学方面的书有《内经素问》《本草》、宋代的《圣济总录》以及金名医张子和、刘完素等人的著作。① 特别是平阳本《新刊补注铜人腧穴针灸图经》已成为中国医学史上的珍稀文献。② 一些讲迷信的如看风水的书,以及与当时出题考试有关的书,如金明昌三年(1192)张谦所刻《新刊图解校正地理新书》不仅在平阳有数家印卖,而且在开封、古唐(今太原)、蒲阪(今永济)等地都有印卖。这说明了两点:一是平阳刻书业兴盛;二是这样的书在当时很畅销,有很多的读者。此外,因为名人效应和所具有的新闻、史料价值,当时的一些焦点人物的言行受社会关注,所以有关文字就成为书商们逐利的对象。如金有人购得宋胡铨《劾秦桧疏稿》,刻而卖之,获利很多。宋徽宗赵佶被俘至五国城(今吉林扶余县)时,凡遇小小吉凶、节日,金主必有赏赐,一赐必要一谢表,金人把它集成一帙,刊刻后在榷场中出卖。③ 类似这样的文字在今天看来也很有可读性,也会成为热销书,何况在当时,它还具有现场感和新闻性,所以更会引起人们的阅读兴趣,从而成为当时的热销书。

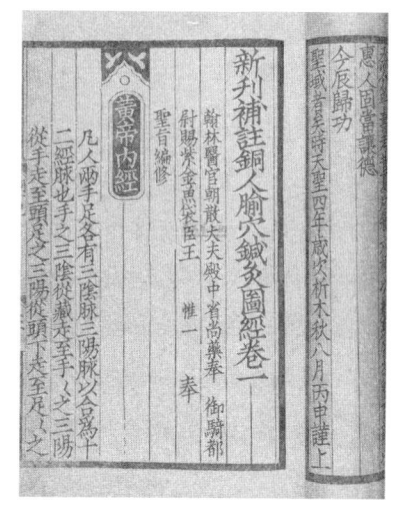

《新刊补注铜人腧穴针灸图经》内页

---

① 张秀民:《辽、金、西夏刻书简史》,载《文物》,1959年第3期,11—16页。
② 来新夏等:《中国古代图书事业史》,上海:上海人民出版社,1990年,246页。
③ 张秀民:《辽、金、西夏刻书简史》,载《文物》,1959年第3期,11—16页。

金还刻印了很多释道典籍和女真文读物,这是金阅读活动发展的重要组成部分,亦反映了金出版业之盛。有关问题将另行论述,这里暂不涉及。

第四节 书籍的传入、流通与阅读

上述金图书的搜集和印刷情况对我们了解金的书籍来源以及其收藏和流通情况很有意义。但这些情况还没有完全说明金图书的来源渠道,而且即使其他内容中还将涉及金人所阅读的图书,它们也不能足以让我们了解还有哪些书传入金境及其流通情况。所以,我们有必要继续考察金书籍的传入和流通及其阅读活动的情况。

文人学者的藏书和著述不仅反映了一些图书流传的情况,而且反映了这些文人学者的阅读经历。

金图书的来源还有入金的文人带入和南宋使金者赠送。如宇文虚中说:"至于图籍,南来士大夫家家有之。"①使金赠送者如天会十三年(1135),宋使章谊赠金人《资治通鉴》。② 金初由辽宋入金的文人很多,他们不仅是金初的主要读者,而且他们的藏书是金文献典籍的重要来源。宇文虚中和高士谈都有很多藏书,并因藏书而招来杀身之祸。宇文虚中是奉宋朝之命使金国而被金国扣留的,他能够有很多藏书,只能说一部分是他带来的,大部分则是他在出使金后通过各种方式搜集的。但他主要收藏了些什么书,我们已无法知道。不过这也说

---

① 脱脱等:《金史》卷七十九《宇文虚中传》,北京:中华书局,1975 年,1792 页。
② 宇文懋昭撰,崔文印校证:《大金国志校证》卷八《太宗文烈皇帝六》,北京:中华书局,1986 年,127 页。

明当时已经有很多图书通过各种渠道流入金境。

金宋民间的互市也是书籍传播的一个重要渠道。南宋尽管禁止有关国家大事和边防的文籍出界,但并没有完全阻止书籍的流通。有人专门以贩卖书籍为职业,来往于双方民间,使书籍在宋金间得以交流。如元好问的朋友刘寿之就从太原酒家买到了南中山水画障和朱熹的题诗。① 同样,虽然"北方书籍,率金所刻,罕至江南"②,但仍有书籍传入南方,如《朱熹集》卷八十一《书张氏所刻潜虚图后》说于"北方互市"得到司马光《潜虚》的金本。③ 陈振孙藏书中亦有大定丁未本《释书品次录》。④

金境内流传的著述,除上述所提到的外,还可从下面一些线索中得以窥见。

王若虚《滹南遗老集》第30—40卷杂辨和诗话中提到的南宋作者约40人,著述50多种,包括文学、经义、史学几个方面。⑤ 其中诗话有惠洪《冷斋夜话》、严有翼《艺苑雌黄》、叶梦得《石林诗话》、胡舜陟《三山老人语录》、胡仔《苕溪渔隐丛话》、朱弁《风月堂诗话》、黄彻《䂬溪诗话》、葛立方《韵语阳秋》、何汶《竹庄诗话》等。

由宋入金的总集、别集、笔记、类书,至今仍存的有吕祖谦奉孝宗之命编纂的《皇朝文鉴》、林之奇辑《观澜集》、叶棻和魏齐贤合编的《五百家播芳大全文粹》、徐宅的《集千家注分类杜工部诗》、孙觌的《鸿庆居士集》、邵伯温的《邵氏闻见录》、邵博的《邵氏闻见后录》、吴曾的《能改斋漫录》、洪迈的《容斋随笔》、曾慥所辑《类说》等。入金已佚的有杜

---

① 元好问:《遗山先生文集》卷十三《刘寿之买南中山水画障》,上海:商务印书馆,1937年,185页。
② 无子虚:《续夷坚志·原跋》,见元好问《续夷坚志》,北京:中华书局,1986年,98页。
③ 朱熹著,郭齐、尹波点校:《朱熹集》卷八十一《书张氏所刻潜虚图后》,成都:四川教育出版社,1996年,4177页。
④ 陈振孙:《直斋书录解题》卷八,上海:上海古籍出版社,1987年,237页。
⑤ 王若虚:《滹南遗老集》卷三十至卷四十,四部丛刊集部。

田及鲍彪的论杜著述、洪兴祖注韩文、曾慥辑《本朝百家诗选》以及刘望之的著述等。

书中提到的南宋经义方面的著述,今存者有朱熹《论语集注》及《语孟集义》、吕祖谦《东莱博议》及《吕氏家塾读书记》、张栻《癸巳论语解》、叶适《水心别集》等。已佚者有林之奇、尹焞、叶梦得、胡寅、杨时、张九成、王居正、郑厚等人的著述。史学方面有吕祖谦的《大事记》、陈季雅的论苏武语以及茅荆产的《三余录》等。

王若虚是一个以批评见长的学者,他批评"五经"《孟子》《论语》《史记》,批评上述南宋的学者如张九成、张栻、林之奇以及朱熹,也批评北宋的大儒,如二程、王安石等。由此可见二程和王安石的著作也在金流传。另外,南宋学者洪迈也曾阅读王若虚的《经史辨惑》,并给予批评。① 这再次说明金人的著述也曾流传于南宋,宋金的文化是相互影响、共同繁荣的。

刘祁在其《归潜志》中谈到李纯甫时,说他"又解《楞严》《金刚经》《老子》《庄子》,又有《中庸集解》《鸣道集解》,号为《中国心学西方文教》,数十万言。尝曰:'自庄周后,惟王绩、元结、郑厚与吾。'此其所学也。每酒酣,历历论天下事,或谈儒释异同,虽环而攻之,莫能屈"②。这里除郑厚之外所提到的著述以及唐代诗人、文学家王绩、元结的作品就像前代其他许多著述一样,显然早已在金境内流传。而郑厚为南宋史学家郑樵之兄,有《六经雅言图辨》和《湘乡文集》,已佚。③ 由此可见,至少这两种著作也已入金。

《元好问全集》中提到了赵次公《杜诗证误》、夏少曾《靖康尽言》、朱熹《小学》以及陈与义、辛弃疾、李石等人的作品。④ 完颜陈和尚,

---

① 陶晋生:《女真史论》,台北:食货出版社,1981年,114页。
② 刘祁:《归潜志》卷一,北京:中华书局,1983年,7页。
③ 孔凡礼:《南宋著述入金述略》,载《文史知识》,1993年第7期,98—101页。
④ 孔凡礼:《南宋著述入金述略》,载《文史知识》,1993年第7期,98—101页。

"仲泽爱其有可进之资,示之新安朱氏小学书,使知践履之实"①。此外,《金史》中也提到完颜陈和尚曾从王渥读《小学》。② 元好问的《续夷坚志》就是受洪迈的《夷坚志》影响而作的。由此可见,这些南宋人的著述都曾在金流传。此外,南宋汪藻的《浮溪集》及徐俯、陆游的著述也是金人喜欢的读物。③

由金繁荣发达的文化和学者文人辈出的盛况可知,金流传的,特别是由宋入金的著述当远不止上述这些,这只是其中的一小部分。因为金人的著述和所刻印的书籍大量散失,所以金书籍流传的整体情况已很难考察。

由上述可见,宋人,特别是南宋人的著述对金的文人有着强烈的吸引力。金的文化和阅读一方面继承了唐代文化的传统,另一方面大量地吸收了同时期的宋朝文化,在它们的影响和滋润下,在大量书籍源源不断地流入金境,并且自己也不断生产读物的条件下,而蓬勃发展,如火如荼。

第五节 藏书与阅读

金书籍搜集之宏富,书籍刻印业之发达,书籍流通渠道之广泛,以及学术文化事业之繁荣,为藏书事业的发展提供了良好的社会环境和物质条件。这是西夏和辽所不能及的,所谓"金代文物远胜辽元"。金虽然历史并不长,但其藏书文化十分发达。具体情况略述如下:

---

① 元好问:《遗山先生文集》卷二十七《赠镇南军节度使良佐碑》,上海:商务印书馆,1937年,363页。
② 脱脱等:《金史》卷一二三《忠义三》,北京:中华书局,1975年,2680页。
③ 孔凡礼:《南宋著述入金述略》,载《文史知识》,1993年第7期,98—101页。

一、官府藏书

　　金的中央藏书机构主要有秘书监、国史院、翰林院、弘文院和稽古殿等。其中秘书监置监、少监、丞、秘书郎,通掌经籍图书,是最主要的收藏和管理图书的机构。如前所述,金的中央官府藏书多得之于辽宋,所获均为两国累世所藏。在此基础上,随着金政治、经济、文化教育事业的发展,历代皇帝也更加重视文献典籍的收集。特别是大定、明昌间,号称金国的"小尧舜"时期,国泰民安,仓廪有余,文治既兴,教育也至,朝廷对书籍搜求也更加重视。如明昌二年(1191)四月,"学士院新进唐杜甫、韩愈、刘禹锡、杜牧、贾岛、王建,宋王禹偁、欧阳修、王安石、苏轼、张耒、秦观等集二十六部"①。这说明,这些文集无论是搜集的,还是刻印的,抑或女真文译本,它们的汉文本都曾被金收藏并在读者中流通。明昌五年(1194),章宗"诏购求《崇文总目》内所阙书籍"②。泰和元年(1201)十月,"勅有司,购遗书宜尚其价,以广搜访。藏书之家有珍惜不愿送官者,官为誊写,毕复还之,仍量给其直之半"③。官方如此重视图书的搜集和典藏,是金藏书文化繁荣发达的重要原因。

　　此外,集贤院、礼部、詹事院司经局亦有藏书,并设置官属管理。

　　金地方官府的藏书规模不等,有些官府的藏书规模比较大,如大定中长治县藏书楼有万卷藏书。

---

① 脱脱等:《金史》卷九《章宗一》,北京:中华书局,1975年,218页。
② 脱脱等:《金史》卷十《章宗二》,北京:中华书局,1975年,231页。
③ 脱脱等:《金史》卷十一《章宗三》,北京:中华书局,1975年,257页。

二、学校藏书

金的中央官学和地方官学都有数量不等的藏书,中央官学主要有国子学和太学。如章宗承安四年(1199)二月,"诏建太学于京城之南,总为屋七十有五区,西序置古今文籍、秘省新所赐书,东序置三代鼎彝、俎豆、敦盘、尊罍,及春秋释奠合用祭器"①。此外,金还有为女真人开办的女真字学、女真国子学、太学及府学等。如女真国子学,"自大定四年,以女真大小字译经书颁行之"②。这些所译的经书有《贞观政要》《白氏策林》《史记》以及《汉书》等。从"教以古书,习作诗策","遂通契丹大小字及汉字,该习经史"③的教学内容分析,女真国子学的藏书内容远不止上述这些翻译为女真文的经典,还应有诗词一类的文学作品。而且学生们不仅读女真文经典,还读契丹文和汉文典籍。由此可见,女真国子学的藏书不仅内容丰富,而且文种多样。

三、私人藏书

金的私人藏书家见于史料记载者数量并不算多。但从金源文化之盛和金的历史文化及地理特点推断,金也应该是一个私人藏书比较繁荣的时期。虽然他们中能够称得上藏书家者数量并不多,但读书、藏书作为文人学士的日常生活和普遍行为,其规模和数量以及所发挥的作用已远远超过辽。金的藏书家当然仍以汉族文人学士为主。他们中又可分为两个群体:一是由宋辽入金者,二是金自己培养的。由宋辽入金者是金初藏书家的主体,是金文化教育事业的开拓者和读

---

① 宇文懋昭撰,崔文印校证:《大金国志校证》卷二十《章宗皇帝中》,北京:中华书局,1986年,275页。
② 脱脱等:《金史》卷五十一《选举一》,北京:中华书局,1975年,1133页。
③ 脱脱等:《金史》卷九十九《徒单镒传》,北京:中华书局,1975年,2185页。

书、藏书风气的引领者。特别是由宋入金的文人学士,他们"家家都有藏书"。虽然他们的藏书规模不一定有多大,人数也不算多,但他们对金初学术文化的发展和政权的巩固具有重要的作用和影响。他们中的代表人物是宇文虚中和高士谈。

宇文虚中(1079—1146),字叔通,别号龙溪居士,成都华阳(今成都华阳)人,宋大观三年(1109)进士。博学而富藏书,有文集行世,今已佚。初仕宋,官至资政殿大学士。后由南宋出使金国被扣留,官至翰林学士承旨、礼部尚书,曾一度与韩昉等人主持金之文坛。"恃才轻肆,好讥讪,凡见女真人辄以矿卤目之,贵人达官往往积不能平"①,所以引起了女真人的忌恨,女真人以其所藏图书为罪证,告他通敌,欲治其死罪。对此,宇文虚中说:"死自吾分。至于图籍,南来士大夫家家有之,高士谈图书尤多于我家,岂亦反耶。"②结果,他与高士谈一起被金廷杀害。

高士谈(?—1146),字子文,一字季默,先世燕(今河北)人。亦为宋朝文士,入金后官至翰林直学士,富藏书,能诗文,有《蒙城集》行世。其中有诗句云:"谁知城市中,阒若郊居深。巷陋颜子乐,地偏陶令心。一室亦何有,狼藉书与琴。"③一介贫士,终日以书为伴,何来反叛之力?然而,二人却因藏书引来杀身之祸,实为中国藏书史上的千古奇冤。

由辽入金的藏书家虽然见诸史料者不多,但他们对金初藏书活动的发展起了重要作用。其中如杨伯渊,疏财好施,喜收古书。天会十四年(1136)赐进士第。④ 范承吉,辽天庆八年(1118)进士。天会五年(1127),宗翰克宋,"所得金珠承吉司其出入,无毫发欺,及还,犊车载

---

① 脱脱等:《金史》卷七十九《宇文虚中传》,北京:中华书局,1975年,1792页。
② 脱脱等:《金史》卷七十九《宇文虚中传》,北京:中华书局,1975年,1792页。
③ 高士谈:《作诗约诸友同赋》,见元好问《中州集》甲集第一,北京:中华书局,1959年,43页。
④ 脱脱等:《金史》卷一〇五《杨伯雄传》,北京:中华书局,1975年,2319页。

书史而已"①。奚人萧公建为西京留守,其妻耶律氏,好学问,"藏书万卷,部居分别,各有伦次。每早起□□□诵佛经,日旰方食。已而,杂阅诸书,涉猎传记"②。这是一位由辽入金的女藏书家。

在金自己培养的藏书家中,有许多人承接了宋辽的传统,而且他们的藏书也多得自宋辽。他们也是金初重要的藏书家,为金后来的藏书文化发展奠定了基础。其中如胡益,河北武安人,博涉经史,工书翰。正隆年间随金军南征,载国子监书以归,因起万卷堂,延至儒士,门不绝宾。以儒素兴宗,其孙胡景崧曾任国子监丞。③

金的中后期,随着金政权的巩固与稳定,海内承平日久,经济发展繁荣,"儒风丕变,庠序日盛"④,读书向学之风大兴,金的藏书活动也进入了兴盛期。这个时期的代表人物如下:

元好问(1190—1257),字裕之,号遗山,太原秀容(今山西忻州)人,是金著名的文学家、史学家和金源文献之集大成者,家学渊源,世代藏书。对于他家的累世藏书,他曾不无深情地记述道:"余家所藏书,宋元祐以前物也。法书则唐人笔迹及五代写本为多。画有李范许郭诸人高品。就中薛稷六鹤最为超绝。……贞祐丙子之兵,藏书壁间得存。兵退,余将奉先夫人南渡河,举而付之太原亲旧家。自余杂书,及先人手写《春秋》《三史》《庄子》《文选》之等,尚千余册,并画百轴,载二鹿车自随。……住在乡里,常侍诸父及两兄燕谈。每及家所有书,则必枚举而问之,如曰某书买于某处,所传之何人,藏之者几何年,则欣然志之。今虽散亡,其缀缉装褙签题印识,犹梦寐见之。"⑤由此可

---

① 脱脱等:《金史》卷一二八《循吏》,北京:中华书局,1975年,2759页。
② 周峰:《金代萧公建家族两方墓志铭考释》,见北京辽金城垣博物馆《北京辽金文物研究》,北京:北京燕山出版社,2005年,237页。
③ 范凤书:《中国私家藏书史》,郑州:大象出版社,2001年,135页。
④ 脱脱等:《金史》卷一二五《文艺上》,北京:中华书局,1975年,2713页。
⑤ 元好问:《遗山先生文集》卷三十九《故物谱》,上海:商务印书馆,1937年,535—536页。

见元好问爱书之甚与怀书之切。

赵秉文(1159—1232),字周臣,号闲闲居士,磁州滏阳(今河北磁县)人。大定二十五年(1185)进士,历仕五朝,官至六卿,前后主文坛达40年,有《滏水集》30卷。自幼嗜读好学,至老未尝一日废书,后两目虽昏,仍孜孜执卷抄录不辍。读书广,收藏也富。上至"六经",外至浮屠、庄老、医药丹诀,无不究心。在文学、史学、哲学乃至书画诸方面均有造诣,与杨云翼并称"杨赵",为金士人之巨擘。关于他的藏书、读书之处,他在《遂初园记》中记载曰:"老屋数楹,名其庄曰'归愚';闯户而入,名其堂曰'闲闲'。堂之两翼,为读易思玄之所。少南,竹柏森翳,有亭曰'翠真'。又南,花木丛茂,有亭曰'伫香'。……稍西,临眺西山,台之名曰'悠然'。其东,丛书数千卷,蓄琴一张,庵曰'味真'。闲闲老人得而乐之。……玄易书数册,吟讽终日。有客来,则接之,焚香宴坐。"①

刘祁(1203—1250),字京叔,号神川遁士,山西浑源人,出身于书香门第,为金著名史学家。自幼随父刘从益宦游南京(今开封),金末避乱归里。筑"归潜堂",为藏书、读书之所。在这里他写下了游学中的所见所闻,取名《归潜志》,成为研究金史的重要史料。他说自己"平生有二乐,曰良友,曰异书,每遇之则欣然忘寝食。盖良友则从吾讲学,见吾过失,且笑谈游宴以忘忧。异书则资吾见闻,助吾辞藻,属文著论以有益。彼酒色膏粱如一时浮云,过目竟何所得哉"②。对于他在归潜堂的生活,他曾有诗句云:"岁月杯中物,生涯几上书。潜中有真趣,吾亦爱吾庐。"③这反映了他陶然自乐的藏书、读书生活。

虽然这些著名学者不一定称得上藏书家,但他们的读书、藏书

---

① 赵秉文:《闲闲老人滏水文集》卷十三《遂初园记》,四部丛刊集部,10—12页。
② 刘祁:《归潜志》卷十三,北京:中华书局,1983年,145页。
③ 刘祁:《归潜志》卷十四,北京:中华书局,1983年,178页。

经历和所取得的成就的确给后世带来很大影响。

除了这些著名文人学者外,普通文人学士中的藏书活动亦很普遍,其中如宿州人宁明甫,博学,无所不知,尤长于史事。"剧谈古今治乱或诸家文章历历不可穷,援笔为诗文亦敏赡可喜。……家积书万卷,载以行。"①商衡,字平叔,山东曹县人。"性嗜学,藏书数千卷,古今金石遗文,人所不能致者,往往有之。"②怀州人许国至忠,少擢第,不锐仕进。"召为南京丰衍库使。倾家货市书,后告归。"③张邦直,居南京,从学者众。束脩惟以市书,恶衣粝食,虽士宦如贫士也。④ 刘祖谦,字光甫,安邑人,承安五年(1200)进士,官至翰林修撰。"家多藏书,金石遗文略备。"⑤

此外,有些豪绅官吏为了教育子孙,也重视藏书,如五翼都总领信光祖,"儿子入小学,迤渐买书,经史完备。虽儒素家少有及者"。受此影响,其子孙皆读书好学。⑥

特别要提到的是许多藏书家的藏书除了供家人阅读外,他们往往都乐于将其与读书人共享,或干脆借给别人阅读。如前述的胡益,还有文士李夏卿,家藏"文籍甚富,假借用之,宜无不从"⑦。刘祁也曾有言:"有书不借为一痴,借书不还亦一痴也。"⑧

汉族文人学士固然是藏书家中的主体,除他们之外,随着女真人汉化的深入以及他们所具有的优越条件,在贵族阶层中也出现了一些熟读儒书、工诗能文、酷爱汉典的文人学士,他们的读书、藏书活动对

---

① 刘祁:《归潜志》卷三,北京:中华书局,1983年,29页。
② 元好问:《遗山先生文集》卷二十一《平叔墓铭》,上海:商务印书馆,1937年,294页。
③ 刘祁:《归潜志》卷五,北京:中华书局,1983年,46页。
④ 刘祁:《归潜志》卷五,北京:中华书局,1983年,43页。
⑤ 元好问:《中州集》戊集第五《刘邓州祖谦》,北京:中华书局,1959年,259页。
⑥ 元好问:《遗山先生文集》卷三十《五翼都总领豪士信公之碑并引》,上海:商务印书馆,1937年,406页。
⑦ 元好问:《遗山先生文集》卷二十《顺安县令赵公墓碑》,上海:商务印书馆,1937年,274页。
⑧ 刘祁:《归潜志》卷十四,北京:中华书局,1983年,178页。

以儒学为核心的汉文化的继承与传播以及民族融合和统一具有非常重要的促进作用。这个群体中的杰出者有完颜璹、完颜勖以及完颜宗宪等人。

完颜璹(1172—1232),字仲实,一字子瑜,为金世宗之孙、越王完颜永功之子。好读书,喜诗文,工书法,"资质简重,博学有俊才",自号"樗轩居士"。正大初被封为密国公。他读书既博,藏书也富。"一室萧然,琴书满案,诸子环侍无俗谈",所藏书画"皆世间罕见者"。① 在开封居住期间,"名胜过门,明窗棐几,展玩图籍,商略品第"②。由于家大人多,生活不宽余,所以朋友来了,只能待以蔬食淡饭,焚香煮茗,并拿出所藏书籍字画与朋友共同阅读观赏,终日不厌。其《自适》有句云:"有书贮实腹,无事梗虚臆。谢绝声利徒,尚友古遗直。"③

完颜勖(1099—1157),字勉道,穆宗第五子。喜读书,好学问,富藏书,国人呼为秀才。金大将宗翰、宗望攻下汴州,接受宋帝投降时,太宗派完颜勖前往慰问将士。宗翰等问完颜勖想要什么,勖曰"惟好书耳"。于是,"载数车而还"。④ 有诗文传世。

完颜宗宪(1108—1166),出身于皇族,为金源郡王完颜撒改之子。精通女真文、契丹文和汉文。好读敏思,喜欢藏书。"未冠,从宗翰伐宋,汴京破,众人争趋府库取财物,宗宪独载图书以归。"⑤

此外,还有完颜孟阳,好古书,家藏至千余卷。⑥

说到金的藏书与阅读,还特别要提到的是,在金读书、藏书和出版业最为兴盛的山西洪洞、平水(今临汾)一带,不仅"家置书楼,人蓄文

---

① 刘祁:《归潜志》卷一,北京:中华书局,1983年,4页。
② 元好问:《遗山先生文集》卷三十六《如庵诗文叙》,上海:商务印书馆,1937年,491页。
③ 完颜璹:《自适》,见元好问《中州集》戊集第五,北京:中华书局,1959年,274页。
④ 脱脱等:《金史》卷六十六《始祖以下诸子》,北京:中华书局,1975年,1557页。
⑤ 脱脱等:《金史》卷七十《宗宪传》,北京:中华书局,1975年,1615页。
⑥ 王恽:《秋涧先生大全文集》卷五十九《碑阴先友记》,四部丛刊集部,8页。

库"①,而且还出现了具有公共图书馆性质的藏书楼。其创立的宗旨和起因是"尚虑夫草莱贫乏之士,有志而无书,或未免借观手录之勤,不足于采览,无以尽发后生之才分"。于是有个叫承庆的人"奋为倡首,以赎书是任。邑中之豪,从而和之,欢喜施舍,各出金钱,于是得为经之书有若干,史之书有若干,诸子之书有若干,以至类书字学,凡系于文运者,粲然毕修。是举也,不但便于己,盖以便于众;不特用于今,亦将传于后也"。②显然,这是为了解决那些"草莱贫乏之士,有志而无书者"的阅读困难的。由此可见其宗旨和目的都已具有了公共图书馆的性质。

四、寺院和道观藏书

1. 寺院藏书

女真族在建国前就有信仰佛教的风尚。灭辽后,女真又继承了辽佛教盛行的风气。金疆域南扩至黄河流域及淮水以北地区后,又受到了宋地佛教的影响,因此佛教在金又有所发展。而佛教的发展,必然包括寺院藏书的发展。

金的寺院藏书在继承辽宋的基础上,又有了新的特点,一是表现在印经上,二是表现在寺院建设规模上。

金从辽宋不仅获得了大量的佛经和其他读物,而且获得了大量的佛经印板,这就为金佛教藏书与印书奠定了基础。如金建国之初,宜洲厅峪道院、宝坻大觉寺、济州普照寺等就藏有至少一部《大藏经》。之后,金也十分重视佛经的刻印、典藏与传播。皇室以及许多官僚大地主出资刻经,弘扬佛法,如承安二年(1197),章宗为儿子洪辉病愈还

---

① 孔天监:《藏书记》,见张金吾《金文最》卷十四,苏州:江苏书局,1891年,10—11页。
② 孔天监:《藏书记》,见张金吾《金文最》卷十四,苏州:江苏书局,1891年,10—11页。

愿，印《无量寿经》一万卷。① 另外，和尚个人刊印佛经者亦不少，如百万和尚为纪念父母，在故乡同州朝邑镂板印施《大般若经》数千卷。晋阳明玘和尚经数年刻成《华严经》，并以千部施人。② 还有少林寺和尚出资刊印《闲闲外集》等。③

在金刻印的佛经中，规模最大者当数著名的《赵城藏》。这部藏经共有 7182 卷，翻刻自宋《开宝藏》。与此前的《契丹藏》《开宝藏》和《高丽藏》所不同的是，它是由民间信徒集资雕造的，大约从皇统八年

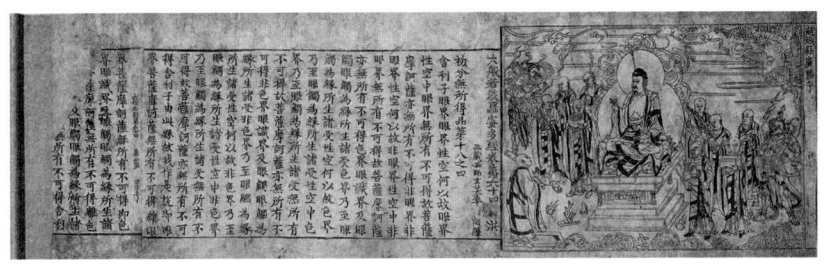

《赵城藏》内页

(1148)，在解州天宁寺（今山西省运城市西南）开雕，至大定十三年(1173)，历 25 年完成。它不仅保存了宋刻官版藏经的面貌，而且补充了不少新的内容，成为我国佛经刻印史上的又一部大藏经，也为金佛寺藏书增添了新的内容。

金的佛寺在辽宋的基础上又新建了不少，为佛教读物的散施、保存和阅读增添了新的场所。如太宗年间，在山西应州建净土寺，在燕京建大延圣寺；世宗时，在燕京建大庆寿寺，在东京（今辽阳）建清安禅寺。世宗之母贞懿太后出家为尼，又在清安禅寺别建尼院和大寺塔。世宗还重建燕京昊天寺，修建香山寺，并将其改名为大永安寺。如此等等，表明金寺院的数量和规模又有了较大的扩展。

---

① 脱脱等：《金史》卷九十三《章宗诸子》，北京：中华书局，1975 年，2059 页。
② 张秀民：《辽、金、西夏刻书简史》，载《文物》，1959 年第 3 期，11—16 页。
③ 刘祁：《归潜志》卷九，北京：中华书局，1983 年，106 页。

寺院有着广大的土地和殷富的资财。社会也给寺院以很大的支持，通过各种形式集资，或为寺院补充道粮，或购置藏经，以及举行种种法会，使寺院经费充裕，有足够的能力印经、藏经。而一些高僧大师的著述也成为寺院藏书的重要内容。其中影响较大的有济南灵岩寺高僧道询(1086—1142)的《示众广语》《游方勘辨》《颂古唱赞》诸篇；河北蓟县盘山双峰寺政言的《颂古》《拈古》各百篇以及《金刚经证道歌》《金台录》《真心说》《修行十法门》等；磁州大明寺雪岩慧满禅师撰《从容录》《祖灯录》《请益录》《释氏新闻》《辨宗说》《心经风鸣》《禅说》《法喜集》等；邢州开元寺广恩著有《密莲集》①；等等。这些著作在金流传既广，影响也大。

2. 道观藏书

金的道教亦很盛行。《大金国志》载："金国崇重道教，与释教同，自奄有中州之后，燕南、燕北皆有之。"②道教的兴盛和发展，一方面增加了对道学及其他读物的需求和流通量，另一方面促进了新文献的大量产生。这就使金道观的藏书在辽宋的基础上又有了新的发展。

道学研究的繁荣是新文献产生的动力和基础。就全真道而言，它是金道教中影响最大、产生文献最多的教派。为了宣传教义，教化世人，并总结自己的修炼体会，促进教义的完善和传播，全真道既倡导道士们阅读，亦鼓励他们勤于写作。如王喆著有《重阳全真集》《重阳教化集》《立教十五论》等；马钰著有《神光璨》《洞玄金玉集》等；谭处端著有《云水集》；丘处机著有《摄生消息论》《大丹直指》《磻溪集》《玄风庆会录》《鸣道集》等；王处一著有《云光集》《清真集》；郝大通著有《太古集》《太易图》等；孙不二著有《不二元君法语》等；还有年少时曾为屠夫、酗酒成瘾

---

① 游侠：《金代佛教》，见中国佛教协会《中国佛教》（一），北京：知识出版社，1980年，95—101页。
② 宇文懋昭撰，崔文印校证：《大金国志校证》卷三十六《道教》，北京：中华书局，1986年，518页。

的刘处玄,从王喆学道后,创立了全真道随山派,著有《仙乐集》《至真语录》《道德经注》《阴符演》《黄庭述》等;紫虚大师于道显著有《离峰子诗集》;通真子秦志安著有《林泉集》;等等。这些著述,既是道学研究兴盛的产物,亦为道观藏书增添了新的内容。其中有的著述还很受道教信奉者的欢迎,如谭处端的《云水集》不出百年而四次刻板。

  金书籍刻印业的发达为道教读物的大量生产提供了有利条件,金的几个刻印业中心亦刻印了大量的道教读物。如道士通真子秦志安"乃立局二十有七,役工五百有奇。通真子校书平阳玄都以总之,其于三洞四辅万八千余篇,补充订正,出于其手者为多。仍增入《金莲正宗记》《烟霞录》《绎仙》《婺仙》等传附焉"①。至于道藏,在大定二十四年(1184)以前,道士田子虚、韩元英就曾在老子故乡亳县(今亳州)将其印刷保存。金章宗明昌元年(1190),十方丈天长观提点孙明道奉诏修订道经,访求遗书,就宋雕经版补镂付刊,勒成一藏,共6455卷,602帙,题曰《大金玄都宝藏》。为此,天长观又新建了藏经楼,其中有经库四区,房屋35间,经架140个,以藏经版和经藏。加上原有藏经,燕京的天长观成为金道教经籍的藏书中心。金章宗泰和七年(1207),章宗元妃曾根据此版印施道经二藏,一藏送给栖霞太虚观,一藏送给圣水玉虚观。②元太宗六年(金哀宗天兴三年,1234年),皇后也曾赐给尹志平所居的长春宫一藏。到元代至元十八年(1281),"保定、真定、太原、平阳、河中府三祖师庵头,关西等处,仍有道藏经板"。它们都是1258年元宪宗蒙哥要烧毁,而被道士们偷偷保存下来的金旧板。③ 由此可见金道藏经版数量之多,这亦反映出当年印经量之大,道经收藏与阅读之盛。

---

① 元好问:《遗山先生文集》卷三十一《通真子墓碣铭》,上海:商务印书馆,1937年,414页。
② 张秀民:《辽、金、西夏刻书简史》,载《文物》,1959年第3期,11—16页。
③ 张秀民:《辽、金、西夏刻书简史》,载《文物》,1959年第3期,11—16页。

第六节　教育与阅读

教育是提高社会文化水平的根本途径,是强国富民的必由之路。

教育活动的主要手段和内容就是读书,没有教育就很难有阅读活动的存在与发展。因为只有教育才能使人识文断字,具有阅读能力,养成阅读习惯,知书达理,提高文化素质。也只有通过教育才能产生出一代又一代的读者,使人类的阅读活动绵延不绝,浩浩荡荡。只有教育才能培养出国家的栋梁之材,造就出文化精英和读书种子,使人类文化薪火不绝,传承发展,波澜壮阔。人类社会就是在阅读活动的普及与阅读水平的提高中不断进步的。

一、概况

女真族崛起于草原朔漠,建国前既无文字,亦无教育,文化朴陋,少有阅读。而且女真以武得国,无异于辽。建国后,随着金政治经济的发展,以文治国成为社会发展的必然要求。在汉文化的影响下,在辽宋的基础上,一百多年间,金的教育活动能够从无到有,从草创到繁荣,不仅为金造就了无数的治国之才,而且培养了无数的读者,促进了阅读活动的蓬勃发展,使金的文化学术能"自树立唐、宋之间,有非辽世所及"。这是女真人创造的奇迹,是女真族为中华民族文化的传承与发展做出的巨大贡献。

金的教育伴随其政治、经济的发展,也经历了初创、兴盛和衰退三个阶段,与教育相关的阅读活动也同样经历了这样几个阶段。

从建国到熙宗时期(1115－1148)是金教育的初创时期。这个时期，金在教育方面主要采取了以下措施：一是继承和恢复了辽和北宋的汉字文化教育；二是恢复和发展了契丹文字教育；三是建立了女真字学校，开始了以女真字为阅读对象的教育活动。这一时期既是汉文阅读的恢复和奠基时期，也是一个多文字阅读，并由多文字阅读到单文字阅读的过渡时期。而且，太宗时，"兴庠序，设选举"①，更刺激和推动了阅读活动的恢复和发展。

海陵天德到章宗明昌时期(1149—1195)是金教育的兴盛期。"维金朝大定以还，文治既洽，教育亦至，名氏之旧与乡里之彦，率由科举之选。父兄之渊源，师友之讲习，义理益明，利禄益轻。一变五代辽季衰陋之俗。迄贞祐南渡，名卿材大夫，布满台阁。"②"大定、明昌间，文治为盛，教养既久，人物辈出。"③"世宗、章宗之世，儒风丕变，庠序日盛，士繇科第位至宰辅者接踵。"④海陵天德三年(1151)始设国子监，置国子学。大定六年(1166)始置太学，十三年(1173)增设女真国子学，十六年(1176)置府学，后增州学。大定二十八年(1188)建女真太学。而且，对阅读发展最有意义的是县学、乡校、家塾这种面向大众百姓的、具有普及意义的教育活动也发展起来。"文治既洽，乡校家塾弦诵之音相闻。上党、高平之间，士或带经而锄，有不待风厉而乐为之者，化民成俗，概见于此。"⑤"带经而锄"——田间地头既耕又读，这是一幅多么美好的田园读书风景画！教育的兴盛推动了阅读活动的发展与普及，产生了大批的读者，特别是金出现了自己培养的文人学士，他们作为金读者的杰出代表，既是阅读潮流的引领者，又是阅读活动

---

① 脱脱等：《金史》卷七十六《宗斡传》，北京：中华书局，1975年，1742页。
② 元好问：《遗山先生文集》卷十八《内相文献杨公神道碑铭》，上海：商务印书馆，1937年，245页。
③ 元好问：《遗山先生文集》卷十八《嘉议大夫陕西东路转运使刚敏王公神道碑铭》，上海：商务印书馆，1937年，255页。
④ 脱脱等：《金史》卷一二五《文艺上》，北京：中华书局，1975年，2713页。
⑤ 元好问：《遗山先生文集》卷三十二《寿阳县学记》，上海：商务印书馆，1937年，428页。

发展的承前启后者。

从章宗承安到金末(1196—1234),伴随着金政治、经济由盛而衰,金的教育亦由高峰落到低谷。这主要有两方面的原因和表现。一是金内部"章宗志存润色,而秕政日多,诛求无艺,民力浸竭,明昌、承安盛极衰始。至于卫绍,纪纲大坏,亡征已见。宣宗南度,弃厥本根,外狃余威,连兵宋、夏,内致困惫,自速土崩"①。读书人中,"士风甚薄,一登仕籍,视布衣诸生遽为两途,至于征逐游从,辄相分别"②。由于吏权太盛,虽士大夫家读书子弟亦想走捷径进入仕途,而无意安心读书。读书人不被重视,反而受到歧视和排挤。在教育和读书方面,更是"诸生不穷经史,唯事末学,以致志行浮薄"③。二是蒙古兵南侵,在战争的冲击和破坏下,社会动荡,生灵涂炭,学校多废,无法进行正常的教育和阅读活动。

二、各种教育活动中的阅读

金教育的繁荣,也表现为教学活动的多层次和多样化。这种教学活动的多层次和多样化也使阅读活动多层次、多样化。这里根据金阅读活动的特点,把金的教学活动分为中央官学、地方官学、女真官学、小学、宫廷教育、私学、庙学等形式。

1. 中央官学

海陵天德三年(1151),金官方始置国子监,负责管理全国的教育事务。在国子监下同时设立最高学府国子学。生员限制为"词赋、经义生百人,小学生百人,以宗室及外戚皇后大功以上亲、诸功臣及三品

---

① 脱脱等:《金史》卷十八《哀宗下》,北京:中华书局,1975年,403页。
② 刘祁:《归潜志》卷七,北京:中华书局,1983年,76页。
③ 脱脱等:《金史》卷五十一《选举一》,北京:中华书局,1975年,1138页。

以上官兄弟子孙年十五以上者入学,不及十五者入小学"①。大定六年(1166)始置太学,"初养士百六十人,后定五品以上官兄弟子孙百五十人,曾得府荐及终场人二百五十人,凡四百人"②。由此可见其虽然初具规模,但等级森严。章宗承安四年(1199)二月,"诏建太学于京城之南,总为屋七十有五区,西序置古今文籍、秘省新所赐书,东序置三代鼎彝、俎豆、敦盘、尊罍,及春秋释奠合用祭器。于是行礼于辟雍,祀先师孔子,召郡国学生通一经以上者居之。公卿以下子孙并入学受业,每季临观,课其优劣,学徒甚盛,诸生献诗颂及赋者四百人"③。这里所反映的,有以下四点:一是太学规模在不断扩大,二是作为最高学府的太学亦是藏书之地,三是把入学条件放宽到"通一经以上者",四是生员数量之众。

2. 地方官学

地方官学主要有府、节镇、防御州、县、乡所设立的学校。地方学校以其深入社会、贴近民众,而成为普及文化、培养和提高大众阅读能力的主要场所。没有地方学校,人类的阅读之河就会失去源泉,文化之根也就缺失了养分。金在建国初期就开始重视恢复和新建地方学校。如天会间,赤盏晖任宋州归德军节度使,"宋州旧无学,晖为营建学舍,劝督生徒,肄业者复其身,人劝趋之"④。天会十年(1132),胡砺任定州观察判官时,"定之学校为河朔冠,士子聚居者常以百数,砺督教不倦,经指授者悉为场屋上游,称其程文为'元化格'"⑤。丁暐仁"冲澹寡欲,读书之外,无他好,辽季避难,虽间关道涂未尝释卷。皇统

---

① 脱脱等:《金史》卷五十一《选举一》,北京:中华书局,1975年,1131页。
② 脱脱等:《金史》卷五十一《选举一》,北京:中华书局,1975年,1131页。
③ 宇文懋昭撰,崔文印校证:《大金国志校证》卷二十《章宗皇帝中》,北京:中华书局,1986年,275页。
④ 脱脱等:《金史》卷八十《赤盏晖传》,北京:中华书局,1975年,1807页。
⑤ 脱脱等:《金史》卷一二五《文艺上》,北京:中华书局,1975年,2721页。

二年,登进士第,调武清县丞。县经兵革后,无学校,昕仁召邑中俊秀子弟教之学,百姓欣然从之"①。在此基础上,金于大定十六年(1176)始置府学,共有17所,学生千余。大定二十九年(1189)又增府学24所,学生905人。同时置节镇学39所,学生615人。防御州学21所,学生235人。此外,还有县学和乡学。"外县则令长司学之成坏,与公廨相授受,故往往以增筑为功。"②县下所置为乡校。如赤盏晖,少游乡校。③张公理"少长乡校而有素宦之风"④。还有著名学者雷渊曾与刘祁之父刘从益同乡校、同太学。刘从益死后,雷渊寄挽诗云:"乡校连裾春诵学,上庠同榻夜论心。"⑤元好问曰:"文治既洽,乡校家塾弦诵之音相闻。"⑥他所描绘的就是当时乡校阅读之盛况。

3. 女真官学

女真官学是为女真人开办的学校,分为女真字学、女真国子学、太学及府学等。女真字学是以女真文为阅读对象的学校。天辅三年(1119)颁行女真大字后,金就在西京(今山西大同)立学官,教诸部儿童学习。⑦太宗天会三年(1125)选各部学生送京,召耶鲁赴京师教授女真字。⑧女真字学虽然招收学生数量有限,但培养了许多优秀的读者,为后来的女真文经史阅读打下了基础。另外,女真字学也招收汉人学生,如曹望之,其先临潢人,天会间,以秀民子选充女真字学生。年十四,业成,除西京教授。⑨

---

① 脱脱等:《金史》卷九十《丁昕仁传》,北京:中华书局,1975年,2008页。
② 元好问:《遗山先生文集》卷三十二《寿阳县学记》,上海:商务印书馆,1937年,428页。
③ 脱脱等:《金史》卷八十《赤盏晖传》,北京:中华书局,1975年,1805页。
④ 元好问:《遗山先生文集》卷二十《资善大夫吏部尚书张公神道碑铭并引》,上海:商务印书馆,1937年,279页。
⑤ 刘祁:《归潜志》卷一,北京:中华书局,1983年,10页。
⑥ 元好问:《遗山先生文集》卷三十二《寿阳县学记》,上海:商务印书馆,1937年,428页。
⑦ 脱脱等:《金史》卷八十三《纳合椿年传》,北京:中华书局,1975年,1872页。
⑧ 脱脱等:《金史》卷三《太宗》,北京:中华书局,1975年,53页。
⑨ 脱脱等:《金史》卷九十二《曹望之传》,北京:中华书局,1975年,2035页。

随着社会政治、经济的发展,到世宗时期,金开始设立女真国子学。"自大定四年,以女真大小字译经书颁行之。后择猛安谋克内良家子弟为学生,诸路至三千人。九年,取其尤俊秀者百人至京师,以编修官温迪罕缔达教之。十三年,以策、诗取士,始设女真国子学,诸路设女真府学,以新进士为教授。国子学策论生百人,小学生百人。"府州学共22处,并且国子学和府学亦以词赋和经义录取士人。学生来源为"每谋克取二人,若宗室每二十户内无愿学者,则取有物力家子弟年十三以上、二十以下者充"①。大定二十八年(1188),金置女真太学,由"宿儒高才者"②任教授,这是女真官学的最高学府。上面所说的以女真字翻译并已颁行的经书是指《贞观政要》《白氏策林》《史记》以及《汉书》等。而且史书载:"温迪罕缔达教以古书,习作诗、策。"学生还学会了契丹大小字及汉字,该习经史。③ 由此可见,温迪罕缔达所教的"古书"不止以上这些译为女真文的经典,还有诗词一类的文学作品。学生们不仅读女真文经典,还读契丹文(因为有许多汉文典籍在辽和金初被译为契丹文)和汉文典籍,所以才会"该习经史"。因此,这时的女真官学既是培养具有多文字阅读能力的读者的机构,也是多文字阅读的场所。

女真官学的兴办,在巩固女真的民族性,提高其文化素质的同时,也缩小了女真与汉族的差距。到金中期以后,女真文臣学士辈出,涌现出了许多熟读经史,工诗能文,通晓汉文化的杰出读者。如纥石烈良弼,学习女真字称为第一,十四岁为北京教授,学徒常二百人,时人为之语曰:"前有谷神,后有娄室。"从其学者,后皆成名。④ 温迪罕缔达,以学女真字出身,该习经史,累官至国史院编修官,曾与宗璧、阿

---

① 脱脱等:《金史》卷五十一《选举一》,北京:中华书局,1975年,1133—1134页。
② 脱脱等:《金史》卷八《世宗下》,北京:中华书局,1975年,200页。
③ 脱脱等:《金史》卷九十九《徒单镒传》,北京:中华书局,1975年,2185页。
④ 脱脱等:《金史》卷八十八《纥石烈良弼传》,北京:中华书局,1975年,1949—1950页。

鲁、张克忠译解经书。世宗曾说:"朕得一出伦之才,学问该贯,当令辅汝德义。"①他的学生徒单镒,七岁始学女真字,后在他的指导下阅读古书,习作诗、策,通契丹大、小字及汉字,"明敏方正,学问该贯,一时名士皆出其门"。他是一位饱受儒家思想熏染,满脑子仁义道德的女真儒士。例如,他曾针对当时章宗元妃"李氏擅宠,兄弟恣横",指出这是"五常不立,五德不兴,缙绅学古之士弃礼义,忘廉耻"所造成的对社会的危害。他还批评当时学者们读书学习中存在的不良风气:"教化之行,兴于学校。今学者失其本真,经史雅奥,委而不习,藻饰虚词,钓取禄利,乞令取士兼问经史故实,使学者皆守经学,不惑于近习之靡,则善矣。"他"尝叹文士委顿,虽巧拙不同,要以仁义道德为本,乃著《学之急》《道之要》二篇。太学诸生刻之于石"②。还有耨碗温敦兀带,天会间,充女真字学生,学问通达,观书史,工为诗。③ 宗宪年十六人选女真字学,太宗幸学,以诵习清亮、善应对为太宗赞赏,兼通契丹文、汉字。④ 还有纳合椿年等,他们都是女真字学培养出来的杰出读者。

金的官学,特别是包括女真官学在内的中央官学、府州官学,主要是给官僚子弟开设的,而且因为学校数量少,所以入学的学生也有限。其中府州官学的主要目标是为科举输送人才。由此可见,它们都是养士之地,不具有普及性,所培养的读者数量和范围很有限。

4. 小学

除了上述国子学里设有小学以及女真字学也属于小学外,虽然我们还不清楚其他小学的设置情况,以及乡校是否相当于小学,但可以肯定的是,金对小学教育也十分重视,并且因为它贴近平民百姓,所以它对阅读活动的普及和发展起了巨大的作用。

---

① 脱脱等:《金史》卷一〇五《温迪罕缔达传》,北京:中华书局,1975年,2321页。
② 脱脱等:《金史》卷九十九《徒单镒传》,北京:中华书局,1975年,2188—2191页。
③ 脱脱等:《金史》卷八十四《温敦兀带传》,北京:中华书局,1975年,1884页。
④ 脱脱等:《金史》卷七十《宗宪传》,北京:中华书局,1975年,1615页。

为了鼓励儿童阅读,并发现和选拔优秀人才,金在小学中设立了经童科。"凡士庶子年十三以下,能诵二大经、三小经,又诵《论语》、诸子及五千字以上……为中选。所贵在幼而诵多者,若年同,则以诵大经多者为最。"①其意义在于"幼习其文,长玩其义,使之莅政,人材出焉"②。中选后的儿童多入太学读书,修习进士举业。由于重视小学阅读教育,金涌现出了许多优秀儿童读者。如赵元,经童出身,自少日博通书传,作诗有规矩。③ 刘住儿,年十一岁,能诗赋,诵大小六经,所书行草颇有法,孝行夙成。章宗赐本科出身,"给钱粟官舍,令肄业太学"④。蒲察元衡,使应童子举,年十一登科,移籍太学,弱冠擢泰和三年(1203)进士第。⑤ 工部尚书高有邻,字德卿,数岁入小学。"州将为子娶妇,骖御盈路,同舍儿竞观之,德卿读书自若也。"⑥冯延登,"初入小学,辄云吾家生我,将不复耕锄矣。少长,从乡先生作举子,即有声场屋间",年二十三登承安二年(1197)进士第。⑦

小学教育的可贵之处在于它也面向贫寒百姓。如路仲显,字伯达,冀州人。家世寒微,其母有贤行,教伯达读书。国初赋学家有类书名《节事》,新出价数十金。有人家的孩子买回后,就藏起来,生怕别的孩子看着。路母节衣缩食几年后,为伯达买到了此书。母亲让伯达把此书放在学舍中,让同学们共同阅读,并告诉他如有一点吝惜,她将把书烧掉。伯达不仅照母亲说的做了,而且更加努力读书,于正隆五年

---

① 脱脱等:《金史》卷五十一《选举一》,北京:中华书局,1975年,1149页。
② 脱脱等:《金史》卷五十一《选举一》,北京:中华书局,1975年,1150页。
③ 元好问:《中州集》戊集第五《愚轩居士赵元》,北京:中华书局,1959年,265页。
④ 脱脱等:《金史》卷五十一《选举一》,北京:中华书局,1975年,1149页。
⑤ 元好问:《遗山先生文集》卷二十《资善大夫集庆军节度使蒲察公神道碑铭并引》,上海:商务印书馆,1937年,283页。
⑥ 元好问:《中州集》辛集第八《高工部有邻》,北京:中华书局,1959年,403页。
⑦ 元好问:《遗山先生文集》卷十九《国子祭酒权刑部尚书内翰冯君神道碑铭》,上海:商务印书馆,1937年,270页。

(1160)及进士第。① 刘焕,幼时"煮糠核而食之,自饮其清者,以浓厚者供其母,乡里异之。稍长就学,天冷拥粪火读书不怠。登天德元年(1149)进士"②。

一个小学生的阅读量有多大,能读多少书?元好问《续夷坚志》载:顺天府张德明的女儿度娥,资质秀爽,七岁入小学,日诵数百言。一年半之后,她背会了《孝经》《论语》《孟子》《易·乾传》至《下系》《诗·二南》《曲礼》《内则》《少仪》《中庸》《大学》《儒行》《祭统》《祭义》《经解》《冠》《婚》诸篇以及班氏《女戒》、郝氏《内则》《内训》《通丧记》六卷。此外,她每天还背诗二首,古律至十篇。对其所诵书,多能通大义,且经常讲给别人听。③ 从这个例子可知,金女子七岁可入小学读书,而且所读既多,范围也广。

关于儿童的阅读范围,金的蒙童读物除上述之外,还有中原地区流行的《蒙求》和《太公家教》。元好问曾讲:"李瀚撰《蒙求》二千余言……迄今数百年之间,孩幼入学,人挟此册,少长则遂讲授之。宋王逢原复有《十七史蒙求》,与瀚并传。"④《太公家教》是一本用四言韵语杂述日常生活的道德要求和待人处世的格言体读物,文字通俗浅显,易懂上口。自唐中叶至北宋,这种儿童读物在中原地区颇为流行,11—17世纪,主要为北方和东北地区少数民族所采用,包括前章所述的辽。并且它也曾被译成女真文和后来的满文。

总之,金小学生读书之勤、数量之多、范围之广,是其他少数民族王朝所少见的。其主要原因有两点:一是金社会读书风气之浓,二是小学教学质量之高。特别是金廷南渡后,许多士人不能或不肯入仕,

---

① 元好问:《中州集》辛集第八《路冀州仲显》,北京:中华书局,1959年,405页。
② 脱脱等:《金史》卷一二八《循吏传》,北京:中华书局,1975年,2763—2764页。
③ 元好问:《续夷坚志》卷三《张女凤慧》,北京:中华书局,1986年,62页。
④ 元好问:《遗山先生文集》卷三十六《十七史蒙求序》,上海:商务印书馆,1937年,488—489页。

往往归耕,或教小学养生。由这些饱读诗书而且乐于教学的士人指导儿童阅读,必然会更有益于提高蒙童教育的教学质量和儿童们的阅读能力。

5. 宫廷教育

宫廷教育是专为太子、诸王、侍卫亲军和宫女进行的教育活动。统治者为了提高皇室成员的文化素质,以保江山永固,向来十分重视宫廷教育,重视对经史典籍的阅读。所以,宫廷阅读活动久盛不衰,并且培养了许多热爱阅读、饱览经史、具有很高的文化素养的杰出读者。当然,皇室文化素质的提高有助于促进整个社会阅读活动的发展。实际上,女真人立国后接受的最早教育和最初的阅读活动就是从接受宫廷教育开始的。"女真初无文字,及破辽,获契丹、汉人,始通契丹、汉字,于是诸子皆学之。"①

金立太子,设东宫官属,"掌保护东宫,导以德义"②。其中的左右谕德、左右赞善,"掌赞谕道德、侍从文章"③。所选官属都是一些"德行淳谨,才学该通"者。如海陵王所言:"太子宜择硕德宿学之士,使辅导之,庶知古今,防过失。"④所以,金的太子、皇孙都接受了这种良好的教育,以至他们能够自幼博览经史乃至天文地理,赋诗吟文,工书善画。他们不仅打下了良好的文化基础,而且培养了阅读兴趣,养成了良好的阅读习惯。如熙宗自幼在汉族文士韩昉指导下阅读汉典。海陵及其兄从著名文士张用直阅读经史。海陵即位后,张用直又任太子詹事,指导太子读书。著名女真文士完颜匡曾任宣宗、章宗兄弟侍读,指导他们学习女真文和汉文。世宗命贤而有才的儒士郑松为左谕德,辅导太子读书。纳坦谋嘉,初习策论进士,大定二十六年(1186),选入

---

① 脱脱等:《金史》卷六十六《始祖以下诸子》,北京:中华书局,1975年,1558页。
② 脱脱等:《金史》卷五十七《百官三》,北京:中华书局,1975年,1300页。
③ 脱脱等:《金史》卷五十七《百官三》,北京:中华书局,1975年,1301页。
④ 脱脱等:《金史》卷八十二《海陵诸子》,北京:中华书局,1975年,1853页。

东宫教郓王琮、瀛王瑰读书。① 章宗为皇太孙时,进士许安仁以讲学被选入东宫。②

除皇宫里聘有文人学士教授太子、皇孙读书,并有侍读、侍讲学士为皇帝讲论经史外,各王府官属中亦有"文学",或称"教读"、"掌赞导礼义、资广学问"③,负责辅导诸王及其子女读书。如太学博士王彦潜曾任沈王府文学,永成师事之。④ 完颜匡曾任幽王府教读。⑤ 仆散讹可任徐王府教读。⑥ 雷渊任英王府文学兼记室参军,⑦教宣宗次子守纯读书。赵承元以大定十三年(1173)词赋第一,除应奉翰林文字,兼曹王府文学。⑧ 孟友之,大定三年(1163)乡、府、省、御四试皆第一,供奉翰林,历曹王府文学。⑨ 章宗为原王时,张昉任原王府文学,章宗册为皇太孙,复为左赞善,转左谕德。⑩

金的侍卫亲军来自宗室、外戚和勋臣子弟。而且金的护卫、符宝郎、奉御、奉职等多出职为官。在他们出职前,朝廷专设教授对他们进行文化教育。如为了使侍卫亲军学会女真文,提高他们的文化素养,"庶知臣子之道,其出职也,可知政事"⑪。世宗大定二十八年(1188)八月,"以女真字《孝经》千部付点检司分赐护卫亲军"⑫。章宗即位后,又诏"其护卫、符宝、奉御、奉职,侍直近密,当选有德行学问之人为

---

① 脱脱等:《金史》卷一〇四《纳坦谋嘉传》,北京:中华书局,1975年,2287页。
② 脱脱等:《金史》卷九十六《许安仁传》,北京:中华书局,1975年,2132页。
③ 脱脱等:《金史》卷五十七《百官三》,北京:中华书局,1975年,1301页。
④ 脱脱等:《金史》卷八十五《世宗诸子》,北京:中华书局,1975年,1906页。
⑤ 脱脱等:《金史》卷九十八《完颜匡传》,北京:中华书局,1975年,2163页。
⑥ 脱脱等:《金史》卷九十八《完颜匡传》,北京:中华书局,1975年,2163页。
⑦ 脱脱等:《金史》卷一一〇《雷渊传》,北京:中华书局,1975年,2435页。
⑧ 元好问:《中州集》壬集第九《赵文学承元》,北京:中华书局,1959年,467页。
⑨ 元好问:《续夷坚志》卷二《孟内翰梦》,北京:中华书局,1986年,27页。
⑩ 脱脱等:《金史》卷一〇六《张昉传》,北京:中华书局,1975年,2327页。
⑪ 脱脱等:《金史》卷八十九《梁肃传》,北京:中华书局,1975年,1984页。
⑫ 脱脱等:《金史》卷八《世宗下》,北京:中华书局,1975年,184页。

之教授"①。泰和四年(1204),"诏亲军三十五以下令习《孝经》《论语》"②。此外,金也根据阅读能力和文化水平来区别对待宫廷卫侍和其他人员。如大定六年(1166),"更定收补内侍格,能诵一大经、以《论语》《孟子》内能诵一书,并善书札者,月给奉八贯石,稍识字能书者七贯石,不识字六贯石"③。这虽然与宫廷教育无关,但也反映出金对宫廷臣仆的文化要求和对阅读活动的鼓励。

为了提高宫女们的文化素养,使她们知书识礼,更好地为宫廷服务,金选拔品德端正、学问通达者为宫教,以专门对她们进行读书教育。如宫教张建,章宗元妃李师儿与诸宫女皆从之学。宫教和宫女以青纱隔障蔽内外,宫教居障外,诸宫女居障内,相互不得见面。有不识字及问义,皆自障内映纱指字请问,宫教自障外口说教之。诸女子中唯师儿易为领解。后来她以能作字、知文义,尤善伺候颜色,得到了章宗的宠幸。④ 此外,见诸记载的宫教还有毛麾⑤、左容⑥、朱澜⑦等。

6. 私学

私学是一种深入民间、普及面广、形式多样、效果显著、生命力强的教育活动。它让阅读活动扎根于民间,传承于后世,使文化兴旺发达、薪火不绝。金的私学作为文化教育的一种重要形式,得到了长足的发展。它不仅是金阅读活动中的一种重要现象,而且为金乃至后世的阅读发展奠定了基础。金的私学也可分为家庭和私塾两种形式。

重视家庭教育,培养儿童的阅读兴趣和习惯,打下良好的阅读基础,这也是金阅读的一个重要特点。家庭教育又有家学传授、亲戚传

---

① 脱脱等:《金史》卷九《章宗一》,北京:中华书局,1975年,210页。
② 脱脱等:《金史》卷十二《章宗四》,北京:中华书局,1975年,270页。
③ 脱脱等:《金史》卷五十三《选举三》,北京:中华书局,1975年,1182页。
④ 脱脱等:《金史》卷六十四《后妃下》,北京:中华书局,1975年,1527页。
⑤ 元好问:《中州集》庚集第七《毛宫教麾》,北京:中华书局,1959年,338页。
⑥ 脱脱等:《金史》卷十一《章宗三》,北京:中华书局,1975年,261页。
⑦ 元好问:《中州集》庚集第七《朱宫教澜》,北京:中华书局,1959年,340页。

授和延师执教等形式。"从古以来,士之有立于世,必藉学校教育,父兄渊源,师友之讲习。三者备而后可喻。"①也只有如此,才能使"国家教养,卓然自立"。

家学传授是通过父母兄长亲自教导而进行的阅读活动。名门世家,其家学渊源,文人辈出,自不必说,就是一般读书人也往往秉承耕读传家、诗书继世的传统,营造了浓厚的家庭读书氛围。这既是中华传统文化的重要组成部分和特点,也是中国传统文化能够传承不绝、发扬光大的重要途径。所以,家学对于阅读的促进,乃至对于文化的贡献,可谓其功莫大。

金的家学也是如此,既有着良好的阅读传统,也培养了无数的读书人才。如莒州日照(今山东日照)人张暐,博学该通,登正隆五年(1160)进士,任礼部尚书。其妻去世后,他不复娶,亦无姬侍。张暐在家里每日与其子讲论古今,孙子们在旁亦一边听讲,一边读书,经常到半夜才结束。在这种读书气氛的熏陶下,大儿子行简颖悟力学,淹贯经史,为大定十九年(1179)进士第一,除应奉翰林文字。母亲去世后他曾闭门读书,人们很难见着他。二儿子行信为大定二十八年(1188)进士,曾任多种官职,退职离任后,在家以抄书教子为事,并在开封城东修一水池名曰"葺园池",筑亭曰"静隐"。抄书之余,时与朋友戏泳其间。行简与行信诸子亦多中第居官,这是金耕读传家的典型。而且,张暐与其子的读书特点是都能学以致用。所以史书上赞曰:"古者官有世掌,学有专门,金诸儒臣,唯张氏父子庶几无愧于古乎。"②在山东诸儒间声名籍甚的刘汝翼,其五子皆传家学。③ 太医卢昶,"自幼传

---

① 元好问:《遗山先生文集》卷三十九《癸巳岁寄中书耶律公书》,上海:商务印书馆,1937年,523页。
② 脱脱等:《金史》卷一〇六《张行简传》,北京:中华书局,1975年,2334页。
③ 元好问:《遗山先生文集》卷二十二《太中大夫刘公墓碑》,上海:商务印书馆,1937年,302页。

家学,课诵勤读,老不知倦。岐黄雷扁而下,其书数百家,其说累数百万言,闳衍浩博,纤悉碎杂,无不通究,而于孙氏千金,尤致力焉"①。还有由辽入金的左企弓、程寀等亦是家学传授中的典型。

这种父兄传授的阅读活动在金很普遍。特别是金有不少文人学士从小得自家学,而饱读经史,文章学问俱佳,以至名满天下,成为一代大家。如元好问,七岁能诗,十四岁从郝晋卿学,淹贯经传百家。② 王庭筠,六岁闻父兄诵书,能通大义。七岁学诗,十一岁赋全题。读书五行俱下,日记五千余言。③ 蔡珪,七岁赋菊诗,语意惊人,日授数千言。④ 著名文学家王寂,其父王础为国初名士,王寂的三个儿子也俱能文。⑤ 杨云翼,八岁知属对,日诵数千言。⑥

此外,贤母教子女读书为学亦很普遍。如牛德昌,少孤,其母教之学,中皇统二年(1142)进士第。⑦ 史邦直,母常氏出士族,知邦直可以起家,力课之学,邦直亦能自立。从乡先生王国光游,不数年,学业大进。⑧ 路仲显,其母梁氏有贤行,教伯达读书。出身世家的梁氏,在父母家已知读书,作字有楷法。出嫁后,丈夫在外做官,她经常告诫丈夫,从仕之暇,宜读书养性。她在家里教育子女读书为学,子女们成人后皆学有所成。"油灯煌煌,诵书琅琅。儿不敢嬉,母也在旁。"⑨这是元好问所描绘的母督子学图。从这里我们看到了慈母的拳拳之心和殷切希望,也看到了中华民族的传统美德和文化的草根力量。

---

① 元好问:《遗山先生文集》卷二十四《卢太医墓志铭》,上海:商务印书馆,1937年,330页。
② 脱脱等:《金史》卷一二六《文艺下》,北京:中华书局,1975年,2742页。
③ 元好问:《遗山先生文集》卷十六《王黄华墓碑》,上海:商务印书馆,1937年,226页。
④ 元好问:《中州集》甲集第一《蔡太常珪》,北京:中华书局,1959年,33页。
⑤ 元好问:《中州集》乙集第二《王都运寂》,北京:中华书局,1959年,102页。
⑥ 元好问:《遗山先生文集》卷十八《内相文献杨公神道碑铭》,上海:商务印书馆,1937年,246页。
⑦ 脱脱等:《金史》卷一二八《循吏》,北京:中华书局,1975年,2758页。
⑧ 元好问:《遗山先生文集》卷二十二《史邦直墓表》,上海:商务印书馆,1937年,306页。
⑨ 元好问:《遗山先生文集》卷二十五《赞皇郡太君墓铭》,上海:商务印书馆,1937年,337页。

除了由父母兄长传授知识外,许多人也受到了亲戚的传授教育,从而善读能文,乃至成为一代名家。如著名学者、文学家王若虚曾从其舅父、著名学者周昂读书,教督周至,尽传所学,得其议论颇多。①淡泊世味、"唯生死文字间而已"的著名诗人高宪,也曾从其舅父、著名文学家王庭筠学习,故诗笔字画,俱有舅父之风。②

延师执教亦是家庭教育中的一种重要形式。在金初期,女真贵族为了尽快提高文化素质,很多人采取这种方式学会了读书,了解了汉文化。如宗幹曾将"少以学行称"③的汉族文士张用直延致门下,教其子完颜充和海陵读书;将由辽入金的著名文士韩昉延致门下,教其养子完颜亶(后来的熙宗)读书。④ 宋使洪皓使金被扣留,居十余年,而不接受金的官职。"虽久在北庭,不堪其苦,然为金人所敬,所著诗文,争钞诵求锓梓。"⑤金宰相完颜希尹是一个热爱汉文化、喜欢阅读汉文书籍的女真学者,女真人攻取汴京后,他曾搜集了大量书籍运回东北。他十分仰慕洪皓的才学,聘他为家庭教师,由其教授他的八个儿子和其他女真贵族子弟知识。洪皓在金期间,积极接近女真人民,主动教授平民百姓子弟读书学习。这些子弟买不起书,洪皓就采用女真民间把桦树皮晒干做纸的办法,凭记忆在桦树皮上默写《论语》《孟子》《大学》《中庸》的全文,作为课本。这就是有名的"桦叶四书"。此外,还有名士杨焕然授馆左丞张信甫之门。⑥ 还有许多女真世袭猛安,其幕府也往往延致文人,讲论经史,指导其读书学习,这实际上也是一种家庭教育方式。如完颜斜烈延致著名文士王渥,其弟完颜良佐从之学,而

---

① 脱脱等:《金史》卷一二六《文艺下》,北京:中华书局,1975年,2730页。
② 元好问:《中州集》戊集第五《高博州宪》,北京:中华书局,1959年,260页。
③ 脱脱等:《金史》卷一○五《张用直传》,北京:中华书局,1975年,2314页。
④ 徐梦莘:《三朝北盟会编》卷一六六,上海:上海古籍出版社,1987年,1197页。
⑤ 脱脱等:《宋史》卷三七三《洪皓传》,北京:中华书局,1977年,11562页。
⑥ 元好问:《遗山先生文集》卷二十三《故河南路课税所长官兼廉访使杨公神道之碑》,上海:商务印书馆,1937年,312页。

读书不辍。①

由于重视家庭及其他形式的阅读启蒙教育,许多人在儿童时就表现出了阅读方面的早慧,并能刻苦读书,这对他们后来的生活影响甚深。如东平童子刘天骥,"七岁能诵《诗》《书》《易》《礼》《春秋左氏传》及《论语》《孟子》,上命教养之,然未有选举之制也"②。吏部尚书张公理,六岁知读书,十二岁能背诵"五经",二十八岁登泰和二年(1202)词赋进士第。③ 石琚,沉厚好学,七岁读书,过目即成诵,既长,博通经史,工词章。④ 麻九畴,"三岁识字,七岁能草书,作大字有及数尺者,一时目为神童"⑤。翰林侍讲学士虞仲文,"七岁知作诗,十岁能属文,日记千言,刻苦学问"⑥。张万公,字良辅,东平东阿人。幼聪悟,喜读书。父弥学有座右铭:"欲求聪明,先当积学。欲求子孙,先当积孝。"万公出生时,弥学梦至一室,榜曰"张万相公读书堂",已而万公生,因以名焉。成人后,登正隆二年(1157)进士榜第,"淳厚刚正,门无杂宾,典章文物,多所裁正"⑦。边元鼎,十岁能诗,天德三年(1151)第进士。⑧ 太祖阿骨打之曾孙永元,幼聪敏,日诵千言。皇统元年(1141),试宗室子作诗,永元中格。善《左氏春秋》,通其大义。⑨ 田紫芝,六七岁知属文,一览万言,十三岁作赋《丽华引》,诗意惊人,有李长吉风调。年二十,读经传子史几遍。⑩ 冯辰,九岁知作诗,贞祐三年(1215)进

---

① 刘祁:《归潜志》卷六,北京:中华书局,1983年,62页。
② 脱脱等:《金史》卷五十一《选举一》,北京:中华书局,1975年,1149页。
③ 元好问:《遗山先生文集》卷二十《资善大夫吏部尚书张公神道碑铭并引》,上海:商务印书馆,1937年,276页。
④ 脱脱等:《金史》卷八十八《石琚传》,北京:中华书局,1975年,1959页。
⑤ 脱脱等:《金史》卷一二六《文艺下》,北京:中华书局,1975年,2739页。
⑥ 脱脱等:《金史》卷七十五《虞仲文传》,北京:中华书局,1975年,1724页。
⑦ 脱脱等:《金史》卷九十五《张万公传》,北京:中华书局,1975年,2105页。
⑧ 元好问:《中州集》乙集第二《边内翰元鼎》,北京:中华书局,1959年,92页。
⑨ 脱脱等:《金史》卷七十六《永元传》,北京:中华书局,1975年,1744页。
⑩ 元好问:《续夷坚志》卷四《田德秀凤悟》,北京:中华书局,1986年,87页。

士。① 还有与麻九畴同被称为神童的常添寿、刘文荣、刘微、张世杰，②以及前面提到的元好问、蔡珪、王庭筠、王寂、杨云翼等，史书上所记载的阅读早慧者甚多。

除家庭教育外，文人学士设塾教诲亦是私学中最普遍的形式。"父兄之渊源，师友之讲习，义理益明，利禄益轻。"③其中就包括了私塾这种教育活动。与家庭教育一样，金女真最初的文化传播和教育活动也是通过私塾这种形式进行的。其中，特别是一些像洪皓一样的辽宋汉族文人作为金初的文化启蒙者和传播者，在这种活动中发挥了重要作用。如南宋的张邵于天会七年（1129）使金，"其在会宁，金人多从之学"④。南宋通问副使朱弁羁留云中，住今山西大同市善化寺，"金国名王贵人多遣子弟就学"⑤。这不仅反映了女真人对儒学和汉文化的崇尚和倾慕，而且这种教育形式作为女真族最初阅读活动的渊薮，为金儒学典籍的阅读和汉文化的传播奠定了基础。当然，私塾作为一种传统教育形式，在汉族居住的乡村民间更为普及。如随朱弁出使的从事郎傅伟文亦"居村落间，授徒以自给"⑥。刘汝翼，幼颖悟，日诵数百言。师事乡先生单雄飞和张元造。初治《书》，改治《易》，卒业于《诗》。⑦ 高霖，大定二十五年（1185）进士，曾任安国军节度判官。"以父忧还乡里，教授生徒，恒数百人。"⑧一些名家学者也往往收徒授业，培养了许多文人学士。如胡励，因聪颖好学，被韩昉"馆置门下，使与

---

① 元好问：《中州集》辛集第八《冯辰》，北京：中华书局，1959年，430页。
② 元好问：《续夷坚志》卷二《麻神童》，北京：中华书局，1986年，28页。
③ 元好问：《遗山先生文集》卷十八《内相文献杨公神道碑铭》，上海：商务印书馆，1937年，245页。
④ 脱脱等：《宋史》卷三七三《张邵传》，北京：中华书局，1977年，11556页。
⑤ 脱脱等：《宋史》卷三七三《朱弁传》，北京：中华书局，1977年，11553页。
⑥ 李心传：《建炎以来系年要录》卷一四三，丛书集成初编，北京：中华书局，1985年，2304页。
⑦ 元好问：《遗山先生文集》卷二十二《太中大夫刘公墓碑》，上海：商务印书馆，1937年，301页。
⑧ 脱脱等：《金史》卷一○四《高霖传》，北京：中华书局，1975年，2289页。

其子处,同教育之,自是学业日进"①。宋九嘉"长从李纯甫读书"②。元好问十四岁从郝天挺学进士业。③

私塾教育的一个重要特点是能够面向平民百姓。如周驰,乡人强以子弟从之学,所得束脩,皆散诸生之贫者。④ 平叔从乡先生李方平学,贫无以为资,方平爱其才,每周恤之,使得卒业。年二十五登进士第。⑤ 王去非,就举不第,"家居教授,束脩有余辄分惠人。弟子班忧贫不能朝夕,一女及笄,去非为办资装嫁之"⑥。还有不少文人学士或不肯仕进,或举进士不第,便隐居山中,以授徒为业。如杜时升,博学知天文,不肯仕进。承安、泰和间南渡河,隐居在嵩、洛山中,从学者甚众,"大抵以'伊洛之学'教人自时升始"⑦。由此可见,北宋程颐、周敦颐的儒家学说在金的传播是从杜时升所办的私塾教育开始的。还有赵质,举进士不第,隐居燕城南,教授为业。⑧ 王汝梅,隐居不仕,性嗜书。"生徒以法经就学者,兼授以经学。诸生服其教,无敢为非义者。"⑨南渡后,金疆域狭小,士人入仕难,所以他们往往归耕,或教小学养生。⑩ 如薛继先,南渡后,隐居洛西山中,课童子读书。⑪ 崔遵,少日在太学,有赋声。南渡后,不就举选。居崧山二十年,课僮仆治生。⑫ 杜时升子杜瑛,辟地河南缑氏山中,读书讲学,博览古今。此外,许多遗老硕儒,如蒙城田芝,北燕刘骥,永平王磐,古郑周子维,武

---

① 脱脱等:《金史》卷一二五《文艺上》,北京:中华书局,1975年,2721页。
② 脱脱等:《金史》卷一二六《文艺下》,北京:中华书局,1975年,2736页。
③ 脱脱等:《金史》卷一二七《隐逸传》,北京:中华书局,1975年,2750页。
④ 元好问:《中州集》庚集第七《迂斋先生周驰》,北京:中华书局,1962年,350页。
⑤ 元好问:《遗山先生文集》卷二十一《平叔墓铭》,北京:中华书局,1937年,293页。
⑥ 脱脱等:《金史》卷一二七《隐逸传》,北京:中华书局,1975年,2749页。
⑦ 脱脱等:《金史》卷一二七《隐逸传》,北京:中华书局,1975年,2750页。
⑧ 脱脱等:《金史》卷一二七《隐逸传》,北京:中华书局,1975年,2749页。
⑨ 脱脱等:《金史》卷一二七《隐逸传》,北京:中华书局,1975年,2752页。
⑩ 刘祁:《归潜志》卷七,北京:中华书局,1983年,74页。
⑪ 脱脱等:《金史》卷一二七《隐逸传》,北京:中华书局,1975年,2750页。
⑫ 元好问:《中州集》庚集第七《崔遵》,北京:中华书局,1959年,364页。

安胡德桂,浑源刘祁,太原高鸣、刘汉臣,燕山尚子明,林虑张允中,洛水徐世英、李仲泽,汴魏献臣、田仲德、郭谦甫,"各以经术教授,互相提唱,盖彬彬乎多文学之士,亦一时之盛事也"①。私塾担负着最底层的乡村民间阅读活动的普及任务,不仅为社会培养了无数的读书人才,而且在山乡僻野、布衣草民中传播着学术文化。所以,它是儒家文化繁衍生息的草根力量,生命力也强,生长也茂。

7. 庙学

庙学是在孔庙以宣讲、普及儒家基本伦理道德学说为主要内容的教育活动,类似于佛教中的"俗讲"。它不是一种正规、系统的教育活动,而往往是伴随着祭奠活动进行的一种宣传教育。它对于促进儒家思想在大众中的传播及大众对儒学典籍的阅读有着积极的意义。金的庙学之设也很普遍。如泰和四年(1204)二月,"诏刺史,州郡无宣圣庙学者并增修之"②。关于庙学活动,史书记载不多。元好问的《遗山先生文集》中有三篇庙学记。其中在《令旨重修真定庙学记》中,元好问谈到了庙学的意义:"庙则为礼殿,为贤庑,为经籍祭器之库,为斋居之所,为牲荐之厨。而先圣先师七十子二十四大儒像设在焉。学则为师资讲授之堂,为诸生结课之室,为藏厩庖湢者次焉。""弦诵洋洋,日就问学,曾子渐礼让之训,人士修举选之业。文统绍开,天意为可见矣。"③

三、科举与阅读

女真贵族进入华北、中原地区后,急需为其服务的统治人才。他

---

① 顾嗣立:《元诗选》三集《杜处士瑛》,北京:中华书局,1987年,41页。
② 脱脱等:《金史》卷十二《章宗四》,北京:中华书局,1975年,267页。
③ 元好问:《遗山先生文集》卷三十二《令旨重修真定庙学记》,上海:商务印书馆,1937年,421页。

们除了利用辽宋的降臣外,还积极搜罗人才。金太宗即位不久,于天会元年(1123)十一月,开始设科举制。最初的考试没有定期,所取进士也没有定数。科目分词赋和经义两种,前者考赋、诗、策论各一道,后者考经义、策论各一道。天会五年(1127),随着金的疆域不断向南扩大,所需官吏也在增加。金太宗决定"开贡举取士,以安新民。其南北进士,各以所业试之"①。这就是让原来辽地和宋地的士人各以所学之业进行考试。金熙宗时期,金进一步健全了考试制度,实行乡、府、会三级考试制度,并增加了明经、律科、经童科。

科举调动了士人的积极性,笼络了汉族、契丹族的士大夫,搜罗到了大批愿为朝廷效力的知识分子,稳定了金政权,使金成为我国少数民族入主中原的王朝中最重视科举,同时也是取士最多的朝代。此外,科举作为倡导儒学、尊重儒士的最重要举措,极大地推动着金社会阅读活动的发展,促进着社会读书风气的养成。如在学校教育方面,它使原辽、北宋地区的许多学校恢复起用,使读书者有读书之所,读书人重回学堂。如前所述的丁昕仁任武清县丞时,县经兵革无学校,昕仁建学校,百姓子弟欣然从之学。所谓"金起东海,始立国即设科取士,盖亦知有文治也。渐摩培养,至大定间人才辈出,文义蔚然"②,说的就是这种盛况。

教材分为经、史、子三大类,其中以经、史为主。所用书及注规定如下:经书中有《易》(王弼、韩康伯注)、《书》(孔安国注)、《诗》(毛苌注、郑玄笺)、《春秋左氏传》(杜预注)、《礼记》(孔颖达疏)、《周礼》(郑玄注、贾公彦疏)、《论语》(何晏集注、邢昺疏)、《孟子》(赵岐注、孙奭疏)、《孝经》(唐玄宗注);史书中有《史记》(裴骃注)、《前汉书》(颜师古注)、《后汉书》(李贤注)、《三国志》(裴松之注),以及唐太宗《晋书》、沈

---

① 脱脱等:《金史》卷三《太宗》,北京:中华书局,1975年,57页。
② 脱脱等:《金史》卷九十六·列传第三十四,北京:中华书局,1975年,2138页。

约《宋书》、萧子显《齐书》、姚思廉《梁书》和《陈书》、魏收《后魏书》、李百药《北齐书》、令狐德棻《周书》、魏征《隋书》、欧阳修《新唐书》、刘昫《旧唐书》、薛居正《旧五代史》、欧阳修《新五代史》；子书中有《老子》（唐玄宗注疏）、《荀子》（杨倞注）、《杨子》（李轨、宋咸、柳宗元、吴秘注）。① 计经书9种，史书17种，子书3种，它们都由国子监统一印制，颁行于各学校，作为统一教材和考试用书。如章宗明昌元年（1190），府试"以'六经''十七史'《孝经》《论语》《孟子》及《荀》《杨》《老子》内出题，皆命于题下注其本传"②。此外，泰和七年（1207）十一月，章宗"诏新定学令内削去薛居正《五代史》，止用欧阳修所撰"③。

这个书目包含了经、史中的最主要典籍。而且，从这个书目中我们可看出，金重经、史阅读，并且经学是在宋十三经中选定的，反映了金对宋代经学的继承，也体现了其经世致用的思想。不过，在经书中，没有提及《春秋公羊传》《春秋穀梁传》《仪礼》及《尔雅》，而且在其他史料中也不曾提及，似乎它们在金已成为绝学。此外，教科书内容和版本的统一，反映了金官方通过规范教学、引导和建立社会知识体系，对思想意识形态进行干预和控制。当然，这也是金推行封建专制的中央集权政治的一个战略步骤。

这些官方指定的注疏本教材，经过一个阶段的使用，人们发现它们存在着许多弊端。如明昌六年（1195），"言事者谓'学者率恃有司全注本传以示之，故不勉读书，乞减子史注本传之制。又经义中选之文多肤浅，乞择学官，及本科人充试官'"④。

科举固然为学子提供了一条入仕之途。"若仕进之路，则以词赋、

---

① 脱脱等：《金史》卷五十一《选举一》，北京：中华书局，1975年，1131—1132页。
② 脱脱等：《金史》卷五十一《选举一》，北京：中华书局，1975年，1136—1137页。
③ 脱脱等：《金史》卷十二《章宗四》，北京：中华书局，1975年，282页。
④ 脱脱等：《金史》卷五十一《选举一》，北京：中华书局，1975年，1137页。

明经取士,预此选者,多至公卿达官,捷径所在,人争走之。"①因此,科举也带动了社会读书风气的形成。如章宗时的文人毛麾写道:"复经义宏词制举,添律,学人试义,童子念六经,诸科擢第,凡在选官,并带提举学事。文风炳然,将匹休三代,下鄙汉唐,为不足较也。"②科举也极大地促进了莘莘学子的读书热情,使他们头悬梁,锥刺骨,孜孜以求,从而也培养了无数的读书人才。而且金的科举考试内容比辽宋丰富了,把考试范围从"四书五经"扩大到了经史百家。这有利于促进考生广泛阅读,扩大知识面,完善知识结构。但是,科举作为特定社会历史的产物,对阅读活动也有着许多负面影响。

第一,科举阅读是一种应试性的阅读活动,它受考试范围所限,阅读范围很有限。如刘祁在《归潜志》中云:"金朝取士,止以词赋、经义学,士大夫往往局于此,不能多读书。"③又说:"金朝取士,止以词赋为重,故士人往往不暇读书为他文。尝闻先进故老见子弟辈读苏、黄诗,辄怒斥,故学子止工于律、赋,问之他文则懵然不知。间有登第后始读书为文者,诸名士是也。南渡以来,士人多为古学,以著文作诗相高。然旧日专为科举之学者疾之为仇雠,若分为两途,互相诋讥。其作诗文者目举子为科举之学,为科举之学者指文士为任子弟,笑其不工科举。"④这也同时说明,金南移之后,士人受中原文化熏染,喜欢阅读古典诗文,并以能作诗文视为士人学问之高。士人的阅读范围在中原浓厚的传统文化影响下更广泛了,阅读内容更深入了,鉴赏水平也更高了。此外,世宗大定二十九年(1189),有司言:"律科举人止知读律,不知教化之原,必使通治《论语》《孟子》,涵养器度。"⑤这说的也是科举

---

① 元好问:《遗山先生文集》卷三十二《寿阳县学记》,上海:商务印书馆,1937年,428页。
② 毛麾:《潞州儒学碑》,见张金吾《金文最》卷三十九,苏州:江苏书局,1891年,8页。
③ 刘祁:《归潜志》卷七,北京:中华书局,1983年,72页。
④ 刘祁:《归潜志》卷八,北京:中华书局,1983年,80页。
⑤ 脱脱等:《金史》卷九《章宗一》,北京:中华书局,1975年,210页。

考试所造成的文人阅读面窄、知识贫乏、文化修养浅薄的后果。

第二，科举考试在阅读方法、阅读理解、阅读要点掌握上都有具体规定，所谓"习进士业"，即指这种阅读内容和方法。这就限制了应作为主体的读者在阅读活动中的思想自由和创造性能力的发挥，从而使读者变成了书本的附庸，甚至是书本的奴隶。阅读活动也变成了一种受限制的、被动的、死板的、程式化的、技术性的操作，从而失去了阅读的本来意义和最高境界。

第三，科举考试太重视考试的形式化，从而使考生们把心思放在研习如何应付策试上，把精力放在了模仿呈文上，而不注重对经史典籍的认真阅读和深刻理解乃至融会贯通，从而使阅读活动肤浅、庸俗化，导致在读书人中出现急功近利、不能下苦功读书的现象。对此，女真学者徒单镒上书章宗道："教化之行，兴于学校。今学者失其本真，经史雅奥，委而不习，藻饰虚词，钓取禄利，乞令取士兼问经史故实，使学者皆守经学，不惑于近习之靡，则善矣。"①又说："诸生不穷经史，唯事末学，以致志行浮薄。可令进士试策日，自时务策外，更以疑难经旨相参为问，使发圣贤之微旨、古今之事变。"②元好问的老师郝天挺也对这种现象批评道："今人赋学以速售为功，六经百家分磔缉缀，或篇章句读不之知，幸而得之，不免为庸人。"又说："读书不为艺文，选官不为利养，唯通人能之。"他告诫元好问："今之仕多以贪败，皆苦饥寒不能自持耳。丈夫不耐饥寒，一事不可为。子以吾言求之，科举在其中矣。"③此外，在泰和六年（1206）的一次御试中，章宗也曾对监试官贾铉说："丞相宗浩尝言试题颇易，由是进士例不读书。朕今以《日合天统》为赋题。"贾铉说："题则佳矣，恐非所以牢笼天下士也。"章宗说：

---

① 脱脱等:《金史》卷九十九《徒单镒传》，北京：中华书局，1975年，2188页。
② 脱脱等:《金史》卷五十一《选举一》，北京：中华书局，1975年，1138页。
③ 脱脱等:《金史》卷一二七《隐逸传》，北京：中华书局，1975年，2750页。

"帝王以难题窘举人,固不可,欲使自今积致学业而已。"①由此可见,皇帝也对当时举人读书不多、学问浅薄的现象充满忧虑。

第四,由于学子们只是为了科举而读书,加之以上几个原因,所以,为应举而进行的教育活动难以培养学子们的读书兴趣和习惯,更不能使他们将读书作为人生之必课,生活之部分。所以,一些举子一旦及第或落第,就不再有读书热情,或不肯下苦功读书了。如章宗即位后,欲求文学之士以备侍从。官员移剌履针对当时官员写作中的问题,曾对章宗说:"进士擢第后止习吏事,更不复读书,近日始知为学矣。"章宗说:"今时进士甚灭裂,《唐书》中事亦多不知,朕殊不喜。"②这种现象在金当不在少数。当然,只要有科举的盛行,就必然会产生这种现象。所以,这也不只是金存在的问题。

也许就是因为科举读书中存在着种种弊端,所以,金与其他朝代一样,有许多人虽然自幼嗜书苦读,博学善思,但不喜为科举计,而成为著名的文人学士,如辛愿、麻九畴、曹恒、赵迪夫、崔遵等。

以上所谈是针对汉人的科举。世宗大定十一年(1171),金又专门针对女真人创设女真进士科,初只试策,后增试论,所谓策论进士也。③ 考试用女真大、小字。大定二十三年(1183)九月,译经所进所译《易》《书》《论语》《孟子》《老子》《杨子》《文中子》《刘子》及《新唐书》。④ 大定二十八年(1188),世宗对宰臣曰:"女真进士惟试以策,行之既久,人能预备。今若试以经义可乎?"宰臣对曰:"'五经'中《书》《易》《春秋》已译之矣,俟译《诗》《礼》毕,试之可也。"世宗曰:"大经义理深奥,不加岁月不能贯通。今宜于经内姑试以论题,后当徐试经义

---

① 脱脱等:《金史》卷九十九《贾铉传》,北京:中华书局,1975年,2192—2193页。
② 脱脱等:《金史》卷一二五《文艺上》,北京:中华书局,1975年,2727页。
③ 脱脱等:《金史》卷五十一《选举一》,北京:中华书局,1975年,1130页。
④ 脱脱等:《金史》卷八《世宗下》,北京:中华书局,1975年,184页。

也。"①由此可见女真进士考试以经内出题是在大定二十八年（1188）之后，而且由于女真人阅读女真文翻译的经书时间短，还不能理解其深奥的含义，所以无法以经义出题进行考试。这同时也说明金世宗显然是一个深有儒学素养的读者，他早已熟读汉文经书，否则他不会有如此深刻的体会。

然而，无论是试以策，还是试以论，抑或后来可能以经义出题，女真进士科都产生了许多熟读经史、学问赅博的杰出人才。如大定十三年（1173）的第一批二十七名进士中就有徒单镒、夹谷衡、尼厖古鉴等。世宗曾曰："女真进士中才杰之士盖亦难得，如徒单镒、夹谷衡、尼厖古鉴皆有用材也。"②世宗更是对徒单镒评价道："不设此科，安得此人。"③还有大定二十五年（1185）中策论进士的女真大臣完颜匡，一次与寝殿小底驼满九住讨论《论语》中的一段史实，显宗听完后，感叹道："不以女真文字译经史，何以知此。主上立女真科举，教以经史，乃能得其渊奥如此哉。"④这句话对女真科举在促进阅读、提高女真儒学素养方面给予了最好评价，同时也反映了显宗本人也曾熟读经史典籍，有着良好的儒学基础。

尽管女真人入仕的途径并不仅仅是参加科举考试，但他们中弃武习文、参与科举考试的人还是越来越多，这就势必会削弱金的军事力量。例如，金章宗即位之初，尚书省曾奏请允许猛安谋克愿习进士业者均许入太学学习。对此，太尉徒单克宁就警告说："承平日久，今之猛安谋克其材武已不及前辈，万一有警，使谁御之？习辞艺，忘武备，于国弗便。"⑤这个意见立即得到了章宗的赞同。由此可见，金统治者

---

① 脱脱等：《金史》卷五十一《选举一》，北京：中华书局，1975年，1142页。
② 脱脱等：《金史》卷九十四《夹谷衡传》，北京：中华书局，1975年，2092页。
③ 脱脱等：《金史》卷九十九《徒单镒传》，北京：中华书局，1975年，2186页。
④ 脱脱等：《金史》卷九十八《完颜匡传》，北京：中华书局，1975年，2164页。
⑤ 脱脱等：《金史》卷九十二《徒单克宁传》，北京：中华书局，1975年，2052页。

为保持女真族的原有习俗和民族性,并维护金国的军事实力,对女真人的文化学习还是有所限制的。这也必然会影响到女真人阅读活动的普及和文化素质的提高。

第七节　女真读者群体

金的文化与辽文化有一脉相承之处,所以金的阅读基本上是在辽阅读传统上的进一步发展。而且,金继承了北宋的文化遗产,北宋入金的大量图书和众多的文人学士及普通读者是金阅读活动发展的基础和推动者。在此基础上,金在儒学典籍(包括汉文原著和由汉文翻译为女真文的著作)阅读的深度和广度上,都有了前所未有的发展。当然,这种发展更表现为读者之众及其阅读质量之高。

金的读者从民族成分上分,主要有女真读者群、汉族读者群和契丹读者群三类。

虽然女真读者群体没有汉人读者群体人数多,但女真是统治民族,他们的思想观念和阅读活动直接影响着金的阅读发展乃至文化发展的趋向。所以欲了解金的阅读,必先了解女真读者群体的阅读活动。

女真人在立国前就与契丹人、汉人、渤海人有密切的接触,如前所提到的渤海人杨朴,就是一个汉文化修养很高的文士。所以由此可以推断,早在立国前女真人就有懂契丹文和汉文者,并也接触到了这两种文字的读物。金太祖开国,在与辽往来中,更加重视招募懂契丹文和汉文的有才学之士,以担当二国之间的使者,并处理二者之间的公文,所以很重视文字的学习和人才的培养。然而,女真大规模地开始学习阅读始于破辽。"女真初无文字,及破辽,获契丹、汉人,始通契丹、汉字,于是诸子皆学之。"①这说明女真皇室子弟正式学习阅读是从灭辽后开始的。而且此前由于"女真既未有文字,亦未尝有记录,故祖宗事皆不载"②。这也说明女真在有通行文字之前,也没有产生出自己的读物(记录),所以也就谈不上有多少女真人在进行写作和阅读活动了。

一、皇帝阅读

女真灭辽之后,获得了大批辽文人学士,加上扣留使金的宋人,形成了一个知识分子群体。这些人既是金初期的主要读者,也是女真读者的培养者和阅读活动的推动者。金采取"借才异代"的战略,让这些知识分子做官的同时,也让他们做皇室子弟的老师,指导这些子弟阅读汉文典籍,为其讲解儒家学说,传播汉族的先进文化,从而培养了女真的第一代读者,极大地提高了女真的文化素质,适应了社会发展的要求。

金太宗的左右手宗幹就雇用汉族学者教育子孙。金熙宗完颜亶(1135—1148年在位)父早死,宗幹收留了熙宗母亲,熙宗自幼长在宗幹家。在汉族学者韩昉、张用直等儒士的教育下,熙宗自幼熟读经书,"赋诗染翰",愿同文墨之士在一起。熙宗即位后,又结交了许多汉族儒士,这些士人既向他传授中原的封建礼制,也向他传授儒家经典。在他们的影响下,熙宗"徒失女真之本态耳",并与女真旧功大臣日渐疏远,视他们为"无知夷狄",而那些大臣则讥讽他为"宛然一汉家少年

---

① 脱脱等:《金史》卷六十六《始祖以下诸子》,北京:中华书局,1975年,1558页。
② 脱脱等:《金史》卷六十六《始祖以下诸子》,北京:中华书局,1975年,1558页。

子也"①。这说明熙宗在汉族士人和汉文化熏陶下,不仅道德观念、知识结构、文化修养和生活习惯很大程度上已被汉化,而且已成为一个熟练的汉籍读者。他不仅自己阅读汉文典籍,而且积极倡导推行尊孔崇儒的思想文化政策。"熙宗即位,兴制度礼乐,立孔子庙于上京。天眷三年,诏求孔子后,加璠承奉郎,袭封衍圣公,奉祀事。是时,熙宗颇读《论语》《尚书》《春秋左氏传》及诸史、《通历》《唐律》,乙夜乃罢。皇统元年三月戊午,上谒奠孔子庙,北面再拜,顾谓侍臣曰:'朕幼年游侠,不知志学,岁月逾迈,深以为悔。大凡为善,不可不勉。孔子虽无位,其道可尊,万世高仰如此。'"②此后,随着女真统治者汉化趋势日渐明显,女真贵族读经研史、吟诗习文渐成风气。如清代学者赵翼所言:"惟帝王宗亲,性皆与文事相浃,是以朝野习尚,遂成风会。"③

海陵王完颜亮(1149—1160年在位)是金历史上的一个极端并有争议的人物,他杀死了熙宗及许多金元老,自立为帝,进行了一系列强有力的汉化改革,后在伐宋中被同族反对派杀死。但他对汉文化的仰慕及其汉化程度比熙宗更是有过之而无不及。他自幼好读书,喜欢与儒生交往,和著名文学家蔡松年是好朋友,也曾受业于以学行著称的张用直。称帝后,他又让张用直教授太子读书,并对张用直说:"朕虽不能博通经史,亦粗有所闻,皆卿平昔辅导之力。太子方就学,宜善导之。朕父子并受卿学,亦儒者之荣也。"④这反映出他对经史阅读和汉文化学习的重视。对于阅读、学习的意义和目的乃至内容重点,他说道:"上智不学而能,中性未有不由学而成者。太子宜择硕德宿学之士,使辅导之,庶知古今,防过失。诗文小技,何必作耶。至于骑射之

---

① 徐梦莘:《三朝北盟会编》卷一六六,上海:上海古籍出版社,1987年,1197页。
② 脱脱等:《金史》卷一〇五《孔璠传》,北京:中华书局,1975年,2311页。
③ 赵翼著,王树民校证:《廿二史劄记校证》卷二十八《金代文物远胜辽元》,北京:中华书局,1984年,623页。
④ 脱脱等:《金史》卷一〇五《张用直传》,北京:中华书局,1975年,2314页。

事,亦不可不习,恐其懦柔也。"①这反映出他不重视诗文的阅读和学习,而更重视能够经世致用的经史阅读。而且在阅读之余,他亦重视习武骑射,以保持女真的勇武刚强。在他的影响和重视下,其子光英亦好读善思。一次他在诵读《孝经》时,"忽谓人曰:'经言三千之罪,莫大于不孝,何为不孝?'对者曰:'今民家子博弈饮酒,不养父母,皆不孝也。'光英默然良久,曰:'此岂足为不孝耶。'盖指言海陵弑母事"。②

由于海陵本人"少而知书,嗜习经史",倾慕汉文化,所以他也是一位颇有见地,并有很高的汉文学修养的读者。在研读儒家经典中,他对其中的一些不正确的观点提出批评。如他对《论语》中贵诸夏、轻夷狄的观点极为不满。一次他对翰林承旨完颜宗秀和文学家、左参知政事蔡松年说:"朕每读鲁论,至于'夷狄虽有君,不如诸夏之亡也'。朕窃恶之。岂非渠以南北之区分,同类之比周,而贵彼贱我也。"③他在读《晋书·苻坚传》时,对史家没有把这个十六国时期杰出的政治家、军事家、前秦皇帝列入"本纪"而惋惜,"废卷失声而叹曰:'雄伟如此,秉史笔者不得正统帝纪归之,而以列传第之,悲夫!'"④他这种主张华夷平等,反对贵华夏、轻夷狄的观点,虽然与其民族观念和政治雄心有关,是为其统一江南做宣传,但他对传统观念的否定和批判也符合历史发展的趋势。虽然他喜读经史,不太重视诗文,但由于他自小饱读汉文典籍,热爱汉文化,所以他的汉文学修养很高,还是一位有个性的诗人。其作诗言志,笔力雄健,气象恢宏,文如其人。如他的《书壁述怀》诗云:"蛟龙潜匿隐苍波,且与虾蟆作混和。等待一朝头角就,撼摇霹雳震山河。"他为藩王时,曾给人扇面上题诗云:"大柄若在握,清风

---

① 脱脱等:《金史》卷八十二《海陵诸子》,北京:中华书局,1975年,1853页。
② 脱脱等:《金史》卷八十二《海陵诸子》,北京:中华书局,1975年,1854页。
③ 徐梦莘:《三朝北盟会编》卷二四二,上海:上海古籍出版社,1987年,1740页。
④ 徐梦莘:《三朝北盟会编》卷二四二,上海:上海古籍出版社,1987年,1740页。

满天下。"①他的一首《南征至维扬望江左》诗更表达了他胸怀远大、立志统一江南的雄心:"万里车书尽会同,江南岂有别疆封。提兵百万西湖上,立马吴山第一峰。"②

世宗完颜雍(1161—1189年在位)系开国皇帝完颜阿骨打的嫡孙。母亲李氏出自汉化程度很深的渤海大族,深通儒学,汉文化修养很高。世宗自幼受到了母亲的汉化教育,为其后来熟悉汉文经史,了解中原君主的治国之道,实施"仁政"打下了基础。在他执政期间,金进入了鼎盛阶段,"群臣守职,上下相安,家给人足,仓廪有余",有"小尧舜"之称。③ 当然,那也是文化繁荣、阅读兴盛的时期。伴随着这种鼎盛和繁荣,女真的汉化,包括阅读汉文、学习汉文化也日益显著和深入。虽然世宗自小就接受汉文化教育,而且其为君之道和治国之策也多得益于儒家思想和汉族知识分子,但他也是金民族自觉性最强烈的皇帝。他反对全盘汉化,强调不忘旧风。他说:"会宁乃国家兴王之地,自海陵迁都永安,女真人浸忘旧风。朕时尝见女真风俗,迄今不忘。今之燕饮音乐,皆习汉风,盖以备礼也,非朕心所好。"④他告诫太子及诸王:"汝辈自幼惟习汉人风俗,不知女真纯实之风,至于文字语言,或不通晓,是忘本也。"⑤他认为女真旧风与儒家典籍上所讲的伦理道德是一致的,他对官员们说:"女真旧风最为纯真,虽不知书,然其祭天地,敬亲戚,尊耆老,接宾客,信朋友,礼意款曲,皆出自然,其善与古书所载无异。汝辈当习学之,旧风不可忘也。"⑥虽然如此,但他对

---

① 完颜亮:《书壁述怀·题扇》,见薛瑞兆、郭明志《全金诗》卷二十八,天津:南开大学出版社,1995年,356页。
② 完颜亮:《南征至维扬望江左》,见薛瑞兆、郭明志《全金诗》卷二十八,天津:南开大学出版社,1995年,356页。
③ 脱脱等:《金史》卷八《世宗下》,北京:中华书局,1975年,204页。
④ 脱脱等:《金史》卷七《世宗中》,北京:中华书局,1975年,158页。
⑤ 脱脱等:《金史》卷七《世宗中》,北京:中华书局,1975年,159页。
⑥ 脱脱等:《金史》卷七《世宗中》,北京:中华书局,1975年,164页。

阅读汉典是不反对的,而且他的这种思想也体现在他的阅读观念中。

大定十六年(1176)正月,世宗与众亲王、官员议论古今兴废事时说:"经籍之兴,其来久矣,垂教后世,无不尽善。今之学者,既能诵之,必须行之。然知而不能行者多矣,苟不能行,诵之何益。"①这里世宗论述了经籍的历史和教化作用,强调了学与行结合的观点,并批评了当时存在的学而不能致用的现象,试图将女真旧风与儒家经籍的阅读糅合在一起。由此可见,金注重经史阅读,目的是用以求治。而且,金以经义取士,选拔官吏,这与金当时所提倡的崇尚纯朴之风是分不开的。

正是因为世宗本人在博览经史中贯彻了他的这种学以致用的思想,所以他在阅读中能够善于思考和联系实际。如世宗曾召问国史院编修官:"朕比读《贞观政要》,见魏徵嘉谋忠节,良可称叹。近世何故无如徵者?"②大定十八年(1178),世宗在谈到修起居注一事时说:"朕观《贞观政要》,唐太宗与臣下议论,始议如何,后竟如何,此政史臣在侧记而书之耳。"③从此朝廷议事时,记注官不可回避。这说明世宗不仅研读了《贞观政要》,而且把这种能够对后人有警诫作用的做法运用于当朝。大定二十年(1180)十月,世宗与官员们议论道:"近览《资治通鉴》,编次累代废兴,甚有鉴戒,司马光用心如此,古之良史无以加也。"④大定二十八年(1188)十一月,他对官员们说:"朕近读《汉书》,见光武所为,人有所难能者。"⑤世宗死于大定二十九年(1189),可见,他在去世的前一年,还在孜孜不倦地研读着史书,并与大臣们议论着书中的历史经验和教训。

---

① 脱脱等:《金史》卷七《世宗中》,北京:中华书局,1975年,163—164页。
② 脱脱等:《金史》卷九十五《移剌履传》,北京:中华书局,1975年,2099页。
③ 脱脱等:《金史》卷八十八《石琚传》,北京:中华书局,1975年,1962页。
④ 脱脱等:《金史》卷七《世宗中》,北京:中华书局,1975年,175页。
⑤ 脱脱等:《金史》卷八《世宗下》,北京:中华书局,1975年,202页。

世宗之子完颜允恭(显宗)于大定二年(1162)被立为皇太子,其父世宗告诫他:"勿以储位生骄慢。日勉学问,非有召命,不须侍食。"于是显宗"专心学问,与诸儒臣讲议于承华殿。燕闲观书,乙夜忘倦,翼日辄以疑字付儒臣校证"①。世宗看到显宗如此好学,也听说儒士郑松贤而有才,遂"起为左谕德,诏免朝参,令辅太子读书"②。此外,世宗为显宗选东宫官属,张浩荐杨伯雄,任少詹事。杨伯雄"集古太子贤不肖为书,号《瑶山往鉴》,进之。及进《羽猎》《保成》等箴,皆见嘉纳"③。显宗由于好学善思,所以对阅读学习,特别是经史阅读的意义深有体会。一次,他听了寝殿小底驼满九住的一番关于《论语》的谈论后,很有感慨地说:"《论语》'知之为知之,不知为不知,是知也'。汝不知不达,务辩口以难人。由是观之,人之学、不学,岂不相远哉。"④与许多其他女真贵族一样,显宗不仅博览群书,勤于钻研,而且"好文学,作诗善画"⑤。如他的《次高骈风筝韵》云:"心与寥寥太古通,手随轻籁入天风。山长水阔寻无处,声在乱云空碧中。"⑥其颇得诗人风骚之旨。

章宗完颜璟(1190—1208年在位)是金汉文化修养最高的一位皇帝。他十岁时被封为金源郡王,并在"德行淳谨,才学该通"的进士完颜匡、司经徐孝美的教授下,"始习本朝语言小字,及汉字经书"⑦。其父允恭(显宗)让完颜匡"每日先教汉字,至申时汉字课毕,教女真小字,习国朝语"⑧。此外,显宗在阅读《睿宗皇帝实录》之后,感到应让

---

① 脱脱等:《金史》卷十九《世纪补》,北京:中华书局,1975年,410页。
② 脱脱等:《金史》卷十九《世纪补》,北京:中华书局,1975年,410—411页。
③ 脱脱等:《金史》卷一〇五《杨伯雄传》,北京:中华书局,1975年,2318页。
④ 脱脱等:《金史》卷九十八《完颜匡传》,北京:中华书局,1975年,2164页。
⑤ 刘祁:《归潜志》卷一,北京:中华书局,1983年,3页。
⑥ 宇文懋昭撰,崔文印校证:《大金国志校证》卷二十《章宗皇帝中》,北京:中华书局,1986年,275—276页。
⑦ 脱脱等:《金史》卷九《章宗一》,北京:中华书局,1975年,207页。
⑧ 脱脱等:《金史》卷九十八《完颜匡传》,北京:中华书局,1975年,2163页。

儿子知创业之艰难,于是命完颜匡作《睿宗功德歌》,并教章宗每日歌之,其词曰:"我祖睿宗,厚有阴德。国祚有传,储嗣当立。满朝疑惧,独先启策。徂征三秦,震惊来附。富平百万,望风奔仆。灵恩光被,时雨春旸。神化周浃,春生冬藏。"①章宗聪敏好学,日有所进。及长,多才多艺,特别是"诗词多有可称者"。如《宫中绝句》云:"五云金碧拱朝霞,楼阁峥嵘帝子家。三十六宫帘尽卷,东风无处不扬花。"②从诗中很难看出其与中原帝王的差别。章宗的书法造诣也很高,深得宋徽宗瘦金体笔意,乃至难以区分。章宗不仅工诗善赋,而且博极经史,好读善思。章宗为金源郡王时,"喜读《春秋左氏传》,闻履博洽,召质所疑。履曰:'左氏多权诈,驳而不纯。《尚书》《孟子》皆圣贤纯全之道,愿留意焉。'"③章宗欣然地接受了他的意见。

　　在章宗的成长过程中也倾注了祖父世宗的心血,这主要表现为世宗让他"习知政事",积累知识,阅读有关的图书。如大定二十六年(1186)四月,世宗对章宗说:"宫中有《舆地图》,观之可以具知天下远近厄塞。"④

　　正是由于章宗读书之多,文化修养之高,所以他在执政期间,能够继世宗之余绪,完善制度,发展经济,重视文化教育,特别是大力提倡尊孔读经,倡导士人阅读儒家经典,必使举人"通治《论语》《孟子》,涵养器度",以"知教化之原"。⑤ 所以,"章宗在位二十年,承世宗治平日久,宇内小康,乃正礼乐,修刑法,定官制,典章文物粲然成一代治规"⑥。

---

① 脱脱等:《金史》卷九十八《完颜匡传》,北京:中华书局,1975年,2164页。
② 刘祁:《归潜志》卷一,北京:中华书局,1983年,3页。
③ 脱脱等:《金史》卷九十五《移剌履传》,北京:中华书局,1975年,2100页。
④ 脱脱等:《金史》卷九《章宗一》,北京:中华书局,1975年,208页。
⑤ 脱脱等:《金史》卷九《章宗一》,北京:中华书局,1975年,210页。
⑥ 脱脱等:《金史》卷十二《章宗四》,北京:中华书局,1975年,285页。

金的最后两位皇帝是宣宗完颜珣和哀宗完颜守绪。"宣宗幼美风姿,好学,善谈论,尤工于诗,多招文学之士,赋诗饮酒。"①哀宗守绪亦"少而嗜书,长而博学。时干戈抢攘,日不暇给,与学士大夫谈论不辍。才藻富赡,好为文章"②。

皇帝们的另一种阅读形式是经筵。正大三年(1226)在内庭设益政院,"以学问赅博、议论宏远者数人兼之。日以二人上直,备顾问,讲《尚书》《通鉴》《贞观政要》。名则经筵,实内相也"③。这种称为经筵的活动是皇帝阅读的一种特殊形式。关于经筵开始的时间,《金史》载:"大定十年八月,帝在承华殿经筵,太子太保寿王爽启曰:'殿下颇未熟本朝语,何不屏去左右汉官,皆用女真人?'"④这说明经筵在正大三年(1226)内庭设益政院之前就已开始,而且讲解者主要是汉族文人,皇帝熟悉汉语,而并不很精通女真语。

经筵的讲解官都是当时有名望的学者,如杨云翼、赵秉文、史公奕、吕造等。所讲解的内容除上述三种典籍外,还有时事、政治及民间发生的事情。此外,在讲读的内容和方法方面,杨云翼与赵秉文在担任讲解官时,为使皇帝易于阅读和掌握有关典籍中的治国之道,集古今治术,分门别类编成《君臣政要》,进于皇帝。⑤ 杨云翼任讲时,"时讲《尚书》,云翼为言帝王之学不必如经生分章析句,但知为国大纲足矣。因举'任贤''去邪''与治同道''与乱同事''有言逆于汝心''有言逊于汝志'等数条,一皆本于正心诚意,敷绎详明。上听忘倦"⑥。

---

① 宇文懋昭撰,崔文印校证:《大金国志校证》卷二十五《宣宗皇帝下》,北京:中华书局,1986年,351页。
② 宇文懋昭撰,崔文印校证:《大金国志校证》卷二十六《义宗皇帝》,北京:中华书局,1986年,359页。
③ 脱脱等:《金史》卷五十六《百官二》,北京:中华书局,1975年,1280页。
④ 脱脱等:《金史》卷十九《世纪补》,北京:中华书局,1975年,412页。
⑤ 刘祁:《归潜志》卷七,北京:中华书局,1983年,73页。
⑥ 脱脱等:《金史》卷一一〇《杨云翼传》,北京:中华书局,1975年,2423页。

综上所述，金虽然是由女真人建立的政权，但统治者们能够顺应当时的汉化趋势，尊孔崇儒，阅读汉文经典并成为汉化政策的积极推行者。这不仅使金的文化与中原汉文化始终能够同繁荣、共发展，成为中华民族文化不可分割的部分，而且为中华民族最终能够统一强盛奠定了坚实的基础。

二、皇室及其他大臣贵族的阅读

在金历代皇帝的积极倡导和带动下，特别是在女真贵族进入华北、中原地区以后，他们置身于这块古老而厚重的土地上，已经无法阻挡和拒绝先进的汉文化对他们的吸引和影响。所以，他们更加积极主动地学习汉文化，尊孔崇儒，阅读汉典。于是，在女真贵族中就出现了许多熟读汉籍、精通汉文化的杰出读者。

金的皇后多是杰出的读者。由于"金代，后不娶庶族"①，所以，她们都是熟读汉籍、知书达礼、素有文化修养者。而后妃的文化素养和阅读习惯对其子孙的阅读学习往往有着重要影响。金皇帝普遍能够博览经史、工诗能文，有着良好的文化素养，这与他们从小得自母教有密切关系。世宗母贞懿皇后李氏，出自辽阳大族，素有儒学修养。章宗的母亲显宗孝懿皇后徒单氏，"好《诗》《书》，尤喜《老》《庄》，学纯淡清懿，造次必于礼"②。昭圣皇后，"性聪慧，凡字过目不忘。初读《孝经》，旬日终卷。最喜佛书"③。章宗钦怀皇后，"性淑明，风仪粹穆，知读书为文"④。

章宗元妃李师儿，出身贫贱，因家有罪，被纳入宫中。是时，值张

---

① 脱脱等：《金史》卷六十三《后妃上》，北京：中华书局，1975年，1498页。
② 脱脱等：《金史》卷六十四《后妃下》，北京：中华书局，1975年，1525页。
③ 脱脱等：《金史》卷六十四《后妃下》，北京：中华书局，1975年，1526页。
④ 脱脱等：《金史》卷六十四《后妃下》，北京：中华书局，1975年，1527页。

建执教宫中,李师儿与宫女们都跟他学习。授课时,以青纱把宫教张建与宫女们隔开,宫教在障外,宫女在障内,互相不能看见。宫女们有不识的字或不懂的问题,都要从障内通过映纱指字提问,宫教在障外解说回答。宫女中李师儿最为好学善问,但张建不知她是谁,而只能听到她清亮的声音。一次章宗问张建,宫女中谁最聪明好学,张建告诉他那个声音最清亮的宫女最可教。于是,章宗找到了李师儿并在宦官梁道的推荐下,纳其为妃。章宗喜好文辞,李师儿聪慧敏学,好读善思,能书好文,尤善于伺候颜色,很迎合章宗的喜好,所以得到了章宗的宠幸。

在宗室中,世宗的几个儿子及孙子都是杰出的读者,他们中除前已提到的显宗允恭及其子章宗完颜璟外,越王永功亦喜读书,"涉书史,好法书名画"①。特别是豫王永成,博学,善属文,自幼喜欢读书,曾受教于太学博士王彦潜学习诗文。晚年手不释卷,学养醇厚。闲暇时常有文士来与之切磋,永成每每以礼相待,不曾有半点骄矜之气。自号曰"乐善居士",有文集行世。②

宗室中,也是女真中最杰出的读者是世宗之孙、永功之子完颜璹。

完颜璹(1172—1232),本名寿孙,字仲实,一字子瑜。好读书,喜诗文,工书法,"资质简重,博学有俊才"。所居有樗轩、如庵,自号"樗轩老人"。正大初进封密国公。明昌以来,诸王法规定甚严,诸公子皆不得与外界交流来往。所以"璹奉朝请四十年,日以讲诵吟咏为事,时时潜与士大夫唱酬,然不敢明白往来"③。他整日致力于读书,于书无所不读。其中读《资治通鉴》30 余遍,"驰骋上下千有三百余年之事,其善恶是非,得失成败,道之如目前。穿贯他书,考证同异,虽老于

---

① 脱脱等:《金史》卷八十五《世宗诸子》,北京:中华书局,1975 年,1902 页。
② 脱脱等:《金史》卷八十五《世宗诸子》,北京:中华书局,1975 年,1908 页。
③ 脱脱等:《金史》卷八十五《世宗诸子》,北京:中华书局,1975 年,1904 页。

史学者，不加详也"①。谈到《资治通鉴》的阅读，元好问曾评论道："中州文明百年，有经学，有《史》《汉》之学，《通典》之学，而《通鉴》则不能如江左之盛。唯蔡内翰伯正甫珪、萧户部真卿贡、宗室密国公子瑈璹之等十数公，号称专门而已。近岁此学颇行河朔，武臣宿将，讲说记诵有为日课者，故时人稍稍效之。"②由此可见，金对《资治通鉴》的阅读是在金末热起来的。

完颜璹读书既勤，藏书也富。其居处"一室萧然，琴书满案，诸子环侍无俗谈，可谓贤公子矣"。所藏书画"皆世间罕见者"③。永功死后，他才稍得出游，与文士赵秉文、杨云翼、雷渊、元好问、李汾、王飞伯结为好友。贞祐二年（1214）五月，宣宗南迁，诸王宗室颠沛流离，各奔逃生。完颜璹于是将其家藏法书名画，一帙不留地全部运往开封。在开封居住期间，"名胜过门，明窗棐几，展玩图籍，商略品第"④。但由于家大人多，薪水又少，所以客人来了没有酒肉，只能待以蔬食淡饭，焚香煮茗，并拿出所有藏书、藏画供朋友阅读、观赏，讲金历史上的故事，朋友们往往乐而不厌，终日不散。对此，文学家王郁有诗云："宣平坊里榆林巷，便是临淄公子家。寂寞画堂豪贵少，时容词客醉琵琶。"⑤

完颜璹读书多，写作勤，平生所作诗文甚多。他曾自刊其诗词四百首，名为《如庵小藁》，由赵秉文作序，流传于世。其中的《自适》有句云："有书贮实腹，无事梗虚臆。谢绝声利徒，尚友古遗直。"⑥这表明了他以读书求知为乐，拒绝声名势利，好友尚义的人生追求。另一首

---

① 元好问：《遗山先生文集》卷三十六《如庵诗文叙》，上海：商务印书馆，1937年，491页。
② 元好问：《遗山先生文集》卷三十六《陆氏通鉴详节序》，上海：商务印书馆，1937年，485页。
③ 刘祁：《归潜志》卷一，北京：中华书局，1983年，4页。
④ 元好问：《遗山先生文集》卷三十六《如庵诗文叙》，上海：商务印书馆，1937年，491页。
⑤ 王郁：《饮密国公诸子家》，见元好问《中州集》庚集第七，北京：中华书局，1959年，389页。
⑥ 完颜璹：《自适》，见元好问《中州集》戊集第五，北京：中华书局，1959年，274页。

《如庵乐事》中的诗句也反映了他读书自乐的生活状态:"因循默坐规禅老,取次拈诗教小童。炕暖窗明有书册,不知何者是穷通。"①还有绝句云:"孟津休道浊于泾,若遇承平也敢清。河朔几时桑柘底,只谈王道不谈兵。"②这表明他是一个典型的文人,既以读书自乐,也胸怀有志,关心国家的前途和命运。此外,他的词也作得很好,如他的《朝中措》云:"襄阳古道灞陵桥,诗兴与秋高。千古风流人物,一时多少雄豪。霜清玉塞,云飞陇首,枫落江皋。梦到凤凰台上,山围故国周遭。"③词中熟练地运用了唐代大诗人李白、刘禹锡诗中的典故,并能将其融为一体,技巧娴熟。特别是他作为一个女真王孙,能够纵横捭阖,驰骋古今,充分说明了他汉文阅读之广、修养之深。

穆宗第五子完颜勗,也是宗室里的一位杰出读者。他喜读书,好学问,国人呼为秀才。金大将宗翰、宗望攻下汴州,接受宋帝投降时,太宗派勗前往慰问将士。宗翰等问勗想要什么,勗说:"惟好书耳。"于是,"载数车而还",④可见他早已熟读汉文典籍。他不仅读书多,而且著述丰。天会六年(1128)勗奉诏访求金建国前遗事,编撰《祖宗实录》三卷,记始祖以下十帝事迹。海陵时期他撰有《太祖实录》二十卷及《女真郡王姓氏谱》等。此外,他还作有很多诗文,并能用契丹字写作,其中的《射虎赋》等诗文篇什于大定二十年(1180)由世宗下令镂版发行,可见其文学修养之高,作品影响之大。

宗室里的杰出读者还有宗宪。他十六岁时被选入女真字学,并学会了契丹文和汉文。他好读敏思,喜欢藏书。"未冠,从宗翰伐宋,汴京破,众人争趋府库取财物,宗宪独载图书以归。"⑤由于他读书之多,

---

① 完颜璹:《如庵乐事》,见元好问《中州集》戊集第五,北京:中华书局,1959年,275—276页。
② 刘祁:《归潜志》卷一,北京:中华书局,1983年,5页。
③ 完颜璹:《朝中措》,见元好问《中州集》中州乐府,北京:中华书局,1959年,556页。
④ 脱脱等:《金史》卷六十六《始祖以下诸子》,北京:中华书局,1975年,1557页。
⑤ 脱脱等:《金史》卷七十《宗宪传》,北京:中华书局,1975年,1615页。

博览之广,所以他对金的制度礼乐颇有意见。他反对完全因袭辽宋,特别是近取辽人制度,而"当远引前古,因时制宜,成一代之法"①。因此,他受到朝廷的器重。此外,还有太尉讹论之子宗道,"通《周易》《孟子》,善骑射"②。承裕,"颇读孙、吴书,以宗室子充符宝祗候"③。如此等等,表明他们仍然读的是儒家经典,文化命脉里流淌的是中原传统文化的血。

金大臣中的杰出读者当数完颜匡。完颜匡本名撒速,为始祖九世孙,通汉文和女真文。学问赅博,品行淳谨。曾事幽王永成,为王府教读。后又任宣宗、章宗兄弟侍读,指导太子、皇孙读汉文和女真文。完颜匡熟读儒家经典,精通儒家思想。如他曾与寝殿小底驼满九住有一段对话。驼满九住问完颜匡:"伯夷、叔齐何如人?"完颜匡说:"孔子称夷、齐求仁得仁。"九住说:"汝辈学古,惟前言是信。夷、齐轻去其亲,不食周粟饿死首阳山,仁者固如是乎?"匡说:"不然,古之贤者行其义也,行其道也。伯夷思成其父之志以去其国,叔齐不苟从父之志亦去其国。武王伐纣,夷、齐叩马而谏。纣死,殷为周,夷、齐不食周粟遂饿而死。正君臣之分,为天下后世虑至远也,非仁人而能若是乎?"④这段对话既反映了完颜匡的仁义道德观,也说明了他对《论语》的深刻理解。

大臣完颜承晖,好学,淹贯经史。虽"生而富贵",但"居家类寒素"。他在自己的书房里常挂司马光和苏轼的画像,并常说:"吾师司马而友苏公。"他在临死时说:"承晖于'五经'皆经师授,谨守而力行之,不为虚文。"⑤中郎将完颜陈和尚,"天资高明,雅好文史,自居禁卫

---

① 脱脱等:《金史》卷七十《宗宪传》,北京:中华书局,1975年,1615页。
② 脱脱等:《金史》卷七十三《宗道传》,北京:中华书局,1975年,1677页。
③ 脱脱等:《金史》卷九十三《承裕传》,北京:中华书局,1975年,2065页。
④ 脱脱等:《金史》卷九十八《完颜匡传》,北京:中华书局,1975年,2164页。
⑤ 脱脱等:《金史》卷一〇一《承晖传》,北京:中华书局,1975年,2227页。

日,人以秀才目之"。时汉族名士王渥在其兄幕府,于是他在博学善谈的王渥教授下,勤奋读书,不耻下问,先后阅读了《孝经》《小学》《论语》《春秋左氏传》。此外,他还向王渥学习书法,深得其要。军中无事,他就在窗下作牛毛细字,如寒苦之士,视世味漠然。① 其兄斜烈亦好文尚读,与其弟皆为一时良帅。大将完颜弼,平生无所好,唯喜读书,闲暇延引儒士,歌咏投壶以为常。② 纳兰胡鲁刺,性淳直,寡言笑,好读书,博通古今,承安二年(1197)进士第一。③ 唐括安礼,好学,通经史,工词章,知为政大体。④ 一些女真字学出身的大臣也精通汉文、博览经史,是女真中的杰出读者,如前所述的温迪罕缔达、徒单镒等。

南渡后,随着女真汉化程度的日益加深,诸女真世袭猛安、谋克更是喜欢读书为文,与汉族士大夫游。如猛安术虎邃,"虽家贵,刻苦为诗如寒士,喜与士大夫游。初,受学于辛敬之,习《左氏春秋》。后与侯季书交,筑室商水大野中。恶衣粝食,以吟咏为事,诗益工"⑤。世袭谋克乌林答爽,喜从名士游,夜归其室,抄写讽诵终夕。⑥ 完颜孟阳,曾与元初文豪王恽是好朋友,"好古书,家藏至千余卷"⑦。此外,还有移剌廷玉、夹谷德固、术虎士、乌林答肃孺等女真贵族,亦是读书好文,作诗多有可称者。⑧

---

① 脱脱等:《金史》卷一二三《忠义三》,北京:中华书局,1975年,2680页。
② 脱脱等:《金史》卷一〇二《完颜弼传》,北京:中华书局,1975年,2255页。
③ 脱脱等:《金史》卷一〇三《纳兰胡鲁刺传》,北京:中华书局,1975年,2282—2283页。
④ 脱脱等:《金史》卷八十八《唐括安礼传》,北京:中华书局,1975年,1963页。
⑤ 刘祁:《归潜志》卷三,北京:中华书局,1983年,25页。
⑥ 刘祁:《归潜志》卷三,北京:中华书局,1983年,26页。
⑦ 王恽:《秋涧先生大全文集》卷五十九《碑阴先友记》,四部丛刊集部,8页。
⑧ 刘祁:《归潜志》卷六,北京:中华书局,1983年,63页。

三、女真文阅读

女真原无文字,刻木为契,部落内部传令时以"信牌"为之。后来女真用了辽的大臣,才借用契丹字,书写公文,"与邻国交好,乃用契丹字"。建国后,随着政治、经济发展的需要,金太祖完颜阿骨打命完颜希尹创制女真文字。"希尹乃依仿汉人楷字,因契丹字制度,合本国语,制女真字。天辅三年八月,字书成,太祖大悦,命颁行之。""其后熙宗亦制女真字,与希尹所制字俱行用。希尹所撰谓之女真大字,熙宗所撰谓之小字。"①女真文字颁行后,成为金官方通用的文字。它便于金统治者各项命令的发布和执行,特别是便于女真民族学习其他民族先进的文化和技术,促进女真民族文化水平的提高以及女真社会的发展。所以女真字的颁行,在突显女真的民族性,提

女真文《奥屯良弼饯饮碑》

升其民族自豪感的同时,也有益于其阅读活动的发展。这也使女真字、契丹字和汉字成为金并存的三种文字,而多文字阅读也成为金阅读的一大特点。

用女真文写的著作保存下来的极少。从保存下来的由汉文翻译为女真文著作的目录来看,除了儒学经典外,绝大多数译著是有关汉

---

① 脱脱等:《金史》卷七十三《完颜希尹传》,北京:中华书局,1975年,1684页。

民族治国方略和兵法等内容的。这说明，金统治者给女真人提供这样的读物，为的是使他们了解汉文化的基本原理和伦理道德规范，提高他们的文化素养，使官吏们学习和掌握政治和军事知识，增长治理国家和带兵打仗的才干，是完全出于统治者利益考虑的。而纯文学作品及小说则翻译得较少。但不管怎么说，金的翻译活动比起辽和后来的元都更具规模。因为金的皇帝，尤其是金世宗，还是很热心于让自己的族人通晓汉文化的。

金世宗积极推进尊孔崇儒，倡导读书兴学，并大量地翻译汉文典籍。这样，金世宗以后，不仅汉文阅读进入繁荣期，而且女真文阅读也欣欣向荣。史载，金翻译汉籍始于大定四年（1164），后来又于明昌五年（1194）三月，置弘文院，译写经书。"大定四年，诏以女真字译书籍。五年，翰林侍讲学士徒单子温进所译《贞观政要》《白氏策林》等书。六年，复进《史记》《汉书》，诏颁行之。"①大定十五年（1175），世宗又诏译诸经。② 大定二十三年（1183），"译经所进所译《易》《书》《论语》《孟子》《老子》《杨子》《文中子》《刘子》及《新唐书》"。世宗对宰臣说："朕所以令译'五经'者，正欲女真人知仁义道德所在耳。"③由此可见，金世宗倡导译经的目的，就是要对女真人进行儒家思想教育。到大定二十八年（1188），"五经"中译出的只有《书》《易》《春秋》，尚有《诗》《礼》在翻译中。此外，前面所提到的明昌二年（1191），学士院所进的26种唐宋文集，它们是否是女真文译本，还无法确定。还有早已无存的明正统时北京文渊阁著录过的女真文《盘古书》《孔夫子书》《姜太公书》《孙膑书》《伍子胥书》《黄氏女书》《百家姓》《哈答咩儿子》《千

---

① 脱脱等：《金史》卷九十九《徒单镒传》，北京：中华书局，1975年，2185页。
② 脱脱等：《金史》卷九十九《徒单镒传》，北京：中华书局，1975年，2186页。
③ 脱脱等：《金史》卷八《世宗下》，北京：中华书局，1975年，184-185页。

字文》《女真字母》等 18 种书籍,也是迄今所知的女真文读物。①

由上述翻译为女真文的书籍可得出以下两点:第一,女真统治者重视史书的阅读,并以盛唐之治为其楷模,而首先翻译了《贞观政要》来教育女真人,包括白居易的 79 篇考试范文选《白氏策林》也是以解决社会现实问题为题材的、颇具实用性的读物。它们都反映了女真人经世致用的阅读观念。第二,女真人也是以儒家经典为核心来进行文化教育,提高其文化素质,构建其知识结构的。正如元好问所言:"有天地,有中国,其人则尧舜禹汤文武周孔,其书则《诗》《书》《易》《春秋》《论语》《孟子》。"②由此可见,儒家思想是中华各民族共同的文化资源和精神纽带。

大定二十三年(1183),参知政事梁肃奏曰:"汉之羽林,皆通《孝经》。今之亲军,即汉之羽林也。臣乞每百户赐《孝经》一部,使之教读,庶知臣子之道,其出职也,可知政事。"世宗听后曰:"善,人之行,莫大于孝,亦由教而后能。"③于是"以女真字《孝经》千部付点检司分赐护卫亲军"④。这说明了三点:一是金对推行儒家伦理道德教育的重视,二是女真文《孝经》的阅读曾在女真人中很普及,三是女真文印刷业亦很发达。此后,章宗执行了同样的规定。如泰和四年(1204),"诏亲军三十五以下令习《孝经》《论语》"⑤。

说到《孝经》的阅读,这里还应提到的是,《孝经》作为一部宣扬封建孝道和宗法思想的儒家经典,能引起女真人的如此重视,而在汉族读者中就更不用说了。例如,大定时,王朋寿在唐于立政所撰类书《类

---

① 张秀民:《辽、金、西夏刻书简史》,载《文物》,1959 年第 3 期,11—16 页。
② 元好问:《遗山先生文集》卷三十二《博州重修学记》,上海:商务印书馆,1937 年,427 页。
③ 脱脱等:《金史》卷八十九《梁肃传》,北京:中华书局,1975 年,1984—1985 页。
④ 脱脱等:《金史》卷八《世宗下》,北京:中华书局,1975 年,184 页。
⑤ 脱脱等:《金史》卷十二《章宗四》,北京:中华书局,1975 年,270 页。

林》的基础上,增广门类,改订次序,逐篇系之以赞,撰成《增广分门类林杂说》,旨在宣扬"人君之圣智聪明,臣子之忠贞节义,父子兄弟之孝慈友爱"[①]。王若虚在《跋王进之墨本〈孝经〉》中说:"孝悌百行之冠冕,《孝经》六艺之喉衿。圣人大训,不待赞扬而后知也。学者自童稚读书,必始于此。"[②]金人对《孝经》的阅读态度,由此可见一斑。

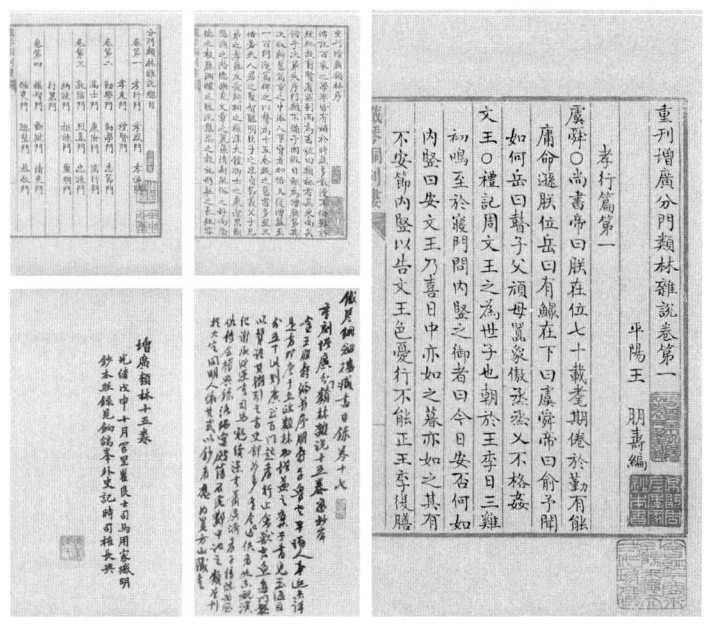

《增广分门类林杂说》内页

在大批女真人南迁并与汉族人杂居相处后,汉民族在经济、文化上的先进性对少数民族有着极大的吸引力,因此,在女真和汉族长期接触、互相学习的过程中,就像马克思所说的:"野蛮的征服者总是被那些他们所征服的民族的较高文明所征服,这是一条永恒的历史规

---

① 王朋寿:《增广类林·序》,见张金吾《金文最》卷十九,苏州:江苏书局,1891年,11页。
② 王若虚:《王进之墨本〈孝经〉·跋》,见张金吾《金文最》卷二十四,苏州:江苏书局,1891年,20页。

律。"①"奴隶成了主人,征服者很快就学会了被征服民族的语言,接受了他们的教育和风俗。"②所以女真人学习汉语,并在风俗习惯和文化各方面汉化就成为历史发展的必然趋势。而且,女真人学习汉语是有着长期历史的。早在辽,黄龙府(今吉林农安)一带的多民族地区,汉语已成为各民族的共同语言。"凡聚会处,诸国人言语不通,则各为汉语以证,方能辨之。"③即使在女真的故地会宁,在世宗时期已有许多女真人不懂女真的语言文字,甚至女真的歌也不会唱了。④ 南迁到华北的猛安谋克户和汉族杂居共处,接触频繁,语言的汉化更普遍。到世宗时,更有多数女真人已不能熟练地操用本民族语言。虽然世宗在全局上重视经济文化的发展,并取得了明显成效,但他从女真民族性发展的考虑,对女真人的汉化和封建化非常不满。他不但倡导东北女真人保持的那种古朴民风,而且对那里的农耕和狩猎经济非常赞赏。为了保持自己的民族性,世宗曾规定"凡承袭人不识女真字者,勒令习学"⑤。大定九年(1169),枢密使思敬上疏论五事,其中第五件是"亲王府官属以文资官拟注,教以女真语言文字"⑥,世宗采纳了这个建议。大定十四年(1174),世宗下令:"应卫士有不闲女真语者,并勒习学,仍自后不得汉语。"⑦大定二十五年(1185),世宗又说:"大抵习本朝语为善,不习,则淳风将弃。"⑧同一年,完颜璟(后来的章宗)由金源

---

① 马克思:《不列颠在印度统治的未来结果》,见中共中央马克思、恩格斯、列宁、斯大林著作编译局《马克思恩格斯选集》第二卷,北京:人民出版社,1972年,70页。
② 马克思、恩格斯:《费尔巴哈》,见中共中央马克思、恩格斯、列宁、斯大林著作编译局《马克思恩格斯选集》第一卷,北京:人民出版社,1972年,81页。
③ 宇文懋昭撰,崔文印校证:《大金国志校证》卷四十《许奉使行程录》,北京:中华书局,1986年,568页。
④ 脱脱等:《金史》卷八《世宗下》,北京:中华书局,1975年,189页。
⑤ 脱脱等:《金史》卷七十三《宗尹传》,北京:中华书局,1975年,1675页。
⑥ 脱脱等:《金史》卷七十《思敬传》,北京:中华书局,1975年,1626页。
⑦ 脱脱等:《金史》卷七《世宗中》,北京:中华书局,1975年,161页。
⑧ 脱脱等:《金史》卷八《世宗下》,北京:中华书局,1975年,191页。

郡王晋封为原王,判大兴府事。完颜璟入以女真语谢,世宗大喜,且为之感动,并对宰臣说:"朕尝命诸王习本朝语,惟原王语甚习,朕甚嘉之。"①由此可见,女真贵族已普遍地以汉语为交际工具,女真语已很少使用了。不过,金向来把汉文和女真文学习放在同等重要的位置。如宣宗和章宗在少年时就由太子侍读完颜匡教以汉字和女真字。然而随着汉化程度的加深,女真文读者也在减少。而且,社会的发展,对女真人的文化素质也提出了更高的要求。于是,大定二十六年(1186),亲军完颜乞奴言:"制猛安谋克皆先读女真字经史然后承袭。"对此,世宗评论道:"但令稍通古今,则不肯为非。尔一亲军粗人,乃能言此,审其有益,何惮而不从。"②这里所反映的是,从一个普通女真官员到皇帝对阅读女真文经史、提高女真官员文化素质的高度重视。

女真文阅读一直延续到明朝前期,此后女真文字便无人可识,渐成死文字。用女真文翻译的书籍多已失传,今天所能见到的只是一些碑拓残片。明永乐年间编撰的《女真译语》集中保存了大量女真文常用词汇、文字资料和历史档案,是研究女真族历史、语言、文字、风俗、习尚等的珍贵资料,也是认读女真文字的一把钥匙。

第八节 契丹文阅读和契丹读者

除汉文和女真文之外,女真人从建国前到金章宗明昌二年(1191)十二月"诏罢契丹字"③,这一时期,他们还普遍地使用契丹文。这就

---

① 脱脱等:《金史》卷九《章宗一》,北京:中华书局,1975年,208页。
② 脱脱等:《金史》卷八《世宗下》,北京:中华书局,1975年,192页。
③ 脱脱等:《金史》卷九《章宗一》,北京:中华书局,1975年,220页。

是说，在金的大部分时间里，三种文字是并行使用的。特别是契丹人，他们以其良好的文化修养，不仅在金的政治和经济发展中发挥了举足轻重的作用，也作为一个重要的读者群体，在金的文化建设和阅读发展中发挥了重要作用。

一、女真人的契丹文阅读

契丹文是女真人最早接触的文字之一，女真人甚至是从接触契丹文开始他们的阅读活动的。"女真初无文字，及破辽，获契丹、汉人，始通契丹、汉字，于是诸子皆学之。"①这说明皇上的儿孙们最初都跟契丹人、汉人学习契丹文和汉字，并在后来学会了女真文。

实际上，金作为在辽的基础上建立起来的王朝，其政治、经济和文化是在辽的基础上建立和发展的，而辽文化的影响则更是根深蒂固。所以在金建国后的七八十年里，上自皇室，下至普通女真官员，有不少人是谙熟契丹文的。这就是说，他们都是多文字阅读者。而且，金也将汉文、女真文和契丹文作为同等重要的文字来对待。如天眷元年（1138），金朝廷规定："百官诰命，女真、契丹、汉人各用本字，渤海同汉人。"②在金的国史馆中，也始终使用着契丹字。正隆元年（1156），金对国史院书写官的选拔要求是，"女真书写，试以契丹字书译成女真字，限三百字以上。契丹书写，以熟于契丹大小字，以汉字书史译成契丹字三百字以上，诗一首，或五言七言四韵，以契丹字出题"③。世宗在谈到猛安谋克承袭者时，说道："自今女真、契丹、汉字曾学其一者，即许承袭。"④而且，世宗虽然是一个极力维护女真民族传统的皇帝，但也颇赞

---

① 脱脱等：《金史》卷六十六《始祖以下诸子》，北京：中华书局，1975年，1558页。
② 脱脱等：《金史》卷四《熙宗》，北京：中华书局，1975年，73页。
③ 脱脱等：《金史》卷五十三《选举三》，北京：中华书局，1975年，1182页。
④ 脱脱等：《金史》卷七十三《宗尹传》，北京：中华书局，1975年，1675页。

许契丹字的表现力,而怀疑女真文的实际用途。他说:"契丹文字年远,观其所撰诗,义理深微,当时何不立契丹进士科举。今虽立女真字科,虑女真字创制日近,义理未如汉字深奥,恐为后人议论。"①实际上,在女真人的阅读方面,契丹文确实起了很大的作用。在相当长的时期内,它一直充当着汉族文学向女真人传播的媒介。汉文著作被翻译或转写成契丹文,再从契丹文译成女真文。直到明昌二年(1191)四月,"谕有司,自今女真字直译为汉字,国史院专写契丹字者罢之"②。十二月,"诏罢契丹字"。明昌五年(1194)三月,"置弘文院,译写经书"③。由此可见,这是专门翻译汉文为女真文的机构。

许多女真的上层官员是契丹文的积极学习者和优秀的作者与读者。如康宗长子宗雄,好学嗜书。一次陪皇上打猎,误中流矢,为免于罪及射者,即拔去其矢,托疾归家,卧两月,因学契丹大、小字,尽通之。"凡金国初建,立法定制,皆与宗幹建白行焉。及与辽议和,书诏契丹、汉字,宗雄与宗翰、希尹主其事。"④宗雄在养伤两月内学会契丹字,并能阅读写作,效力于国政。此时,金尚未灭辽,国事尤重,戎马倥偬,他能够如此好学,可谓女真贵族中好读勤学之士的杰出代表。其子阿邻亦"颖悟辩敏,通女真、契丹大小字及汉字"⑤。女真杰出学者徒单镒,七岁习女真字,后又在女真学者温迪罕缔达指导下,学会了契丹大、小字及汉字,该习经史。完颜勗,好读书,国人呼为秀才,能以契丹字作诗文。其子宗秀"涉猎经史,通契丹大小字"⑥。世祖之孙斡璋,"多勇略,通女真、契丹、汉字"⑦。此外,《金史》中所记载的通女真文、契丹

---

① 脱脱等:《金史》卷五十一《选举一》,北京:中华书局,1975年,1141页。
② 脱脱等:《金史》卷九《章宗一》,北京:中华书局,1975年,218页。
③ 脱脱等:《金史》卷十《章宗二》,北京:中华书局,1975年,232页。
④ 脱脱等:《金史》卷七十三《宗雄传》,北京:中华书局,1975年,1680页。
⑤ 脱脱等:《金史》卷七十三《宗雄传》,北京:中华书局,1975年,1682页。
⑥ 脱脱等:《金史》卷六十六《始祖以下诸子》,北京:中华书局,1975年,1560页。
⑦ 脱脱等:《金史》卷六十五《始祖以下诸子》,北京:中华书局,1975年,1548页。

文和汉字者还有斡论、宗宪、徒单克宁、石古乃、完颜兀不喝、纥石烈胡刺、夹谷谢奴、胡十门、布辉、孛术鲁阿鲁罕、夹谷查剌、温迪罕缔达等，他们都是女真中多文字阅读的典型，这反映了当时女真贵族对多文字学习的重视。

二、契丹读者

在金的读者中，契丹人仍然占着相当的比例。由于他们汉化程度很深，所以他们不仅通契丹文，而且往往兼通汉文，甚至有些人懂女真文。他们继承了辽契丹人尊孔崇儒、热爱汉文化的传统，读书明志，重道尚节，以良好的儒学修养为金文化的发展与繁荣做出了重要贡献。有关这些读者的情况，史料中有一些记载，这里略陈数例，以证之。

辽东丹王突欲七世孙移剌履，为元初著名文士耶律楚材的父亲。家学渊源，博学多艺，善属文。"世宗方兴儒术，诏译经史，擢国史院编修官，兼笔砚直长。"①世宗在阅读《贞观政要》时，曾召问他为什么近世没有出现魏徵式的忠嘉之士。他说："忠嘉之士，何代无之，但上之人用与不用耳。"②章宗为金源郡王时，喜读《春秋左氏传》，闻移剌履博学该洽，于是召质所疑。移剌履曰："左氏多权诈，驳而不纯。《尚书》《孟子》皆圣贤纯全之道，愿留意焉。"③章宗很高兴地采纳了他的建议。大定二十六年（1186），移剌履任翰林修撰时，向世宗表进司马光《古文孝经指解》曰："臣窃观近世，皆以兵刑财赋为急，而光独以此进其君。有天下者，取其辞施诸宇内，则元元受赐。"④由此可见，出身于书香世家的移剌履，不仅饱读经史，深得儒学要旨，而且以自己的博

---

① 脱脱等：《金史》卷九十五《移剌履传》，北京：中华书局，1975年，2099页。
② 脱脱等：《金史》卷九十五《移剌履传》，北京：中华书局，1975年，2099—2100页。
③ 脱脱等：《金史》卷九十五《移剌履传》，北京：中华书局，1975年，2100页。
④ 脱脱等：《金史》卷九十五《移剌履传》，北京：中华书局，1975年，2100页。

学该洽在金的文化建设和政治舞台上发挥了重要作用。

曾任行台工部尚书、安国军节度使、参知政事的耶律恕出自辽横帐秦王之族。"为人谨愿有志,喜读书,通契丹大小字。"海陵为平章政事时,曾问他:"君亦有党乎?"耶律恕正色道:"穷则独善其身,达则兼善天下。不以其道得之,非恕之志也。何朋党之有。"①由此可见,他不仅通契丹字,而且对《孟子》一类的经典颇为熟知,对儒家学说深有领悟。

萧永祺,本名蒲烈,少好学,通契丹大、小字。耶律固奉诏译书时,他被辟置门下,因尽传其业,深通汉文典籍。耶律固死后,萧永祺继之撰《辽史》,作纪三十卷、志五卷、传四十卷。天德初,任翰林学士承旨。② 移剌买奴,"契丹世袭猛安也,读史书,慷慨有气义,喜交士大夫"③。移剌粘合,"契丹世袭猛安也,兄弟俱好文,幕府延致名士。初帅彭城,雷希颜在幕,杨叔能、元裕之(元好问)皆游其门,一时士望甚重"④。移剌愬,契丹虞吕部人,通契丹、汉字。正隆年间,掌管契丹、汉字两司都事。⑤ 移剌子敬,辽五院人,读书好学,博通古今,曾参与撰修《辽史》。⑥ 石抹世勣,"幼勤学,为文有体裁……承安五年,登词赋、经义两科进士第"⑦。此外,还有移剌成、移剌温、移剌斡里朵、移剌益、移剌道⑧等,他们都是契丹族读者中的杰出代表。

综上所述,女真人虽崛起于东北的白山黑水间,但其文化是与中原文化一脉相承的。金的士人,无论是女真、契丹还是其他少数民族,都同中原士人一样,饱读儒家经典,深受儒学熏陶,既从政治国,也为

---

① 脱脱等:《金史》卷八十二《耶律恕传》,北京:中华书局,1975年,1841页。
② 脱脱等:《金史》卷一二五《文艺上》,北京:中华书局,1975年,2720页。
③ 刘祁:《归潜志》卷六,北京:中华书局,1983年,63页。
④ 刘祁:《归潜志》卷六,北京:中华书局,1983年,63页。
⑤ 脱脱等:《金史》卷八十九《移剌愬传》,北京:中华书局,1975年,1986页。
⑥ 脱脱等:《金史》卷八十九《移剌子敬传》,北京:中华书局,1975年,1987—1988页。
⑦ 脱脱等:《金史》卷一一四《石抹世勣传》,北京:中华书局,1975年,2517页。
⑧ 见《金史》各本传。

文传道。

第九节　汉族文人读者群体

清代著名文学家、学者王士禛说:"辽、金立国,规模不甚相远,而金源人物、文章之盛独能颉颃宋元之间。"①这里的人物主要指高度汉化的契丹人和为数众多的汉族知识分子。特别是其中的汉族知识分子,他们是"金源文章之盛"和文化发达与繁荣的主要参与者和缔造者,当然也是金读者群体中的核心和灵魂。

一、背景和概况

早在金建立前,完颜阿骨打就开始重视招纳文人学士处理公文政事。"国书诏令,宜选善属文者为之。其令所在访求博学雄才之士,敦遣赴阙。"②到金前期,金已拥有了以韩昉、宇文虚中、蔡松年、吴激等为代表的一批博学硕儒之士。这些汉族文士,除部分来自辽,如韩昉、刘彦宗、韩企先、左企弓、左泌、张通古、程寀、任熊祥等外,主要以由宋入金者居多。"国初文士,如宇文大学、蔡丞相、吴深州之等,不可不谓之豪杰之士,然皆宋儒,难以国朝文派论之,故断自正甫为正传之宗。"③"太宗继统,乃行选举之法,及伐宋,取汴经籍图,宋士多归之。"④天会四年(1126),金太宗攻破汴京后,强索到

---

① 刘祁:《归潜志》卷十四,北京:中华书局,1983年,186页。
② 脱脱等:《金史》卷二《太祖》,北京:中华书局,1975年,32页。
③ 元好问:《中州集》甲集第一《蔡太常珪》,北京:中华书局,1959年,33页。
④ 脱脱等:《金史》卷一二五《文艺上》,北京:中华书局,1975年,2713页。

的宗室贵戚、僧道、伶人、百工技艺与杂技艺人,"无虑十余万",还有此前被扣押的北宋使臣,降金的辽宋官僚与众多儒生。其中,"取秦桧及太学生三十人,博士正录十员"①,"详通经教德行僧数十人,待遇甚厚"。②

这些汉族文人学者及众多的具有阅读能力的各层次、各类型人群是金阅读活动的引导者和推动者,也是数量最多、最基本的读者队伍。在金官方尊孔崇儒、积极学习汉文化的号召下,在对汉族文士"皆见礼遇""待遇甚厚"的鼓舞下,金之文治日盛,阅读活动繁荣。

众多的文人学者既是阅读活动发展与繁荣的推动者,也是阅读活动发展与繁荣所产生的必然结果。金源文人学者辈出,仅就元好问《中州集》而言,榜上有名者就有249人之多。而且凡当时在世者还不在收录之范围,可见金有影响的学者当远不止这些。文人学者之众,其文献生产量也大;文献生产量之大,则反映出读者人数之多。何况阅读是一种默默无闻的独自行为,不像为文作诗那样唯恐不能传世,而易于为人所知。所以,一个阅读繁荣的社会,优秀的读者必然是数不胜数、难以统计的。

文人学者是一个时代文化发展水平的标志,他们的言行说明和显示着文化的存在和影响力。总结和探讨一个时代文人、学者们的阅读经历、创作风格、理论观点、学术渊源及其代表性著述:一方面是在探讨他们的知识传承、思想来源及由此反映出的一个时代(特别是在读书治学只是上层贵族或少数人行为的古代)文化精英乃至整个社会的阅读观念、阅读范围、阅读阐释特点以及知识传承结构和社会思潮;另一方面,他们的著述及其传播也反映了当时知识文化和教育界的阅读走向乃至生存状态。

---

① 李心传:《建炎以来系年要录》卷二,丛书集成初编,北京:中华书局,1985年,53页。
② 李心传:《建炎以来系年要录》卷二,丛书集成初编,北京:中华书局,1985年,55页。

二、著名文人学士的阅读活动

1. "读书未尝去手"的辽文士韩昉

《金史》曰:"太祖既兴,得辽旧人用之,使介往复,其言已文。"①这里所说的"辽旧人"就是指以韩昉为代表的辽文士。清代学者庄仲方在其《金文雅·序》中说:"金初无文字也,自太祖得辽人韩昉而言始文。"②由此可见,韩昉亦是金阅读与写作的奠基者。

韩昉(1082—1149),字公美,燕京(今北京)人,累世通显。虽五岁丧父,但勤奋好学,刻苦读书,于辽天祚帝天庆二年(1112)中进士第一,并仕辽。入金后,官至宰相,并长期得到金重用。作为一个"深明治道"的地主知识分子,他积极支持女真政权,推行文治,传播汉文化。"太宗初即位,复进士举,而韩昉辈皆在朝廷,文学之士稍拔擢用之。"③金熙宗时期,他与宇文虚中等其他汉族知识分子,参与制定礼仪制度,编修国史,撰写诏册、碑文,所作《太祖睿德神功碑》为"当世所称之"。作为"国中读书知古今者",韩昉出使高丽时,深受高丽人尊敬,以至后来每有"高丽使者至必问昉安否云"。④

韩昉对金阅读的最大贡献是,他指导和教授女真贵族学习汉文化,阅读汉文典籍,在培养女真汉文读者、传播汉文化、引领女真汉文阅读风气等方面发挥了积极作用。如金熙宗自幼跟随韩昉学习汉文化,衣儒服,行汉礼,读儒书,写汉字,吟诗作赋,"宛如一汉家少年"。

韩昉秉性仁厚,待物甚宽。而且他不像许多读书人进士及第做官后,就不再下功夫读书学习,把主要精力用于官场周旋,致使学问荒废。他虽身为高官,地位显赫,但能够"读书未尝去手"。所以《金史》

---

① 脱脱等:《金史》卷一二五《文艺上》,北京:中华书局,1975年,2713页。
② 庄仲方:《金文雅·序》,见《金文雅》卷首,江苏书局重刻本,1891年。
③ 脱脱等:《金史》卷六十六《始祖以下诸子》,北京:中华书局,1975年,1558页。
④ 脱脱等:《金史》卷一二五《文艺上》,北京:中华书局,1975年,2714—2715页。

赞曰:"韩昉、吴激,楚材而晋用之,亦足为一代之文矣。"①

2.因藏书蒙祸的宇文虚中

元好问在《中州集》中说:"国初文士,如宇文大学、蔡丞相、吴深州之等,不可不谓之豪杰之士。"②然而,就是这位豪杰之士却因藏书之罪被金廷所杀害,成为金阅读史上一件骇人听闻的事件。

宇文虚中(1079—1146),字叔通,成都华阳人,初仕宋,官至资政殿大学士。天会六年(1128),以祈请使赴金,被金扣留。其时,正值金开始建立制度,推行文治。金廷颇慕虚中之才学,所以加以官爵至礼部尚书、翰林学士承旨,之后他曾一度与韩昉等人主持金之文坛。

宇文虚中饱读经史,工诗善文,才华出众。他在金时虽得到了女真人的尊重和重用,但他孤高自傲,不愿媚事新朝,并将这种思想和态度反映在其作品中,如《岁寒堂》云:"不随风月媚,肯受雪霜侵。"③而且,因他看不起女真人,所以他"恃才轻肆,好讥讪,凡见女真人辄以矿卤目之,贵人达官往往积不能平"④。因此,他更引起了女真人的忌恨。于是一些女真官员以其所藏图书为罪证,告他通敌,欲治其死罪。对此,宇文虚中说:"死自吾分。至于图籍,南来士大夫家家有之,高士谈图书尤多于我家,岂亦反耶。"⑤结果,他与高士谈一起被金廷杀害。由此可见,金当时虽然重视文化建设,礼遇知名文士,但对于私藏中原图书,却悬为厉禁,认为是反侧、通敌行为。这件以藏书而蒙祸的冤案,是金阅读史上的奇耻大辱。

3.博览群籍、求异善辨的蔡珪

宇文虚中虽是金初文化界的豪杰之士,是汉族读者的杰出代表,

---

① 脱脱等:《金史》卷一二六《文艺下》,北京:中华书局,1975年,2743页。
② 元好问:《中州集》甲集第一《蔡太常珪》,北京:中华书局,1959年,33页。
③ 宇文虚中:《岁寒堂》,见元好问《中州集》甲集第一,北京:中华书局,1959年,6页。
④ 脱脱等:《金史》卷七十九《宇文虚中传》,北京:中华书局,1975年,1792页。
⑤ 脱脱等:《金史》卷七十九《宇文虚中传》,北京:中华书局,1975年,1792页。

对金初的阅读活动发展起了重要的作用,但他是宋朝培养的儒士,主要继承的是北宋文人的儒学阅读传统。所以他不仅在文学创作上"难以国朝文派论之",就是在阅读上也不能反映出金文人所具有的面貌。而蔡珪以后的文人就不同了,虽然他们读的是传统的儒家典籍,接受的是中原汉文化的熏陶,受到了宋文化的强烈影响,但他们是金自己培养的文人,是在金特定的政治、经济和文化环境中产生的学者。所以元好问在《中州集》中说:"断自正甫(蔡珪)为正传之宗。"①清代学者庄仲方也说:"至蔡珪传其父松年,家学遂开金代文章正宗。"②

蔡珪(? —1174),字正甫,其父蔡松年为金初随父降金的另一位文坛豪杰之士,文词清丽,尤工乐府,与吴激齐名,时号"吴、蔡体"。在其家庭环境影响下,蔡珪自幼吟诗读文,日授数千言。"七岁赋菊诗,语意惊人。"进士擢第后,不赴选调,仍专心于读书问学,特别是专"求未见书读之"。由于博极群书,好读善思,以至"其辨博为天下第一"。他读书既博,著述也丰,主要著述有《续欧阳文忠公集录金石遗文》六十卷、《古器类编》三十卷、《补南北史志书》六十卷、《水经补亡》四十篇、《晋阳志》十二卷、《金石遗文跋尾》十卷、《燕王墓辨》一卷。③ 另有《文集》五十五卷。④

4. 善于批评,不为章句所困的王若虚

王若虚(1174—1243),字从之,藁城(今河北石家庄市附近)人,承安二年(1197)经义进士。"幼颖悟,若夙昔在文字间者。"⑤少时跟随其舅父(著名学者周昂)和刘正甫读书学习,深受其影响。如周昂曾教之曰:"文章工于外而拙于内者,可以惊四筵而不可以适独坐,可以取

---

① 元好问:《中州集》甲集第一《蔡太常珪》,北京:中华书局,1959年,33页。
② 庄仲方:《金文雅·序》,见《金文雅》卷首,江苏书局重刻本,1891年。
③ 元好问:《中州集》甲集第一《蔡太常珪》,北京:中华书局,1959年,33页。
④ 脱脱等:《金史》卷一二五《文艺上》,北京:中华书局,1975年,2718页。
⑤ 脱脱等:《金史》卷一二六《文艺下》,北京:中华书局,1975年,2737页。

口称而不可以得首肯。"①如此等等,得其议论颇多。王若虚勤读善思,博学强记,诵古诗至万余首。文章亦为称是,善持论。谈辩锋起,时人莫能抗,为名流所推服。关于他读书治学的特点和贡献,元好问评论道:

> 学无不通,而不为章句所囿,颇讥宋儒经学以旁牵远引为夸,而史学以探赜幽隐为功。……战国诸子之杂说寓言,汉儒之繁文末节,近世士大夫,参之以禅机玄学,欲圣贤之实不隐,难矣。经解不善张九成,史例不取宋子京,诗不爱黄鲁直,著论评之,凡数百条。世以刘子玄《史通》比之。为人强记默识,诵古诗至万余首,他文称是。文以欧、苏为正脉,诗学白乐天。作虽不多而颇能似之。②

他是一个善于批评,长于辨惑的学者。他在所著《论语辨惑》《孟子辨惑》及《史记辨惑》中,除北宋的二程、王安石外,对南宋的张九成、张栻、林之奇以及朱熹都给予了批评。在《史记辨惑》中,他对司马迁大肆攻击。此外,他还批评司马光对曹操所下的结论是"失言之罪,万古不磨"③。显然,在阅读史上,只有王若虚的这种善于思考,敢于批评,不为已有结论所囿的良好学风,才能使知识进化、学问增长,才能使人类的思想文化在读书治学的漫长历史中逐渐丰富起来。当然,这除了反映出王若虚作为一个学者型的读者,读书之精深外,也反映出金当时的思想自由和学术繁荣的社会面貌。

5. 将儒、释、道学而贯通的李纯甫

在金末出现的综合儒、释、道三教学说的学者中,李纯甫最为杰

---

① 脱脱等:《金史》卷一二六《文艺下》,北京:中华书局,1975年,2730页。
② 元好问:《遗山先生文集》卷十九《内翰王公墓表》,上海:商务印书馆,1937年,263页。
③ 王若虚:《滹南遗老集》卷三十《议论辨惑》,四部丛刊集部,3页。

出。李纯甫(1177—1223),字之纯,号屏山居士,弘州襄阴(今河北阳原县)人。出身于读书世家,祖父安上,曾为西京进士第一。"幼颖悟异常,初业词赋,及读《左氏春秋》,大爱之,遂更为经义学。擢承安二年经义进士。为文法庄周、列御寇、左氏、《战国策》,后进多宗之。"① 诗学卢仝、李贺,晚年更喜杨万里诗,曰:"活泼刺底,人难及也。"② 李纯甫于书无所不读,30岁后,喜欢读佛书,并能悉其精微。后又专心于道学书籍,亦深得其旨。他的这种由儒而佛,由佛而道,晚年更喜佛学的阅读和治学特点,反映了其学术思想及世界观和人生观的发展变化过程。诚如他的自述:

> 屏山居士,儒家子也。始知读书,学赋以嗣家门;学大义以业科举。又学诗以道意,学议论以见志,学古文以得虚名。颇喜史学,求经济之术;深爱经学,穷理性之说。偶于玄学似有所得,遂于佛学亦有所入。学至于佛则无可学者,乃知佛即圣人,圣人非佛;西方有中国之书,中国无西方之书也。③

李纯甫为人聪敏,年少时恃才自负,认为功名利禄俯拾可得,常以诸葛亮、王景略自期。中年后,自觉其道不能行,益纵酒自放,而无仕意。后归隐山林,日与禅僧、士子游,以读书、作文、饮酒为事。啸歌狙狯,出礼法外,或饮数月不醒。只要有人备酒招呼,不择贵贱必往,往则必醉。虽然常常沉醉,但从未停止读书与写作。至于谈笑怒骂,灿然皆成文理。晚年倾力探讨佛学之奥义。将所著文章分为两类:凡探讨性理及佛道二家者称为"内藁",其余应物文字如碑志、诗赋称为"外藁",盖拟自《庄子》内外篇也。其中有疏解《楞严》《金刚经》《老子》《庄

---

① 脱脱等:《金史》卷一二六《文艺下》,北京:中华书局,1975年,2734页。
② 刘祁:《归潜志》卷八,北京:中华书局,1983年,87页。
③ 刘祁:《归潜志》卷一,北京:中华书局,1983年,7页。

子》的文字,还著有《中庸集解》《鸣道集解》,"号为《中国心学西方文教》,数十万言。尝曰:'自庄周后,惟王绩、元结、郑厚与吾。'"①由此可见,他们都是李纯甫所崇敬与学习的作家和学者。

6. 贫而有志、发愤读书的雷渊

御史雷渊(1184—1231),字希颜,一字季默,山西浑源县人。三岁丧父,七岁养于诸兄。因庶出,年最幼,为诸兄不齿。年十四五,生活贫穷,没有依靠,乃发愤读书,以孤童入太学。其间,更是昼夜苦读,乃至衣破履穿,坐榻无席,仍然光脚坐立,专心阅读,甚至不迎送宾客,人皆以为其傲慢。其友商衡经常为他辩解,并周济他。不到二十岁时,便来往于公卿间,太学中的师生没有人敢与他论辩。后从李之纯游学,遂知名。登至宁元年(1213)词赋进士,历任监察御史、太学博士、户籍判官等。为官期间,深得军民信赖,曾有画像于闾巷间。随金廷南迁后,学益博,文益奇,名益重。而且,喜结交,当途贵要、名士布衣无不往来,常常宾客盈门,高朋满座。虽家无余赀,接待宾客,却往往倾其所有。可谓仗义疏财,古道热肠。他博学精研,勤奋善思,对《易经》颇有见解,所注《易》流传于世。他为文法韩昌黎,长于叙事;诗学苏东坡、黄山谷,以喜新奇最为见称。其《云卿父子有宛丘之行》诗云:

> 汉庭议论学,倾耳待歆向。
> 君家贤父子,千载蔚相望。
> 读书二十年,闭户自师匠。
> 异端绌偏杂,陈言刊猥酿。
> 刚全百炼余,气出诸老上。
> 颓风正波靡,去去作堤障。②

---

① 刘祁:《归潜志》卷一,北京:中华书局,1983年,7页。
② 雷渊:《云卿父子有宛丘之行,作二诗为饯》,见元好问《中州集》己集第六,北京:中华书局,1959年,314页。

作者在诗中称赞了汉代刘向、刘歆父子的学问品德,总结了自己读书为人的经历和志向,并表达了对当时社会的不满。从这里可看出他对刘向、刘歆父子的推崇,也可窥见他对有关汉代史籍的偏爱及其对他产生的影响。由于他读书之勤,而深受其益,所以他告诫他的朋友聂元吉:"读书大可益人,宜勤讲学。"①

7. 孜孜执卷、至老不衰的文坛宗主赵秉文

赵秉文(1159—1232),字周臣,磁州滏阳(今河北磁县)人,自幼聪慧颖悟,好读书,成习惯。大定二十五年(1185)进士,历仕五朝,官至六卿,前后主文坛达四十年,是金源文坛上最重要的一位人物。晚年以禅语自喻,自号闲闲。所著有《滏水集》三十卷。赵秉文酷嗜学,自幼至老未尝一日废书,后两目颇昏,犹孜孜执卷抄录。他读书既广,收藏也富,上至"六经",外至浮屠、庄老、医药丹诀,无不究心。他在文学、历史、哲学乃至书画诸方面均有造诣,与杨云翼共掌金文柄,时人号"杨赵",并称金士人之巨擘,"其文墨论议以及政事皆有足传"②。

在文学方面,赵秉文堪称金文坛一代大家。他在金的地位如同欧阳修在北宋,成为一代宗主。赵秉文文宗欧阳修、苏轼,文尚平易,主集成。论说之文"长于辨析,极所欲言而止,不以绳墨自拘。七言长诗笔势纵放不拘一律,律诗壮丽,小诗精绝多以近体为之,至五言古诗则沉郁顿挫。字画则草书尤遒劲"③。

在史学方面,赵秉文与杨云翼于正大年间共同著有《龟鉴万年录》。出于给皇帝讲读经史的需要,他与杨云翼一起集历史上安邦治国之术,编为《君臣政要》一书进献皇上。此外,他还著有《魏晋正名论》《蜀汉正名论》等史学论著。

---

① 刘祁:《归潜志》卷一,北京:中华书局,1983年,10页。
② 脱脱等:《金史》卷一一〇《赵秉文传》,北京:中华书局,1975年,2429页。
③ 脱脱等:《金史》卷一一〇《赵秉文传》,北京:中华书局,1975年,2428—2429页。

在哲学方面,赵秉文堪称金最有影响和代表性的思想家。儒家思想是金统治者尊崇的基本思想。当时的儒学和儒者虽为金所崇尚,但还没有出现"专门名家之学"①。此外,庄老之学,特别是法家刑名之学,亦得到了广泛流传和运用。在这样的思想文化背景下,饱读"四书五经",自幼颇受儒家思想浸润的赵秉文当之无愧地成为金最有影响和代表性的思想家。在此方面,赵秉文亦著述颇丰。其主要著作有《易丛说》十卷、《中庸说》一卷、《杨子发微》一卷、《太玄笺赞》一卷、《文中子类说》一卷、《南华略释》一卷、《列子补注》一卷、《论语解》和《孟子解》各十卷、《资暇录》十五卷。现存能反映其思想的有《原教》《性道教说》《中说》《诚说》《庸说》《和说》《道学发微序》《笺太元赞序》等篇。

赵秉文思想源于韩愈的道学,出自二程的理学。他提倡和尊崇孔、孟之道,欲做韩愈第二。对此,杨云翼在《闲闲老人滏水文集·引》中评价道:"盖其学一归诸孔孟,而异端不杂焉,故能至到如此。所谓儒之正理之主尽在是矣。天下学者景附风靡,知所适从,虽有狂澜横流障而东之,其有功吾道也,大矣。"②赵秉文哲学思想的核心是道学,即天道、天理之学。他把"君臣、父子、夫妇、朋友"同他的"道"结合起来,并认为此道之行在于诚。诚是最重要的,"而诚由学始,博学、审问、慎思、明辨、力行五者,所以学夫诚也"③。

赵秉文之所以能够成为金思想、文化领域中的一代宿儒,士人之巨擘,是因为他在读书治学中一贯主张博采众家,然后成一家之言。他在《答李天英书》中说:"故为文当师六经、左丘明、庄周、太史公、贾谊、刘向、扬雄、韩愈;为诗当师三百篇、离骚、文选、古诗十九首,下及李杜;学书当师三代金石、钟、王、欧、虞、颜、柳,尽得诸人所长,然后卓

---

① 脱脱等:《金史》卷一二五《文艺上》,北京:中华书局,1975年,2713页。
② 杨云翼:《闲闲老人滏水文集·引》,见赵秉文《闲闲老人滏水文集》卷首,四部丛刊集部,1页。
③ 赵秉文:《闲闲老人滏水文集》卷一《诚说》,四部丛刊集部,8页。

然自成一家。"①这是他博览群书、贯通古今所得出的结论,也是他对读书历程的总结。正是他的这种读书主张和治学经历使他能够卓然自成一家,从而开创并引领着金后期的读书治学之风,成为金学术和阅读史上的一位承前启后的大家。元好问在为其写的墓志铭中说:"若夫不溺于时俗,不泊于利禄,慨然以道德仁义性命祸福之学自任。沉潜乎六经,从容乎百家。幼而壮,壮而老,怡然焕然。之死而后已者,惟我闲闲公一人。"②

8. 学问博洽、著述宏富的杨云翼

杨云翼(1170—1228),字之美,乐平(今山西昔阳)人。明昌五年(1194)经义进士第一,词赋亦中乙科。天资颖悟,初学语就能画地作字,日诵数千言。博通经传,读书甚广,天文、历法、医卜之学无所不通,且多有所创。宣宗时,历任吏部尚书、御史中丞。哀宗即位,摄太常卿,拜翰林学士。南渡后二十年,与赵秉文共掌文坛,时人号称"杨赵"。所著文集若干卷,编校《大金礼仪》《续通鉴》《周礼辨》《左传》《庄子》《列赋》《五星聚井辨》《县象赋》《勾股机要》《象数杂说》等著,与赵秉文合著有《龟鉴万年录》《君臣政要》等。此外,他还为尚书省修订《太乙新历》,指误二十余条,为历学家所称道。由此可见杨云翼读书之广,学问之博,著述之丰,为金文人学者之杰出代表,既是文坛大家,又是读书治学之风的引领者。他曾有一首五言长诗,是继赵秉文的一首《题李平甫为裕之画系舟山图》诗而作的。诗中赞扬了元好问的读书治学精神和成就,并抒发了自己对读书治学的感受。诗的前几句云:

名利走朝市,山居良独难。
况复山中人,读书不求官。

---

① 赵秉文:《闲闲老人滏水文集》卷十九《答李天英书》,四部丛刊集部,3页。
② 元好问:《遗山先生文集》卷十六《闲闲公墓铭》,上海:商务印书馆,1937年,231页。

> 东岩有佳致,书室方丈宽。
> 彼美元夫子,学道如观澜。
> 孔孟泽有余,曾颜膏未残。
> 向来种德深,直与山根蟠。
> 之子起其门,孤凤骞羽翰。①

9. 闭门读书、覃思古学的王郁

王郁(1204—1236),字飞伯,大兴府(今北京西南大兴区)人,少居钧台(今河南禹州市南),闭门读书,不接人事数载。为文法柳宗元,闳肆奇古,动辄数千言。诗歌俊逸,有太白气象。王郁祖上世代为官,家素富,资累千金。十八岁时,父去世,又遭动乱,家产荡散无几。王郁对此殊不为意,而是更加发愤读书,专心向学。其时,学者们唯事科举时文,写作、阅读颇受束缚。而王郁为文,一扫积弊,专法古人。受到著名学者麻九畴赞赏后,王郁更加潜心读书写作,少与外界接触。翰林学士李钦叔路过钧台看到王郁所著的《伤鲁麟》《导怀》等赋和《杨孝童碑》及《王梦祥哀辞》后,大为惊奇,誊抄后,遂荐之于学界,于是王郁名满天下。自此,他便离开钧台,游学四方,后又隐居陉山,读书述作,覃思古学。

正大五年(1228),二十五岁的王郁游学京师,王公贵戚、学界名流争相与之相识,宰相闻其名亦将所作文章荐于王郁。密国公完颜璹和赵秉文二位朝廷元老、文坛大家亦皆致礼于王郁,成为好友。正大六年(1229),王郁举进士不第后,西游洛阳,放怀诗酒,尽山水之欢。他在读书之余,亦善议论。关于读书治学,他认为孔子之学能兼佛、道二学,但有许多从事于孔子心学者,只能言而不能行,即使能行,又皆

---

① 杨云翼:《李平甫为裕之画系舟山图》,见元好问《中州集》丁集第四,北京:中华书局,1959年,219页。

执于一隅,不能周遍。关于经学,他认为宋儒见解最高,而东汉之传注,往往使人蹈袭前人,失去天然之智识,也不能达到经世实用之目的。他认为近代文章"为习俗所蠹,不能澽洗其陋,非有绝世之人奋然以古作者自任,不能唱起斯文"。所以,他认为作文只有"取韩柳之辞,程、张之理,合而为一,方尽天下之妙"。关于诗的阅读和写作,他认为"世人皆知作诗,而未尝有知学诗者,故其诗皆不足观。诗学当自三百篇始,其次《离骚》、汉魏六朝、唐人,近皆置之不论,盖以尖慢浮杂,无复古体"。① 这些论断既反映了他的学术思想,又代表着他的阅读观点。而且,从王郁的阅读经历以及社会交往和影响程度来看,他的这些论断在当时应有相当的代表性和影响力。

10. 平生不为科举计的平民学者辛愿

获取功利固然会成为很多人读书的目的和动机。但任何一个时代都有无数的不为获取功利而苦读求学者。特别是在一个文化繁荣的社会里,这样的读书人应该更多。实际上,人类社会的文化积累和创新主要依靠的就是这样的读者。

辛愿,生卒年不详,字敬之,福昌(今河南宜阳县西)人,因居住在县西南的女几山下,父亲以种田为业,所以他自号女几野人。年二十五始知读书,曾取白居易《讽谏集》自试,一日便能背诵。于是聚书环堵中读之,"《书》至伊训,《诗》至河广,颇若有所省。欲罢不能,因更致力焉。音义有不通者,搜访百至,必通而后已。有一事阙十年者,由是博极群书。于三传为尤精,至于内典,亦称该洽。杜诗韩笔,未尝一日去其手"②。喜作诗,五言尤工,颇有少陵句法。平生不为科举计,且未尝至京师。为人质古,不娴世事,麻衣草履,或倚杖读书,虽让人觉得奇怪,但他从不在乎,可谓中州一逸士。他曾与王郁说:"王侯将相,

---

① 刘祁:《归潜志》卷三,北京:中华书局,1983年,22—25页。
② 元好问:《中州集》癸集第十《溪南诗老辛愿》,北京:中华书局,1959年,484页。

世所共嗜者,圣人有以得之亦不避。得之不以道,与夫居之不能行己之志,是欲澡其身而伏于厕也。此言他人难闻,子宜保之。"①由此可见其志趣。

由于生活贫困,难以温饱,朋友刘祁曾赠其一笔生活费用。他用所赠买了一头牛,让他的儿子耕田以自给。他居住在女几山下,往来长水、永宁间,唯以吟咏讲诵为事,朝内的士大夫们都想与他交往,而不能如愿。

由于他能苦读深研,所以他对读书治学能够业专而心通,而且敢以是非白黑自任。如他"每读到当朝作家刘景玄、赵宜之、雷希颜、李钦叔、张仲经、杜仲梁、王仲泽、麻知几诸人之诗时,必为之探源委,发凡例,解络脉,审音节,辨清浊,权轻重,片善不掩,微颣必指,如老吏断狱。文峻纲密,丝毫不相贷。如衲僧得正法眼,征诘开示,几于截断众流。人有难之者,则曰:'我虽不解书,晓书莫如我。'"②关于他对学界不务实之风决不姑息的态度,人们往往一开始是怒骂,然后是怀疑,最后是信服。对于他的学问和才华,元好问说:"士之有所立,必藉国家教养,父兄渊源,师友讲习,三者备而后可。"而"盖不本于教育,不阶于讲习,不出于父兄,而卓然成就如此,然则若吾敬之者,真特立之士哉"。③ 辛愿是金平民中那些完全靠自己苦读精研、学有所成的读者中的杰出代表。其安贫乐道、特立独行,以追求真善美为己任的人生志趣和读书特点亦是中国古代读书人的代表。

11. 以遇良友、读异书为平生之乐的史学家刘祁

在为数不多的金史料中,刘祁的《归潜志》以其记载可靠翔实为元代及后世史家所珍重。刘祁不仅以其广闻博识,记一代史实为后世所

---

① 刘祁:《归潜志》卷二,北京:中华书局,1983年,15页。
② 元好问:《中州集》癸集第十《溪南诗老辛愿》,北京:中华书局,1959年,486页。
③ 元好问:《中州集》癸集第十《溪南诗老辛愿》,北京:中华书局,1959年,485—486页。

称道,而且其读书之经历和感受亦足为一代之楷模。

刘祁(1203—1250),字京叔,山西浑源人。其父刘从益,大安元年(1209)进士,官至监察御史、应奉翰林文字。博学强记,精于经学。为文长于诗,五言尤工,有《蓬门集》行世。① 刘祁自八岁起随祖父和父亲游宦于南京(今开封),入太学读书,并得从名士大夫问学,饱受教诲和熏染。少长习时文,为科举计,并经常阅读古今文史书籍,览古今成败治乱,慨然有功名心。及举进士不第,益闭门不出,折节读书,"务穷远大,一放意于古人"②。李纯甫、赵秉文、杨云翼、雷渊、王若虚皆交口称誉其为"异才"。刘祁家在淮水之南有田数亩,刘祁春夏去照料耕获,秋冬回南京避乱,并从诸公讲学。父亲去世后,刘祁虽然要经营家事,但读书为文未尝少休。经常有四方朋友来,把酒论文,谈笑连日夕,或留之半月不去。

刘祁说自己"平生有二乐,曰良友,曰异书,每遇之则欣然忘寝食。盖良友则从吾讲学,见吾过失,且笑谈游宴以忘忧。异书则资吾见闻,助吾辞藻,属文著论以有益。彼酒色膏粱如一时浮云,过目竟何所得哉"③。这表明了一个典型读书人的人生观。关于读经,他说:"'六经'中莫难穷者《易》,莫难断者《春秋》,故予三十而学《春秋》,以其壮而立志也。四十而学《易》,以长而多练事也。"④除了阅读经史、文学书籍外,他由于自幼多病,所以对医书也颇有涉猎,曾抄录《本草》一帙,辨药性大纲。他认为此书通天地间玉石、草木、禽兽、虫鱼万物性味,儒者不可不知。而且饮食、服饵、禁忌不可不察,也是需要穷理的事情。后来他又在赵秉文家见到《素问》善本,书上还有赵秉文的标注,于是"夤缘一读,深有所得"⑤。

---

① 脱脱等:《金史》卷一二六《文艺下》,北京:中华书局,1975年,2734页。
② 刘祁:《归潜志·诸跋》,北京:中华书局,1983年,194页。
③ 刘祁:《归潜志》卷十三,北京:中华书局,1983年,145页。
④ 刘祁:《归潜志》卷十三,北京:中华书局,1983年,146页。
⑤ 刘祁:《归潜志》卷十三《书证类本草后》,北京:中华书局,1983年,156页。

刘祁读书广博,著述也富,"文章议论粹然一出于正"①,曾有《神川遁士集》《处言》《归潜志》行世。其中的《归潜志》是他在南京被元兵包围,历尽艰辛,辗转两千里回到故乡后,有感于"昔所与交游皆一代伟人,人虽物故,其言论、谈笑,想之犹在目。且其所闻所见可以劝戒规鉴者,不可使湮没无传"而写,意在"异时作史,亦或有取焉"。②"归潜"是刘祁所居堂之名,"潜"即"隐",意思是他自南方回到家乡,隐居在这里,静心读书写作。对此间的隐居生活,他描述道:"每居室中,焚香一炷,置笔砚楮墨几上。书数卷,偃息啸歌。起望山光,寻味道腴,为终日乐,虽弊衣恶食不知也。"③这真是一幅如梦如幻、如道如仙的生活图景。他还有诗句云:"二陆归来乐有真,一堂栖隐静无尘。诗书足以教稚子,鸡黍犹能劳故人。"④"岁月杯中物,生涯几上书。潜中有真趣,吾亦爱吾庐。"⑤诗中表达了他对读书写作、隐逸闲适生活的追求。又有歌曰:"岂敢与俱兮,惟兹一堂。有琴有书兮,学其所不知。求进于圣途兮,潜乎!潜乎!亦可以为娱兮。"⑥

12. 淹贯经史百家、集金源文化之大成的元好问

著名的金文学家、史学家元好问(1190—1257),字裕之,系出拓拔魏,太原秀容人,为金源文化之集大成者。其父元德明,"自幼嗜读书,口不言世俗鄙事,乐易无畦畛,布衣蔬食,处之自若,家人不敢以生理累之。累举不第,放浪山水间,饮酒赋诗以自适……年四十八卒。有《东岩集》三卷"⑦。受家学影响,元好问四岁始读书,七岁能作诗,十四岁时,从名儒郝天挺学。郝天挺,字晋卿,泽州陵川人,学问赅博,厌

---

① 刘祁:《归潜志·诸跋》,北京:中华书局,1983年,194页。
② 刘祁:《归潜志·序》,北京:中华书局,1983年,1页。
③ 刘祁:《归潜志》卷十四《归潜堂记》,北京:中华书局,1983年,172页。
④ 刘祁:《归潜志》卷十四《仰山性英粹中》,北京:中华书局,1983年,177页。
⑤ 刘祁:《归潜志》卷十四《析津李惟寅舜臣》,北京:中华书局,1983年,178页。
⑥ 刘祁:《归潜志》卷十四《归潜堂记》,北京:中华书局,1983年,173页。
⑦ 脱脱等:《金史》卷一二六《文艺下》,北京:中华书局,1975年,2742页。

于科举。他对元好问说:"今人赋学以速售为功,六经百家分磔缉缀,或篇章句读不之知,幸而得之,不免为庸人。"又说:"读书不为艺文,选官不为利养,唯通人能之。""今之仕多以贪败,皆苦饥寒不能自持耳。丈夫不耐饥寒,一事不可为。子以吾言求之,科举在其中矣。"①这些教导对元好问影响甚深,他虽然不事举业,但经过六年苦读,已淹贯经史百家。之后,他下太行,渡大河,作《箕山》《琴台》等诗,赵秉文见后,以为近代无此佳作,遂名震京师。因此,他就以诗文俱佳,新意特出,蔚为一代宗匠。有诗文若干卷、《杜诗学》一卷、《东坡诗雅》三卷、《锦机》一卷、《诗文自警》十卷。②

《元遗山先生集》内页

元好问"晚年尤以著作自任,以金源氏有天下,典章法度几及汉、唐,国亡史作,已所当任",并说:"不可令一代之迹泯而不传。"于是,"构亭于家,著述其上,因名曰'野史'"。③ 今传有《中州集》及《壬辰杂编》若干卷。

《中州集》为有金一代的诗词选集,收录了 249 位作者,凡 2259 首诗词,并且每个作者都有小传。元好问编此文集的目的在于保存金源一代文献,并实现其"以诗存史"的愿望。它不仅保存了金的诗词作品,而且保存了大量的史料,不仅具有文学价值,还具有史学价值。有金一代"其人文之可考者,犹赖此两书(《中州集》和《归潜志》)之存也"。从阅读史的角度看,它至少能提供这样一些信息。第一,它所记

---

① 脱脱等:《金史》卷一二七《隐逸》,北京:中华书局,1975 年,2750 页。
② 脱脱等:《金史》卷一二六《文艺下》,北京:中华书局,1975 年,2742 页。
③ 脱脱等:《金史》卷一二六《文艺下》,北京:中华书局,1975 年,2743 页。

述的这些人物的生平事迹也可看作是一部金文人阅读史。第二，它所记录的这些诗词作品，反映了有金一代诗词创作之盛，更不用说还有许多金末期的作家未被收入。而诗词创作之盛，也反映了诗词阅读之盛。因为只有诗词阅读之盛，才能有诗词创作之盛。没有阅读，就无从谈起创作活动。第三，《中州集》所反映的诗词创作盛况也说明，金既是一个文学繁荣、文化发达、文人学士辈出的时代，也是一个继承了中原文化传统，有着浓厚的读书氛围的时代。

元好问能够淹贯经传百家，学问博洽，著述甚丰，与其家学渊源、藏书之富有着密切的关系。关于此，他曾说："余家所藏书，宋元祐以前物也。……贞祐丙子之兵，藏书壁间得存。兵退，余将奉先夫人南渡河，举而付之太原亲旧家。自余杂书，及先人手写《春秋》《三史》《庄子》《文选》之等，尚千余册，并画百轴，载二鹿车自随。……住在乡里，常侍诸父及两兄燕谈。每及家所有书，则必枚举而问之，如曰某书买于某处，所传之何人，藏之者几何年，则欣然志之。今虽散亡，其缀缉装褙签题印识，犹梦寐见之。"①由此可见，元好问爱书之甚，怀书之切，也足见元好问既是金源一代文学和史学大家，也是藏书家中之杰出代表。

青年时期的元好问曾居系舟山（今太原市北）东岩读书。在这里，他博览群籍，打下了深厚的文史基础。对此，赵秉文曾有诗云：

> 山头佛屋五三间，
> 山势相连石岭关。
> 名字不经从我改，
> 便称元子读书山。②

---

① 元好问：《遗山先生文集》卷三十九《故物谱》，上海：商务印书馆，1937年，535—536页。
② 赵秉文：《系舟山图裕之》，见元好问《遗山先生文集》附录，上海：商务印书馆，1937年，561页。

三、其他文人学士的阅读活动及其特点

除上面所列举的一些著名的文人学者外,史料所记载的金其他汉族文人学士及一般读者的阅读事迹亦洋洋可观,数不胜数。这里将他们大概归纳并略举数例以窥见一斑。

如前所述,由辽入金的文士是金阅读的奠基者和开拓者之一,其中如:张通古,字乐之,易州易县人,读书过目不忘,该综经史,善属文。辽天庆二年(1112)进士,补枢密院令史。① 范承吉,字宠之,好学问,虽避地,但未尝废书。天庆八年(1118)进士。天会五年(1127)宗翰克宋,"所得金珠承吉司其出入,无毫发欺,及还,辎车载书史而已"②。左企弓,字君材,蓟州人,辽进士。通《左氏春秋》,曾向太祖阿骨打献诗:"君王莫听捐燕议,一寸山河一寸金。"以阻止金宋结成联盟,促使其继续南下攻宋。其长子左泌"性夷澹,好读《庄》《老》",也曾仕辽,官至棣州刺史,后从父归金。左企弓孙左光庆,好古,读书识大义,喜欢作诗,善书篆隶体,尤工大字。③ 韩企先,燕京人,辽乾统间进士。"博通经史,知前代故事"。金世宗赞扬他说,"本朝典章制度多出斯人之手","前后汉人宰相无能及者"。④ 程寀,燕京析津(今北京大兴区)人。祖程冀仕辽广德军节度使,凡六男,父子皆擢科第,士人称其家为"程一举"。程寀自幼如成人,及冠,好学精研,中进士甲科,官至殿中丞。他"刚直耿介,不谄奉权贵以希苟进,有古君子之风"。熙宗时,程寀上疏言事,其中在谈到加谥号的问题时说:"臣伏读唐史,追尊高祖以下,谥号或加至十八字。"⑤由此可见,这些辽士以其好读精思,学问

---

① 脱脱等:《金史》卷八十三《张通古传》,北京:中华书局,1975年,1859页。
② 脱脱等:《金史》卷一二八《循吏》,北京:中华书局,1975年,2759页。
③ 脱脱等:《金史》卷七十五《左泌传》,北京:中华书局,1975年,1726—1727页。
④ 脱脱等:《金史》卷七十八《韩企先传》,北京:中华书局,1975年,1778页。
⑤ 脱脱等:《金史》卷一〇五《程寀传》,北京:中华书局,1975年,2307—2310页。

博洽,为金的建立和发展发挥了重要作用。而且,从左企弓和程寀这两个典型的士人家庭中也可看出,辽金时期汉民族"耕读传家,诗书继世"的传统在这些地区亦得到了继承与发扬。

　　读书治学当然不光是贵族、世家子弟的生活,在平民百姓甚至穷困孤贫的人中亦有不少能够刻苦自持,读书不辍,并学有所长者。如时戬,字天保,沧州人。少为人奴,后读书为学,第进士,为人纯厚好学,多读《易》《左氏春秋》。① 贾少冲,通州人。勤学,日诵数千言。虽穷,但拾金不昧。天会年间,金伐宋,征调兵民,少冲代其叔应征,虽在行伍,但未尝释卷。后于天眷二年(1139)中进士。② 刘枢,字居中,通州三河人。少以良家子从军。同辈皆骑射,独枢刻意经史。登天眷二年(1139)进士。③ 梁肃,自幼勤学,夏夜读书往往达旦,母葛氏常灭烛止之,天眷二年(1139),擢进士第。④ 王甫,字用之,通经史,淳质有儒行,亦以知医见称。其妻去世后,不复娶,二子亦无家室。井臼之事,率亲为之。贫居陋巷,破屋萧然,不蔽风雨,而弦诵之声不绝。其子元卿少有逸才,读书有先后,不欲速成。诗文闲适,似其为人。⑤ 王琢,酷嗜读书,往往手自抄写。家素贫乏,而能以刚介自持。⑥ 康锡,师柏乡王翰、周辅,束脩不能备,周辅与诸公共周给之,后擢第。⑦ 张澄,早孤,能自树立,避地洛西,率资无旬日计。而泰然以闭户读书为业,尝从辛敬之、赵宜之讲学,诗名藉甚。⑧ 许安仁,献州交河人。幼孤,能自刻苦读书,善属文,大定七年(1167)进士。⑨ 梁襄,绛州人。少孤,

---

① 刘祁:《归潜志》卷四,北京:中华书局,1983年,41页。
② 脱脱等:《金史》卷九十《贾少冲传》,北京:中华书局,1975年,2000页。
③ 脱脱等:《金史》卷一〇五《刘枢传》,北京:中华书局,1975年,2314页。
④ 脱脱等:《金史》卷八十九《梁肃传》,北京:中华书局,1975年,1981页。
⑤ 元好问:《中州集》庚集第七《王万钟》,北京:中华书局,1959年,370页。
⑥ 元好问:《中州集》庚集第七《姑汾漫士王琢》,北京:中华书局,1959年,341页。
⑦ 元好问:《中州集》辛集第八《康司农锡》,北京:中华书局,1959年,429页。
⑧ 元好问:《中州集》辛集第八《张参议澄》,北京:中华书局,1959年,434页。
⑨ 脱脱等:《金史》卷九十六《许安仁传》,北京:中华书局,1975年,2132页。

养于叔父宁。性颖悟，日记千余言。登大定三年(1163)进士第。长于《春秋左氏传》，至于地理、氏族，无不该贯。著有《谏北幸》。① 景覃，年十八有赋声，后以病不就举，博极群书，有举问者，立诵数百言不休，又从而讲说之。隐居西阳里，以种树为业。落拓嗜酒，醉则浩歌。老不废书，有劝以养目力者，景覃则说："我辈非读书则无所用心，要当死而后已耳。"晚年于《易》有所得。②

从小培养阅读兴趣，养成阅读习惯，打下良好的阅读能力基础，对一个人的成长固然重要，但对许多不具备这样的条件，直到成人后才懂得读书的人来说，如能幡然醒悟，奋起苦读，既能享受到阅读的快乐与幸福，亦能学有所长，有所成就。这种折节读书的精神和经历就显得尤为可贵。如曹望之，天会间，以秀民子选充女真字学生。年十四，业成，除西京教授。"望之初不学，及贵，稍知读书，遂刻苦自致，有诗集三十卷。"③由此可见，他从小学的是女真文，但并没有养成阅读习惯和爱好。到长大做官后，他才懂得了读书的意义，并体会到了它的乐趣。于是他才在处理政事之余，刻苦学习，读书不辍。其阅读学习的成果除体现于其政绩中（任德州、西京留守事期间有惠政，百姓为其立生祠，并有多项改革措施书奏朝廷，而多被采纳）外，还有诗集三十卷。另外，从这点也可看出曹望之对诗文阅读的爱好。毛端卿，二十岁始知读书，游学齐鲁间，备极艰苦，饥冻疾病，不以废业。凡十年，以经义魁东平，泰和三年(1203)擢第。④ 由此可见，他不仅是成人后才懂得读书，而且是在饥寒交迫的生活环境下读书成才的典型。赵滋，"及长，厌于游荡，乃更折节取古人书读之。学书学画学诗学论文，立志既坚，力到便有所得。为人强记默识，不遗微隐，唐以来名人诗文，

---

① 脱脱等：《金史》卷九十六《梁襄传》，北京：中华书局，1975年，2133—2138页。
② 元好问：《中州集》庚集第七《景覃》，北京：中华书局，1959年，348页。
③ 脱脱等：《金史》卷九十二《曹望之传》，北京：中华书局，1975年，2035—2040页。
④ 元好问：《中州集》辛集第八《毛提举端卿》，北京：中华书局，1959年，428页。

往往成诵如目前。考论文义,解析络脉,殆若夙昔在文字间者"①。侯策,少不喜学,斗鸡走狗雄乡里。南渡后,慨然有为学心,与一时名士游,尽绝少年事。喜作诗,刻苦向学,自汉魏六朝、唐宋诸集,无不研究。② 史怀,少游宕不羁,有才思。既壮,乃折节为学,与名士游,作诗甚有功力。③ 此外,还有二十五岁始发奋读书的辛愿,以及年三十始知读书的张潜等。

以读书求得进身之阶,并能入仕得官是无数读书人的人生追求。但每个时代总有一些读书既博、文才也高,而淡泊名利,或不事举业,或及第后不进仕宦的读书人。他们以读书问学为乐,志趣高远,重道尚节。"虽其细民溺于宣政侈靡之习而不能返,至于学士大夫,通经学古,安贫乐道,怀先王之泽,而不为风俗之所夺移者,故未绝也。"④他们虽然是读者群体中的另类,但是文化人中的精英。因为,知识的创造从来都是以思想自由、精神独立、淡泊名利为前提的。

这类读者如董文甫,"承安中进士……资淳质,泊于世味。人知重之,而不知其何所得也。子安仁,亦学道,闲居宝丰。父子闭户读书,朝夕不给,晏如也"⑤。卫文仲,承安中进士,性好淡泊,读书学道,故仕宦不进。平居好歌东坡《赤壁词》,临终诵《赤壁词》,歌罢,怡然而逝。⑥ 王中立,博览强记,问无不知。少日治《易》,有声场屋。年未四十,丧妻不娶,亦不就举,独处一室中如僧。如是三四年乃出,时人觉其谈吐高阔,诗画超绝。⑦ 王玄佐,邃于《易》学,若有神授之,通星历

---

① 元好问:《中州集》癸集第十《赵滋》,北京:中华书局,1959年,525页。
② 刘祁:《归潜志》卷三,北京:中华书局,1983年,21页。
③ 刘祁:《归潜志》卷三,北京:中华书局,1983年,27页。
④ 元好问:《遗山先生文集》卷二十二《奉直赵君墓碣铭》,上海:商务印书馆,1937年,305页。
⑤ 元好问:《续夷坚志》卷一《董国华》,北京:中华书局,1986年,14页。
⑥ 元好问:《续夷坚志》卷一《卫文仲》,北京:中华书局,1986年,14页。
⑦ 元好问:《续夷坚志》卷一《王云鹤》,北京:中华书局,1986年,13页。

纬谶之学。以德行才能召至京师,命以官,不拜。① 赵质,明昌间,章宗游春水,经过其家门,闻弦诵声,幸其斋舍,见壁间所题诗,讽咏久之,赏其志趣不凡。召至行殿,命之官,固辞。章宗益觉惊奇,于是"赐田亩千,复之终身"。② 王碉,博学能文,不就科举,家无甔石之储,晏如也。③ 高宪,世代为官,为著名文人王庭筠外甥,自幼受其熏陶,诗笔字画俱有其风。天资颖悟,博学强记。在太学中,无人敢与抗。泰和三年(1203)乙科登第。"自言于世味澹无所好,唯生死文字间而已。使世有东坡,虽相去万里,亦当往拜之。"④徐世隆,登正大四年(1227)进士第,辟为县令。其父戒世隆曰:"汝年少,学未至,毋急仕进,更当读书,多识往事,以益智识,俟三十入官,未晚也。"世隆遂辞官,益笃于学。⑤ 赵达夫,性嗜书,而不事科举。南渡后,居缑氏山中。安贫守分,故终世穷悴。⑥ 赵端卿,薄于世味,于经学有所得,虽有声场屋间,非其好也。闭门读书,无复仕进意。教诲子弟,以孝弟忠信为根本,身自表率。⑦ 王元节,雅尚气节,不能从俗俯仰,故仕不达。罢官后,闲居乡里,以诗酒自娱。⑧ 此外,这类读者还有冯子翼、边元鼎、崔遵、曹恒等。

与上述这些淡泊世味、不乐仕进的读书人相似的是,一些文人学士遁迹山林或僻居郊野,隐逸高洁,胸怀有志,以读书治学为乐。特别是金廷南渡后,许多士人不能入仕,往往归耕,或教小学养生。故当时有云:"古人谓十年窗下无人问,一举成名天下知。今日一举成名天下

---

① 元好问:《中州集》中州乐府《王玄佐》,北京:中华书局,1959年,567页。
② 脱脱等:《金史》卷一二七《隐逸传》,北京:中华书局,1975年,2749页。
③ 元好问:《中州集》丁集第四《王隐君碉》,北京:中华书局,1959年,196页。
④ 元好问:《中州集》戊集第五《高博州宪》,北京:中华书局,1959年,260页。
⑤ 宋濂等:《元史》卷一六〇《徐世隆传》,北京:中华书局,1976年,3768页。
⑥ 元好问:《中州集》壬集第九《赵达夫》,北京:中华书局,1959年,450页。
⑦ 元好问:《遗山先生文集》卷二十二《奉直赵君墓碣铭》,上海:商务印书馆,1937年,305页。
⑧ 元好问:《中州集》庚集第七《王元节》,北京:中华书局,1959年,345页。

知,十年窗下无人问也。"①由此,他们也成为金阅读活动的一道独特的风景。

这类读者如麻九畴,"南渡后,寓居郾、蔡间,入遂平西山,始以古学自力。博通'五经',于《易》《春秋》为尤长"②。他曾有诗云:"读书空山里,落月低岩幽。山鬼语夜半,怪我非巢由。"③因为他于学也专,所以他所得也深。饥寒劳苦,人所不堪忍受者,他能处之怡然,而从未影响其读书治学。他因此而声名藉甚,世人都想一睹其风采,虽牛童马卒,亦能道其姓名。"九畴初因经义学《易》,后喜邵尧夫《皇极书》,因学算数,又喜卜筮、射覆之术。晚更喜医,与名医张子和游,尽传其学,且为润色其所著书。"④由此可见,麻九畴不仅博通经史,而且对其他杂学亦有涉猎,特别是在医学上也深有造诣。

说到医学阅读,麻九畴的老师张子和曾任太医,精于医术,贯穿《难》《素》之学,特别是对黄帝、岐伯所著的《汗下吐法》用之最精。⑤此外,古代的医者往往也是儒者,他们除阅读医学典籍外,亦涉猎经史、工诗能文。如张子和"颇读书,喜作诗"⑥。还有太医任子山,读书喜杂学,与赵秉文、李纯甫过从甚密。⑦ 而儒者亦往往于经史之外,对医卜岐黄之说无不精究。如元好问家藏有许多医书,而且多出于先世手泽。⑧ 全真道人赵君,"能以服膺儒教为业,发源语孟,渐于伊洛之学","虽占候医卜,精诣绝出,犹为余刃耳"。⑨ 刘祁"于医家书颇尝涉

---

① 刘祁:《归潜志》卷七,北京:中华书局,1983 年,74 页。
② 脱脱等:《金史》卷一二六《文艺下》,北京:中华书局,1975 年,2740 页。
③ 元好问:《中州集》己集第六《麻征君九畴》,北京:中华书局,1959 年,292 页。
④ 脱脱等:《金史》卷一二六《文艺下》,北京:中华书局,1975 年,2740 页。
⑤ 脱脱等:《金史》卷一三一《方伎》,北京:中华书局,1975 年,2811 页。
⑥ 刘祁:《归潜志》卷六,北京:中华书局,1983 年,65 页。
⑦ 刘祁:《归潜志》卷六,北京:中华书局,1983 年,65 页。
⑧ 元好问:《遗山先生文集》卷三十七《元氏集验方序》,上海:商务印书馆,1937 年,511 页。
⑨ 元好问:《遗山先生文集》卷三十八《皇极道院铭》,上海:商务印书馆,1937 年,516 页。

猎"①。此外,赵秉文也曾研读《素问》,道士王志常亦留意医药。② 周梦卿虽举子,习气故在,但中年以后"颇以医药卜筮为事"③。如此等等,金的这类读者和阅读现象亦很普遍。

在隐居的读者中,还有高仲振,字正之,辽东人。"既而以家业付其兄,挈妻子入嵩山。博极群书,尤深《易》《皇极经世》学,安贫自乐,不入城市,山野小人亦知敬之。"④元好问说:"高出于世家,而能以清介自守,死心于六艺之学,隐居嵩山二十年。"⑤张潜"幼有志节,慕荆轲、聂政为人,年三十始折节读书。时人高其行谊,目之曰'张古人'。后客嵩山,从仲振受《易》"⑥。王师扬,南渡后,隐居嵩山,时年已六十余,经传子史皆手自抄之。⑦ 王庭筠,被罢官后,卜居彰德,"买田隆虑,读书黄华山寺"⑧。王郁放游四方,又隐居陉山,覃思古学。⑨ 崔怀祖,南渡后,居嵩山下以读书作诗为事。⑩ 道士杨谷,隐居华山,通《庄》《易》,世以"庄子杨先生"目之。⑪ 申万全,贞祐二年(1214)乙科。调福昌簿,不赴,隐居卢氏山中,以读书为业。⑫ 还有前述的辛愿,"居女几山下,往来长水、永宁间,惟以吟咏讲诵为事,朝士大夫愿交而不得也"⑬。元好问为避世乱也曾居系舟山、嵩山读书。

我们还发现,在阅读内容方面,金文人除了普遍地能够工诗善文,

---

① 刘祁:《归潜志》卷十三《书证类本草后》,北京:中华书局,1983年,156页。
② 元好问:《遗山先生文集》卷三十一《天庆王尊师墓表》,上海:商务印书馆,1937年,413页。
③ 元好问:《遗山先生文集》卷三十七《周氏卫生方序》,上海:商务印书馆,1937年,511页。
④ 脱脱等:《金史》卷一二七《隐逸传》,北京:中华书局,1975年,2751页。
⑤ 元好问:《遗山先生文集》卷二十二《奉直赵君墓碣铭》,上海:商务印书馆,1937年,305页。
⑥ 脱脱等:《金史》卷一二七《隐逸传》,北京:中华书局,1975年,2751页。
⑦ 元好问:《中州集》辛集第八《王吏部启》,北京:中华书局,1959年,398页。
⑧ 脱脱等:《金史》卷一二六《文艺下》,北京:中华书局,1975年,2731页。
⑨ 刘祁:《归潜志》卷三,北京:中华书局,1983年,23页。
⑩ 刘祁:《归潜志》卷三,北京:中华书局,1983年,29页。
⑪ 元好问:《续夷坚志》卷三《杨洞微》,北京:中华书局,1986年,48页。
⑫ 元好问:《中州集》庚集第七《申编修万全》,北京:中华书局,1959年,363页。
⑬ 刘祁:《归潜志》卷二,北京:中华书局,1983年,15页。

具有吟诗诵词的良好传统外,"五经"中的《易经》和《左氏春秋》也受到了许多读者的偏爱,如上述读者中的术虎邃、移剌履、李纯甫、梁襄、时戬、左企弓、景覃、王中立、王玄佐、麻九畴、高仲振、张潜、杨谷等。此外,还有冯延登,平生以《易》为业,被安置于丰州后,亦只有《易》一书自随,日夕所得,写有《学〈易〉记》一书。① 户部侍郎张俊民,慷慨尚气,喜学《易》。② 范拱,九岁能属文,深于《易》学。③ 李献甫,博通书传,尤精《左氏》及地理学。④ 王左司,杂学,喜《易》及佛老庄书。⑤ 济州人徐之纲,穷《春秋》《易》二经。⑥ 如此等等,金文人对《易》或《左氏春秋》,抑或二者甚感兴趣,而且能够熟读精思,颇有所得的读者当远不止以上这些。这也是金文人阅读的一个重要特点。

此外,程朱理学的有关著述在金亦有所流传,有关的阅读活动亦存在于读者中。如曾为中山府掾的王良,弃去吏业,潜心伊洛之学,及天文律历,无不精究。⑦ 济州人徐之纲"以河南二程,江南朱、张、胡、蔡为根柢"⑧。王遵古,"文行兼备,潜心伊洛之学,言论皆可纪述"⑨。李俊民,得河南程氏传授之学,承安中举进士第一,弃官不仕,以所学教授乡里,从之者甚盛,至有不远千里而来者。⑩ 还有前述的完颜陈和尚曾从王渥读《小学》,等等。这亦是金阅读的一个特点。

---

① 元好问:《遗山先生文集》卷十九《国子祭酒权刑部尚书内翰冯君神道碑铭》,上海:商务印书馆,1937年,272页。
② 刘祁:《归潜志》卷五,北京:中华书局,1983年,52页。
③ 脱脱等:《金史》卷一〇五《范拱传》,北京:中华书局,1975年,2312页。
④ 脱脱等:《金史》卷一一〇《李献甫传》,北京:中华书局,1975年,2433页。
⑤ 刘祁:《归潜志》卷四,北京:中华书局,1983年,39页。
⑥ 袁桷:《清容居士集》卷二十九《徐君墓志铭》,四部备要本,上海:中华书局,1936年,237页。
⑦ 宋濂等:《元史》卷一六四《王恂传》,北京:中华书局,1976年,3843页。
⑧ 袁桷:《清容居士集》卷二十九《徐君墓志铭》,四部备要本,上海:中华书局,1936年,237页。
⑨ 元好问:《遗山先生文集》卷十六《王黄华墓碑》,上海:商务印书馆,1937年,226页。
⑩ 宋濂等:《元史》卷一五八《窦默传》,北京:中华书局,1976年,3733页。

第十节 宗教和通俗文学的阅读

女真人最初信奉萨满教。后来在高丽人和契丹人的影响下，特别是进入汉族居住区以后，原始宗教的地位开始下降，逐渐让位给佛教和道教。佛教和道教在金的盛行，主要有两点原因：一是金统治者出于对多民族统治的需要；二是金统治者的阶级和民族压迫，使人民群众生活贫苦无望，只能通过宗教寻求慰藉，得到精神上的解脱。从社会、文化史角度来讲，女真对佛教、道教的崇信是汉化的一个重要方面，这说明中原文化对女真人具有强烈的吸引力和凝聚力。从阅读的角度来讲，宗教向来对阅读活动有着强大的推动力。而且，金宗教具有释、道与儒学密切结合，综合为一体的趋势和特点，所以它更有利于促进女真、汉族及其他各族人民阅读活动的发展和文化素质的提高。

与佛教和道教盛行的同时，是通俗文学的兴起，并由此形成了金后期大众阅读和文化发展的一个重要特点。

一、佛教与阅读

尽管女真人对佛教的信仰程度远没有契丹人深，但金毕竟是在辽的基础上建立起来的，所以佛教也很快盛行起来。上自帝王公卿，下至庶姓大族以及平民百姓，竞相皈依。太宗皈依佛教，每岁举行斋会，一次饭僧万余人。熙宗不仅崇尚儒学，倡导阅读儒家经典，而且崇信佛教。他曾下普度之诏，以至"天下男女削发为僧尼者，不啻数万"[1]。世宗也"颇信神仙浮图之事"[2]。章宗时期，出家者无买牒之费，一次

---

[1] 佚名：《嘉祥县洪福院碑》，见张金吾《金文最》卷四十，苏州：江苏书局，1891年，3页。
[2] 脱脱等：《金史》卷九十二《徒单克宁传》，北京：中华书局，1975年，2050页。

度僧至五万人。① 世宗的母亲睿宗贞懿皇后,也曾祝发为尼,并自建垂庆寺。② 显宗昭圣皇后刘氏也"最喜佛书"③。所以在金国,"浮图之教,虽贵戚望族,多舍男女为僧尼"④。佛教之盛,亦使寺院伽蓝遍布境内。如上京的寺院就有庆元、储庆、兴元、兴王、宝胜、林光等。至于燕京,更是庙宇相望,冠于北方。

佛教的兴盛,必然会促进对佛经阅读的需求。金的佛教读物主要是辽宋遗留下来的,这是金佛教传播的基础,亦是金佛经阅读和佛经刊刻流布的基础。在此基础上,金十分重视佛经的刻印和流传。皇室以及许多官僚大地主出资刻经弘扬佛法,如承安二年(1197),章宗为儿子洪辉病愈还愿,印《无量寿经》一万卷。⑤ 另外,和尚个人刊印佛经者亦不少,如百万和尚为纪念父母,在故乡同州朝邑镂板印施《大般若经》数千卷。晋阳明玘和尚经数年刻成《华严经》,并以千部施人。⑥ 还有少林寺和尚出资刊印《闲闲外集》,等等。⑦ 在金刻印的佛经中,规模最大者当数著名的《赵城藏》。这部藏经共有 7182 卷,翻刻自宋《开宝藏》。它与此前的《契丹藏》《开宝藏》和《高丽藏》所不同的是,它由民间信徒集资雕造。大约从皇统八年(1148),在解州天宁寺(今山西省运城市西南)开雕,至大定十三年(1173),历 25 年完成。它是我国佛经刻印史上的又一部大藏经,也是我国佛教阅读史上的又一件盛事。

佛经的大量刻印和广泛流传以及佛教的不断发展,促进着佛经的

---

① 宇文懋昭撰,崔文印校证:《大金国志校证》卷二十《章宗皇帝中》,北京:中华书局,1986年,276 页。
② 脱脱等:《金史》卷六十四《后妃下》,北京:中华书局,1975 年,1518—1519 页。
③ 脱脱等:《金史》卷六十四《后妃下》,北京:中华书局,1975 年,1526 页。
④ 宇文懋昭撰,崔文印校证:《大金国志校证》卷三十六《浮图》,北京:中华书局,1986 年,517 页。
⑤ 脱脱等:《金史》卷九十三《章宗诸子》,北京:中华书局,1975 年,2059 页。
⑥ 张秀民:《辽、金、西夏刻书简史》,载《文物》,1959 年第 3 期,11—16 页。
⑦ 刘祁:《归潜志》卷九,北京:中华书局,1983 年,106 页。

阅读以及佛学的发展。像宋朝一样，金也对僧尼的职位授予做了规定。如初学者必须通过考试才能得到度牒。具体规定如："僧童能读《法华》《心地观》《金光明》《报恩》《华严》等经共五部，计八帙。《华严经》分为四帙。每帙取二卷，卷举四题，读百字为限。"①在自幼出家为僧尼的人中，当然会有许多杰出的读者。他们博览经史，苦读佛学经典，不仅在佛学方面颇有造诣，而且往往深通经史，工诗能文。如王惠寂，童子时出家，及长，于佛书无所不读。后以《华严》为业，手抄全经，日诵四帙为课。既客居，徒众解散，独处土室中而不废讲说。② 王弘相，"幼即弃其家为佛子，事沂州普照僧祖照。年十九以诵经通得僧服，乃恣读内外书凡十年，多所究观"。诗文俱佳，有文集行世。③ 侯赟"自幼出家，大定间以诵经通得僧服，即以义理之学从事"④。还有僧人德普、园基，不仅对佛学深有研究，而且工诗善画。⑤

儒、释、道作为中国传统文化的组成部分，它们之间从来就有着不可分割的血肉联系。它们作为人类意识形态的不同表现，能够相互印证，互为补充地成为人类寻求真、善、美理想世界的重要途径。所以，佛家一般都精通儒家经典，道家就更不用说。而儒家在经史、词赋之外，亦往往于禅学道书无不精究。特别是金末出现了综合儒、释、道三教学说的思潮，儒者喜佛老之学成为一时风尚，而且一些学者亦自成一家，多有创获。如李纯甫，自儒而道，自道而佛。他认为"学至于佛，则无可学者"⑥，并疏解《楞严》和《金刚经》，提出了以佛教为中心，融合儒、道的思想理论，著有《鸣道集说》，在学界影响颇大。文坛巨擘赵

---

① 脱脱等：《金史》卷五十五《百官一》，北京：中华书局，1975年，1234页。
② 元好问：《遗山先生文集》卷三十一《华严寂大士墓铭》，上海：商务印书馆，1937年，408页。
③ 元好问：《遗山先生文集》卷三十一《清凉相禅师墓铭》，上海：商务印书馆，1937年，407页。
④ 元好问：《遗山先生文集》卷三十一《告山赟禅师塔铭》，上海：商务印书馆，1937年，420页。
⑤ 刘祁：《归潜志》卷六，北京：中华书局，1983年，65—66页。
⑥ 刘祁：《归潜志》卷一，北京：中华书局，1983年，7页。

秉文本喜佛学，"究观佛老之说，而皆极其指归"，有《闲闲外集》行世。翰林学士刘祖谦，博学，兼通佛老百家言。① 董文甫，第进士，"为人淳谨笃实，学道有得。其学参取佛老二家，不喜高远奇异，循常道"。"盖其于'六经'、《论》《孟》诸书，凡一章一句皆深思，思而有得，必以力行为事，不徒诵说而已。"② 高法飚，读书有学问，颇喜浮屠，自号唯庵。③ 还有女真杰出文人完颜璹，也曾参禅于善西堂，名曰"祖敬"。④ 如此等等，儒者读佛书在金亦是一种普遍现象。

二、道教与阅读

道教在金亦很盛行。《大金国志》载："金国崇重道教，与释教同，自奄有中州之后，燕南、燕北皆有之。"⑤ 金的道教分为三派，即全真教、大道教和太一教。全真教创立于大定七年（1167），创立者为王喆，号重阳子，倡导修身养性，除情去欲，柔弱清静，克己忍辱。大道教创立于皇统二年（1142），创立者为刘德仁，号无忧子，标榜以苦节危行为要，不妄取于人，不苟侈于己，谦卑自守，力耕而食。太一教创立于天眷年间（1138—1140），创立者为萧抱珍，号一悟真人，主张以老氏之学修身，以巫祝之术御世。它们虽属三个派别，但教义可谓殊途同归，都讲求忍让谦下，清静无为。它们的创立者都是一些官僚、地主出身的士人。

自女真人进入华北后，以他们为代表的士人既不肯仕金，亦无力

---

① 刘祁：《归潜志》卷四，北京：中华书局，1983年，41页。
② 刘祁：《归潜志》卷五，北京：中华书局，1983年，45页。
③ 刘祁：《归潜志》卷五，北京：中华书局，1983年，44页。
④ 元好问：《遗山先生文集》卷三十六《如庵诗文叙》，上海：商务印书馆，1937年，491页。
⑤ 宇文懋昭撰，崔文印校证：《大金国志校证》卷三十六《道教》，北京：中华书局，1986年，518页。

反抗,心中的不平无法得到慰藉和宣泄,只能通过宗教寻求精神出路,得以解脱。于是在这些创立者及其门徒的四处宣扬和说教下,这些教派很快就在北方广大地区流行开来。上自皇族,下至平民百姓,信奉道教成为一种潮流和时尚。女真皇族虽然信奉佛教,但逐渐喜好道教,世宗和章宗都兼奉佛道二教。全真教的高徒王处一和丘处机曾应诏到世宗的内殿讲道。章宗虽然以惑众乱民之由禁罢或禁限全真教和其他教派传教,①但后来也信仰全真教。如通玄大师李君"又召入禁中,访道,君仪观秀伟,占对详雅,玄谈亹亹,听者忘倦,章宗特敬异之"②。显宗孝懿皇后,"好《诗》《书》,尤喜《老》《庄》,学纯淡清懿,造次必于礼"③。完颜璹亦好与道士交朋友,并为王喆写传记。一些儒士文人更是喜欢谈经论道,与道士往来交友。如通玄大师李君,"一时名士如竹谿党公世杰、黄山赵公文孺、黄华王公子端,皆以道义缔交于君"④。至于平民百姓,由于入道观后,不但可以解决衣食问题、逃避兵役和捐税,还可随时还俗,所以失业小市民入教者很多。特别是全真教,自王处一、丘处机被召见后,"东尽海,南薄汉淮,西北历广漠,虽十庐之聚,必有香火一席之奉"⑤。其流传之广,"门人居天下者三之二"⑥。其势力之大,甚至超过佛教。此外,据笔者的粗略统计,元好问的《遗山先生文集》中为佛教寺院和禅师写的碑、铭文有16篇,为道观、道士写的碑、铭、诗文至少有20篇。至于金其他文人名士,如赵秉文、王若虚、李纯甫、党怀英、辛愿以及完颜璹等人写的类似文章,虽

---

① 脱脱等:《金史》卷九《章宗一》,北京:中华书局,1975年,216—217页。
② 元好问:《遗山先生文集》卷三十一《通玄大师李君墓碑》,上海:商务印书馆,1937年,417页。
③ 脱脱等:《金史》卷六十四《后妃下》,北京:中华书局,1975年,1525页。
④ 元好问:《遗山先生文集》卷三十一《通玄大师李君墓碑》,上海:商务印书馆,1937年,417页。
⑤ 高鸣:《清虚宫重显子返真碑铭》,见陈垣编纂,陈智超、曾庆瑛校补《道家金石略》,北京:文物出版社,1988年,475—476页。
⑥ 国俨:《宁海州玉虚观碑》,见张金吾《金文最》卷四十一,苏州:江苏书局,1891年,2页。

然笔者没有统计,但想必也会不少。这除了说明文人学士与佛、道二教关系密切外,亦反映出二教影响之大。

道教之盛行,道士、道姑之众,无疑会极大地促进阅读活动的发展。道教作为汉文化的重要成分,在产生和发展中,与儒学和佛学有着血缘般的密切关系。而金的道教,特别是影响最大的全真道,更是明确主张儒、释、道三教合一。其创立者王喆,"凡立会必以三教名之",劝人诵读《道德清静经》《般若心经》及《孝经》等道、佛、儒家经典。① 所以辛愿也说:"全真家,其谦逊似儒,其坚苦似墨,其修习似禅,其块然无营,又似夫为浑沌氏之术者。"②这更有利于促进阅读活动在广度和深度上的发展。所以道教阅读既是金阅读中读者数量众多和阅读质量较高的一个群体,也是金社会中值得重视的一种文化现象。

道教三派别的创立者都是一些熟读经史、儒学修养甚高的显族士人。他们之所以能够创立新教派,提出新学说,引起社会共鸣,并得以广泛传播,吸引着无数人朝思暮想,顶礼膜拜,就是由于他们熟读儒、释、道经典,含英咀华,深得三者要旨。如全真教创立者王喆出自咸阳显族,自幼研习儒经,后在终南山弃家立教。其门徒马钰,出自宁海巨富之家,于六艺无所不通,本"儒官名家,金穴豪士"。工词章,善书法,"已深悟元元之理"。③ 谭处端,山东宁海人,亦是当地巨富,涉猎诗书,工诸草隶。丘处机,幼亡父母,未曾读书。入道后能日记千余字,善于吟咏,博览群籍,深得道家要旨,并曾为世宗讲论至道,累进诗曲。④ 大道教创立者刘德仁,读书通大义,精于《道德经》,并敷绎其义

---

① 完颜璹:《全真教祖碑》,见张金吾《金文最》卷四十一,苏州:江苏书局,1891年,19页。
② 元好问:《遗山先生文集》卷三十五《太古观记》,上海:商务印书馆,1937年,478页。
③ 刘孝友:《重阳教化集·序》,见张金吾《金文最》卷二十,苏州:江苏书局,1891年,5—6页。
④ 张博泉:《金史简编》,沈阳:辽宁人民出版社,1984年,417页。

九条以劝人,自是从游者众。

在这种学风和传统的引导下,道士中出现了许多不仅深通道学,而且博极经史,甚至旁及释典的杰出读者。如袁从义,"年十九入道,师事玉峰胡先生于金玉峰。道风儒业,名动京师。年八十,章宗特征授礼官,先生尽传其学。通经史百家,旁及释典,亦称该洽,而于《易》学盖终身焉"。"先生资乐易,行己接物,得于吾孔孟书者为多。"①通玄大师李君,"七岁入道,师冲佑观道士郭师礼。学有夙昔,能日记千言。年十二,以诵经通得度,即辞师往赵城读书天宁道院。积力既久,遂穷藏史之秘。至于六经百氏之学,亦称淹通"②。紫虚大师于道显,"初不知书,自是日诵数百言。示之《老》《庄》,随读随讲,如迎刃而解。不数年遍通内外学"③。不仅大师们如此阅读,就是一般道士亦能如此。如虚白处士赵君,"已入全真道,而能以服膺儒教为业。发源《语》《孟》,渐于伊洛之学,方且探三圣书而问津焉。计其真积之力,虽占候医卜,精诣绝出,犹为余刃耳"④。曲沃人李义之,"童幼入道,通庄周、列御寇之学,五经、诸子亦所涉猎"⑤。王志常,十六七岁入道,间读史传,略知古今成败,留意医药。⑥通真子秦志安,"放浪嵩少间,取方外书读之,以求治心养性之实"⑦。如此等等,金道士中的杰出读者当远不止这些。

为了保持道教的文化传统,提高道士的文化素质,促进道教的健

---

① 元好问:《遗山先生文集》卷三十一《藏云先生袁君墓表》,上海:商务印书馆,1937年,418—419页。
② 元好问:《遗山先生文集》卷三十一《通玄大师李君墓碑》,上海:商务印书馆,1937年,417页。
③ 元好问:《遗山先生文集》卷三十一《紫虚大师于公墓碑》,上海:商务印书馆,1937年,411页。
④ 元好问:《遗山先生文集》卷三十八《皇极道院铭》,上海:商务印书馆,1937年,516页。
⑤ 元好问:《遗山先生文集》卷三十五《通仙观记》,上海:商务印书馆,1937年,483页。
⑥ 元好问:《遗山先生文集》卷三十一《天庆王尊师墓表》,上海:商务印书馆,1937年,413页。
⑦ 元好问:《遗山先生文集》卷三十一《通真子墓碣铭》,上海:商务印书馆,1937年,414页。

康发展,金还对入道者的阅读能力和水平进行了明确规定:"道士、女冠童行念《道德》《救苦》《玉京山》《消灾》《灵宝度人》等经,皆以诵成句、依音释为通。中选者试官给据,以名报有司。"①

道教阅读的广泛普及和道学的发展,一方面增加了对道学及其他读物的需求和流通量,另一方面产生了大量的新文献。金书籍刻印业的发达为道教读物的大量生产提供了有利条件,金的几个刻印业中心亦刻印了大量的道教读物。如道士通真子秦志安"乃立局二十有七,役工五百有奇。通真子校书平阳玄都以总之,其于三洞四辅万八千余篇,补完订正,出于其手者为多。仍增入《金莲正宗记》《烟霞录》《绎仙》《婺仙》等传附焉"②。至于道藏,在大定二十四年(1184)以前,道士田子虚、韩元英就曾在老子故乡亳县(今亳州)将其印刷保存。金章宗明昌元年(1190),十方丈天长观提点孙明道奉诏修订道经,访求遗书,就宋雕经版补镂付刊,勒成一藏,共6455卷,602帙,题曰《大金玄都宝藏》。章宗元妃也曾根据此版印施道经二藏,送给栖霞太虚观和圣水玉虚观。③ 到元代至元十八年(1281),"保定、真定、太原、平阳、河中府三祖师庵头,关西等处,仍有道藏经板"。它们都是1258年元宪宗蒙哥要烧毁,而被道士们偷偷保存下来的金旧板。④ 由此可见金道藏经版数量之多,这也反映出当年印经量之大,道经阅读之盛。

道教阅读活动的广泛和深入,促进了道学研究的繁荣和读物的大量产生。特别是全真教,它是道教中影响最大、产生的文献最多的教派。为了宣传教义,教化世人,并总结自己的修炼体会,促进教义的完善和传播,全真教不仅倡导道士们阅读,而且鼓励他们勤于写作。如王嚞著有《重阳全真集》《重阳教化集》《立教十五论》等。马钰著有《神

---

① 脱脱等:《金史》卷五十五《百官一》,北京:中华书局,1975年,1234页。
② 元好问:《遗山先生文集》卷三十一《通真子墓碣铭》,上海:商务印书馆,1937年,414页。
③ 张秀民:《辽、金、西夏刻书简史》,载《文物》,1959年第3期,11—16页。
④ 张秀民:《辽、金、西夏刻书简史》,载《文物》,1959年第3期,11—16页。

光璨》《洞玄金玉集》等。谭处端著有《云水集》。丘处机著有《摄生消息论》《大丹直指》《磻溪集》《玄风庆会录》《鸣道集》等。王处一著有《云光集》《清真集》。郝大通著有《太古集》《太易图》等。孙不二著有《不二元君法语》等。还有年少时曾为屠夫，酗酒成瘾的刘处玄，从王喆学道后，创立了全真教随山派，著有《仙乐集》《至真语录》《道德经注》《阴符演》《黄庭述》等。紫虚大师于道显著有《离峰子诗集》，通真子秦志安著有《林泉集》等。这些著述，既是道学阅读活动兴盛的产物，亦为众多的道学信奉者提供了读物，满足了其阅读需求。其中有的著述还很受道教信奉者的欢迎，如谭处端的《云水集》不出百年而四次刻板。

三、通俗文学的兴起和阅读

金文学发展的一个重要趋势是通俗文学的流行，包括诸宫调、院本、杂剧和传奇等。诸宫调是北宋流传到金元的一种说唱艺术。它以多种宫调的曲子联套演唱，杂以说白，表演长篇故事。其文字脚本亦作为一种读物而广泛流行。如《西厢记诸宫调》，它是以唐代元稹传奇小说《莺莺传》为蓝本改编而成的。全篇五万余字，结构宏伟，铺排有致，情节曲折跌宕，人物性格鲜明，具有很高的思想价值和艺术价值。此外，现存的作品还有平水刻本《刘知远诸宫

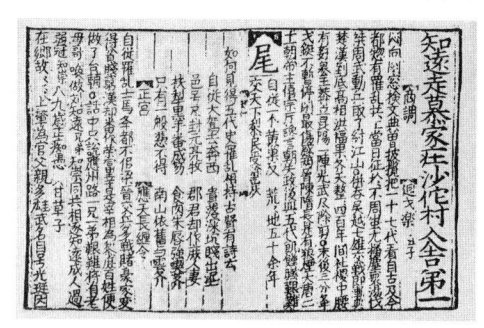

《刘知远诸宫调》内页

调》。这个本子不仅在中原内地广为流传，而且还传到西夏的边陲重镇黑水城一带。当然，不仅汉族人喜欢说唱文学，而且女真人也擅长

这种文学形式。如女真古代长篇说唱故事《尼山萨满》，刻画了一位女英雄尼山萨满（萨满教女巫）除暴助弱的故事，长达2万余言。女真族的这种文学趣味无疑更促进了诸宫调的发展。

金的杂剧表演艺术亦很繁荣，它是在宋杂剧的基础上发展而来的。元的陶宗仪在《南村辍耕录》中云："金有院本、杂剧，诸宫调，院本、杂剧其实一也。"[①]杂剧的演出剧本以及这种表演形式通称为院本。院本的繁荣主要有这样几个原因：一是金末期，疆域狭小，政治委顿，经济低迷，许多文人学士的才力无所发挥，一些小吏亦不肯仕进，于是"嘲风弄月，流连光景"，把精力放在了词曲创作上；二是文人、作家价值观念的转变，促使他们去创作市民大众喜闻乐见的作品；三是随着城市化的发展，市民阶层不断发展壮大，为院本和说唱文学的发展提供了社会基础。陶宗仪的《南村辍耕录》著录金院本名目有700余种，[②]可见其创作和阅读的盛况。

金所在的华北、中原地区是汉文化发达的地区，所以与其他内容、类型的读物一样，唐宋的传奇文学也会在这里流行。否则，董解元就不可能根据唐传奇《莺莺传》改编出说唱艺术《西厢记诸宫调》。而且唐宋传奇还在女真人的故地东北地区流传，如1964年哈尔滨市阿城区出土了以"柳毅传书"为题材的铜镜，[③]就说明了这个事实。

金的阅读历史源远流长、波澜壮阔。虽然我们难以再现其全貌，但上述这个轮廓也足以说明，它是中华民族阅读史上光辉的一页，也是人类文明与进步史上的灿烂篇章。

---

① 陶宗仪：《南村辍耕录》卷二十五，四部丛刊缩印本，上海：上海书店，1985年，5页。
② 陶宗仪：《南村辍耕录》卷二十五，四部丛刊缩印本，上海：上海书店，1985年，6—11页。
③ 张博泉：《金史简编》，沈阳：辽宁人民出版社，1984年，380页。

第四章　元代的阅读

　　1206年,崛起于漠北草原的蒙古孛儿只斤部在其首领铁木真的领导下统一了长期分裂的蒙古各部落,建立了大蒙古国,铁木真被尊称为成吉思汗。1234年,成吉思汗的第三子窝阔台率军灭金,统一了黄河流域,并建国都于哈剌和林城(今蒙古人民共和国后杭爱省境内)。通过不断的征服战争,大蒙古国统治了亚洲和欧洲广大地区。1260年,成吉思汗之孙忽必烈即位,以开平(今内蒙古锡林郭勒盟正蓝旗东)为上都,燕京(今北京)为中都。1271年,忽必烈在进攻南宋不断取得胜利的形势下,在汉族谋士刘秉忠、王鹗等人的协助下,取《易经》"大哉乾元"之义,定国号为元。次年,升中都为大都。1279年元灭南宋,自此完成了全国的统一,结束了自唐末以来长达三四百年之久的分裂割据和各地方政权并立对峙的局面。之后,元朝历五世十一帝,至1368年,明军攻入大都,元顺帝退出中原,元朝的历史宣告结束。

第一节 社会和文化特点

元朝是中国历史上第一个由少数民族建立的多民族的中央集权的封建统一国家。它在中国历史和中华民族的发展史上都有着鲜明的社会和文化特点。

一、辽阔的疆域和繁荣的经济

元朝的统一和蒙古人的东征西讨,使元朝的疆域空前广阔。如《元史·地理志》所言:"北逾阴山,西极流沙,东尽辽左,南越海表……元东南所至不下汉、唐,而西北则过之。"[1]这既奠定了中国版图的规模基础,也对元朝及中国后来的发展影响甚大。

辽阔统一的疆域促进了经济的发展和繁荣。经济的发展首先需要一个安定和平的社会环境。饱经战乱的中原大地,生产遭到破坏,百姓不能安居乐业,经济发展缓慢。统一以后,元朝统治者逐步认识到农业和商业的重要性,并采取和制定了一系列措施和政策鼓励发展农业,使元朝迅速出现了"民生日集,丛榛灌莽,尽化膏沃,价倍十百"[2]的局面。而且,大批汉人的北迁,使北方的农业和畜牧业出现了兴旺的景象,促进了漠北、漠南经济文化的发展与繁荣。

元朝的统一促进了东西南北的经济交流和商业繁荣。南北通商,统一货币,建立全国性的驿站制度,重凿大运河,开行海运,有力地促进了南北经济的交流,有利于经济的发展。元朝在重视农业、牧业的

---

[1] 宋濂等:《元史》卷五十八《地理志一》,北京:中华书局,1976 年,1345 页。
[2] 字术鲁翀:《知许州刘侯民爱铭》,见苏天爵《元文类》卷十七,苏州:江苏书局,1889 年,11 页。

同时，也十分重视手工业的发展。《元史·百官志》中记载有专门管理手工业的官署。中外交通发达，元朝的对外贸易也十分活跃，各大城市不仅有波斯、阿拉伯商人，而且还有欧洲和非洲的商人。大都不仅是元朝的政治中心，而且是其经济中心。马可·波罗对大都描述道："外国巨价异物及百物之输入此城者，世界诸城无能与比。盖各人自各地携物而至，或以献君王，或以献宫廷，或以供广大之城市，或以献众多之男爵骑尉，或以供屯驻附近之大军。百物输入之众，有如川流不息。"①此外，上海、温州、泉州、广州等地被辟为对外贸易的通商口岸。商业贸易的繁荣极大地刺激了元代经济的发展。

二、众多的民族和多元的文化

蒙古统治者入主中原后，游牧文化与农耕文化并存，蒙汉的二元性文化构成元代文化的基本格局。成吉思汗时期，塔塔统阿依照畏兀儿文字母拼写蒙古语，创制了畏兀儿体蒙古文。忽必烈即位后又命八思巴创制了蒙古新字，作为官方文字颁布使用。在蒙古族进入中原的同时，西北、西域以及欧洲的各族人也大批进入中国内地。这些少数民族被元朝称为色目人，号称有三十一种，其中主要有畏兀儿、唐兀、汪古、乃蛮、吐蕃以及中亚、西亚和欧洲的哈剌鲁、回回②、康里、钦察、阿速等。其中的吐蕃即西藏，元朝将其统一到了中国版图内，并设置了吐蕃、吐蕃等路以及乌思藏三个宣慰使司都元帅府。所以，元朝不仅幅员辽阔，而且文化具有多民族性和世界性，是中国历史上多民族与多元文化并存、碰撞与整合的空前时期。"许多种字母以及表意汉

---

① 马可·波罗：《马可波罗行纪》，冯承钧译，上海：上海书店出版社，2006年，225页。
② 笔者在这里依据史料的记载，并考虑行文的准确性，仍然用"回回"这个称呼，以便展示元朝这个读者群体的真实情况。

字的三种变体（契丹文、女真文和西夏文）都曾使用过，居住在中国或在中国旅行的人们阅读着用这些文字写成的读物。那时在中国使用的语言，几乎包括了历史学家们认为在当时应存在过的所有汉-藏语系和阿尔泰语系的语言，以及重要的西亚语言和某些欧洲语言。在忽必烈时代的中国能遇到的这些服装、举止、仪式、食物、艺术、技艺、哲学和学说的多样性，是自七八世纪唐代长安的盛况以来从未见过的。"①居庸关过街塔建于元顺帝至正五年（1345），塔门洞壁上有用梵文、藏文、八思巴文、畏兀儿蒙古文、西夏文和汉文刻写的佛经。居庸关

敦煌莫高窟六体文字石刻

是塞外漠北通向中原的要道，是燕京（今北京）的北大门，地理位置十分重要。在这样一个雄关要道上用六种文字刻经，而且是刻于元代晚期，自有其不同寻常的意义。此外，在敦煌的莫高窟，学者们也发现了至正八年（1348）用这六种文字镌刻的六字真言石刻。还有，在阴山北部的汪古部人中还盛行着叙利亚文。这种多种文字的流行和使用，既反映了元代的文化气氛，也说明了元代阅读的多样性和丰富性。

在众多的色目人中，以回回人的文化水平为最高。回回人在朝内拥有很大的权力。当时的回教世界通行波斯文，所以波斯文与蒙古文、汉文并列成为元朝官方使用的文字。元朝的最高学府，除蒙古国子学、国子监，汉文国子学、国子监外，还有回回国子学、国子监，专门培养波斯文人才。

---

① 傅海波、崔瑞德：《剑桥中国辽西夏金元史》，史卫民等译，北京：中国社会科学出版社，1998年，735页。

随着大批回回人进入中国,伊斯兰教也随之传入中国各地。因此,元朝不仅三种文字并用,而且佛教、儒学与伊斯兰教三种文化并存。此外,景教、天主教、犹太教也作为外来文化传入中国,成为多元文化的组成部分。

三、对儒、释、道的利用和尊崇

蒙古人最初不懂得儒学有何意义,对于俘虏到的儒士,往往让他们去做苦役。后来,他们在儒士们的开导下,懂得了"马上得天下,不可以马上治之"的道理,开始重视儒学和儒士。他们恢复了孔、孟的庙祀,给孔子的后裔封了官。他们还重视搜罗和使用汉族文士。1235年,理学家赵复来到北方传授程朱理学。之后,理学在元代得到广泛传播,成为占有统治地位的思想。元朝在各地建立儒学,并设立了最高学府国子学,以朱熹的著作为基本教材。许多蒙古、色目贵族子弟也积极阅读儒学经典,学习汉文化。仁宗时,恢复了科举考试,并以朱熹的《学校贡举私议》为本,考试内容以周、程、朱子之说为主。理学成为官学,崇儒之风大兴。

蒙古统治者最崇信佛教。早在1219年,成吉思汗就下令保护禅宗临济宗僧侣海云。后来,海云也颇受几代蒙古统治者的尊重,乃至成为蒙古国的最高僧官。吐蕃佛教(藏传佛教)传入蒙古后,很快在蒙古人中传播开来,八思巴被忽必烈尊为帝师,忽必烈夫妇皆从其接受灌顶仪式,皈依藏传佛教。之后,佛教开始成为蒙古统治者最尊崇的宗教。

蒙古统治者对道教也很重视。金末元初,北方流行的道教主要是全真道、太乙道和真大道等派别。成吉思汗闻全真道传人丘处机之名,于西征途中征召。丘处机不顾年迈,不远万里前往西域谒见成吉思汗,向成吉思汗讲经论道。尽管成吉思汗没有从他身上得到长生不老之术,但对他仍然十分敬重。丘处机东归后,在燕京收徒传道,从者如流。丘处机死后,其弟子尹志平、李志常相继掌教,并在平阳(今山西临汾)编辑、刊印《道藏》7800余卷,全真道的影响进一步扩大。

四、发达的科学文化和对外交流

元朝的统一也推动了科学文化的发展和对外交流。

在天文学方面,郭守敬在制定《授时历》的同时,还在天文仪器制造、天文测量、计算乃至水利建设方面做出了许多重要贡献。在地理学方面,元朝广袤的版图、便利的交通为其发展提供了有利条件。对黄河源头的考察记录《河源志》、官修的大型地理志书《大元一统志》、朱思本绘制的《舆地图》以及一些私人游记,如耶律楚材的《西游录》、李志常的《长春真人西游记》、常德口述刘郁执笔的《西使记》、周达观的《真腊风土记》以及汪大渊的《岛夷志略》等,这些研究和著作都对地理学做出了重要贡献。

元代在农学方面也有前所未有的发展,一系列农学著作问世,促进了农业的发展和农学的进步。其中最重要的三部农学著作,即《农桑辑要》《农书》和《农桑衣食撮要》,影响广泛,流传至今。

在史学方面,蒙古人用畏兀儿体蒙古文撰写的《元朝秘史》成为研究蒙古历史文化的经典著作。《辽史》《金史》《宋史》以及《元经世大典》和《元典章》等都是元朝官修的史书和重要著作,对后世影响颇大。此外,胡三省的《资治通鉴音注》在史学史上亦有较高的价值。马端临的《文献通考》是对杜佑《通典》的进一步丰富。还有西藏著名学者布思端所著《吐蕃佛教源流》和衮噶多吉所著《红册》是元代西藏最重要的两部史学著作。

元代的理学继承了宋代理学的学说，虽然少有创新，但也自有特色，在理学发展中起着承前启后的作用，是明清理学思想的滥觞。

元代的文学艺术发展水平也很高。元代文学的主要形式是元曲。元曲分杂剧与散曲两种，其中以杂剧最为繁荣，名家辈出，剧目纷呈。据史书记载，元代的杂剧作家有200余位，作品600余部。以关汉卿为代表的剧作家在中国戏剧史上具有重要地位，对后世产生了巨大影响。此外，话本小说也在元代很流行。如至治年间刊行的五种讲史话本：《武王伐纣平话》《七国春秋平话》《秦并六国平话》《前汉书平话》和《三国志平话》。它们不仅成为元代文学阅读的一个重要特点，也对后来长篇小说的兴盛有着直接影响。元代的山水画也成就不凡，赵孟頫、高克恭、黄公望、吴镇、倪瓒、王蒙等大家对后来的画风影响颇大。

在科技方面，王祯发明的木活字和活字版韵轮法，提高了活字印刷术的效率，使木活字印刷术广泛流传开来。此外，元代在造船术、航海术和水利工程技术等方面亦有许多成就。

入元以来，中外交通的发达，促进了中外文化交流的发展。异域文化与华夏大地的各民族文化相互接触、融汇，特别是中国与西亚、欧洲之间的交流畅通而繁盛，使元代成为中国历史上中西文化交流发展的空前时期。中国的科学发明——罗盘、火药、印刷术等先后传入欧洲。外国的天文、数学、医学、建筑、铸造、印染等科学技术也传入中国，促进了中国科学技术的发展，为中国文化史增添了灿烂篇章。

元代的阅读就是在这样的社会文化背景下产生和发展的。

第二节 阅读活动发展的阶段和地域文化特点

时间和空间在很多情况下往往会影响事物发展的面貌和趋势。与其他事物一样,阅读活动的产生与发展也是在一定的时间和空间下实现的。为了便于读者从整体上对入元以来阅读活动的发展面貌有个大概的认识,笔者试图从时间和地域两方面对其进行一个粗略的概括和考察。

一、阅读活动发展的阶段

入元以来阅读活动的发展大略可分为初创期、复苏期、发展期和繁荣期四个阶段。

1. 初创期(1206—1234)

这个阶段是从成吉思汗统一蒙古高原,建立大蒙古国,到窝阔台率军灭金,统一黄河流域之前。严格地说,这一阶段还不算是在元代的范围内,但它是元代的前奏,其政治和文化都与元代不可分割,所以讲到元代的历史,就不可能把这一阶段割裂出去。

灭金前的蒙古国,在地理位置上主要占据着河套以西、漠北和漠南部分区域。民族成分复杂,使用文字繁多。这一时期,在蒙古国阅读活动产生与发展史上具有划时代意义的事件是由乃蛮人塔塔统阿创制了畏兀儿蒙古文,蒙古人由此开始了对文字的学习和使用。这种文字也随之成为蒙古国读写活动的滥觞。

然而,蒙古人虽然是统治者,也有了自己的文字,但主要读者群体不是他们,而是汉、党项、女真、契丹、回鹘及西域各民族人群中的知识分子,并且也是这些知识分子教会了蒙古人的读与写。其中的色目

（汉族、女真和契丹之外的其他民族）知识分子，如塔塔统阿、岳璘帖穆尔、李桢、高智耀、僧吉陀、月合乃、孟速思、布鲁海牙、哈剌亦哈赤北鲁、镇海、阿失帖穆儿、昔班等都是谙习诸国文字，或深通儒学之道，懂得读写要义的杰出代表。他们在蒙古人最初的文化教育和读写活动中发挥了重要作用。此外，在这一时期里，一批深通儒学的汉族（包括女真和契丹）知识分子，也得到了蒙古统治者的重用。其中如耶律楚材、史秉直、史天倪、梁陟、王万庆、赵著等，他们不仅是蒙古统治者儒学的教导者和传播者，而且在干戈抢攘中保护了大批儒士和读书人才，并且搜集和保存了大批文献典籍，为元代后来的阅读活动的恢复与发展奠定了基础。

河套以西、漠南、东北和黄河流域的部分地区虽然杂居着许多民族，但仍以汉族为主。汉文典籍早已在这些地区流传，汉文阅读有着深厚的社会基础。这些地区虽经战乱兵燹，但读书传统犹存。所以，从数量和质量来讲，汉文读者是这些地区的主要读者群体，同时汉文阅读也是这一时期阅读活动的主流。

河西乃至西域广大地区主要是回鹘文化区域。发达的回鹘文化不仅使其印刷业先进、文献丰富、阅读活动广泛，而且影响了周边地区。佛教在这一地区的盛行，更促进着这一地区阅读活动的普及。特别是蒙古人最先从学习畏兀儿文（回鹘文）开始了他们的阅读，畏兀儿知识分子因此成为他们最可亲近和信赖的同盟，所以畏兀儿文的阅读无论在政治上还是文化上，都具有不同寻常的意义，畏兀儿文的阅读在这个时期也就占据了重要地位。

除了畏兀儿蒙古文外，这一时期的蒙古国横跨东西，南接中原和吐蕃，在政治和军事上都要和许多国家、许多使用不同语言文字的民族发生关系，所以蒙古人至少要使用汉字和畏兀儿文两种文字来进行读与写。如太宗五年（1233），在燕京（今北京）初设学校，用以学习汉语文，培养翻译人才。但无论是使用何种文字，阅读活动对于这一时期的蒙古国来说,都还是处于初创时期。

2. 复苏期(1235—1279)

这是蒙古统治者从灭金到灭南宋的一个历史阶段。

这一时期的最重要标志有三点:一是蒙古统治者已入主中原,并占据了中原以北的广大地区;二是随着统治范围的南扩,人口成分进一步发生重大变化,汉族人口占据了人口的绝大多数;三是忽必烈继位,定国号为"元",使建立在草原朔漠上的大蒙古国进入元朝时代。蒙古统治者的政治重心逐渐从漠北移到漠南乃至中原。兴文重教,尊孔崇儒,推行汉法,成为基本国策。元初出现了比较稳定的"中统至元初治",并在这个基础上进而灭亡了南宋,实现了中国历史上新的大统一。

然而在蒙古军队连年的攻金伐宋中,生灵涂炭,人口大减,生产力受到严重破坏。读书人四处逃散,隐姓埋名,文化教育萎缩。元朝统治者出于安邦治国的需要,重用了一批由金、宋入元的知识分子。以耶律楚材、贾居贞、杨惟中、刘秉忠、刘秉恕、张文谦、赵良弼、赵壁、王鹗、赵复、许衡、姚燧、窦默、郝经、刘因、吴澄等为首的儒士群体成为这一时期读书界的领袖。他们在保护儒士,搜集和保存文献典籍,恢复北方的文化教育,促进儒学阅读与发展中发挥了积极而重要的作用。其中如儒释兼通的刘秉忠就曾上书数千言,陈以治国之道,阐述"马上得天下,不可以马上治之"①的道理,力谏以文治国,开设学校。

1237年,元朝政府在耶律楚材的奏请下,举行了首次儒士选拔考试,共获得儒士4030人,其中就包括刘祁、麻革、赵良弼、张文谦、徐之钢、刘德渊等著名文人学士。中统元年(1260),忽必烈命置诸路学校官。至元六年(1269),忽必烈下诏正式设立国子学,并令以许衡为首的汉族儒士执教其中。至元七年(1270),元朝规定每社设立学校一

---

① 宋濂等:《元史》卷一五七《刘秉忠传》,北京:中华书局,1976年,3688—3690页。

所。自此，金国故地的漠南和中原地区的文化教育经兵革战乱破坏后，开始有所恢复。

不过，由于元朝统治者一直还在西征，并在后一阶段的七八年里发起了攻伐南宋的战争，所以，元朝还没有完全把精力放在发展文化教育上，同时战争也给华北、中原和江南造成严重破坏，如周密在《齐东野语》中说，南宋军队会同蒙古人灭金后，当他们到蒙城县时，"城中空无所有，仅有伤残之民数十而已。沿途茂草长林，白骨相望，虫蝇扑面，杳无人迹"。他们进入汴京（今河南开封）时，"见兵六七百人，荆棘遗骸，交午道路。止存民居千余家"①。读书人四处逃避，往日的宁静与繁华已变为狼藉遍地、满目疮痍。

这一时期，元朝统治者在占领了金、宋大片土地，获得了金、宋大批知识分子的同时，也搜集和掠抢了大批文献典籍，从而奠定了元朝中央官府藏书的基础。同时，随着元兵南下伐宋，理学开始在北方传播。赵复及其太极书院的建立成为理学传播的转折点，以理学为核心内容的阅读活动开始在北方蔓延。此外，太宗八年（1236），用耶律楚材言，立经籍所于平阳（今山西临汾），专门负责出版管理。如《元史》言："置编修所于燕京、经籍所于平阳，由是文治兴焉。"②

这一时期，在阅读活动中所发生的另一件重要事情是：元朝统治者为了突显其民族性，巩固其统治政权，于1269年制成了蒙古新字八思巴文。为此忽必烈下诏推广这种文字，试图以此来代替畏兀儿蒙古文，并"译写一切文字"。元朝政府在中央设立了蒙古翰林院、蒙古国子学，并号召蒙汉官员子弟学习这种文字，地方学校亦将其作为必修课。但从阅读的角度来讲，它并没有代替畏兀儿蒙古文，也并没有得到广泛使用。

---

① 周密：《齐东野语》卷五《端平入洛》，北京：中华书局，1983年，77—78页。
② 宋濂等：《元史》卷一四六《耶律楚材传》，北京：中华书局，1976年，3459页。

这一时期，还值得提到的是，元朝政府为推行汉法，实行劝农政策，在至元七年（1270）设司农司，"专以劝课农桑为务"。司农司为推广当时先进的农业生产技术，遍求古今农书，于至元十年（1273）编成《农桑辑要》一书。这是一部我国 13 世纪以前农书的集大成之作，亦反映了当时农书在民间的流传情况。该书在至元年间刊行后，影响很大，此后各朝不断刊刻，在至顺三年（1335）就印行了一万部。

3. 发展期（1280—1313）

1279 年，元朝灭南宋，自此元朝实现了中国历史上的一次新的大统一。这一新的历史阶段，又可大致分为两个时期：从 1280 年到 1313 年为阅读活动的发展期，从 1314 年到 1368 年是繁荣期。这种分期未必准确合理，但也能基本反映出元朝在南北统一后阅读活动发展的大致状况。

所谓发展期，是指这一时期的元朝在政治、经济和文化教育等方面还处于一个巩固、恢复、酝酿、建立、推行到逐步完善的时期。原因如前所述，对北方和中原来讲，虽然已处于和平状态，但元朝政府将很多精力放在了稳定北方和统一南方的战事之中，教育还没有得到充分的重视和发展。而南方地区，虽然所受到的战争破坏程度远没有北方严重，但一些反抗激烈的局部地区，所遭破坏仍十分严重。如潮州在南宋时有人口 116743 户，而到元军占领时，只有 70070 户。① 所以，恢复生产，稳定社会秩序，巩固南北方的统一格局，"偃武修文"，就成为这一阶段元朝政府的主要任务。到成宗以后，社会相对安定，生产上升，人口增加，社会各业进入稳定发展和上升时期。在这个从恢复到发展的阶段里，表现在阅读活动方面，主要有以下几个特点：

（1）教育的恢复和发展。在前期路、府、州县学发展的基础上，至元二十八年（1291），元朝政府又下令在县学设立小学，同年又将书院

---

① 韩儒林：《元朝史》上册，北京：人民出版社，1986 年，381 页。

纳入官学系统，并鼓励私人办学。此外，基层村社的社学到至元二十五年(1288)已有24000余所，乃至"四方万里之外，无不立学"①。学校的建立和普及无疑是促进社会阅读活动发展的前提和基础。

(2)南北方的文化交流。元朝的统一，打破了长期以来南北方"声教不通"的局面。

南宋发达的学术文化传播到北方乃至全国各地。江南刻印的书籍大批流入北方，"其书捆载以来"②，特别是程朱理学传播到北方，并在教学内容和方法上取得支配地位。朱熹的《四书章句集注》和《小学》等书成为统一教科书，对北方的读书治学风气产生了很大影响，乃至"上而公卿大夫，下而一邑一乡之士，例皆讲读，佥谓精诣理极，不可加尚"③。

(3)读者群体结构的变化。南北统一后，由宋入元的读书人成为新朝代读者群体中的重要组成部分。他们无论在数量上还是在质量上，都使元代读者群体发生了巨大变化。

北宋的人口主要集中在黄河及长江中下游地区，即中原和东南地区。宋廷南渡后，江南成为政治、经济和文化中心，人口数量迅速增加。如到南宋末年，临安(今杭州)府的人口已有124万，其繁华超过了北宋时的汴京(今河南开封)。④ 人口密集、经济繁荣、教育普及、学术文化发达的江南地区，成为当时中国的财富之地和人文渊薮，是知识精英最为密集和阅读活动最为普及的地区。所以，无论是精英还是大众，由宋入元的读者都使元朝的读者结构发生了很大变化。

此外，进入中原的蒙古人和入籍元朝的西域各民族人，其子孙"遂

---

① 黄溍：《金华黄先生文集》卷九《重修绍兴路儒学记》，四部丛刊集部，1页。
② 袁桷：《清容居士集》卷三十《真定安敬仲墓表》，四部备要本，上海：中华书局，1936年，247页。
③ 王恽：《秋涧先生大全文集》卷四十三《义斋先生四书家训题辞》，四部丛刊集部，15—16页。
④ 陈正祥：《中国文化地理》，北京：三联书店，1983年，21页。

皆舍弓马而事诗书"①，在保持各自民族传统文化的同时，也开始逐步汉化。他们学汉文、读儒书，开始汇入浩荡的汉文典籍读者的大潮中。如陈垣先生所言："色目人读儒书，大抵在入中国一二世以后，其初皆军人。"②这些人不仅给汉文化阅读增添了一个新的群体，而且也对中国的传统学术文化做出了重要贡献。特别是由于他们具有特殊的社会地位，所以其阅读活动也对元朝统治者的文化政策和阅读观念起到了积极的导向作用。

(4)南宋遗民对阅读活动的促进。南宋遗民不仅在数量上和质量上引起了元代读者群体的变化，而且对这一时期江南乃至整个元朝的社会稳定和学术文化发展发挥了很大作用。

元朝在灭宋前就下诏在江南搜访儒、医、僧、道、阴阳人等。南宋灭亡后，元朝继续在江南延揽遗民，号召他们出仕新朝。如至元二十三年(1286)，忽必烈派程钜夫南下求贤，罗致名士20余人，皆任以要职。③ 其中如留梦炎、王龙泽、赵孟頫、叶李等。

另外，还有很多遗民，虽然他们在政治上坚持民族气节，拒不出仕，但他们以读书治学、传播学术文化为己任，或开馆授徒，或受聘于家塾，或潜心于读书著述，对阅读活动和学术文化的发展发挥了重要作用。如熊朋来，宋亡，"隐处州里间，生徒受学者，常百数十人。取朱子《小学》书，提其要领以示之，学者家传其书，几遍天下"④。林栋，入元不仕，居乡讲学，使朱子之学盛于东湖。⑤ 王应麟集宋朝考据学之大成，完成了《困学纪闻》；胡三省对《资治通鉴》进行校勘、注释、考证，

---

① 戴良：《丁鹤年集·序》，见丁鹤年《丁鹤年集》卷首，丛书集成初编，北京：中华书局，1985年，1页。
② 陈垣：《元西域人华化考》卷二，见《励耘书屋丛刻》上册，北京：北京师范大学出版社，1982年，17页。
③ 宋濂等：《元史》卷一七二《程钜夫传》，北京：中华书局，1976年，4016页。
④ 宋濂等：《元史》卷一九〇《儒学二》，北京：中华书局，1976年，4335页。
⑤ 李修生：《全元文》卷三六八《林栋》，南京：江苏古籍出版社，1998年，787页。

并联系现实加以评论,作《资治通鉴音注》;马端临遍考历代典章制度治革,历20余年完成了《文献通考》;等等。

4. 繁荣期(1314—1368)

这一阶段的元朝,虽然在政治上已开始走向衰败,但在文化方面,相对于前朝,还是进入了一个繁荣的时期。其中的主要原因是海内承平日久,社会秩序稳定,经济进入了发展繁荣期。在此基础上,文化教育进一步普及,社会读书热情增强,读书群体进一步扩大,书籍出版日益增多。在阅读活动方面,还有以下一些现象可反映出这一时期的特点:

(1)恢复科举。延祐二年(1315),元朝政府恢复科举。此后,元廷共举行了16次科举考试,取进士1200人。这个数字虽然不大,但对元朝阅读活动的发展具有划时代的意义。这主要表现为以下几点:一是促进了整个社会读书热情的提高;二是选拔和笼络了一批读书人进入管理阶层,有利于学术文化事业的发展;三是元朝自己培养的读书人登上了历史舞台;四是促进了蒙古人和色目人对以儒学为核心的汉文典籍的阅读;五是程朱理学作为考试内容,理学被确立为官学,有利于理学阅读的发展与普及。

(2)理学阅读成为主流。江南本来就是理学的发源地和理学最为流行的地区。随着理学被元朝确立为官学,并成为整个社会的统治思想,这种阅读传统风靡大江南北,乃至边陲要塞。实际上,对理学的强化,也是对阅读活动的推动,从而出现"上自公卿大夫,下至齐民之子,莫不家传而人诵"的现象。

程端礼《程氏家塾读书分年日程》的颁行,更是将朱子读书理论和方法具体化和程式化,成为青少年读书的指南,影响广泛而深远。

(3)读者成分的变化。这个时期,南宋遗民正在退出历史舞台,他们的后代成为社会阅读活动中的精英。色目人的后代汉化程度之深,堪比中原儒士。其中如畏兀儿翻译家阿鄰帖木儿、忽都鲁都迷失、汪古学者赵世延、文学家马祖常、党项诗人余阙、回回诗人丁鹤年与萨都剌、畏兀儿文学家贯云石、克烈部诗人阿荣、康里书法家巙巙、理学家铁木尔塔识等。相比之下，蒙古人，特别是在上层统治者中，虽然有不少人已具有较高的汉文化修养，如英宗、文宗等，但从整体上看，他们汉化迟滞，阅读汉文典籍的水平普遍不高。这不仅影响和阻碍了作为统治者的蒙古人文化水平的提高，而且影响了整个元代学术文化的发展与进步，甚至成为元朝灭亡的重要原因之一。

（4）通俗文学的繁荣。经济的发展和繁荣，加速了城市化的进程。城市化又促进了以市民为消费主体的通俗文学的发展与繁荣。于是，杂剧、话本小说等深受市民喜闻乐见的文学形式，在宋、金的基础上，在元代繁荣起来。文人学士们不仅欣赏杂剧，而且积极参与创作，书商为谋利，于是杂剧剧本的编刊也层出不穷。如在《元刊古今杂剧三十种》中，有29种有"大都新编""古杭新刊""新编关目""新刊的本"等字样，反映了杂剧剧本不断推陈出新的盛况。仅元末钟嗣成《录鬼簿》著录的剧本就有450余种。元末明初贾仲明《录鬼簿续编》又著录150余种。剧本数量之大，也反映了元代中后期剧本阅读的兴盛。

话本小说，包括"小说"和"讲史"，在元代民间也很流行。特别是讲史话本，到元代后期最为兴盛。如至治年间书商辑刊的《全相平话五种》以及《宣和遗事》《西游记平话》等都是当时流行的话本小说。元末话本小说的繁荣直接孕育了《水浒传》和《三国演义》这两部巨著的出现，也标志着元末通俗小说阅读的繁荣。

（5）书籍刻印之兴盛。到元朝中后期，书籍刻印业进一步发展与繁荣起来。燕京、平水（今山西临汾）历经百年，是北方刻印业之重镇。江苏、浙江和福建的刻印业，继南宋之传统，在元朝亦有更进一步发展。儒学、书院刻书，视宋尤盛。私宅坊肆，刻多且精。郡府州县，大江南北，黄河上下，版刻兴盛，蔚然成风。

（6）书籍编撰和翻译。元代在这一时期的书籍编撰和翻译成果亦反映出阅读活动的繁荣。其中的重要著作有至正年间元朝完成的辽、金、宋三史；至顺二年(1331)，文宗组织奎章阁学士院的一批文人学士编纂的大型政书《经世大典》；王祯于1313年完成的《农书》，并刻印出版；1314年畏兀儿农学家鲁明善所著的《农桑衣食撮要》出版发行。

在书籍翻译方面，仁宗时期，翻译为蒙古文的汉文著作有《尚书》《大学衍文》《贞观政要》《帝范》《资治通鉴》、唐代陆淳所著《春秋集传纂例》《春秋集传辨疑》《春秋微旨》以及汉代刘向之《列女传》等。这些典籍的翻译，反映了元朝中后期蒙古统治者对儒家学说的渴求。

除上述之外，这一时期的西北地区、西藏及周边地区，随着与中原经济和文化交流的日益密切与频繁，其文化教育、读写活动、书籍刻印进一步得到发展与普及。特别是以宗教为主要内容的文献开始大量出现，书籍翻译活动进入了一个高潮期。以僧侣和贵族为主要读者群体的阅读活动也随之繁荣起来。

总之，阅读活动是在一定的社会政治、经济和文化条件下，经过积累而产生发展的。元朝中后期，社会安定，经济繁荣，文化教育普及，学术自由，这无疑是阅读活动发展的绝好条件。虽然政治开始衰退，统治权力开始出现危机，但"国家不幸，诗人幸"，对阅读活动来讲，亦是如此。

二、阅读活动的地域性特点

元朝幅员辽阔，地域文化差异明显。与阅读活动发展的阶段性相呼应的是它的地域文化特点也比较突出。据此，笔者把它们大致分为以下几个区域：

1. 西域、漠北草原、西南边陲、西藏以及周边地区

这些区域主要生活着畏兀儿、蒙古、回回、汪古、藏、羌、唐兀、纳

西、傣、白等民族人群,文化相对落后,阅读活动普及率低,多种文字阅读情况明显,内容以宗教为主,读者主要是贵族、僧侣和上层官僚。其中的畏兀儿及讲畏兀儿语民族的人文化水平相对较高,读写文化较为发达。在早就有了自己的文字并信奉佛教的藏区,佛教及与之有关的阅读活动(包括读者、阅读内容、文字、阅读方式、场所等)是其主要特点。

随着元朝的统一,特别是在那些使用多种文字的地区,早已存在的汉文典籍阅读活动得到了进一步发展,从而使这些地区成为汉文化向四周扩散和传播的中介。

2.漠南、华北、西北和东北地区

这些地区是金和西夏故地,文化基础较为深厚,虽然党项、汪古、女真、契丹、回回、藏、畏兀儿等民族和汉族杂居,但以汉族人口居多。同时,这些地区党项文化、金源文化底蕴尚存。即使是西北和东北地区,也早已有汉文典籍流传。特别是燕京、开封、宁晋(今河北邢台)和平水地区,都是北宋故地和金源文化之渊薮。这里出版业发达,藏书丰富,文人荟萃,读书风气浓厚。由金入元的文人学士是这些地区阅读活动的促进者和引领者。早在太宗八年(1237),元朝就"置编修所于燕京、经籍所于平阳,由是文治兴焉"①。由此可见这些地区都是元代北方阅读活动发展的策源地。

元朝灭亡南宋后,理学作为官学在北方开始广泛传播,儒学阅读风气大盛。

此外,在西北、漠南和东北的一些多民族杂居地区,也存在着多种文字阅读现象。一些地区的宗教阅读也占据着社会阅读的主流地位。

这些地区也是中原文化向西域、漠北和吐蕃(今西藏)传输的中介地带,儒学读书传统和风尚也从这里不断向四周扩散,并产生着广泛

---

① 宋濂等:《元史》卷一四六《耶律楚材传》,北京:中华书局,1976年,3459页。

的影响。

3.中原和江南地区

这些地区是指华中、华东和长江流域以南的广大地区,也是汉文化的主要发祥地。自北宋以来,少受战争和外来因素的破坏和干扰,承平日久,经济繁荣,教育普及,学术文化根深叶茂,源远流长。这里人口集中,城镇密布,到北宋末年,除首府开封外,其余重要城市如杭州、苏州、成都、江宁、越州、荆州、泉州、广州等都在南方。特别是"东南财赋地、江浙人文薮"的江南一带,物华天宝,人杰地灵,自古就有"苏常熟,天下足"之谚。宋廷南渡后,政治、经济和文化重心随之南移,江南成为学术文化最为发达的地区。程朱理学从这里传播到大江南北,黄河上下,成为社会阅读的主流。"学者家传其书,几遍天下。"①

这里崇文尚学之风浓厚,人皆知教子读书。如洪迈《容斋四笔》引《余干县学记》云:"宋受天命,然后七闽二浙与江之西东,冠带《诗》《书》,翕然大肆,人才之盛,遂甲于天下……为父兄者以其子与弟不文为咎,为母妻者以其子与夫不学为辱。"②这是一个多么美好的社会环境!这样的环境,哪能不出人才,也哪有为人不读书之理?

这里人文荟萃,书籍刻印业发达,藏书读书风气浓厚。仅就《元史·儒林传》所收录的46人中,除有4人出自河北、西安、河南外,其他42人均来自江南的江苏、浙江、江西、安徽、湖南、湖北、福建等地。此外,元代还有很多著名的文人学士,如吴澄、程钜夫、赵孟頫、邓文原、袁桷、姚燧、虞集、范梈、揭傒斯、黄溍、柳贯、吴莱、许有壬、欧阳玄、王恽等,也都出自这些地区。据考证,元代书坊不下200家,其中有名

---

① 宋濂等:《元史》卷一九〇《儒学二》,北京:中华书局,1976年,4335页。
② 洪迈:《容斋随笔·四笔》卷五《饶州风俗》,北京:京华出版社,2003年,957页。

号可考者有130家。① 在这130家书坊中,据笔者初步判断,河北、山西、山东有30家左右,其他绝大部分分布在福建及长江流域一带。目前可考的元代藏书家有127人,其中分布于江苏、浙江、江西、河南、山东、安徽、陕西者就有85人,占总数的67%。而江、浙两地就有60人,占总数的47%以上。② 据统计,元代书院有227所,其中大部分分布在长江流域,其次为黄河流域的河南、河北、山东、山西、陕西等省。③ 书院作为讲学、藏书之所,对一地区之读书向学风气的引导和树立以及学术文化的发展与繁荣往往具有重要作用。

总之,黄河、长江流域作为中华民族文化的发源地和学术文化发展的中心地带,始终是整个中国阅读活动的渊薮,并始终起着向四周传播和扩散学术文化的重要作用。元代继宋之传统和盛业,其学术文化总体水平虽不及宋,但这些地区的读书治学风气和社会阅读活动始终在全国独领风骚,并始终左右和影响着全国的读书风气和学术文化的发展。

第三节 蒙古读者群及其阅读活动的特点

蒙古国崛起于草原朔漠。蒙古人何时开始接触文字,并具有阅读行为以及如何阅读,已难以做出确切考证。但可以肯定的是,蒙古人是从成吉思汗统一漠北后,在与其他民族和国家的频繁接触和交流以及不断向外扩张的过程中开始接触文字和进行阅读活动的。后来,随

---

① 潘国允、赵坤娟:《蒙元版刻综录》,呼和浩特:内蒙古大学出版社,1996年,15页。
② 方建新、金胜达:《元代私家藏书考析》,载《文献》,1996年第4期,202—216页。
③ 来新夏等:《中国古代图书事业史》,上海:上海人民出版社,1990年,254页。

着蒙古人的西征以及统一全中国,蒙古人与其他民族,特别是与汉族的接触与交流日益频繁与深入,并且随着社会环境的变迁和逐步稳定以及政治、经济发展的需要,提高与发展蒙古人的文化素质也受到了蒙古统治者的日益重视,蒙古人的阅读活动随之不断普及和发展。

一、蒙古文的创制及其阅读活动

蒙古族和古代其他许多民族一样,最初也无文字,采用刻木和结绳的方法记事。当时曾去过蒙古国的南宋使臣赵珙说:"今鞑之始起,并无文书。凡发命令遣使往来,止是刻指以记之。为使者虽一字不敢增损,彼国俗也。"① 彭大雅、徐霆在《黑鞑事略》中记载道:"霆尝考之,鞑人本无字书……行于鞑人本国者,则只用小木。长三四寸,刻之四角。且如差十马则刻十刻,大率只刻其数也。其俗淳而心专,故言语不差。其法说谎者死,故莫敢诈伪。虽无字书,自可立国。此小木即古木契也。"②

1. 畏兀儿蒙古文产生前后的读写活动

在蒙古人接触和使用的文字中,首先要说的应该是畏兀儿(回鹘)体蒙古文。蒙古语与回鹘语同属阿尔泰语系,在语言方面有许多相近之处。而且,蒙古人活动的漠北草原在地理上与畏兀儿人聚居的地区邻接。早在蒙古统一前,彼此间就有密切交往,随之也给蒙古人带来了畏兀儿的文化。这是回鹘文能被蒙古人接受,并能被广泛应用的背景和条件。如《蒙鞑备录》中所说:"其俗既朴,则有回鹘为邻,每与西河博易,贩卖于其国,迄今文书中,自用于他国者,皆用回鹘字,如中国

---

① 赵珙:《蒙鞑备录·国号·年号》,见陶宗仪等《说郛三种》卷五十四,上海:上海古籍出版社,1988年,838页。
② 彭大雅、徐霆:《黑鞑事略》,东方学会印,1926年,4页。

笛谱字也。"①这说明早在成吉思汗灭乃蛮之前,回鹘字(畏兀儿文)就已经在蒙古人中有所使用,只是其作用和功能还未引起蒙古贵族的重视。

随着蒙古各部的统一和蒙古国的逐渐强大以及政治、经济的快速发展,蒙古人迫切需要有一种自己的文字来提高其信息传播和交流能力,以提高其文化素质,帮助其提高政治和军事能力,并继续扩大其统治范围。

1206年,成吉思汗灭乃蛮后,俘获其掌印官畏兀儿人塔塔统阿,命其教太子诸王以畏兀儿字写蒙古语。"塔塔统阿,畏兀人也。性聪慧,善言论,深通本国文字。乃蛮大扬可汗尊之为傅,掌其金印及钱谷。太祖西征,乃蛮国亡,塔塔统阿怀印逃去,俄就擒。帝诘之曰:大扬人民疆土,悉归于我矣,汝负印何之?对曰:臣职也,将以死守,欲求故主授之耳。安敢有他!帝曰:忠孝人也!问是印何用,对曰:出纳钱谷,委任人才,一切事皆用之,以为信验耳。帝善之,命居左右。是后凡有制旨,始用印章,仍命掌之。帝曰:汝深知本国文字乎?塔塔统阿悉以所蕴对,称旨,遂命教太子诸王以畏兀字书国言。"②

畏兀儿文是由古代粟特文发展而来的一种拼音文字,自左向右竖写。用这种字母拼写蒙古语,就产生了最初的蒙古文——畏兀儿蒙古文(回鹘式蒙古文)。成吉思汗的太子和蒙古诸王是最早学会用这种字母拼写蒙古语,并进行阅读和写作的人。除塔塔统阿外,畏兀儿人岳璘帖穆尔、孟速思、哈剌亦哈赤北鲁、阿失帖穆儿、撒吉思等都曾先后受令为师,专授蒙古皇子宗亲以回鹘文。如岳璘帖穆尔,精畏兀儿书,"皇弟斡真求师傅,帝命岳璘帖穆尔往,训导诸王子以孝弟敦睦、仁

---

① 赵珙:《蒙鞑备录·国号·年号》,见陶宗仪等《说郛三种》卷五十四,上海:上海古籍出版社,1988年,838页。
② 宋濂等:《元史》卷一二四《塔塔统阿传》,北京:中华书局,1976年,3048页。

厚不杀为先,帝闻而嘉之"①。孟速思,"世居别失八里,古北庭都护之地。幼有奇质,年十五,尽通本国书。太祖闻之,召至阙下,一见大悦……以授睿宗"②。哈剌亦哈赤北鲁驰归太祖,太祖"一见大悦,即令诸皇子受学焉"③。撒吉思,初为太祖弟斡真必阇赤,领王傅。④ 由此可见,畏兀儿文是蒙古人最早接触的文字,畏兀儿人既教会了蒙古人阅读,也为他们传输了文化——蒙古人的文化素养是从阅读畏兀儿文开始形成的。所以清代学者屠寄评论说:"蒙兀初起,浑噩无文,处理万事,徒资唇舌,使命往反,必以口授。自成吉思汗灭乃蛮,得塔塔统阿,始知符印之用,遂教皇子诸王以畏兀儿字书国言。哈剌亦哈赤北鲁、岳璘帖穆尔、撒吉思、昔班,先后为诸王傅……由是观之,虽谓蒙兀最初文化,由畏兀儿输入可也。"⑤

在蒙古皇室的倡导和推行下,畏兀儿蒙古文在蒙古朝野上下得到了推广使用。成吉思汗用它来发布命令、登记户口、记录审断案件、编撰法规条文等。13世纪中叶曾到蒙古汗庭旅行的英国传教士威廉·鲁不鲁乞也说:蒙古人使用了畏兀儿人的字母,畏兀儿人因而是蒙古人的主要书记官,蒙哥汗写信时也用回鹘文来表达自己的语言。⑥ 实际上,在成吉思汗时期,不仅是畏兀儿人担任着蒙古人的书记官(必阇赤),而且一些早已接触畏兀儿人,并学会了畏兀儿文的蒙古人也担任着书记官。如怯烈部的昔剌斡忽勒,"太祖以旧好,遇之特异他族,命为必阇赤长,朝会燕飨,使居上列"⑦。既然是必阇赤长,那么应该还

---

① 宋濂等:《元史》卷一二四《岳璘帖穆尔传》,北京:中华书局,1976年,3050页。
② 宋濂等:《元史》卷一二四《孟速思传》,北京:中华书局,1976年,3059页。
③ 宋濂等:《元史》卷一二四《哈剌亦哈赤北鲁传》,北京:中华书局,1976年,3046页。
④ 宋濂等:《元史》卷一三四《撒吉思传》,北京:中华书局,1976年,3243页。
⑤ 屠寄:《蒙兀儿史记》卷四十五·列传第二十七,北京:中国书店,1984年,351页。
⑥ 道森编,周良霄注:《出使蒙古记》,吕浦译,北京:中国社会科学出版社,1983年,158—159页。
⑦ 宋濂等:《元史》卷一三四《也先不花传》,北京:中华书局,1976年,3266页。

领管着若干必阇赤。而能担当此职的,必然是熟悉畏兀儿文者。因怯烈部与乃蛮部毗邻,所以乃蛮之文字与文化早已传入怯烈部,使怯烈部成为蒙古各部中文化水平较高的一支。

忽必烈继位后,曾多次下令在诏诰典祀中使用回鹘文。《元史·释老传》记载道:"凡施用文字,因用汉楷及畏兀字,以达本朝之言。"①特别是蒙古人开始用这种文字撰写历史著作,进行文学创作,并翻译其他文字的典籍。古老而原始的漠北草原上开始有了文字记录和文字交流活动。蒙古人的读写活动从无到有,由简单到复杂,极大地促进了蒙古国的政治和经济发展,促进了蒙古民族共同体的形成,不仅使蒙古人的文化水平大为提高,而且对整个中华民族文化的发展产生了深远影响。虽然忽必烈于1269年命八思巴创制了蒙古新字,畏兀儿蒙古文不再作为官方文字使用,但由于它在蒙古人和色目人中"习尚既深",所以无论官方还是民间都始终在使用它。经过不断改造和归纳整理,这种文字更加规范和实用,乃至一直沿用到现在。

自蒙古人使用了畏兀儿字后,阅读和写作活动成为蒙古人生活中的重要内容。迄今发现和史籍上记载的畏兀儿蒙古文文献中除了大量的碑铭、印文、书信、敕谕、呈文等属于公文性质的文献外,元朝时期,还用这种文字撰写和翻译了许多著作和典籍,包括诗歌、历史著作、儒家经典和佛经等。这些文献既是蒙古人阅读和写作活动的记录,也是其文明进步和社会发展历程的反映。

蒙古人有一种传统的习惯法,称为"约孙"。成吉思汗建国前后,以这些习惯法为基础,颁行了一系列法律条文,蒙古语称为"札撒",并用蒙古文记录成卷,名为《大札撒》。其内容包括维护汗权、维护游牧社会的等级制度、保护畜牧业经济等,也包括蒙古人的一些传统习俗和迷信禁忌。每逢新汗即位、贵族聚会或出征典礼等事都要诵读《大札撒》条

---

① 宋濂等:《元史》卷二〇二《释老传》,北京:中华书局,1976年,4518页。

文,以示遵行祖制。可以想见,这是一种具有特殊意义的阅读活动。在这里,阅读不仅是在传递信息,而且是一种仪式。虽然是一个人在朗读,众人在聆听,实质上却是一种宣誓性的集体诵读,并且由于它的神圣和崇高而往往具有精神上的震撼和威严。

在蒙古族读写史和文化史上具有重要意义的一件事是蒙古人开始用畏兀儿蒙古文来撰写历史著作。这种著作被当时的蒙古人称为"脱卜赤颜",汉语译为"国史",即蒙古族历史。如文宗至顺三年(1332)五月,"命朵来续为《蒙古脱卜赤颜》一书,置之奎章阁"①。尽管"脱卜赤颜"是皇家秘史,外人不能阅读,因此限制了它的广泛流传,但它作为蒙古人最早和最大规模的文字记录,成为蒙古族最早的历史和文学

《蒙古秘史》

著作,对当时蒙古统治者的阅读、写作以及语言文字的应用和完善起到了积极的促进作用。虽然这些记录没有全部保存下来,但它对蒙古历史的记载和流传起到了非常重要的作用。流传至今的《蒙古秘史》就是其中最重要的一部分。它成书于13世纪中期以前,作者用丰富多彩的文学语言描述了成吉思汗先人的事迹和成吉思汗的生平业绩及其后人的史实,是研究古代蒙古族社会历史文化的最重要文献。

十三四世纪,在蒙古人中流传着许多以歌颂成吉思汗为主题的叙事诗,其中代表性的作品有《征服三百泰亦赤兀惕人的传说》《孤儿传》《箭筒士阿尔嘎聪的传说》和《成吉思汗的两匹骏马》等。其中《成吉思

---

① 宋濂等:《元史》卷三十六《文宗五》,北京:中华书局,1976年,803页。

汗的两匹骏马》已录成书面文字在蒙古高原上广为流传。① 1930年，苏联一位农民在伏尔加河岸边的一个墓中发现了有文字的25张桦树皮，其中有7张13面是用回鹘蒙古文写的诗歌，内容描写的是家乡的母亲和从军的儿子互相思念的心情。学者们认为，它是13世纪蒙古族真正的民间诗歌。还有伯希和也曾在敦煌发现蒙古文诗一篇，是用蒙古文创作的作品，而非译文。② 由此可见，畏兀儿蒙古文已在民间有所普及和应用。普通百姓不仅能阅读它，而且能用它进行文学创作，来表达自己的思想感情。因为普通百姓用不起纸，只能用桦树皮作为写作材料，所以尽管这种材料粗糙和原始，但人们还是很珍视这种文字记录所能表达的思想感情。

崛起于草原朔漠的蒙古族不仅需要用文字来管理社会、记录和传播信息，更需要用它来学习其他民族的先进文化。所以，在蒙古人的阅读史上，用畏兀儿蒙古文翻译的文献典籍在蒙古人的阅读活动中占有很重要的地位，并且极大地提高了蒙古人的文化素质，促进了社会的发展。

元代用畏兀儿文翻译的著作应该有很多，但大多没能保存下来，目前所见仅是其中一小部分，如在我国新疆出土的古希腊《亚历山大传奇》写译本。③ 这种读物，由于是写本，并且是在新疆发现的，所以可以推断它在当时的流传范围很有限。

大德十一年(1307)八月，中书左丞孛罗铁木儿翻译了《孝经》。为此，刚刚即帝位的武宗海山下诏曰："此乃孔子之微言，自王公达于庶民，皆当由是而行。其命中书省刻版模印，诸王而下皆赐之。"④作为儒家的基本经典之一，《孝经》论述的是以孝治身、治官、治国、治天下的道理，宣扬的是封建孝道和宗法思想。蒙古统治者对此书的推崇，

---

① 张炯等：《中华文学通史》第三卷，北京：华艺出版社，1997年，226—239页。
② 潘国允、赵坤娟：《蒙元版刻综录》，呼和浩特：内蒙古大学出版社，1996年，5页。
③ 哈斯额尔敦：《古蒙古语文献概述》，载《民族古籍》，1992年第2期，26—32页。
④ 宋濂等：《元史》卷二十二《武宗一》，北京：中华书局，1976年，486页。

一是说明他们对儒学的认可和赞同,二是反映出他们特别重视儒学阅读的实用性功能,其目的当然是用封建伦理道德来维护其统治地位。所以武宗下令要将它刻版印刷,这也说明它在当时的蒙古人中发行量较大,流传较广,同时也反映出畏兀儿蒙古文在蒙古人特别是蒙古官员、贵族中亦很普及。

为了向蒙古统治者提供历史借鉴,巩固其刚刚建立的政权,畏兀儿学者安藏翻译了《尚书·无逸》《贞观政要·申鉴》和《资治通鉴》等进献于忽必烈。此外,他还翻译了《难经》和《本草》等医学书籍供蒙古贵族阅读。其中的《资治通鉴》译本于至元十九年(1282)由忽必烈下令刊行天下。① 这再次说明,蒙古统治者在对待汉文典籍方面,注重的是其实用性价值。除此之外,还有很多畏兀儿学者将汉文典籍译为畏兀儿文。如阿鄰帖木儿,英宗时,"以旧学日侍左右,陈说祖宗以来及古先哲王嘉言善行。翻译诸经,纪录故实"②。

畏兀儿蒙古文的使用不仅使蒙古人学会了读写,给他们传播了西方文明和东方的汉文化,而且在佛教传播和阅读中发挥了重要作用。尽管蒙古人信仰佛教,并将藏传佛教高僧八思巴封为国师,但由于蒙古人文化落后,教育未兴,具有能阅读梵文、藏文及其他文字佛教经籍者少,所以具有较高文化素养的畏兀儿人以其佛教文化背景和能够学习掌握藏文、梵文及其他文字能力的优势,充当了将藏传佛教向蒙古人传播的中介。大量的佛经经过他们被翻译为畏兀儿蒙古文,成为蒙古人阅读的一个重要来源。如经必阇纳识里之手翻译为畏兀儿蒙古文的佛经就有梵文《大乘庄严宝度经》《乾陀般若经》《大涅槃经》《称赞大乘功德经》,汉文《楞严经》,藏文《不思议禅观经》若干卷。③ 迦鲁纳

---

① 宋濂等:《元史》卷十二《世祖九》,北京:中华书局,1976年,242页。
② 宋濂等:《元史》卷一二四《哈剌亦哈赤北鲁传》,北京:中华书局,1976年,3047页。
③ 宋濂等:《元史》卷二〇二《释老传》,北京:中华书局,1976年,4520页。

答思"以畏兀字译西天、西番经论,既成,进其书,帝命锓版,赐诸王大臣"①。安藏也曾将《圣救度佛母二十一种礼赞经》《华严经》《文殊所说最胜名义经》译为畏兀儿文。此外,畏兀儿知名僧人、翻译家舍蓝蓝用回鹘文书写了《法华经》《金光明经》。还有天历二年(1329)四月,文宗诏以泥金畏兀字书《无量寿佛经》千部。② 如此等等,由畏兀儿人翻译的佛经当远不止这些。

随着蒙古人文化水平的提高,蒙古族中出现了一些通多种语言、谙佛教经典的高僧、学者和翻译家。如搠思吉斡节尔曾从梵文和藏文翻译了许多佛教经典,其中如流传至今的《菩提行经》等。沙剌布僧根从藏文翻译了《金光明经》《佛陀十二行状》等。《菩提行经》和《金光明经》都被收入了蒙古文《丹珠尔》和《甘珠尔》里。还有确吉斡惕斯尔于1305年翻译了印度学者寂无于7世纪创作的梵文作品《入菩提行》,并做了疏解。其内容主要是教导人们如何修心行善成佛。该书于1312年在大都白塔寺木刻印刷了一千册。

元代译自梵文、藏文的著作除佛教经典外,还有一些文学作品。如14世纪初,蒙古族学者索南嘎拉翻译了藏文文学名著《萨迦格言》和《萨迦格言注解》。此后的几个世纪里这部文学名著又有许多不同的蒙古文译本问世,有的被雕版,有的经手抄在蒙古族读者中得到了广泛传播,乃至家喻户晓。还有藏族优秀文学著作《死尸的故事》在14世纪被翻译为蒙古文后,也在蒙古族地区广为流传,并有多种译本问世。

在畏兀儿蒙古文阅读历史上值得提到的是,最晚在13世纪前期畏兀儿文的木活字印刷就已在西北地区使用,③几乎与王桢的木活字印刷术同时。这无疑会极大地提高畏兀儿文印刷的质量和数量,促进读物

---

① 宋濂等:《元史》卷一三四《迦鲁纳答思传》,北京:中华书局,1976年,3260页。
② 宋濂等:《元史》卷三十五《文宗四》,北京:中华书局,1976年,784页。
③ 史金波、雅森·吾守尔:《西夏和回鹘对活字印刷的重要贡献》,载《光明日报》,1997年8月5日。

的传播与阅读。

综上所述,元代畏兀儿蒙古文的阅读既是蒙古人阅读的开始,又为后来的阅读发展奠定了基础。

在蒙古人的初期阅读中,我们还应该注意的是,在塔塔统阿"教太子诸王以畏兀字书国言"之后,到八思巴字颁行以前的这段时间内,蒙古人并不仅仅使用畏兀儿字进行读写和管理朝政,而且也使用了汉字和其他文字。如忽必烈在颁行八思巴字的诏书中说:"我国家肇基朔方,俗尚简古,未遑制作,凡施用文字,因用汉楷及畏兀字,以达本朝之言。"①这说明汉字与畏兀儿字在当时是并用的。

《长春真人西游记》记载了当时丘处机和成吉思汗谈话时,不仅有译者做翻译,而且在成吉思汗左右还有用汉字做记录者。②《蒙鞑备录》里也说:"今二年以来,因金国叛亡降附之臣无地容身,愿为彼用,始教之文书。于金国往来,却用汉字。"③还有中国国家博物馆藏有一块蒙古国时期的"成吉思汗圣旨银牌",牌的两面分别用汉字和畏兀儿蒙古文刻着"天赐成吉思汗皇帝圣旨疾"字样。④ 当时的蒙古国横跨东西,在政治上和军事上都必须和许多国家、许多不同语言系统并使用不同文字的民族发生关系。太宗七年至八年(1235—1236),出使蒙古的南宋使臣徐霆说:"鞑人本无字书,然今之所用则有三种:行于鞑人本国者,则只用小木……行于回回者则用回回字,镇海主之……行于汉人、契丹、女真诸亡国者,只用汉字,移剌楚材主之。"⑤此外,担任

---

① 宋濂等:《元史》卷二〇二《释老传》,北京:中华书局,1976年,4518页。
② 罗常培、蔡美彪:《八思巴字与元代汉语》,北京:科学出版社,1958年,4页。
③ 赵珙:《蒙鞑备录·国号·年号》,见陶宗仪等《说郛三种》卷五十四,上海:上海古籍出版社,1988年,838页。
④ 内蒙古博物馆:《成吉思汗——中国古代北方草原游牧文化》,北京:北京出版社,2004年,236页。
⑤ 彭大雅、徐霆:《黑鞑事略》,东方学会印,1926年,4页。

成吉思汗文书必阇赤的还有女真人粘合重山①、党项人僧吉陀②等。还有最先归附成吉思汗的畏兀儿人，他们所生活的高昌（今新疆吐鲁番东）、北庭（今新疆吉木萨尔北）地区自汉朝以来就属于中原王朝的治所，汉文化的传播已有上千年的历史。受此影响，许多畏兀儿人能阅读汉文书籍，这些人也可能被成吉思汗所用。除此之外，更重要的是，在此期间，一方面，大批蒙古人逐渐南移，有了更多接触汉文化的条件和机会；另一方面，许多汉族儒士，如王鹗、赵璧等，被蒙古统治者召去教蒙古人读儒书。另外，还有大批汉人包括僧人、道士、儒士、工匠等被迁移到漠北，为蒙古人服务。如1235年，窝阔台命汉人工匠建造都城和林（今乌兰巴托附近）。后据1254年到和林访问的法国使臣卢布鲁克的记载，城内有汉人区，有佛寺、道观等。1257年，蒙古外剌部驸马八立托与其妻一悉基公主捐资修建了佛寺释迦院，并以汉文和畏兀儿文刻写了石碑以记述建院过程，同时为蒙哥皇帝祝福。③

根据上述材料，我们可以得出这样的结论：早在成吉思汗建国初期，蒙古人中就已有汉文读者；蒙古国的文书，既使用畏兀儿文，也使用汉文；最初，只有"太子诸王"等贵族中的极少数人在学习并使用汉文，一般的蒙古人仍然在使用着原始的刻木记事方法；蒙古人在入主中原之前，已开始学习汉文，汉文读写已存在于蒙古人中。

还有，当时的蒙古人所指的汉人实际上包含了北方的契丹、女真等民族及其所统治下的汉人，而不专指汉民族。所以当时所说的汉字实际上也包括契丹文和女真文。如在内蒙古赤峰境内出土的成吉思汗圣旨牌，一面为汉字"天赐成吉思汗皇帝圣旨疾"，另一面则为契丹文"走马"二字。④ 由此可见，当时在北方的辽、金旧地，汉字与契丹字

---

① 宋濂等：《元史》卷一四六《粘合重山传》，北京：中华书局，1976年，3466页。
② 宋濂等：《元史》卷一三三《暗伯传》，北京：中华书局，1976年，3237页。
③ 韩儒林：《元朝史》下，北京：人民出版社，1986年，193页。
④ 罗常培、蔡美彪：《八思巴字与元代汉语》，北京：科学出版社，1959年，6页。

是同时使用的。至于女真字是否也在使用,虽找不到实物证据,但根据上述《蒙鞑备录》中所云金国降臣教之文书的记载,也不无可能。

2. 八思巴蒙古文的读写活动

由上述可知,在塔塔统阿之后,八思巴之前,蒙古人既使用着畏兀儿字,也使用着汉字、契丹字,甚至还使用着女真字。这种文字使用上的不统一现象,虽然有助于阅读活动的促进和文化水平的提高,但给刚刚兴起的蒙古统治者带来很多管理方面的弊端。特别是忽必烈入主中原后,新的民族矛盾和阶级矛盾产生,文字使用问题更加突出。忽必烈最初依靠汉人书记官,但他们通常用文言文书写,而忽必烈强迫他们用白话书写。因为他觉得采纳文言文意味着文化上对汉人的屈从,而白话对蒙古人来说更容易学习。大部分宫廷文件最初是用蒙古文书写的,其中一部分要被译成白话汉语。但由于畏兀儿蒙古文不能准确地记录蒙古语言的语音,而且也难以准确地记录汉语,因此它不能实现忽必烈推广这种官方文字的计划,这是其一。其二,蒙古皇室以少数民族统治中国,虽然在文化上不能不尊崇孔子和儒学,争取汉族儒士参与国家的管理,但又不愿造成儒学在文化教育上的绝对优势地位,从而使蒙古民族性削弱。所以,为了能够实现对这一多民族国家的统治,并能突显蒙古民族的主体地位,蒙古统治者迫切地需要一种新文字来有效地掌握政权,巩固统治。这种文字既能拼写蒙古语,也能拼写汉语及其他语言。于是在忽必烈的支持下,藏族学者八思巴就担负并完成了这个使命。

八思巴(1239—1280)是西藏萨迦派佛教的第五代法祖,十岁出家,法名慧幢。1253 年,15 岁的八思巴"谒世祖于潜邸,与语大悦,日见亲礼"[1]。1258 年,释道二家辩论《老子化胡经》真伪。八思巴代表释家驳倒了道家。中统元年(1260),忽必烈即帝位,封八思巴为国师,

---

[1] 宋濂等:《元史》卷二〇二《释老传》,北京:中华书局,1976 年,4517—4518 页。

赐玉印，命其统领天下释教，并命他制作蒙古字。至元六年(1269)二月，新字成，元世祖忽必烈"诏以新制蒙古字颁行天下"①。八思巴所创制的蒙古新字是依据藏文字母，参照蒙古语音和汉语语音并仿汉文方体字形加以改造，制成的40多个字母，用以拼写蒙古、汉、藏及其他各族语言。对于这种新制蒙古字的意义和作用，忽必烈在诏书中说：

> 朕惟字以书言，言以纪事，此古今之通制。我国家肇基朔方，俗尚简古，未遑制作，凡施用文字，因用汉楷及畏兀字，以达本朝之言。考诸辽、金，以及遐方诸国，例各有字，今文治浸兴，而字书有阙，于一代制度，实为未备。故特命国师八思巴创为蒙古新字，译写一切文字，期于顺言达事而已。自今以往，凡有玺书颁降者，并用蒙古新字，仍各以其国字副之。②

八思巴新制的蒙古字从此成了官方法定的文字。新字颁行的第二年(1270)又改称蒙古国字。此后，凡诏敕及诸王后妃令旨、印信、牌符文字，省、部、台、院的奏章及行移文书事项等，规定都要用蒙古字书写。"敕自今并以国字书宣命。"③"敕宗庙祭祀祝文，书以国字。"④为此，中央置蒙古翰林院，各机关都设了蒙古必阇赤（书记官）。大都设蒙古国子学，选蒙汉官员子孙弟侄俊秀者入学。诸王位下，各蒙古千户及各路均设蒙古字学校和教授，用蒙古字译《通鉴节要》等典籍作为教材推广使用。在地方上，蒙古字学也成为必修课。如此等等，自上而下，形成了一种学习蒙古字的风气。特别是皇子皇孙们为了具备将来执政的基本条件，更是从小就学习蒙古国字。这除了在史料中有许多记载外，文学作品中亦对其有所描绘。如张昱《宫中词》：

---

① 宋濂等：《元史》卷六《世祖三》，北京：中华书局，1976年，121页。
② 宋濂等：《元史》卷二〇二《释老传》，北京：中华书局，1976年，4518页。
③ 宋濂等：《元史》卷八《世祖五》，北京：中华书局，1976年，147页。
④ 宋濂等：《元史》卷七《世祖四》，北京：中华书局，1976年，131页。

裹头保母性温存，不敢移身出后门。

寻得描金龙凤纸，学摹国字教皇孙。①

为了推行蒙古字，官方采取了"免一身差役"或"约量授以官职"等政策来吸引蒙汉子弟学习。所以，学习蒙古字便成为当时知识分子的"进仕之途"，乃至汉人、南人官员的子孙弟侄也有进入蒙古国子学学习者。如至元年间刊刻的蒙古字《百家姓·序》中所言："今王化近古，风俗还淳，蒙古之学，设为专门。初学能复熟此编，亦可以为入仕之捷径云。"②由此可见，当时只要能够背熟八思巴文《百家姓》，就具备了进仕之条件。不过，从阅读的角度来看，这只能算是一种识字性的学习。

然而，蒙古统治者的有关推行蒙古字的规定实际上并未能彻底实行，特别是在颁布的初期，人们的学习积极性并不是很高，汉人子弟中，不学者还很普遍。如至元九年（1272）七月，"和礼霍孙奏：'蒙古字设国子学，而汉官子弟未有学者，及官府文移犹有畏兀字。'诏自今凡诏令并以蒙古字行，仍遣百官子弟入学"③。由此也可见，畏兀儿蒙古文虽没有像八思巴文这样作为国字被三令五申地规定施行，但官府老吏们仍然习惯于使用它，乃至直到至元二十一年（1284）五月，忽必烈还在重申"奏目及文册，皆不许用畏兀字，其宣命、

八思巴文《百家姓》

---

① 张昱：《宫中词》，见顾嗣立《元诗选》初集三，北京：中华书局，1987年，2070页。
② 罗常培、蔡美彪：《八思巴字与元代汉语》，北京：科学出版社，1959年，59页。
③ 宋濂等：《元史》卷七《世祖四》，北京：中华书局，1976年，142页。

劄付并用蒙古书"①。这除了说明畏兀儿蒙古字一直还在官方和民间使用,有着顽强的生命力和深厚的社会基础外,也反映了八思巴蒙古字在忽必烈这一朝只有极少数上层官员能够掌握,许多官吏还不能习用。实际上,在八思巴文产生后,畏兀儿文虽不再是官方文字,但官方仍在使用。因为无论是在西域还是在内地,畏兀儿文都有着深厚的社会基础和众多的使用者。元朝政府不能不考虑这个情况。例如,至元十八年(1281)四月,元朝政府就刊行了畏兀儿蒙古文《资治通鉴》。②"然当时赐蒙兀色目诸臣以《通鉴》诸书,仍用畏兀字转译,诚以习尚既深,非是莫能通晓。"③另外,忽必烈时,也使用了畏兀儿人任必阇赤。如唐骥曾任裕宗潜邸必阇赤④,康里人明里帖木儿,曾任忽必烈必阇赤⑤。

从忽必烈朝末期以后,八思巴字的读写活动才逐渐有所推行。从现存的八思巴字碑刻来看,以成宗以后各朝为多。到至顺三年(1331)四月,文宗"命奎章阁学士院以国字译《贞观政要》,锓版模印,以赐百官"⑥。这时的八思巴蒙古字应用范围已有所扩大。所用的习字课本,除最初的《通鉴节要》和蒙汉对照《百家姓》外,后来又有《朵目》《贯通集》《联珠集》《选玉集》等流传于社会。同时,也出现了《蒙古字韵》《蒙古韵编》和《华夏同音》等字书,反映着八思巴字在不断地规范和成熟。

然而,尽管元朝统治者发布了一系列"圣旨",采取了多种措施来推行八思巴字,但它从未取代畏兀儿蒙古文和汉字,也始终未能普及

---

① 宋濂等:《元史》卷十三《世祖十》,北京:中华书局,1976年,266页。
② 宋濂等:《元史》卷十二《世祖九》,北京:中华书局,1976年,242页。
③ 屠寄:《蒙兀儿史记》卷四十五·列传第二十七,北京:中国书店,1984年,351页。
④ 宋濂等:《元史》卷一三四《唐仁祖传》,北京:中华书局,1976年,3253页。
⑤ 宋濂等:《元史》卷一三四《斡罗思传》,北京:中华书局,1976年,3263页。
⑥ 宋濂等:《元史》卷三十六《文宗五》,北京:中华书局,1976年,803页。

开来。保存下来的八思巴文读物极少,只在一些印章、铜钱、纸币、瓷器和一些敕令及佛教读物中发现这种文字。由此可推断,八思巴文的阅读活动在当时非常有限。而汉字和畏兀儿蒙古文一直保持着优势。随着元朝的灭亡,八思巴蒙古字渐渐地被废弃,变成了死文字。尽管如此,这也是中国阅读史上值得提到的一段往事。

关于蒙古文读物,除上述之外,史书中记载的有关阅读活动还有以下一些:窝阔台时,当蒙古军攻下汴梁后,耶律楚材召名儒梁陟、王万庆、赵著等直译"九经",进讲东宫;①至元元年(1264),忽必烈"敕选儒士编修国史,译写经书,起馆舍,给俸以赡之"②;赵璧也曾用"国语"翻译了《论语》《大学》《中庸》《孟子》《大学衍义》等书;③相威翻译了《资治通鉴》;④成宗时,兀都带等进所译太宗、宪宗、世祖三朝实录;⑤仁宗时,察罕译《贞观政要》《帝范》《圣武开天纪》《纪年纂要》《太宗平金始末》等;⑥元明善节译《尚书》;⑦忽都鲁都儿迷失等译《大学衍义》;⑧英宗时,马祖常译《皇图大训》《承华事略》为蒙古文;⑨忽都鲁都儿迷失再译《大学衍义》;⑩泰定三年(1326),曹元用也将《贞观政要》译为"国语";⑪等等。

上述这些被译为"国语"或蒙古文的著作,是指涉及畏兀儿蒙古文,还是涉及八思巴蒙古文,从史料中看不出来。但从两种文字的流

---

① 宋濂等:《元史》卷一四六《耶律楚材传》,北京:中华书局,1976年,3459页。
② 宋濂等:《元史》卷五《世祖二》,北京:中华书局,1976年,96页。
③ 虞集:《道园学古录》卷十二《中书平章政事赵璧》,四部备要本,上海:中华书局,1937年,99页。
④ 宋濂等:《元史》卷一二八《相威传》,北京:中华书局,1976年,3131页。
⑤ 宋濂等:《元史》卷十九《成宗二》,北京:中华书局,1976年,407页。
⑥ 宋濂等:《元史》卷一三七《察罕传》,北京:中华书局,1976年,3311页。
⑦ 宋濂等:《元史》卷一八一《元明善传》,北京:中华书局,1976年,4172页。
⑧ 宋濂等:《元史》卷二十六《仁宗三》,北京:中华书局,1976年,578页。
⑨ 宋濂等:《元史》卷一四三《马祖常传》,北京:中华书局,1976年,3413页。
⑩ 宋濂等:《元史》卷二十七《英宗一》,北京:中华书局,1976年,608页。
⑪ 宋濂等:《元史》卷一七二《曹元用传》,北京:中华书局,1976年,4028页。

行程度看,似为畏兀儿蒙古文。

二、宫廷阅读

宫廷阅读主要指皇帝、太子及皇后们的阅读活动。

1. 皇帝阅读

在成吉思汗统一蒙古高原,建立蒙古国后,他使用了许多精通汉文、畏兀儿文及其他文字的文士和学者,如耶律楚材、塔塔统阿、粘合重山、僧吉陀等。然而,成吉思汗以及后来继承了其大汗位的窝阔台、贵由、蒙哥是否从这些文士学会了阅读汉文或畏兀儿文,以及他们读过什么书籍,已无从考察。

在忽必烈出生之后,畏兀儿蒙古文已成为蒙古国的官方文字而广泛流行开来。所以忽必烈应该是懂畏兀儿蒙古文的。后来,虽然他受到了汉文化的熏染,并且热心于学习汉文化,但他似乎并没有学会汉文,所以也看不到他曾有过汉文阅读活动的记载。但他对汉文化的尊重,却有利于元初儒学阅读的恢复和发展。

忽必烈最早接触儒学是 1242 年经过海云禅师的介绍,他结识了佛儒兼通、博学多艺的刘秉忠。1244 年,他又召见云中儒士赵璧,呼之为秀才,发给其薪水,命后制衣赐之,宠遇无与为比。忽必烈令"蒙古生十人,从璧受儒书。敕璧习国语,译《大学衍义》,时从马上听璧陈说,辞旨明贯,世祖嘉之"①。此外,他还命赵璧"驰驿四方,聘名士王鹗等"②。此后,忽必烈不断召见儒士并问以治道。特别是他受命掌管漠南汉地以后,进一步延揽儒士,如元好问、张德辉、张文谦、窦默等。直到定都燕京(今北京)后,他的身边逐渐形成了一个庞大的儒士

---

① 宋濂等:《元史》卷一五九《赵璧传》,北京:中华书局,1976 年,3747 页。
② 宋濂等:《元史》卷一五九《赵璧传》,北京:中华书局,1976 年,3747 页。

顾问群体。

然而，虽然忽必烈热心于汉文化的学习，但由于他不懂汉文而无法直接阅读汉文典籍，所以只能由儒士们向他讲读或将之译为蒙古文。如王鹗被召至漠北后，经常向忽必烈"进讲《孝经》《书》《易》，及齐家治国之道，古今事物之变，每夜分，乃罢。世祖曰：'我虽未能即行汝言，安知异日不能行之耶。'"①中统四年（1263），忽必烈"问尧、舜、禹、汤为君之道，大臣徐世隆取《书》所载帝王事以对，帝喜曰：'汝为朕直解进读，我将听之。'书成，帝命翰林承旨安藏译写以进"②。由于忽必烈"留意经学"，所以，"商挺与姚枢、窦默、王鹗、杨果纂《五经要语》凡二十八类以进"③。翰林待制王思廉经常向忽必烈及皇后、大臣进读《资治通鉴》。④ 还有，至元五年（1268）十月，忽必烈敕从臣秃忽思等录《毛诗》《孟子》《论语》。⑤

然而，忽必烈毕竟来自文化落后的草原朔漠，受其文化背景的影响和出于统治者自身的利益，他所考虑的只是阅读活动的实用性，所以就特别留意经史的经世致用价值，而认识不到文学阅读的文化意义和审美性。如忽必烈曾问枢密院赵良弼："汉人惟务课赋吟诗，将何用焉！"赵良弼对曰："此非学者之病，在国家所尚何如耳。尚诗赋，则人必从之，尚经学，则人亦从之。"⑥大臣董文忠也对忽必烈说："陛下每言：士不治经讲孔孟之道而为诗赋，何关修身，何益治国！"⑦还有一次，忽必烈问侍臣，廉希宪在家干什么，侍臣说廉希宪在家读书。忽必

---

① 宋濂等：《元史》卷一六〇《王鹗传》，北京：中华书局，1976年，3756页。
② 宋濂等：《元史》卷一六〇《徐世隆传》，北京：中华书局，1976年，3769页。
③ 宋濂等：《元史》卷一五九《商挺传》，北京：中华书局，1976年，3740页。
④ 宋濂等：《元史》卷一六〇《王思廉传》，北京：中华书局，1976年，3765页。
⑤ 宋濂等：《元史》卷六《世祖三》，北京：中华书局，1976年，120页。
⑥ 宋濂等：《元史》卷一五九《赵良弼传》，北京：中华书局，1976年，3746页。
⑦ 宋濂等：《元史》卷一四八《董俊传》，北京：中华书局，1976年，3502页。

烈说:"读书固朕所教,然读之而不肯用,多读何为。"①忽必烈在阅读观念上的这种局限性,是其不懂汉文,汉文化修养有限造成的。他不能直接阅读汉文,自然也就体会不到包括诗赋在内的汉文阅读的愉悦性和美感性。

当然,元代的皇帝不只是忽必烈不懂汉文,其他也多数不懂。他们都要求儒臣将汉文译为蒙古文或直接由儒臣讲读给他们听。如大德元年(1297),平章政事不忽木为成宗铁穆耳翻译李元礼关于少建佛寺的上疏,并读给他听。② 同年,成宗幸柳林,命焦养直进讲《资治通鉴》。③

武宗海山在阅读方面所做的一件重要事情是,大德十一年(1307),中书左丞孛罗铁木儿以国字译《孝经》进,海山下诏曰:"此乃孔子之微言,自王公达于庶民,皆当由是而行。其命中书省刻版模印,诸王而下皆赐之。"④

仁宗爱育黎拔力八达是元朝受汉文化影响较深的一位皇帝。他嗜读书,知史事,尤悉蒙古史。⑤ 他曾受教于名士李孟十余年,读了不少儒家典籍。他也十分重视经史阅读的经世致用价值。即位不久,他就命翰林直学士元明善"节《尚书》经文,译其关政要者以进……书成,每奏一篇,帝必称善,曰:'二帝三王之道,非卿莫闻也。'"⑥至大四年(1311)六月,仁宗读《贞观政要》,他对翰林侍讲阿邻帖木儿说:"此书有益于国家,其译以国语刊行,俾蒙古、色目人诵习之。"⑦不仅如此,他在阅读中也善于思考,并能将所读所思运用于实践。如有一次,他读《贞观政要》,大臣朵儿只侍侧,他问朵儿只:"魏征古之遗直也,朕安

---

① 宋濂等:《元史》卷一二六《廉希宪传》,北京:中华书局,1976年,3092页。
② 宋濂等:《元史》卷一七六《李元礼传》,北京:中华书局,1976年,4103页。
③ 宋濂等:《元史》卷一六四《焦养直传》,北京:中华书局,1976年,3859页。
④ 宋濂等:《元史》卷二十二《武宗一》,北京:中华书局,1976年,486页。
⑤ 多桑:《多桑蒙古史》,冯承钧译,上海:上海书店出版社,2003年,333页。
⑥ 宋濂等:《元史》卷一八一《元明善传》,北京:中华书局,1976年,4172页。
⑦ 宋濂等:《元史》卷二十四《仁宗一》,北京:中华书局,1976年,544页。

得用之？"朵儿只对曰："直由太宗，太宗不听，征虽直，将焉用之！"仁宗笑曰："卿意在纳璘耶？当赦之，以成尔直名也。"①除了《贞观政要》外，仁宗也喜欢宋儒真德秀之《大学衍义》。如大德十一年（1307），仁宗为皇太子，时有进《大学衍义》者，仁宗命詹事王约等节而译之，并说："治天下，此一书足矣。"因命与《图像孝经》《列女传》并刊行，赐臣下。② 在他当皇帝以后的延祐四年（1317年）四月，翰林学士承旨忽都鲁都儿迷失、刘赓等译《大学衍义》以进。仁宗读完后对群臣曰："《大学衍义》议论甚嘉，其令翰林学士阿邻帖木儿译以国语。"③延祐五年（1318年）九月，仁宗又以浙江省所印《大学衍义》五十部赐朝臣。④ 还有皇庆五年（1316年）五月，仁宗赐敬俨"《大学衍义》及所服犀带"⑤。由此可见仁宗对《大学衍义》的偏爱。此外，仁宗还"以《资治通鉴》载前代兴亡治乱，命集贤学士忽都鲁都儿迷失及李孟择其切要者译写以进"⑥。

英宗硕德八剌是仁宗的长子，生在今河南沁阳，自幼受儒学教育，熟悉汉族封建文化，亦能吟诗作赋。与仁宗一样，英宗也十分看重《大学衍义》的经世致用价值。延祐七年（1320）十二月，翰林学士忽都鲁都儿迷失再次译《大学衍义》，英宗曰："修身治国，无逾此书。"并赐钞五万贯，以《大学衍义》印本颁赐群臣。⑦

泰定帝也孙铁木儿在位期间，在阅读方面所做的一件大事是恢复经筵制度。经筵是中国古代皇帝为学习经、史典籍而特设的御前讲席，是儒家传播其思想文化的一种方式，一般由著名学者或儒士向皇

---

① 宋濂等：《元史》卷一七九《杨朵儿只传》，北京：中华书局，1976年，4153页。
② 宋濂等：《元史》卷二十四《仁宗一》，北京：中华书局，1976年，536页。
③ 宋濂等：《元史》卷二十六《仁宗三》，北京：中华书局，1976年，578页。
④ 宋濂等：《元史》卷二十六《仁宗三》，北京：中华书局，1976年，586页。
⑤ 宋濂等：《元史》卷一七五《敬俨传》，北京：中华书局，1976年，4095页。
⑥ 宋濂等：《元史》卷二十五《仁宗二》，北京：中华书局，1976年，565页。
⑦ 宋濂等：《元史》卷二十七《英宗一》，北京：中华书局，1976年，608页。

帝讲解经典要义,并进行与日常事务有关的咨询。

虽然忽必烈之后也经常举行这种活动(如上所述的种种进讲活动),但经筵制度在元朝还没有正式恢复。泰定元年(1324)二月,"江浙行省左丞赵简,请开经筵及择师傅,令太子及诸王大臣子孙受学,遂命平章政事张珪、翰林学士承旨忽都鲁都儿迷失、学士吴澄、集贤直学士邓文原,以《帝范》《资治通鉴》《大学衍义》《贞观政要》等书进讲,复敕右丞相也先铁木儿领之"①。由于泰定帝不懂汉文,所以学者们只能通过翻译向他讲解经典。如"泰定元年春,皇帝始御经筵,皆以国语所说书而进读"②。

除上述之外,先后担任过元朝经筵官的人还有很多,如王结、虞集、曹元用、阿鲁威、朵尔直班、巎巎、赵世延、苏天爵、吴秉道、段辅、马祖常、燕赤、李术鲁翀、吕思诚、亦怜真班、伯家奴、成遵、众家奴、扎撒兀孙、乌古孙良桢、许师敬、买驴、月鲁不花、贾鲁、脱脱、帖理帖木儿、哈麻、搠思监、李稷、许有壬、悟良哈台、雅普化、阿吉剌、别尔怯不花、牙不花、阿鲁佛住、铁木尔塔识、达识帖睦迩③等。这些文士中不仅有汉族人和女真人,亦有蒙古人和色目人,他们都应是精通蒙古文、汉文,儒学修养深厚的杰出读者和学者。如西夏人亦怜真班"经筵进讲必详必慎,故每读译文必被嘉纳"④。康里人巎巎,文宗时,"尝以圣贤格言讲诵帝侧,裨益良多"。顺帝时,"侍经筵,日劝帝务学,帝辄就之习授,欲宠以师礼,力辞不可。凡'四书''六经'所载治道,为帝绅绎而言,必使辞达,感动帝衷,敷畅旨意而后已"⑤。虞集在经筵,取经史中

---

① 宋濂等:《元史》卷二十九《泰定帝一》,北京:中华书局,1976年,644页。
② 虞集:《道园学古录》卷十一《书赵学士简经筵奏议后》,四部备要本,上海:中华书局,1937年,94页。
③ 见《元史》本纪和各传。
④ 宋濂等:《元史》卷一四五《亦怜真班传》,北京:中华书局,1976年,3446页。
⑤ 宋濂等:《元史》卷一四三《巎巎传》,北京:中华书局,1976年,3414页。

有益于心德治道者,用国语、汉文两进读。译润之际,务为明白,数日乃成一篇。① 女真人乌古孙良桢则向泰定帝提出经筵的改进意见:"今经筵多领以职事臣,数日一进讲,不渝数刻已罢,而嬖御小臣,恒侍左右,何益于盛德哉。臣愿招延儒臣若许衡者数人,置于禁密,常以唐、虞、三代之道,启沃宸衷,日新其德,实万世无疆之福也。"②

经筵所讲读的内容除儒家经典外,还有学者们自己编写的有利于资政的读物。如泰定二年(1325)七月,"纽泽、许师敬编类《帝训》成,请于经筵进讲,仍俾皇太子观览,有旨译其书以进"③。泰定三年(1326)七月,泰定帝诏翰林侍讲学士阿鲁威、燕赤译《世祖圣训》,以备经筵进讲。④ 另外,马祖常翻译和编纂的《皇图大训》《承华事略》《列后金鉴》《千秋记略》⑤等也都是供宫廷贵族阅读的读物。尽管经筵所讲读的经典有限,但它作为元代皇帝阅读、学习的一种重要方式,对元代皇帝及其他大臣文化素质和执政能力的提高无疑会产生积极的影响。

文宗图帖睦尔从小在汉地长大,并在江南生活过较长时间,是元代皇帝中汉文化造诣较高的一位。他本人不但能阅读经史典籍,而且喜欢吟诗作赋。他极力推行儒学发展,即位不久就创设了奎章阁学士院,以"进经史之书,考帝王之治"。它的具体职责是向皇帝进讲儒家经典和汉文史籍,教育贵族子孙和年轻怯薛成员,收集和编校书籍,对皇室所藏书画作品进行鉴定和分类。如虞集向文宗所言:"陛下出独见,建奎章阁,览书籍,置学士员,以备顾问。"⑥由此可见奎章阁学士

---

① 宋濂等:《元史》卷一八一《虞集传》,北京:中华书局,1976年,4176—4177页。
② 宋濂等:《元史》卷一八七《乌古孙良桢传》,北京:中华书局,1976年,4288页。
③ 宋濂等:《元史》卷二十九《泰定帝一》,北京:中华书局,1976年,657—658页。
④ 宋濂等:《元史》卷三十《泰定帝二》,北京:中华书局,1976年,671页。
⑤ 宋濂等:《元史》卷一四三《马祖常传》,北京:中华书局,1976年,3413页。
⑥ 宋濂等:《元史》卷一八一《虞集传》,北京:中华书局,1976年,4178页。

院是一个专门进行读书、研究和咨询,为最高统治者提供文化教育服务的机构。

在奎章阁学士院任职的官员中,有许多著名的汉族学者,如虞集、许有壬、揭傒斯、宋本、欧阳玄、苏天爵和柯九思等,此外还有蒙古人和色目人如忽都鲁都儿迷失、阿邻帖木儿、达识帖睦尔、撒迪、阿吉剌、巙巙、赵世延等。学士院翻译、编辑出版了一些著作,如致顺三年(1332)四月,文宗命奎章阁学士院以国字译《贞观政要》,并锓版模印,以赐百官。① 还有著名的《经世大典》,它由赵世延和虞集负责编纂,历时一年完成,共880卷,模仿唐、宋《会要》体例编排,汇集元代所有重要的官方资料,并将许多秘不示汉人的蒙古文资料译为汉文,为后来的历史研究和著述提供了大量的基本资料。

顺帝妥懽帖睦尔是元代的最后一位皇帝,在位36年,他是汉化程度较深的一位皇帝。顺帝在位期间,虽然是民族矛盾和阶级矛盾日益加剧的时期,但还是修撰了辽、金、宋三史,并颁布了《至正条格》。一次他到宣文阁(职能与奎章阁相同)视察,时为宣文阁学士、辽、金、宋三史都总裁官的脱脱上前奏曰:"陛下临御以来,天下无事,宜留心圣学。颇闻左右多沮挠者,设使经史不足观,世祖岂以是教裕皇哉?"于是,"秘书监取裕宗所授书以进,帝大悦"②。由此可见,虽然元朝已建立近百年,但在蒙古官员中反对读儒家经典、学习汉文化者仍然大有人在。尽管这样,顺帝还是接受了脱脱的建议,并且很愿意阅读忽必烈之子裕宗曾读过的经史典籍。此外,他也十分关心官员们的读书学习,如至正六年(1346)四月,顺帝"命左右二司、六部吏属于午后讲习经史"③。

---

① 宋濂等:《元史》卷三十六《文宗五》,北京:中华书局,1976年,803页。
② 宋濂等:《元史》卷一三八《脱脱传》,北京:中华书局,1976年,3344页。
③ 宋濂等:《元史》卷四十一《顺帝四》,北京:中华书局,1976年,875页。

2. 皇后及太子们的阅读

在元朝的皇后中,亦有许多喜欢读书学习,颇有贤行者,如顺帝完者忽都皇后奇氏,高丽人。"后无事,则取《女孝经》、史书,访问历代皇后之有贤行者为法。"①

像其他王朝一样,元代的皇帝也非常重视太子们的读书学习。如前所述,早在蒙古人攻下乃蛮国后,成吉思汗就命塔塔统阿"教太子诸王以畏兀字书国言"。此后,成吉思汗的儿孙们就一直享受着良好的读写文化教育,养成了读书习惯,为他们后来从政治国提供了必要的知识和能力储备。

为指导太子和诸王读书学习,皇帝们专门聘请儒士讲读于宫中。如窝阔台时,耶律楚材召名儒梁陟、王万庆、赵著等直译"九经"、进讲东宫。② 元朝在东宫官属中设有太子文学、太子谕德、太子赞善等。如王恂,世祖召见于六盘山,命辅导裕宗,为太子伴读,后又擢太子赞善。③ 仁宗在东宫时,尚野、元明善都曾任太子文学,指导仁宗读书,多所裨益。④ 徽仁裕圣皇后求名儒辅导武宗、仁宗,名士李孟被荐为太子师傅。李孟"日陈善言正道,多所进益。成宗闻而嘉之,诏授太常少卿"⑤。大德七年(1303),焦养直被"诏傅太子于宫中,启沃诚至……十一年,升太子谕德"⑥。至正九年(1349)七月,顺帝"诏命太子爱猷识理达腊习学汉人文书,以李好文为谕德,归旸为赞善,张冲为文学"⑦。此外,白栋、李谦、宋道、曹元用也曾长期讲读于东宫,指导太子们读书学习。

---

① 宋濂等:《元史》卷一一四《后妃一》,北京:中华书局,1976年,2880页。
② 宋濂等:《元史》卷一四六《耶律楚材传》,北京:中华书局,1976年,3459页。
③ 宋濂等:《元史》卷一六四《王恂传》,北京:中华书局,1976年,3844页。
④ 宋濂等:《元史》卷一六四《尚野传》,北京:中华书局,1976年,3861页。
⑤ 宋濂等:《元史》卷一七五《李孟传》,北京:中华书局,1976年,4084页。
⑥ 宋濂等:《元史》卷一六四《焦养直传》,北京:中华书局,1976年,3859页。
⑦ 宋濂等:《元史》卷四十二《顺帝五》,北京:中华书局,1976年,886页。

至正九年(1349)，顺帝为加强太子们的读书学习，专门开设了端本堂，以使他们就读。顺帝"命皇太子爱猷识理达腊自是日为始入端本堂肄业。命脱脱领端本堂事，司徒雅普化知端本堂事。端本堂虚中座，以俟至尊临幸，太子与师傅分东西向坐授书，其下僚属以次列坐"①。陶宗仪在《南村辍耕录》中有几则关于太子在端本堂读书的记载。一则记载道："皇太子方在端本堂读书，近侍之尝以飞放从者，辄臂鹰至廊庑间，喧呼驰逐，以惑乱之，将勾引出游为乐。太子授业毕，徐令左右戒之曰：'此读书之所，先生长者在前，汝辈安敢亵狎如此。急引去，毋召责也。'众皆惊惧而退。"②这反映了太子在端本堂认真读书，心无旁骛的情景。另一则记载道：有一天，太子正在端本堂读书，帝师进来说："太子学佛法顿觉开悟，今乃受孔子之教，恐损太子真性。"太后反驳道："我虽居深宫，不知道德，尝闻自古及今，治天下者，须用孔子之道，舍此它求，即为异端。佛法虽好，乃余事耳，不可以治天下。安可使太子不读书？"帝师报服而退。③

为了便于太子阅读儒家经典，懂得为政之道，翰林学士兼太子谕德李好文以《孝经》《大学》《论语》《孟子》《中庸》为基本经典，"摘其要略，释以经义，又取史传，及先儒论说，有关治体而协经旨者，加以所见，仿真德秀《大学衍义》之例，为书十一卷，名曰《端本堂经训要义》，奉表以进，诏付端本堂，令太子习焉"④。他还搜集历代帝王故事，将其分为圣慧、孝友、恭俭、圣学四个方面，成106篇，专供太子在闲暇时阅读。此外，他还以历史上治乱兴废、前代帝王是非善恶为经验教训，编辑成《大宝录》和《大宝龟鉴》⑤供太子和皇上阅读。太子所读文字

---

① 宋濂等：《元史》卷四十二《顺帝五》，北京：中华书局，1976年，887页。
② 陶宗仪：《南村辍耕录》卷二《端本堂》，四部丛刊缩印本，上海：上海书店，1985年，2—3页。
③ 陶宗仪：《南村辍耕录》卷二《端本堂》，四部丛刊缩印本，上海：上海书店，1985年，2页。
④ 宋濂等：《元史》卷一八三《李好文传》，北京：中华书局，1976年，4218页。
⑤ 宋濂等：《元史》卷一八三《李好文传》，北京：中华书局，1976年，4218页。

除汉文和蒙古文外,亦有其他文字,如至正八年(1348)二月,顺帝命太子爱猷识理达腊习读畏兀儿文字。①

元代太子中也有一些好读善思者。如忽必烈之子裕宗真金就是其中杰出的一位。真金作为忽必烈的继承人,自然会受到忽必烈的格外重视。忽必烈指定姚枢、窦默和王恂作为真金的老师,辅导其读书学习。于是,真金"少从姚枢、窦默受《孝经》,及终卷,世祖大悦,设食飨枢等"②。真金被立为太子后,"每与诸王近臣习射之暇,辄讲论经典,若《资治通鉴》《贞观政要》,王恂、许衡所述辽、金帝王行事要略,下至《武经》等书,从容片言之间,苟有允惬,未尝不为之洒然改容。时侍经幄者,如王恂、白栋皆朝夕不出东宫,而待制李谦、太常宋衟尤加咨访,盖无间也"③。为使真金在伦理道德、文化素质和执政能力方面得到全面提高,按察副使王恽进《承华事略》,其内容有广孝、立爱、端本、进学、择术、谨习、听政、达聪、抚军、崇儒、亲贤、去邪、纳诲、几谏、从谏、推恩、尚俭、戒逸、知贤、审官,凡20篇。"裕宗览之,至汉成帝不绝驰道,唐肃宗改服绛纱为朱明服,心甚喜,曰:'我若遇是礼,亦当如是。'……令诸皇孙传观,称其书弘益居多。"④此外,裕宗也接触了宗教知识,如八思巴为向他传授佛教,特意写了《彰所知论》,这成为他接触佛教的入门读物。

裕宗因为颇爱读书,所以十分重视对汉文的阅读。至元二十二年(1285),中庶子伯必令其子阿八赤入蒙古国子学。第二年,时为太子的裕宗问阿八赤读何书,阿八赤以蒙古书对,裕宗曰:"我命汝学汉人文字耳,其亟入胄监。"⑤

---

① 宋濂等:《元史》卷四十一《顺帝四》,北京:中华书局,1976年,881页。
② 宋濂等:《元史》卷一一五《裕宗传》,北京:中华书局,1976年,2888页。
③ 宋濂等:《元史》卷一一五《裕宗传》,北京:中华书局,1976年,2889页。
④ 宋濂等:《元史》卷一六七《王恽传》,北京:中华书局,1976年,3934页。
⑤ 宋濂等:《元史》卷一一五《裕宗传》,北京:中华书局,1976年,2891页。

裕宗长子显宗甘麻剌，在其父影响下也非常热爱读书学习。如至元中，甘麻剌奉旨镇守北部边界，"抚循部曲之暇，则命也灭坚以国语讲《通鉴》"①。

当然，像裕宗这样热爱读书、学习汉文化的太子毕竟还是少数。多数蒙古贵族只知道享用中原的物质财富，役使汉人和回回人为自己服务，而不愿意学习比较艰深的汉文化。

三、蒙古人中的读书世家及其阅读特点

如前所述，蒙古人早在灭乃蛮国之前就已接触到了畏兀儿文，因此，我们不能排除当时在蒙古族民间已有人能用畏兀儿文阅读和写作了。在蒙古人灭乃蛮后，成吉思汗命太子诸王学习畏兀儿文，于是就产生了第一批贵族读者。这些民间的和贵族的读者在元代的政治、经济和文化发展中发挥了重要作用。他们是蒙古人中的最早阅读者，蒙古读者及其阅读活动就是从他们开始出现和发展的。特别是在这个过程中出现的读书世家，以及这些家庭中产生的文人和学者，他们既是蒙古读者群中的核心，又对蒙古读者群体的形成与发展起着引导和推动作用。

蒙古怯烈部人昔剌斡忽勒，曾任成吉思汗必阇赤长，其孙也先不花亦任忽必烈必阇赤长。忽必烈曾命他指导裕宗读书学习，并称赞他"端方明信，闲习典故，尔每事问之，必不使尔为不善也"②。由此可见，这是一个早已受到畏兀儿及汉文化影响，并且是蒙古人中最早开始阅读活动的文化世家。

开国功臣木华黎，由于其显赫的功勋和其家庭与汉地长期的密切

---

① 宋濂等：《元史》卷一一五《显宗传》，北京：中华书局，1976年，2893页。
② 宋濂等：《元史》卷一三四《也先不花传》，北京：中华书局，1976年，3267页。

关系,为其后代创造了优越的读书条件,所以其后代中产生了不少优秀的读者。如四代孙安童自幼即得到名儒许衡辅导。许衡评价他聪敏、有主见,"告以古人所言,悉能领解"①。我们虽然从史料中看不出安童曾阅读并熟悉何种经史典籍,但从他的行动上则能看出他对儒家文化的热爱和理解。他为右丞相时,不仅援引儒士姚枢、许衡、商挺、窦默等,给予重任,而且与儒士们保持着密切的关系,在其府"南开一阁,延进贤士大夫,讲论古今治道,评品人物得失"②。安童之孙拜柱,五岁而孤,其母令"知文学者陈圣贤孝悌忠信之说开导之",深受教育。仁宗即位,拜柱任太常礼仪院使,常向儒士"咨访古今礼乐刑政、治乱得失,尽日不倦"③。安童从兄乃燕,"谦和好学,以贤能称",又"明习典故",忽必烈号之薛禅,意即大贤。④ 史料中虽未载明他习何典故,但可推知那当是汉文典籍。安童的另一位从兄相威,虽是一员武将,但喜延士大夫,听读经史,论古今治乱,并翻译了《资治通鉴》。⑤ 木华黎六世孙朵儿只,其父为脱脱,曾任浙江等行省平章政事,"喜与儒士语,每闻一善言善行,若获拱璧,终身识之不忘"⑥。朵儿只生一岁而孤,稍长,备宿卫,事母至孝,喜读书,不屑屑事章句,于古君臣行事忠君爱民之道,多所究心。⑦ 他曾颇受当时著名的文人学士如郭贯、赵世延、邓文原之器重。

木华黎七世孙朵尔直班,甫晬而孤,养于从祖母。稍长,好读书。14 岁时,见文宗,并为文宗书写汉字,文宗因此而称赞道:"世臣之家

---

① 宋濂等:《元史》卷一二六《安童传》,北京:中华书局,1976 年,3082 页。
② 元明善:《丞相东平忠宪王碑》,见苏天爵《元文类》卷二十四,苏州:江苏书局,1889 年,4 页。
③ 宋濂等:《元史》卷一三六《拜柱传》,北京:中华书局,1976 年,3300 页。
④ 宋濂等:《元史》卷一一九《木华黎传》,北京:中华书局,1976 年,2941 页。
⑤ 宋濂等:《元史》卷一二八《相威传》,北京:中华书局,1976 年,3129—3131 页。
⑥ 宋濂等:《元史》卷一一九《木华黎传》,北京:中华书局,1976 年,2944 页。
⑦ 宋濂等:《元史》卷一三九《朵儿只传》,北京:中华书局,1976 年,3353 页。

乃能知学,岂易得哉。"①甫弱冠,由太府监,改奎章阁学士院学士,又升侍书学士,同知经筵事。"乃独以经术侍帝左右,世以为盛事。"②至正元年(1341),顺帝罢学士院,朵尔直班任翰林学士,升资善大夫,知经筵事。当时,巙巙亦以经筵官向皇帝敷陈经义,朵尔直班则为翻译,"曲尽其意,多所启沃,禁中语秘不传"③。由此可见朵尔直班也是一个蒙古文、汉文兼通的学士。作为一位蒙古族杰出的文士,朵尔直班平素留心经术,凡伊洛诸儒之书,未尝去手,喜为五言诗,于字画尤精。对此,翰林学士承旨危素谏之曰:"明公之学,当务安国家、利社稷,毋为留神于末艺。"④朵尔直班深服其言。所以,他在经筵时,不仅能够"开陈大义",而且间采前贤遗言,各以类次,为书凡四卷:学本、君道、臣职、国政。帝览而善之,赐名曰《治原通训》,"藏于宣文阁"⑤。

木华黎的另一位后代只必,幼嗜读书,习翰墨。至元十四年(1277)监东平,官少中大夫,多善政,以清白称。尝出家藏书二千余卷,置东平庙学,使学徒讲肄之。⑥ 由此可见他不仅是一位热爱读书,谙熟汉文典籍的蒙古学者,而且是一位热心助学,积极推进阅读活动的藏书家。除此之外,在木华黎的家族中还有朵尔直班之父别里哥帖木儿以及拜柱之子笃麟铁穆尔也都是读儒书、通经史者。

与木华黎、博尔术、博尔忽并称成吉思汗时期"四杰"的赤老温,其家族虽多在行伍,但因久戍中原和江南,汉化程度渐深,亦有好读能文之士,如五代孙脱帖穆耳,"讲阅之暇,日与贤士大夫游","悬弓剑著壁间,聚古今图书布列左右,延名师教其子"。会稽名儒韩性就曾教授其

---

① 宋濂等:《元史》卷一三九《朵尔直班传》,北京:中华书局,1976年,3356页。
② 宋濂等:《元史》卷一三九《朵尔直班传》,北京:中华书局,1976年,3357页。
③ 宋濂等:《元史》卷一三九《朵尔直班传》,北京:中华书局,1976年,3357页。
④ 宋濂等:《元史》卷一三九《朵尔直班传》,北京:中华书局,1976年,3360页。
⑤ 宋濂等:《元史》卷一三九《朵尔直班传》,北京:中华书局,1976年,3361页。
⑥ 宋濂等:《元史》卷一一九《木华黎传》,北京:中华书局,1976年,2943页。

子读书学习,乃至其三子月鲁不花"为文下笔立就,粲然成章",登元统元年(1333)进士。① 四子笃列图则为至正五年(1345)进士。这说明了两点:一是其家庭对读书的重视,二是其汉化程度之深。

被誉为贤相,并主持修撰了宋、辽、金三史的脱脱亦是一位杰出的读者。他自幼为伯父伯颜抚养。伯颜为镇海之孙,亦为元朝大臣。镇海也是蒙古人中最早掌握畏兀儿文的开国大臣,曾任窝阔台的大必阇赤。脱脱年少时,曾从师于浙东名儒吴直方,深受儒学陶冶。吴直方曾建议道:"使脱脱终日危坐读书,不若日记古人嘉言善行服之终身耳。"②脱脱任中书右丞相后,复科举,开经筵,遴选儒臣以劝讲,并领经筵事。至正三年(1343),诏修辽、金、宋三史,脱脱为都总裁官,并请求修《至正条格》颁天下。脱脱以其对经史阅读的理解与热爱,曾向顺帝上奏道:"陛下临御以来,天下无事,宜留心圣学。颇闻左右多沮挠者,设使经史不足观,世祖岂以是教裕皇哉?"③由此可见,虽然顺帝周围有许多阻挠学习儒学者,但脱脱还是劝顺帝多阅读经史典籍,并以忽必烈当年重视太子经史阅读为榜样来说服他。脱脱之子哈剌章曾受教于儒士郑深,郑深教以《诗》《书》,得师道甚。哈剌章于元末官至中书平章。

谙熟蒙古语文故实是蒙古贵族子弟从政的必备条件。如顺帝时的中书右丞相阿鲁图担任了宋、辽、金史撰修总裁。他虽然不懂汉文,但一定是熟悉蒙古语文的。然而在蒙古人中亦有许多蒙古文、汉文兼通的读者,他们充当着汉文读物向蒙古人传播的中介,从而促进了蒙古人阅读活动的发展。如相威翻译了《资治通鉴》,兀都带翻译太宗、宪宗《实录》,阿鲁威、燕赤译《世祖圣训》,朵尔直班在经筵时曾担任经

---

① 宋濂等:《元史》卷一四五《月鲁不花传》,北京:中华书局,1976年,3448页。
② 宋濂等:《元史》卷一三八《脱脱传》,北京:中华书局,1976年,3341页。
③ 宋濂等:《元史》卷一三八《脱脱传》,北京:中华书局,1976年,3344页。

义翻译等。

　　刻苦自励、读书成才是中华民族的优良传统。受此影响,蒙古人中也有许多不以家世自矜或虽然幼孤,但能刻苦自励,读书成才者。如伯都,幼颖异,不以家世自矜,长嗜书史。① 孛兰奚,幼孤,能自刻厉如成人,暇日习弓马,夜则读书。② 彻里,六岁而孤,母蒲察氏教以读书。"'六经'二氏,悉涉源委。以故聪明开益日多,才略兼人,恒以匡君经国自期。"③月鲁帖木儿,幼警颖,读书强记,俶傥有大志,年十二,成宗命与脱欢同入国学。④ 如此等等,蒙古人中这样的读者还有很多。

四、蒙古读者中的汉文阅读趋向

　　如前所述,蒙古人与汉字的接触有着悠久的历史。早在成吉思汗时期,汉字就已在蒙古国中使用。元朝建立后,忽必烈颁行了国字——八思巴字,并且畏兀儿蒙古文也有着深厚而广泛的社会基础,随着蒙古人大量移居中原,在中国大地上就形成了多元化的族群社会。虽然蒙古人是政治上的主宰者,但汉族在人口数量和文化上却占着优势。征服者学会了被征服者较高级的语言,并接受了他们较先进的文化,这是一条永恒的真理。何况,中原汉文化所具有的先进性和优越性,不能不对蒙古人产生强烈的吸引力,而使其受到熏染。这样,进入汉地的元朝政府在巩固其政权的过程中,已认识到学习和掌握汉文化的重要性,所以就采取各种方式鼓励和引导贵族子弟读儒书,学

---

① 宋濂等:《元史》卷一二一《博罗欢传》,北京:中华书局,1976年,2992页。
② 宋濂等:《元史》卷一三三《孛兰奚传》,北京:中华书局,1976年,3235页。
③ 姚燧:《平章政事徐国公神道碑》,见苏天爵《元文类》卷五十九,苏州:江苏书局,1889年,11页。
④ 宋濂等:《元史》卷一四四《月鲁帖木儿传》,北京:中华书局,1976年,3434页。

习汉文化,以培养统治人才。这对蒙古人的汉文阅读无疑起到了积极的促进作用。如忽必烈就十分重视蒙古贵族子弟学习汉文化、阅读儒家典籍与汉文经典。他曾命阔阔与廉希宪从儒士王鹗学。为亲王时,他令蒙古生10人从赵璧受儒书。宪宗也将王鹗召至和林(今乌兰巴托附近),命阔阔从之游。阔阔子坚童,甫10岁,即从王鹗游,既长,入国学,从许衡游。① 这些活动应是蒙古人学习汉文化、阅读汉文典籍的滥觞。后来,特别是元朝中后期,随着蒙古人汉化程度的加深以及科举制度的恢复,许多蒙古人,特别是蒙古中下层子弟,为求进身之阶和个人前途,更是积极学习汉文化,"舍弓马而事诗书",在蒙古人中逐渐形成了一个汉文读者群体,并且汇入了浩荡的汉文读者大军中,为汉文阅读的发展和繁荣增添了新的力量。

元朝的官方文书,从成吉思汗起就一直使用着汉字,到忽必烈以后,这种现象更为普遍。如成宗元贞元年(1295)六月,"札鲁忽赤文移旧用国语,敕改从汉字"②。元统二年(1334),授顺帝答纳失里皇后册宝的册文③就是一篇用汉文写成的文意蕴藉、典雅庄重的文章。

然而,纵观中国历史,在少数民族建立的乃至入主中原的王朝中,元朝的蒙古人是汉化较慢或迟滞的一个民族。在蒙古统治者心目中,比起藏传佛教来,儒学的地位要逊色得多。由于社会文化背景的差异,他们对儒家学说难以理解。忽必烈早年虽然对儒学产生了一些兴趣,但由于他不能阅读汉文,只凭一些儒士的介绍和讲解,才对儒学有了一些粗浅的体会和认识。到了后来,他逐渐对儒士和儒学有所疏远。这对后来蒙古人的汉文阅读和汉化发展缓慢不无影响。汉语文对蒙古贵族虽有一定影响,但这种影响并不普遍和突出。大多数皇帝

---

① 宋濂等:《元史》卷一三四《阔阔传》,北京:中华书局,1976年,3250—3251页。
② 宋濂等:《元史》卷十八《成宗一》,北京:中华书局,1976年,396页。
③ 宋濂等:《元史》卷一一四《后妃一》,北京:中华书局,1976年,2878页。

虽有一定程度的汉语水平,但仍不能完全脱离翻译,其汉文阅读水平就更差了。在经筵中,儒臣们往往将经史典籍以及有关内容翻译为蒙古文来进讲。不仅蒙古皇帝多不习汉文,而且蒙古大臣中习汉文者也少。如世祖忽必烈时,"尚书留梦炎等奏,江淮行省无一人通文墨者,乃以崔彧为江淮行省左丞"①。再如至正五年(1345),中书右丞相阿鲁图向顺帝上奏曰:"今陛下以三国事绩命儒士纂修,而臣阿鲁图总裁。臣素不读汉人文书,未解其义。"②虽然到元朝中期以后,仁宗、英宗、泰定帝、文宗及顺帝都懂一些汉文,但他们并没有成为蒙古人汉文阅读的榜样。如顺帝时的皇太子爱猷识里达腊说:"李好文先生教我儒书多年,尚不省其义。今听佛法,一夜即能晓焉。"③与儒学的隔膜,以及对蒙古文化的自信和草原生活价值观的深深依恋,导致蒙古人远离汉文化的诱惑,这并非因为他们缺乏学习的能力。

尽管如此,随着蒙古人进入中原时间的不断推移和汉化程度的逐渐深入,他们的汉文阅读水平和普及程度也在不断提高。越到中后期,蒙古人的汉文阅读越普遍,阅读水平也越高。正是通过阅读,蒙古民族逐步融入到了中华民族的大家庭之中,他们既保持着蒙古民族所具有的北方草原文化性格,又受到了以儒家文化为核心的汉文化的深刻影响,并对中华民族文化的发展做出了重要贡献。在这个过程中,许多蒙古人不仅学会了汉文阅读,而且成了蒙古人中的杰出读者。

蒙古人的阅读崇尚实用,特别是元朝前期,北方文坛的主流风气是"论学则尊道德而卑文艺,论文则崇本实而去浮华"④。受此影响,亦出于蒙古人统治的需要,经史阅读很受重视,所以在蒙古人中就产

---

① 赵翼著,王树民校证:《廿二史劄记校证》卷三十《元诸帝多不习汉文》,北京:中华书局,1984年,687页。
② 宋濂等:《元史》卷一三九《阿鲁图传》,北京:中华书局,1976年,3361页。
③ 宋濂等:《元史》卷四十六《顺帝九》,北京:中华书局,1976年,962页。
④ 余阙:《柳待制文集·序》,见柳贯《柳待制文集》卷首,四部丛刊集部。

生了不少熟读经史典籍、深有儒学素养的读者。如达礼麻识理,"幼颖敏,从师授经史,过目辄领解。至正五年(1345),经筵选充译史,益自砥砺于学,搢绅先生皆以远大期之",后任御史台译史。① 由此可见,他是一位自幼熟读经史、蒙汉皆通并能刻苦自励的读者。塔出,系成吉思汗的后代,性温厚,谦恭好学,通经史,能抚恤其民。② 木华黎第四代孙相威,性弘毅重厚,喜延士大夫,听读经史,论古今治乱。至元二十年(1360),他翻译了《资治通鉴》,并任经筵讲读。③ 其子阿老瓦丁及其孙脱欢亦是熟读经史、好学能文之士。暗都剌,通经史,兼习诸国语。成宗时,任应奉翰林文字,凡蒙古传记,多所校正。④ 还有前面提到的木华黎六世孙朵儿只,喜读书,不屑屑事章句,于古君臣行事忠君爱民之道,多所究心。木华黎七世孙朵尔直班,好读书,留心经术,凡伊洛诸儒之书,未尝去手。月鲁帖木儿,读书强记,任经筵官时,进读之际,引援经史,本于王道,帝嘉纳焉。⑤ 还有答禄与权,曾从李问学习经学,为至正二年(1342)进士。佛家奴曾从名儒武恪学,有贤名。囊加台,受学于瞿炳,为至正间进士。哈剌不花曾从金华许谦游。孛颜帖木儿为虞集弟子。窝阔台之孙灭里吉歹著有《崇道碑》。如此等等,他们都是一些以好读书、通经史,讲求实用为特点的蒙古读者。

此外,蒙古族中亦产生了不少既通经史又热爱文学的杰出读者,特别是元朝中期以后,随着文学创作的繁荣与阅读的普及,这样的读者越来越多。其中有不少蒙古人,读书既博,创作也富,对元代的文学繁荣做出了重要贡献。如慕颜铁木,贤而能文,藏书万余卷,有诗五百余篇。聂镛,幼警悟,从南州儒先生问学,通经术,善歌诗,尤工小乐

---

① 宋濂等:《元史》卷一四五《达礼麻识理传》,北京:中华书局,1976年,3451—3452页。
② 宋濂等:《元史》卷一一七《别里古台传》,北京:中华书局,1976年,2906页。
③ 宋濂等:《元史》卷一二八《相威传》,北京:中华书局,1976年,3129—3131页。
④ 宋濂等:《元史》卷一九二《良吏二》,北京:中华书局,1976年,4365页。
⑤ 宋濂等:《元史》卷一四四《月鲁帖木儿传》,北京:中华书局,1976年,3434—3435页。

章,其音节慕萨天锡,以宫词称于世。① 同同,状元及第,官至翰林待制,工诗文。② 杨景贤,著有杂剧18种,③其中的《西游记》杂剧是后来吴承恩所著《西游记》的重要取材,对宋元以来民间流行的唐僧取经故事的整理和保存以及杂剧写作的改革都有重要贡献。奎章阁大学士阿荣,"闲居以文翰自娱,博究前代治乱得失,见其会心者,则扼腕曰:'忠臣孝子国家之宝,为奇男子烈丈夫者固不当如是耶。'日与韦布之士游,所至山水佳处,鸣琴赋诗,日夕忘返"④。阿鲁威是元代著名的蒙古族散曲作家,著有小令《蟾宫曲》16首,《寿阳曲》1首,《湘妃怨》2首。⑤ 伯颜为忽必烈时期的左丞相,并长期率军征战,在率兵伐宋中,曾作《过梅岭岗》诗,⑥反映了这位蒙古大臣良好的汉文学修养。前述的月鲁不花从小阅读汉文书籍,有着很高的汉语文修养,作文"下笔立就,粲然成章",著有《芝轩集》。其诗亦洒脱浪漫,颇见文学功底。还有朵尔直班亦喜五言诗,于字画尤精。⑦ 如此等等,元代蒙古人中能诗善文的杰出读者当远不止这些。

综上所述,我们可以得出以下两点结论:第一,蒙古人的阅读活动是在畏兀儿、西藏和汉文化的影响下产生和发展起来的,其中的藏文化除文字外,还受到藏传佛教的影响。关于这个问题,后面还将单独进行论述。第二,蒙古人的阅读审美、阅读观念和阅读选择是在北方游牧民族的草原文化和汉民族的农耕文化交汇与融合的基础上形成的。他们经历了一个由崇尚实用到追求精神愉悦和享受,由追求雅到

---

① 陈衍:《元诗纪事》卷二十四,上海:上海古籍出版社,1987年,594页。
② 陈衍:《元诗纪事》卷二十四,上海:上海古籍出版社,1987年,572页。
③ 舒振邦:《蒙古族对元代历史的重大贡献》,见《元史论集》,北京:人民出版社,1984年,431页。
④ 宋濂等:《元史》卷一四三《阿荣传》,北京:中华书局,1976年,3421页。
⑤ 杨朝英选,隋树森校订:《新校九卷本阳春白雪》卷二《前集》,北京:中华书局,1957年,19—23页。
⑥ 陈衍:《元诗纪事》卷四,上海:上海古籍出版社,1987年,47页。
⑦ 宋濂等:《元史》卷一三九《朵尔直班传》,北京:中华书局,1976年,3360页。

雅俗共赏的阅读观念与审美的发展过程。通过这个过程,蒙古人不仅极大地提高了他们的文化素质,而且为中华民族文化的发展做出了贡献。

第四节 色目读者群及其阅读特点

入元以来,大量的西北、西域乃至欧洲的各族人进入汉族居住地区,或者被纳入到元朝统一的版图内。陶宗仪在《南村辍耕录》中将这些人列举了31种。① 其中常见于史料的有唐兀、乃蛮、汪古、回回、畏兀儿、康里、钦察、阿速、哈剌鲁、吐蕃等。元人把他们概称为"色目人",意指各色名目,种类繁多的人。

一、基本特点

由于色目人相对文化修养高、见识广,精明能干,而且从来源上讲,他们和蒙古人一样也都是异族,所以从民族政治心理来讲,蒙古人觉得他们更可靠。所以他们受到了元廷的重视,而排在"四等人"中仅次于蒙古人的第二位,并且"诸色人仕宦者常多,蒙古人仕宦者尚少"②。他们不仅在元朝的政治、经济发展中发挥了重要作用,而且成为元代的一个特殊的读者群体,表现出了显著的阅读特点。他们的阅读活动不仅对汉族与西北、西域各族以及中国与欧洲的政治、经济与文化的交流与传播起到了积极的促进作用,而且为中华民族文化的繁

---

① 陶宗仪:《南村辍耕录》卷一《氏族》,四部丛刊缩印本,上海:上海书店,1985年,16页。
② 宋濂等:《元史》卷一三〇《不忽木传》,北京:中华书局,1976年,3165页。

荣与发展做出了贡献。

色目读者群的阅读活动主要表现为以下几个特点:

一是多种文字阅读。由于色目人来自不同的文化背景,使用着不同的语言文字,所以多种文字阅读就成为色目人阅读文化的一大特点。除波斯文、畏兀儿文外,色目人还使用叙利亚文、西夏文、藏文、梵文以及拉丁文等。多种文字阅读在传播异域文化的同时,也繁荣和丰富了中华民族文化。

二是阅读的汉化趋势。这既是色目人的阅读特点,亦是元代汉文阅读的一大特色。关于色目人的汉化和汉文阅读水平,元代学者戴良在《丁鹤年集·序》中云:

> 我元受命,亦由西北而兴。西北诸国,若回回、吐蕃、康里、畏兀儿、也里可温、唐兀之属,往往率先臣顺,奉职称藩,其沐浴休光,霑被宠泽,与京国内臣无少异。积之既久,文轨日同,而子若孙,遂皆舍弓马而事诗书。至其以诗名世,则贯公云石、马公伯庸、萨公天锡、余公廷心其人也……此数公者,皆居西北之远国,其去豳秦,盖不知其几千万里,而其为诗,乃有中国古作者之遗风,亦足以见我朝王化之大行,民俗之丕变,虽成周之盛莫及也。①

陈垣先生说:

> 自辽、金、宋偏安后,南北隔绝者三百年,至元而门户洞开,西北拓地数万里,色目人杂居汉地无禁,所有中国之声明文物,一旦尽发无遗,西域人羡慕之余,不觉事事为之仿效。且元自延祐肇兴科举,每试,色目进士少者十余人,多者数十人……色目人之读

---

① 戴良:《丁鹤年集·序》,见丁鹤年《丁鹤年集》卷首,丛书集成初编,北京:中华书局,1985年,1页。

书应试者甚众……故儒学文学均盛极一时。①

三是由于色目人汉文阅读水平之高,修养之深,所以就产生了一批儒学、文学造诣极高的学者、作家和诗人。如清代学者顾嗣立所云:"有元之兴,西北子弟,尽为横径,涵养既深,异才并出。"②《四库全书》收入的元人别集中,有色目人诗文集六种:马祖常《石田集》、萨都剌《雁门集》、余阙《青阳集》、廼贤《金台集》、王翰《友石山人遗稿》、丁鹤年《鹤年诗集》。而蒙古人的诗文集则少见。这是色目人阅读的又一特点。

四是色目读者人数虽然不及蒙古和汉族读者人数多,但由于他们受到了元朝统治者的重视,所以其文化传统、阅读价值观和审美趋向不仅对元代的阅读发展起着导向和促进作用,而且对元朝的政权巩固和社会发展具有积极的意义。"当是时,百汉人之言,不如一西域人之言。一西域人儒者之言,不如一西域人释者之言之尤为有力,而得国主之信用也。"③虽然汉人处于社会的边缘地位,"而孔子之道之所以能见重于元者,亦纯赖有多数异教西域人诵其诗、读其书,倾心而辅翼之也"④。蒙古统治者"然其后能知尊孔子,用儒生,卒以文致太平,西域诸儒,实与有力"⑤。由此可见,色目人亦是元代儒学阅读的促进者。

---

① 陈垣:《元西域人华化考》卷八,见《励耘书屋丛刻》上册,北京:北京师范大学出版社,1982年,113—114页。
② 顾嗣立:《元诗选》初集二《萨都剌》,北京:中华书局,1987年,1185页。
③ 陈垣:《元西域人华化考》卷二,见《励耘书屋丛刻》上册,北京:北京师范大学出版社,1982年,28页。
④ 陈垣:《元西域人华化考》卷二,见《励耘书屋丛刻》上册,北京:北京师范大学出版社,1982年,28页。
⑤ 陈垣:《元西域人华化考》卷二,见《励耘书屋丛刻》上册,北京:北京师范大学出版社,1982年,8页。

二、唐兀和雍古部人读者

唐兀即建立西夏的党项人。这里包括所有由西夏入元的各族人群及其后代。由于他们距中原最近,而且具有崇儒学、读汉文的传统,所以入元以来以儒学名者较他族为众。如就文学方面,顾嗣立《元诗选》中收录的西夏诗人就有十多人,①陈垣《元西域人华化考·文学篇》中亦收西夏诗人5名。② 西夏人已成为一个保持西夏阅读传统,并以儒学见长的读者群体。

如上所言,元代的儒学阅读在很大程度上得力于色目人之推进。而高智耀则是元代儒学阅读的第一个推进者。"中国儒者,其得国主之信用,远不逮西域儒者,是故高智耀之入见宪宗也,力言儒者之道。"③关于高智耀及元代其他党项读者的情况,本书西夏部分中已有所述及,这里再做进一步叙述。高智耀出身自西夏望族,世仕西夏。他本人是西夏进士,西夏亡,隐居贺兰山。太宗时,皇子阔端镇西夏故地,他向阔端请求除免儒生徭役,皇子从其言。宪宗即位,他进言:"儒者所学尧、舜、禹、汤、文、武之道,自古有国家者,用之则治,不用则否,养成其材,将以资其用也。宜蠲免徭役以教育之。"④世祖即位,他又向忽必烈力言儒术有补治道,反覆辩论,辞累千百。忽必烈异其言,铸印授之,使其管领汉地、河西儒户,并释放了淮、蜀沦为驱口的儒生数千人。⑤ 所以他不仅力主倡导以儒治国,促进元朝统治者对儒学的重视和学习,而且保护了一批儒学人才和读书种子,为元朝后来的儒学

---

① 顾嗣立:《元诗选》初集、二集、三集,北京:中华书局,1987年。
② 陈垣:《元西域人华化考》卷四,见《励耘书屋丛刻》上册,北京:北京师范大学出版社,1982年,51页。
③ 陈垣:《元西域人华化考》卷二,见《励耘书屋丛刻》上册,北京:北京师范大学出版社,1982年,28页。
④ 宋濂等:《元史》卷一二五《高智耀传》,北京:中华书局,1976年,3072页。
⑤ 宋濂等:《元史》卷一二五《高智耀传》,北京:中华书局,1976年,3073页。

及其阅读活动的发展做出了重要贡献。如虞集所言:"抗正言于干戈抢攘之中,存儒术于涂炭颠沛之极。我朝儒业之不泯,实权舆于此。"①由于高智耀在提倡儒学和保护儒士方面的努力,"时鼖鼓之声未绝于城邑,而弦诵之习不辍于户庭,章甫缝掖于于然,彬彬然,得以修其专门名家之学者,则又公赐之所及也"②。

僧吉陀,成吉思汗时期曾任必阇赤。由此可见,他是蒙古国时期最早的汉文读者之一。其子孙如秃儿赤、暗伯、阿乞剌、亦怜真班也都谙习汉文,熟读经典,并在元廷中担任要职。

出身于西夏皇族的李桢,自幼熟读儒家经典,曾以"经童"中选。"既长,入为质子,以文学得近侍,太宗嘉之,赐名玉出干必阇赤。"他曾"奏寻访天下儒士,令所在优赡之",③也为保护儒士、促进元朝的儒学发展和阅读活动做出了贡献。

朵儿赤是西夏大儒斡道冲的后代,出身于家学渊源的书香门第,父斡扎箦曾掌管西夏历史。受家庭环境的影响,"朵儿赤年十五,通古注《论语》《孟子》《尚书》"④。

元朝早期的党项读者还有成吉思汗时期的大将察罕之孙立智理威。他曾任裕宗东宫必阇赤,典文书。⑤

元朝实行科举取士后,一些色目子弟以读书稽古为事,其中引领风气之先的是党项族后裔,于是就出现了一批知名的文人学士。如在元统元年(1333)的进士中,仅党项族就有7人。⑥ 这无疑是他们继承

---

① 虞集:《重建高文忠公祠记》,见李修生《全元文》卷八四四,南京:凤凰出版社,2004年,530页。
② 虞集:《重建高文忠公祠记》,见李修生《全元文》卷八四四,南京:凤凰出版社,2004年,531页。
③ 宋濂等:《元史》卷一二四《李桢传》,北京:中华书局,1976年,3051页。
④ 宋濂等:《元史》卷一三四《朵儿赤传》,北京:中华书局,1976年,3254—3255页。
⑤ 宋濂等:《元史》卷一二〇《察罕传》,北京:中华书局,1976年,2958页。
⑥ 史金波:《西夏文化》,长春:吉林教育出版社,1986年,129页。

西夏文化传统,熟读汉文经典的结果。如其中的斡玉伦徒,出身于西夏儒学世家,亦是斡道冲的后代,善书画,曾为虞集弟子。他以《礼记》举进士,诗文俱佳,是纂修《宋史》的23人之一。① 张雄飞为延祐首科右榜16名进士之一,与马祖常、许有壬等同科。他工诗善文,"佳章奇句,不可悉举"②。昂吉,字启文,至正八年(1348)进士。杨维桢《送启文会试诗》有"西凉家世东瓯学,公子才名久擅扬"之句。③ 还有安普,于至顺元年(1330)登进士第。

在党项进士中,最为杰出者当数余阙。余阙,字廷心,元统元年(1333)进士。年少时,曾与吴澄弟子张恒游,文学日进。留意经术,稍暇,即注《周易》,"五经"皆有传注。为文有气魄,能达其所欲言。诗、书俱佳。④ 为元代色目诗人中之最出色者,有《青阳集》行世。他虽出身于官宦之家,但仍属于贫寒之士。由于父亲早逝,全靠他授徒以养母。及第之前,他曾在庐州东南60里的巢湖之上建有一处简陋的房屋,房中置经史百家之书。在这里,他以躬耕养其家人,并专心读书,以求古圣贤之学,度过了他恬静而充实的耕读岁月。及第并出仕之后,余阙不忘其初,对这所房子进行修葺,添加了藏书,并根据所在山名,名之曰"青阳山房"。致仕之后,他又回到这里,与里中子弟及朋友讲学于此。

山房之名始于宋,一般是指山居读书之所。如苏轼《李氏山房藏书记》云:"李公择少时读书庐山白石庵。公择既去,而山中之人思之,指其所居为李氏山房。藏书凡九千余卷……不藏于家而藏于故所居

---

① 陈垣:《元西域人华化考》卷四,见《励耘书屋丛刻》上册,北京:北京师范大学出版社,1982年,55页。
② 陈衍:《元诗纪事》卷十四《张翔》,上海:上海古籍出版社,1987年,318页。
③ 陈垣:《元西域人华化考》卷四,见《励耘书屋丛刻》上册,北京:北京师范大学出版社,1982年,55页。
④ 宋濂等:《元史》卷一四三《余阙传》,北京:中华书局,1976年,3426—3429页。

之僧舍,此仁者之心也。"①由此可见,称山房者一般都是指有藏书的读书之所。这是宋代流传下来的叫法。余阙以山房为名,亦是以耕读相标榜也。

与余阙同时而以古文知名者,还有孟昉。孟昉,字天伟,唐兀人,"学博而识敏,气清而文奇。所拟先秦两汉诸篇,步趋之卓,言语之工,盖欲杰出一世"②,对后来的古文有一定影响,从中亦可见孟昉在古文阅读方面功夫之深。

除上述之外,史料中所见的元代党项人中的优秀读者还有很多。如福寿,幼俊茂,知读书,尤善应对,官至行台御史大夫。③ 亦怜真班,为僧吉陀的后代,仁宗时期曾任翰林侍讲学士、中奉大夫,至正六年(1346)任御史大夫,知经筵事。其间,"经筵进讲必详必慎,故每读译文必被嘉纳"④。由此可见他也是一位蒙古文、汉文兼通的读者。崇喜,出身自一个热爱儒学、重视教育的家庭。其祖父闾马曾创建家塾,其父达海改建为义学。崇喜自幼读书向学,受到了良好的儒学教育,曾为国子上舍生,是党项读书人后代中的优秀者。哈剌哈孙出身于官宦之家,其父述哥察儿任潨州达鲁花赤。他读儒书,通文法,受到学者吴澄的赞扬。潮州路总管王翰号友石山人,平居喜读书为诗,有《友石山人遗稿》传世。⑤ 何伯翰,曾受业于杨维桢,通春秋五传、毛氏诗,尤长于《易》。平江路达鲁花赤六十,为政之余,"出入经史,上下古今,亹亹不倦,日以为常"⑥。完泽,喜读书,工诗律。⑦ 甘立,能文善诗,脱

---

① 苏轼:《苏东坡全集·前集》卷三十二《李氏山房藏书记》,北京:中国书店,1986年,389页。
② 陈垣:《元西域人华化考》卷四,见《励耘书屋丛刻》上册,北京:北京师范大学出版社,1982年,71页。
③ 宋濂等:《元史》卷一四四《福寿传》,北京:中华书局,1976年,3441页。
④ 宋濂等:《元史》卷一四五《亦怜真班传》,北京:中华书局,1976年,3446页。
⑤ 陈衍:《元诗纪事》卷二十六《王翰》,上海:上海古籍出版社,1987年,619页。
⑥ 史金波:《蒙元时期党项上层人物的活动》,见《民族史论丛》第一辑,北京:中华书局,1987年,148页。
⑦ 陈衍:《元诗纪事》卷十七《完泽》,上海:上海古籍出版社,1987年,399页。

去凡近。① 刘容,幼颖悟,喜读书,曾从许衡学。② 还有纳麟、迈里古思、刘沙剌班、杨朵儿只、星吉、普达失理等。

元代党项人的阅读,除汉文外,还有西夏文。西夏文作为一种记录党项族语言的文字,是党项文化的标志。尽管西夏灭亡了,但党项文化仍然保持着它的生命力。如前所述,元朝于至正五年(1345)在居庸关的通道上修建了一座过街塔,塔的门洞石壁上用包括西夏文在内的六种文字镌刻了《陀罗尼经》和经题。它是元代多民族文化共存的一个典型反映,也说明了党项人及其语言文字在元代所具有的地位。

元代西夏文的阅读首先表现在佛经文献方面。元代曾多次印刷西夏文佛经,并将这些佛经施放于党项族集中的河西一带。如大德六年(1302)在杭州路大万寿寺雕刻的《西夏文大藏经》3620 余卷,并施于宁夏、永昌等寺院,永远流通供养。这除了反映出元朝统治者是出于政治和宗教的原因外,也说明在元代,这些地区还有为数众多的西夏文读者。此外,敦煌莫高窟有一块刻于元至正八年(1348)的石碑,上面有同样用六种文字所刻的六字真言。这时距元朝灭亡(1368)仅20 年。这说明这个时候西夏文仍然在这一带使用。除佛教文献外,河西地区还有世俗性的西夏文读物在流传。如元代学者虞集所记西夏学者斡道冲曾"译《论语注》,别作解义二十卷曰《论语小议》,又作《周易卜筮断》,以其国字书之,行于国中,至今存焉"③。

雍古也称汪古,他们是金元时期主要生活在阴山一带的一个部族。其特殊的历史地理环境,使他们处于不同文化的多民族之间,从而受到了多文化的影响,流行着多种语言文字。如在内蒙古达茂旗敖伦苏木古城附近有一块用古叙利亚文、畏兀儿蒙古文和汉文三种文字

---

① 陈衍:《元诗纪事》卷二十四《甘立》,上海:上海古籍出版社,1987 年,577 页。
② 宋濂等:《元史》卷一三四《刘容传》,北京:中华书局,1976 年,3259 页。
③ 虞集:《道园学古录》卷四《西夏相斡公画像赞》,四部备要本,上海:中华书局,1936 年,46 页。

写成的墓碑。还有在东胜州（今内蒙古托克托县及鄂尔多斯东北部）出土的铜权上铸有汉字、八思巴蒙古字、畏兀儿蒙古字和波斯字的铭文。① 史料也记载，当时的丰州（今内蒙古呼和浩特市东南白塔村），"通行六国语言"②。这些地区也是当时汪古人活动的区域。这说明当时有许多汪古人能通晓多种语言文字，当地存在着多种文字阅读的现象，也反映了汪古人有着较高的文化水平。如早在金国，恒州刺史马庆祥"年未二十已能通六国语，并与其字书识之"，其外甥天合也能"习诸国语"。③

入元以后，随着汉化程度的加深，热爱学习的汪古人更形成了习汉文、读儒书、兴教育的良好传统，以至出现了许多熟读汉典、精通儒学的文人学者，为元代乃至中华民族的文明进步做出了重要贡献。

著名文学家马祖常是元代汪古族读者中最杰出之代表，家学渊源，家族中文人辈出。其高祖就是通多种语言文字的马庆祥，曾仕金为尚书省译史。其曾祖月合乃在蒙哥汗初年佐治燕京（今北京），后从忽必烈征宋，"好学负气"，"学问文献过于邹鲁之士"。由此可见其读书之多，学问之深。他曾罗致敬铉，"授业馆下"。④ 敬铉为金末元初名儒，与元好问同年进士，任中都提学，著《春秋备忘》40卷，仁宗时，命刻版行世。⑤ 马祖常父马润，好读嗜学，工诗能文，有《樵隐集》，官至漳州路总管府事同知。马祖常之从父马世德，亦工诗善文，官至应奉翰林文字。

马祖常7岁知学，得钱即以买书。10岁时，见烛倒烧屋，遂解衣

---

① 盖山林：《阴山汪古》，呼和浩特：内蒙古人民出版社，1991年，249页。
② 元好问：《遗山先生文集》卷二十七《恒州刺史马君神道碑》，上海：商务印书馆，1937年，360页。
③ 元好问：《遗山先生文集》卷二十七《恒州刺史马君神道碑》，上海：商务印书馆，1937年，360页。
④ 宋濂：《元史》卷一三四《月合乃传》，北京：中华书局，1976年，3245页。
⑤ 宋濂：《元史》卷一七五《敬铉传》，北京：中华书局，1976年，4096页。

沃水以灭火,家人皆异之。既长,益笃于学,非三代两汉之书不观。亦工于文章,以先秦两汉为法,而自成一家之言。尤致力于诗,圆密清丽,无不可传者。他曾从蜀中名儒张须学,质疑问难,须甚器之。延祐初,中乡贡,会试第一,廷试第二。授应奉翰林文字,拜监察御史。任官期间,多有建树,如参与修撰《英宗实录》,译《皇图大训》《承华事略》为蒙古文,编纂《列后金鉴》《千秋纪略》等供宫廷贵族阅读。他尝言:"今国族及诸部既诵圣贤之书,当知尊诸母以厚彝伦。"①

与许多读书人一样,马祖常也曾筑有一处耕读之所——石田山房。关于这里的读书生活,他曾这样描述道:"岁时里邻,酒食往来,牛种田器,更相贳贷。寒冬不耕,其父老各率子若孙,持书籍来问《孝经》《论语》、孔子之说。其耕之土,虽硗瘠寡殖,不如江湖之沃饶,然犹愈于无业也。祖常者因乐而居焉,于是名其屋曰'石田山房'。"②其文集亦名之为《石田集》。

元代汪古人中第二个有影响的读者是赵世延。赵世延亦是元代的文学家,"喜读书,究心儒者体用之学"。"为文章,波澜浩瀚,一根于理。"曾与虞集等纂修《皇朝经世大典》,曾校定律令,有《风宪宏纲》行于世。③

赵世延之女赵鸾,"朗惠而厚静,幼时古文歌诗,入耳辄能记。七岁诵《周易》《书》,善属对。九岁使颙学女事,则《论语》《孟子》《小学》书皆成诵矣"。赵世延"以其能诵《易》尝教之筮",而且"诸阴阳家书皆能通之"。④ 由此可见赵世延家学是集孔老阴阳术数为一堂的。由此也可见,汪古人阅读汉文典籍范围之广、修养之深,而且对女性阅读亦

---

① 宋濂等:《元史》卷一四三《马祖常传》,北京:中华书局,1976年,3412页。
② 马祖常:《石田山房记》,见苏天爵《元文类》卷三十一,苏州:江苏书局,1889年,1页。
③ 宋濂等:《元史》卷一八〇《赵世延传》,北京:中华书局,1976年,4163—4167页。
④ 陈垣:《元西域人华化考》卷七,见《励耘书屋丛刻》上册,北京:北京师范大学出版社,1982年,120页。

很重视。

汪古人中的杰出读者还有阔里吉思。他生长在北方,性勇毅,习武事,金革之用,固其所长。但他喜读书,尤笃于儒术,"筑万卷堂于私第,日与诸儒讨论经史、性理、阴阳、术数,靡不该贯"①,尝从儒士吴鄹问《易》。吴鄹,永新(今江西吉安)人,宋末避乱徙山西改名张应珍,注《周易》,宗程朱而不为苟同。阔里吉思尝从之质疑,并在平阳为其刻《周易注》十卷。阔里吉思之弟阿里八斛亦好读书,耽嗜儒术。②

此外,还有太宗时期的大将、巩昌盐川(今甘肃漳县)人汪世显之孙汪惟正,亦是汪古族中的好读之士。他藏书两万卷,喜从文士论议古今治乱。③ 马祖常族弟金哈刺,字元素,至顺元年(1330)进士。他饱读经史百家,亦善诗能文,有《南游寓兴诗集》传世。

综上所述,党项读者是一个汉化程度较深、儒学修养较高,而又保持着自己阅读传统的群体。他们由于较早地接触了蒙古统治者,所以对元代初期的儒学阅读有积极影响。他们的后代也成为元代有影响力的一个读者群体。汪古读者是一个受多文化影响的群体,其文化素养不在党项之下,但其阅读活动亦以儒学见长,在色目人中亦居前列。

三、畏兀儿读者

畏兀儿一般指高昌回鹘,是元代西北的一个民族,主要居住在以合剌火州(高昌,今新疆吐鲁番东)和别失八里(北庭,今新疆吉木萨尔北)为中心的地区。畏兀儿君主称亦都护,臣属西辽。蒙古兴起,成吉

---

① 阎复:《驸马高唐忠献王碑》,见苏天爵《元文类》卷二十三,苏州:江苏书局,1889年,12页。
② 陈垣:《元西域人华化考》卷二,见《励耘书屋丛刻》上册,北京:北京师范大学出版社,1982年,23—24页。
③ 宋濂等:《元史》卷一五五《汪世显传》,北京:中华书局,1976年,3655页。

思汗"略定西北诸国,回鹘最强,最先附,遂诏其主亦都护第五子,与诸皇子约为兄弟,宠异冠诸国。自是有一材一艺者,毕效于朝"[1]。后来,畏兀儿人"内侍禁近,外布行列,语言文字之用尤荣于他族,而其人亦多贵且贤"[2],在元代的政治、经济和文化发展中发挥着重要作用。

就阅读活动来看,畏兀儿人由于本身文化水平普遍较高,人数也较多,所以就成为色目人读者中一个最重要的群体。这个群体的阅读特点表现为以下三点:一是多种文字阅读的普遍性;二是由于畏兀儿文是蒙古人最先采用的文字,因此畏兀儿人及畏兀儿文的阅读就成为元朝统治下阅读活动中的主流,从而享有崇高的社会地位,并左右着社会阅读的价值取向;三是由于畏兀儿人本来就有着较高的文化修养,而且当他们进入中原以后,随着汉化程度的日益加深,其中就出现了许多饱读经史、精通儒学的文人学者,他们是畏兀儿读者中的杰出代表。

如前所述,蒙古人的阅读活动是从学会畏兀儿文开始的,所以那些最初降附蒙古人的、懂畏兀儿文的畏兀儿读者亦是元朝时期最早的、并教会和推进蒙古人阅读的读者。这类读者可想而知也是为数众多的,其中最为典型者当数塔塔统阿。塔塔统阿曾是乃蛮国的掌印官,能言善辩,深通本国文字。塔塔统阿降附蒙古人后,成吉思汗命他"教太子诸王以畏兀字书国言"。从此,蒙古人开始有了自己的文字,也开始了自己的写作与阅读活动。除塔塔统阿外,最初教授蒙古人用畏兀儿蒙古文读写的畏兀儿人还有岳璘帖木儿、孟速思、哈剌亦哈赤北鲁、阿失帖穆儿、撒吉思以及后来担任过必阇赤和王傅的昔班[3]、伯

---

[1] 赵孟頫:《赵孟頫集》卷七《全公神道碑铭》,杭州:浙江古籍出版社,1986年,154页。
[2] 虞集:《道园学古录》卷十六《高昌王神道碑》,四部备要本,上海:中华书局,1936年,123页。
[3] 宋濂等:《元史》卷一三四《昔班传》,北京:中华书局,1976年,3246页。

不花①等。

畏兀儿人在进入中原之前就已受到了汉文化的影响。高昌(今新疆吐鲁番东)和北庭(今新疆吉木萨尔北)地区自汉代以来就是中原王朝的治所,汉文化的传播已有近千年的历史。畏兀儿人迁来后,也受到汉文化很深的影响。有些畏兀儿人能阅读汉文著作。吐鲁番等地出土的高昌回鹘时期的佛经、历书也多译自汉文。1221年,丘处机经过别失八里(北庭,今新疆吉木萨尔北)时,看到城内居民中有僧侣、道士和儒者。②虽然这些道士和儒者应该是汉人,但他们的阅读活动不可能不对畏兀儿人产生影响。

内迁后的畏兀儿人汉化程度不断加深,特别是从他们的第二代开始,许多人不仅熟悉畏兀儿文,而且学会了阅读汉文典籍,并成为汉文典籍向蒙古读者的译介者和传播者。如阿邻帖木儿,善国书,多闻识,累官至翰林学士承旨。仁宗时,奉诏译《贞观政要》《大学衍义》为蒙古文。英宗时,以旧学日侍左右,陈说祖宗以来及古先哲王嘉言善行,翻译诸经,记录故实。③泰定间,他与许师敬译《帝训》为蒙古文,并将其更名为《皇图大训》。④忽都鲁都儿迷失,仁宗时任奎章阁大学士,精通畏兀儿文和汉文,曾选译《资治通鉴》《大学衍义》为畏兀儿蒙古文。泰定帝开经筵,他与汉儒一同进讲《帝范》《资治通鉴》《大学衍义》《贞观政要》等书。文宗时,译蒙古文典章为汉文,备修《经世大典》。⑤畏兀儿学者安藏,谙悉畏兀儿文,熟悉汉文典籍。忽必烈时期,他曾将《尚书·无逸》《贞观政要·申鉴》《资治通鉴》《难经》和《本草》等译为

---

① 宋濂等:《元史》卷一三四《铁连传》,北京:中华书局,1976年,3247页。
② 韩儒林:《中国大百科全书·元史·别失八里》,北京:中国大百科全书出版社,1985年,10页。
③ 宋濂等:《元史》卷一二四《哈剌亦哈赤北鲁传》,北京:中华书局,1976年,3047页。
④ 蔡美彪:《中国历史大辞典》辽夏金元史卷,上海:上海辞书出版社,1986年,262页。
⑤ 蔡美彪:《中国历史大辞典》辽夏金元史卷,上海:上海辞书出版社,1986年,319页。

蒙古文。①

　　有些畏兀儿人虽然没有充当这样的译者角色,但也以精通畏兀儿文而被蒙古人重用,或者是能够在学习畏兀儿文的同时,重视对汉文经史的阅读。如廉希宪之父布鲁海牙,幼孤,依舅氏家就学,未几,即善其国书,18岁时随其主归附成吉思汗。② 铁哥由于善书畏兀儿文,而被忽必烈重用。③ 岳璘帖木儿之子合剌普华,幼时"尝叹曰:'幼而不学,有不坠吾宗者乎!'……父奇之,俾习畏兀书及经史,记诵精敏,出于天性"④。

　　许多畏兀儿读者以其特殊的文化背景,豁达、开放的性格和勤奋好学的精神,不仅能精通畏兀儿文,而且善于学习其他民族的语言文字以提高自己的文化素质。所以他们中有不少人能够熟悉多种文字,是多种文字阅读者。如北庭(今新疆吉木萨尔北)人阿鲁浑萨理,从国师八思巴学佛法,尽通其书,旁达诸国及汉语。世祖知其才,俾习汉文书,遂通经史百家,若阴阳、历数、图纬、方技之说,靡不精诣。⑤ 迦鲁纳答思,从国师八思巴学习梵文、藏文,并能融汇贯通,后用畏兀儿蒙古文翻译梵文、藏文佛经,并任忽必烈的翻译。一次,西南周邻20余个小国使者来朝见皇帝,迦鲁纳答思于帝前读诸国表章,其熟练的语言文字表达,使诸国使者大为惊服。⑥ 唐仁祖,父殁,母教之读书,通诸方语言,尤邃音律,又习国字。⑦ 亦都忽立,曾任蒙古译史,博通诸国语,官至工部尚书。盛熙明,笃学多才,工翰墨,通六国书。⑧ 还有

---

① 蔡美彪:《中国历史大辞典》辽夏金元史卷,上海:上海辞书出版社,1986年,174—175页。
② 宋濂等:《元史》卷一二五《布鲁海牙传》,北京:中华书局,1976年,3070页。
③ 宋濂等:《元史》卷一二五《铁哥传》,北京:中华书局,1976年,3075页。
④ 宋濂等:《元史》卷一九三《忠义一》,北京:中华书局,1976年,4384—4385页。
⑤ 赵孟頫:《赵孟頫集》卷七《全公神道碑铭》,杭州:浙江古籍出版社,1986年,155页。
⑥ 宋濂等:《元史》卷一三四《迦鲁纳答思传》,北京:中华书局,1976年,3260页。
⑦ 宋濂等:《元史》卷一三四《唐仁祖传》,北京:中华书局,1976年,3253页。
⑧ 陶宗仪:《书史会要》卷七,上海:上海书店,1984年,335—336页。

上述的安藏亦是多种文字精通者。

畏兀儿人进入中原后,在汉文化的深刻影响下,许多人不仅仅是停留在一般的汉文书籍阅读上,而是积极勤奋地钻研儒家经典,重视读书学习的文化教育功能,成为精通儒学的杰出读者。如曾被忽必烈称为"廉孟子"的廉希宪,是元代色目人中的理学名臣,自幼从汉儒读书学习,打下了良好的汉学基础。及长,益笃好经史,手不释卷。"一日,方读《孟子》,闻召,急怀以进。世祖问其说,遂以性善义利仁暴之旨为对,世祖嘉之,目曰廉孟子,由是知名。"①为官期间,他更是体恤民情,抑强扶弱。闲暇则读书问学,尝从名儒许衡、姚枢辈咨访治道,并积极兴办学校,以提高民众文化素质。陈垣先生说:"希宪系出畏兀儿,去中原益远,较高智耀之系出唐兀,其沾被华化倍难。然希宪笃信好学过于智耀,斯为可贵。"②他曾诫子曰:"汝读《狄梁公传》乎?梁公有大节,为不肖子所坠,汝辈宜慎之!"③临终前他曾有遗言:"吾疾不起矣,儿惟多读书,以承父志。"④其子廉惇好读嗜学,工诗善文,曾师事江西名儒熊朋来读朱子之书,有《廉文靖公集》行世。其侄廉惠山海牙,受家风影响,亦以读书崇儒为荣,曾言:"吾大父事世祖,以通经号廉孟子。今方设科取士,愿读书以科第进。"乃入国学,于至治元年(1321)登进士第。⑤

贯云石是元代著名的文学家,亦是畏兀儿人中最杰出的读者。他本名小云石海涯,祖父辈均为元朝开国功臣,家学渊源。贯云石少时,弓马射猎,勇技过人。"稍长,折节读书,目五行下。吐辞为文,不蹈袭

---

① 宋濂等:《元史》卷一二六《廉希宪传》,北京:中华书局,1976年,3085页。
② 陈垣:《元西域人华化考》卷二,见《励耘书屋丛刻》上册,北京:北京师范大学出版社,1982年,10页。
③ 宋濂等:《元史》卷一二六《廉希宪传》,北京:中华书局,1976年,3096页。
④ 元明善:《平章政事廉文正王神道碑》,见苏天爵《元文卷》卷六十五,苏州:江苏书局,1889年,8页。
⑤ 宋濂等:《元史》卷一四五《廉惠山海牙传》,北京:中华书局,1976年,3447页。

故常，其旨皆出人意表。"①他虽出身于富贵之家，但"不为燕酣绮靡是尚，而与布衣韦带角其技，以自为乐。此诚世所不能者"②。他嗜读书，而淡功名，袭父爵为两淮万户府达鲁花赤，几年后，就将官位让于其弟，自己则北去拜名儒姚燧为师，悉心读书作文。姚燧"见其古文峭厉有法，歌行古乐府慷慨激烈，大奇之"③。仁宗闻其贤，选其为英宗潜邸说书秀才，侍奉英宗读书。其间曾向仁宗上疏六事，强调以儒治国，重视人才，凡万余言。后因对官场腐败不满，称疾离职，回到江南，以卖药为生。"诡姓名，易服色，人无有识之者。""晚年为文日邃，诗亦冲澹。草隶等书，稍取古人之所长，变化自成一家，所至士大夫从之若云，得其片言尺牍，如获拱璧。"有文集若干卷，《直解孝经》一卷行于世。④

薛昂夫是元代畏兀儿人中的又一个文学家和杰出的读者。他生于元初，自幼好学勤读，爱慕汉文化，曾就学于南宋遗民刘辰翁之门，学业大进。元人王德渊在《薛昂夫诗集·序》中说，薛昂夫"能读中夏模范之书，免马牛襟裾之诮，破天荒而出类拔萃也"⑤。赵孟頫《薛昂夫诗集·序》云："嗟夫！吾观昂夫之诗，信乎学问之可以变化气质也。昂夫西戎贵种，服旃裘，食湩酪，居逐水草，驰骋射猎，饱肉勇决，其风俗固然也。而昂夫乃事笔砚，读书属文，学为儒生，发而为诗、乐府，皆激越慷慨，流丽闲婉，或累世为儒者有所不及，斯亦奇矣！"⑥薛昂夫读书既多，藏书也富。"平生薄嗜好，好读书，所蓄几万卷。侨居豫章，辟

---

① 宋濂等：《元史》卷一四三《小云石海涯传》，北京：中华书局，1976年，3421页。
② 陈垣：《元西域人华化考》卷四，见《励耘书屋丛刻》上册，北京：北京师范大学出版社，1982年，72页。
③ 宋濂等：《元史》卷一四三《小云石海涯传》，北京：中华书局，1976年，3422页。
④ 宋濂等：《元史》卷一四三《小云石海涯传》，北京：中华书局，1976年，3422页。
⑤ 陈垣：《元西域人华化考》卷四，见《励耘书屋丛刻》上册，北京：北京师范大学出版社，1982年，56—57页。
⑥ 赵孟頫：《赵孟頫集》卷六《薛昂夫诗集·序》，杭州：浙江古籍出版社，1986年，134—135页。

楼'野鹤轩'之左,悉置于其上,而以'书垒'名之。"①

脱烈海牙,世居别失八里(北庭,今新疆吉木萨尔北),从其祖开始定居中原。父阇里赤,性纯正,知读书。海牙幼嗜学,警敏绝人。喜从文士游,犬马声色之娱,一无所好。仁宗在东宫,知其嗜学,出秘府经籍及圣贤图像以赐,时人荣之。②家铉翁,"幼颖悟,自命不凡,脱去纨绔习,修孔氏之业,读文公之书"③。普达实立,潜心研习儒学,夜半犹篝灯读书,尝曰:"益人神智,无如读书。"④洁实弥尔常教育诸子:"兄弟宜和睦,永毋分异地。儒书宜习读,财利毋耽嗜也。"⑤还有边鲁,好读嗜学,工诗善画,尤善古乐府诗。⑥不花帖木儿,好读能文,为诗落笔有奇语。⑦阿邻帖木儿之子沙剌班,自幼受父亲影响,读书好学,曾任顺帝妥懽帖睦尔的帝师,并奉诏参与修纂《金史》,也是元代畏兀儿人中儒学修养较高的读者之一。阿鲁浑萨理之子岳柱,入学读书,日记千言,尤嗜经史,自天文、医药之书,无不究极。⑧

许多畏兀儿人的后代也与蒙古人和汉人一样,走上了科举及第、读书入仕之途。如陈垣先生所言:"色目人读儒书,大抵在入中国一二世以后,其初皆军人。宇内既平,武力无所用,而炫于中国之文物,视为乐土,不肯思归,则惟有读书入仕之一途而已。"⑨清人顾嗣立亦云:

---

① 吴师道:《书垒记》,见白寿彝《回族人物志》元代,银川:宁夏人民出版社,1985年,409页。
② 宋濂等:《元史》卷一三七《脱烈海牙传》,北京:中华书局,1976年,3319—3320页。
③ 尚衍斌:《元代内迁畏兀儿人的分布及其对汉文化的吸收》,载《民族研究》,1997年第1期,64—71页。
④ 尚衍斌:《元代内迁畏兀儿人的分布及其对汉文化的吸收》,载《民族研究》,1997年第1期,64—71页。
⑤ 尚衍斌:《元代内迁畏兀儿人的分布及其对汉文化的吸收》,载《民族研究》,1997年第1期,64—71页。
⑥ 陈衍:《元诗纪事》卷二十四《边鲁》,上海:上海古籍出版社,1987年,576页。
⑦ 陈衍:《元诗纪事》卷二十四《不花帖木儿》,上海:上海古籍出版社,1987年,593页。
⑧ 宋濂等:《元史》卷一三〇《阿鲁浑萨理传》,北京:中华书局,1976年,3178—3179页。
⑨ 陈垣:《元西域人华化考》卷二,见《励耘书屋丛刻》上册,北京:北京师范大学出版社,1982年,17页。

"自科举之兴,诸部子弟,类多感励奋发,以读书稽古为事。"①元代科举,前后16科,共取进士1200人,其中畏兀儿进士约24人。元顺帝元统元年(1333),共取进士100人,其中畏兀儿进士7人,他们是寿同海牙、别罗沙、普达世理、道同、铎护伦、廉□□、纳失里。② 这些畏兀儿进士无疑是畏兀儿读者中的杰出者。这些读者除上述及前面提到的廉惠山海牙外,具有代表性的还有以儒业起家的合刺普华之孙及其后代偰玉立、偰直坚、偰哲笃、偰朝吾、偰列篪、善著、偰百僚逊、正宗、阿儿思兰,他们皆相继登第。一门士科之盛,为历代所稀有。其中的偰哲笃为延祐首科进士,与马祖常、欧阳玄、许有壬、黄溍等同年,官至江西行省左丞,以文学政事称于时。③ 偰玉立为延祐五年(1318)进士,授翰林院待制,兼国史院编修官,至正中为泉州路达鲁花赤。其间,他兴学校、赈贫乏、考求图志、搜访旧闻,修《清源续志》20卷,以补一郡故事,郡人皆劝于文学。顾嗣立《元诗选》有偰玉立《世玉集》,并有偰哲笃诗附之后。偰哲笃之子偰百僚逊为至正五年(1345)进士,有《近思斋逸稿》行世。④ 由偰氏家族读书登第可见畏兀儿人良好的读书传统,亦可见读书登第之区区科名并不是他们读书的目的。此外,乃蛮部人抄思之后代守恭、与权等也皆读书登进士第,人多称之。⑤

有些畏兀儿人虽没有进士及第,但以其良好的汉文修养担任了元朝的要职,并在文化教育中做出了重要贡献。如迦鲁纳答思之子鲁明善,曾任靖州路(今湖南靖县)、安丰路(今安徽寿县)达鲁花赤。延祐元年(1314),鲁明善出任安丰肃政廉访使时,为了奖励农桑,提高农业

---

① 顾嗣立:《元诗选》初集三《忠介公泰不华》,北京:中华书局,1987年,1729页。
② 尚衍斌:《元代内迁畏兀儿人的分布及其对汉文化的吸收》,载《民族研究》,1997年第1期,64—71页。
③ 宋濂等:《元史》卷一九三《忠义一》,北京:中华书局,1976年,4386页。
④ 陈垣:《元西域人华化考》卷二,见《励耘书屋丛刻》上册,北京:北京师范大学出版社,1982年,32页。
⑤ 宋濂等:《元史》卷一二一《抄思传》,北京:中华书局,1976年,2995页。

生产效率,他在研读历代农书的基础上,结合农民的阅读特点,撰写了《农桑衣食撮要》一书,并刊行。叶仙鼎之子完泽,武宗时曾任太子詹事,仁宗时任中书平章政事,后任云南行省平章政事。①

畏兀儿人也很重视女性的读书学习,所以也产生了许多女性读者。她们好读嗜学,知书识礼,亦十分重视教育子女读书学习。如偰哲笃之妻月伦石护笃,字顺贞,系出畏兀儿氏,"生而聪慧,稍长能知书,诵《孝经》《论语》《女孝经》《列女传》甚习,见前史所记女妇贞烈事,必再三复读而叹慕焉"②。可想而知,偰百僚逊所受其母的影响也一定很大。还有小云石海涯孙女,有学识,能词章。③ 此外,畏兀儿家族中的妇女十分重视教育子女读书,如忽必烈时的大臣唐仁祖,少时父亡,母教之读书,于是通诸方语言,尤邃音律。④ 北庭(今新疆吉木萨尔北)人拜降生甫数月,父忽都卒。"母徐氏鞠育教诲甚至,每曰:'吾惟一子,已童卯矣,不可使不知学。'"遂送往大名城中读书就学。⑤ 这样的例子在元代的畏兀儿人中还有很多,由此也可见一个优秀读者的产生除得到父兄传授、学校教育外,幼时母亲的督教亦非常重要。因此,教育的发达、阅读的发展、社会的文明与进步亦依赖于女性阅读能力的提高及其阅读活动的普及。

随着畏兀儿人读书崇儒风尚的形成和氛围的不断浓厚,读书已成为他们生活中不可或缺的一部分。特别是一些文人学士,他们不仅以读书为乐,而且更以读书明志。他们将自己的生活志趣、道德情操、治学宗旨乃至人生观寄托在对自己书房的命名之中,那些蕴含着深刻意

---

① 宋濂等:《元史》卷一三三《叶仙鼎传》,北京:中华书局,1976年,3228页
② 陈垣:《元西域人华化考》卷七,见《励耘书屋丛刻》上册,北京:北京师范大学出版社,1982年,121页。
③ 宋濂等:《元史》卷一四三《小云石海涯传》,北京:中华书局,1976年,3423页。
④ 宋濂等:《元史》卷一三四《唐仁祖传》,北京:中华书局,1976年,3253页。
⑤ 宋濂等:《元史》卷一三一《拜降传》,北京:中华书局,1976年,3200页。

义的书房名,不仅反映了他们对读书生活的热爱,而且寄托着他们对人生和世界的期待。如高昌(今新疆吐鲁番东)人守中虽家世显荣,但德性谦退,谢绮纨之习,敦诗书之好,名其读书之室曰"霜月轩",以喻其"操履严洁,心术光辉"①。斡朵忽都鲁,系出西域,为高唐监郡,读书乐善,士大夫称之。其父建"忠顺堂",为读书宴客之所。时有赠诗曰:"系族来何远,文儒夙所耽。"②高昌(今新疆吐鲁番东)人偰公远有书房名曰"近思斋",孔子曰:"切问而近思,仁在其中矣。"郑元祐《侨吴集》为其所作诗中有句云:"圣徒示训,在思之近。譬则升阶,敛步而进。级尽一级,学博理穷。笃志切问,仁在其中。"③高昌(今新疆吐鲁番东)人钱宝臣有书房名曰"容膝轩",达礼麻识理有"一清堂",仲礼有"九思堂"④等。畏兀儿人的读书崇儒之风亦由此可见一斑。

四、回回读者

回回是元代对中亚和西亚诸国信奉伊斯兰教各族人的泛称。入元以来,大批回回人来到中国,从事各种职业,担任各级官吏,定居各地。"元时回回遍天下,及是居甘肃者尚多。"⑤经元代至明代,回回逐渐成为中国的一个民族,称为回族。元代及后来,"回回"一词也用于泛称包括回鹘、畏兀儿在内的其他西域人。这里仅论述史料上所记载

---

① 陈垣:《元西域人华化考》卷六,见《励耘书屋丛刻》上册,北京:北京师范大学出版社,1982年,115页。
② 陈垣:《元西域人华化考》卷六,见《励耘书屋丛刻》上册,北京:北京师范大学出版社,1982年,114页。
③ 陈垣:《元西域人华化考》卷六,见《励耘书屋丛刻》上册,北京:北京师范大学出版社,1982年,115页。
④ 陈垣:《元西域人华化考》卷六,见《励耘书屋丛刻》上册,北京:北京师范大学出版社,1982年,115页。
⑤ 张廷玉等:《明史》卷三三二《西域四》,北京:中华书局,1974年,8598页。

的"回回"读者。

元代回回读者的阅读主要有两个特点:一是波斯文(或阿拉伯文、亦思替非文)的使用及其书籍的传入;二是汉化的明显和儒学阅读的深入。

元代大量回回内迁,他们不仅带来了伊斯兰文化,而且使中国与中亚穆斯林关系日益密切。元初国中通行汉文、蒙古文和波斯文三种文字。鉴于波斯文字的重要性,元政府在一些重要机关内部设有回回掾史、回回译史和回回令史等官职,负责用波斯文起草和翻译文书。至元二十六年(1289),尚书省奏:"亦思替非文字宜施于用,今翰林院益福的哈鲁丁能通其字学,乞授以学士之职。凡公卿大夫与夫富民之子,皆依汉人入学之制,日肄习之。"世祖忽必烈同意了这一奏请,并于同年八月始置回回国子学,教习波斯文。① 由此可见当时元政府与中亚蒙古汗国联系还比较密切,他们之间文书往来除使用蒙古文外,也使用波斯文。这也说明当时的元朝国内懂波斯文者很多。

元代回回人的宗教活动及日常生活中多用波斯语或阿拉伯语。许多元代的铜权上面同时刻有波斯文、八思巴文、回鹘文、汉文等四种文字,由此可推断波斯文也是一种常用文字。所以,元代可能会有不少波斯文或阿拉伯文书籍传入中国,并在民间流传。元《秘书监志》中录有26种波斯和阿拉伯典籍。② 此外,清初穆斯林学者刘智(约1669—1764)在《天方至圣实录》中称:"吾欲著三极会编,苦无其学。遍求书肆,天地人三者之书,言多陈腐无实。求之天方之书,无从可得,早夜思皇。俄于京师得诸吴氏藏经数十册,皆西国原本,自元世载入,藏之府库,而为流寇发出者,天文地理之学,思过半矣。"③ 由此可见,刘

---

① 宋濂等:《元史》卷八十一《选举一》,北京:中华书局,1976年,2028页。
② 王士点、商企翁编,高荣盛点校:《秘书监志》卷七《司天监》,杭州:浙江古籍出版社,1992年,129—130页。
③ 丁明俊、马芳:《元代回回人与中西文化交流》,载《宋辽金元史》,2003年第1期,62—68页。

智一次就发现了数十册元代回回人传入的西域典籍原本,其中有一半属天文地理学方面的。刘智在其另两部著作《天方性理》(1704)和《天方典礼》(1710)的写作中,采辑、参考了68种波斯文或阿拉伯文资料。这些资料也曾引起中外学者的极大兴趣。法国汉学家伯希和称此书目为"18世纪中国常用阿拉伯、波斯文著作简要目录"。这些著作的内容除为伊斯兰教义学、教法学外,还有天文、地理、哲学、逻辑、历史、先知传、苏非圣贤录方面的内容。这些著作大部分是元明时期,经中亚、阿拉伯传入中国的。① 还有明初由汉族学者李翀、吴伯宗,以及回回学者海达儿、阿答兀丁、马沙亦黑、马哈麻等翻译的回回《天文书》之底本,就是在洪武初得自元大都。明末学者孙承泽云:"御制文集有授翰林编修马沙亦黑、马哈麻敕文,谓大将入胡(元)都,得秘藏之书数十百册,乃乾方先圣之书,吾中国无解其文者,闻尔道学本宗,深通其理,命译之。今数月,测天之道,甚是精详。"②

上述均说明在元代曾有不少回回书籍在读者中流传。尽管史料中记载的这类读者不多,但一定有不少回回人是回回文书籍的阅读者。如"奕赫抵雅尔丁,幼颖悟嗜学,所读书一过目即终身不忘。尤工其国字语"③。由此可见他既能阅读汉文,又熟悉回回文字。著名的天文地理学家扎马刺丁在回回司天台任职期间,根据回回历法编制了《万年历》,后又负责纂修《大元大一统志》。在此期间,他曾参考阅读了秘书监所藏的回回书籍,内容包括天文、数学、化学、医药、地理、哲学等。④ 由此可见扎马刺丁不仅精通阿拉伯文或波斯文,而且是一个兴趣广泛、知识渊博的读者。还有前述的回回国子学创建者益福的哈鲁丁亦是精通回回文的学者。

---

① 丁明俊、马芳:《元代回回人与中西文化交流》,载《宋辽金元史》,2003年第1期,62—68页。
② 孙承泽:《春明梦余录》卷五十八《回回历》,香港:龙门书局,1965年,924页。
③ 宋濂等:《元史》卷一三七《奕赫抵雅尔丁传》,北京:中华书局,1976年,3318页。
④ 白寿彝:《回族人物志》元代卷六,银川:宁夏人民出版社,1985年,91页。

进入内地的回回人随着汉化程度的不断加深,也开始读汉文,崇儒术,融入了浩荡的汉文读者中,成为汉语文化圈中的一员,并为汉文化的传承与发展做出了贡献。如著名诗人萨都剌,其祖、父以世勋镇守云、代,定居于雁门(今山西代县)。他自幼饱读诗书,受到了良好的汉文化教育。青、中年时期,他虽然生活贫寒,"家无田,囊无储",曾远到吴、楚经商谋生,但仍能坚持刻苦读书,乃至博学能文,并于55岁登进士第,后任翰林国史院应奉文字等职,并成为元代著名诗人。毛晋在《雁门集·跋》中曰:"天锡以北方之裔而入中华,日弄柔翰,遂成南国名家。今其诗诸体具备,磊落激昂,不猎前人一字。"①

赡思,字得之,其先大食国人,为伊斯兰教世家。其父斡直,始从儒先生问学,轻财重义,不干仕进。赡思自幼好学,读书刻苦,9岁时就能日记儒家经传至千言,20岁时拜名儒王思廉为师,"由是博极群籍,汪洋茂衍,见诸践履,皆笃实之学,故其年虽少,已为乡邦所推重"②。赡思读书邃于经,而《易》学尤深,至于天文、地理、钟律、算数、水利,旁及外国之书,皆究极之。他虽家贫而粥米不继,但能埋首读书,考订经传,乐在其中。他著述丰富,创获颇丰,反映了他博览群书、独立思考、敢抒己见的读书治学风格。他的著作有《四书阙疑》《五经思问》《奇偶阴阳消息图》《老庄精诣》《镇阳风土记》《续东阳志》《重订河防通议》《西国图经》《西域异人传》《金哀宗记》《正大诸臣列传》及《审听要诀》③等。其学问渊博,著作之多,在色目人中甚为罕见。其著作有对"四书五经"的阙疑、思问,有对《易经》《老》《庄》精诣的发微阐述,还有历史、地理、水利等方面的论述,特别是《西国图经》和《西域异人传》两书显然是关于阿拉伯史地方面的著述,加之他能"旁及外国

---

① 萨都剌:《雁门集》附录三,上海:上海古籍出版社,1982年,430页。
② 宋濂:《元史》卷一九〇《儒学二》,北京:中华书局,1976年,4351页。
③ 宋濂:《元史》卷一九〇《儒学二》,北京:中华书局,1976年,4351—4353页。

之书",所以从这里可以推断赡思也具有阅读阿拉伯文书籍的能力。

元末明初的著名诗人丁鹤年亦是回回人中的杰出读者。他自幼受到同乡儒者教导,打下良好的汉文基础,读书过目辄成诵,年十七通《诗》《书》《礼》三经,喜诗歌,尤工唐律,为文有气势。此外,丁鹤年幼时所学亦得自其姊口授。其姊名月娥,"少聪慧静幽,诸伯氏皆明经,工举子业,月娥随而诵说,通奥义。及长,归通甫,事上抚下,凛如礼法,诸妇诸女,咸淑其化"①。另外,丁鹤年诸兄,亦有登第者三人。由此可见,这是一个有着良好的读书传统和浓厚的读书氛围的家庭。

回回中杰出的汉文读者还有:买闾,自幼读书好学,博览经史,其父亦不剌金力资其学。及长,以《礼》领乡贡。曾任尹和靖书院山长,嘉兴儒学教授。他将自己的书屋命名为"一乐堂",以表示其淡泊明志,以读书为乐的人生志向。忻都,曾受经于胡长孺,中延祐元年(1314)江浙乡试榜首。凯霖,从小熟读儒书,颇有儒学素养,为官期间多有善政。萨德弥实,为官之余,注意医药方书之事,遇有得必藏之,积久弥富,题曰《瑞竹堂经验方》。② 由此可见,他不仅是一个经史读者,亦是一位中医书籍爱好者。忽思慧,延祐间任饮膳太医,天历三年(1330)编成《饮膳正要》,记述元代饮食及烹调方法。此外,暗都剌以及著名诗人鲁至道等也都是熟读诗书,颇有成就者。

许多好学善读的回回人亦热衷于藏书兴学,推动阅读活动的发展。如勖实戴以家财建书院,其子慕颜钱木又建稽古阁,贮书万卷。后书院被朝廷赐名为伊川书院。

与其他色目人一样,由于科举的激发,回回人读书热情高涨,并产生了许多杰出的读者。如元统元年(1333)录取的100名进士中(蒙古

---

① 陈垣:《元西域人华化考》卷七,见《励耘书屋丛刻》上册,北京:北京师范大学出版社,1982年,122页。
② 陈垣:《元西域人华化考》卷六,见《励耘书屋丛刻》上册,北京:北京师范大学出版社,1982年,116页。

人、色目人、汉人、南人各 25 名),回回人就占了 12 名之多。① 回回进士中之代表者,除上述萨都剌等人外,还有兄弟三人皆登进士第的穆鲁丁、海鲁丁和获独步丁。② 如此等等,他们都是熟读经传、热爱儒学的优秀读者。

说到元代的回回读者,不能不提到南宋诗人蒲寿宬。他是宋代回回读者的杰出代表,且深受汉文化的熏染,有着良好的儒学修养,其阅读行为反映着所有融入华夏民族之中的回回读者的思想观念和读书传统。因此,他对元代的回回人以及其他色目人的阅读活动有着积极而深刻的影响。如他在一首勉励其后代读书的《示儿》诗中云:

> 种谷一岁事,读书一生期。
> 方春不下种,竟岁常馁饥。
> 少年不向学,终身成愚痴。
> 饥犹一家愁,愚被众人欺。
> 彼苍念吾父,尔辈得令师。
> 欲速成揠苗,计日如耘籽。
> 程文国有式,体制须及时。
> 弱冠无所闻,出语人见嗤。
> 尔劳我则恼,我忧尔奚知。
> 中夜不遑寐,作此劝学诗。③

诗中既讲了少年读书对一个人一生的重要意义,以及读书的循序渐进过程,也强调了读书还要结合国家和社会的要求,顺应时代的潮流。由于蒲氏家族的社会地位和影响,蒲寿宬之弟蒲寿庚、蒲寿晟曾

---

① 马建春:《元代回回教育特征述论》,载《民族研究》,2002 年第 1 期,65—71 页。
② 宋濂等:《元史》卷一九六《忠义四》,北京:中华书局,1976 年,4434—4435 页。
③ 蒲寿宬:《示儿》,见北京大学古文献研究所《全宋诗》卷三五七五,第 68 册,北京:北京大学出版社,1998 年,42741—42742 页。

于元初受到率军攻宋的元朝大臣伯颜接见,①并于后来在元朝任要职。

五、其他色目读者

这里主要指除上述之外的其他色目读者,包括哈剌鲁、康里、朵鲁别、阿鲁温、伯牙吾、钦察等十几个民族。此外,它还包括一些史料中记载的以"西域人"概称的读者。西域当然是指中国西北、中亚乃至西亚的区域,是色目人的祖籍所在地。这里袭用了史料的记载,指那些没有具体族别的色目读者。

这个读者群体与上述色目读者一样,主要有以下两个特点:一是随着汉化的不断深入,产生了许多博通经史、工诗能文的杰出读者;二是许多人既能熟练地阅读汉文典籍,又懂畏兀儿文、蒙古文及其他文字,是多种文字阅读者,对元代的文化交流和整合起了重要作用。

关于这个群体的汉文阅读修养和水平,不用说那些离中原较近的唐兀、畏兀儿早已接触到了汉文化,养成了习汉文、读儒书的习惯,就是那些远离中国的民族,如葛逻禄(哈剌鲁)氏虽然散居四方,但随着蒙古人的统一战争,深受汉文化熏染,往往业诗书而工文章,并能浸润其间,深得旨趣。如著名诗人马易之,半生布衣,曾师事博究群书、信奉陆氏心学的鄞人郑觉民。他虽官至翰林编修,但"泊然无意于仕进,退藏句章山水之间。其所为诗,清丽而粹密。学士大夫多传诵之"②。伯颜,一名师圣,字宗道,哈剌鲁氏。6岁从塾师读《孝经》《论语》,即成诵。父亲去世后,其兄曲出买经传等书以资之,日夜诵读不辍。及

---

① 宋濂等:《元史》卷九《世祖六》,北京:中华书局,1976年,180页。
② 陈垣:《元西域人华化考》卷八,见《励耘书屋丛刻》上册,北京:北京师范大学出版社,1982年,126页。

长,受业于宋进士黄坦,读朱子之书。之后,"即以斯文为己任,其于大经大法,粲然有睹,而心所自得,每出于言意之表。乡之学者,来相质难,随问随辨,咸解其惑。于是中原之士,闻而从游者日益众"①。陈垣先生说:"伯颜学无师承,崛起乡里,讲求实用,自成一家,譬之清儒,于颜元为近,而魄力过之,所谓平民学者也。"②还有哈鲁氏人虎都铁木禄,其父曾与成吉思汗定西夏,他本人则"好读书,与学士大夫游,字之曰汉卿"③。

西域人高克恭,父高嘉甫,"力学,不事权贵,朝夕讲肄,遂得大究于《易》《诗》《书》《春秋》及关、洛诸先生绪言,则俨然儒者也。克恭蚤习父训,于经籍奥义,靡不口诵心研,务极源委,则亦纯然儒者也"④。伯颜子中,其先西域人。幼读书,即通大义。稍长,无所嗜好,唯耽玩典籍,手不释卷。从钓台夏溥习进士业,以《春秋》领乡贡,授龙兴路东湖书院山长,改建昌路儒学教授。⑤他在卜居进贤之北山期间,躬创竹屋三间,读书其中,闭户澹如。对此,元代诗人刘闻有诗云:"种树年年长,开窗面面凉。雨苔生砌绿,秋叶坠池黄。得句闲拈笔,抛书懒近床。旅怀随所至,谁复计行藏。"⑥阿鲁丁,自幼博览经史,慕周公、孔子之道。"读《大学》《论语》,甚习所谓穷理、克己,岂俟他求哉?"⑦所著《古今历代启蒙》,"取自三皇五帝以来事迹,编为四言,又韵其语,欲以教童蒙,使之诵习,俾知古今……虽成人亦可读之,以为历代史记之

---

① 宋濂等:《元史》卷一九〇《儒学二》,北京:中华书局,1976年,4350页。
② 陈垣:《元西域人华化考》卷二,见《励耘书屋丛刻》上册,北京:北京师范大学出版社,1982年,15页。
③ 宋濂等:《元史》卷一二二《铁迈赤传》,北京:中华书局,1976年,3003页。
④ 陈垣:《元西域人华化考》卷五,见《励耘书屋丛刻》上册,北京:北京师范大学出版社,1982年,88页。
⑤ 郎瑛:《七修类稿》卷十六《伯颜子中传》,北京:中华书局,1959年,242页。
⑥ 刘闻:《颜子中池亭二首》,见顾嗣立《元诗选》三集,北京:中华书局,1987年,368页。
⑦ 吴澄:《玉元鼎字说》,见白寿彝《回族人物志》附卷之二,银川:宁夏人民出版社,1985年,416页。

目也"①。

铁木尔塔识,为康里王脱脱之子,自幼受到其父所聘儒师的教导,打下良好的阅读基础。后入国子学,读书颖悟绝人。及长,天性忠亮,学术正大,伊洛诸儒之书深所研究。② 其弟达识帖睦迩,幼时亦入国子学,读经史,悉能通大义,尤好学书。③ 康里人拜住,当起义军攻入城中时,他向家人说:"吾生长中原,读书国学,而可不知大义乎!"遂赴井死。家人以其书籍焚之为其殉葬。④ 由此可见,他亦是一个热爱读书、崇尚儒学、颇有节气的杰出读者。秃忽鲁,自幼入侍世祖,并从许衡学,曾被忽必烈称为"康秀才",多次为忽必烈陈说"古今治乱政要,多所裨益"⑤。塔里赤,幼颖异,好读书,尤善骑射。⑥ 他显然是康里人中的一个文武双全者。

康里人在儒学领域中最杰出的读者当数不忽木及其子巎巎。不忽木幼师名儒王恂,后入国子学从许衡读书,日记数千言,许衡每称之,以为有公辅器。16 岁时,不忽木曾独书《贞观政要》数十事以进,忽必烈嘉叹久之。许衡纂历代帝王名谥、统系、岁年为书授诸生,不忽木读数遍即成诵。他经常被忽必烈召至寝榻下,陈说"四书"及古史治乱,至丙夜不寐。由于他的讲说"吐辞洪畅,引义正大,以天下之重自任,知无不言"⑦,所以深得忽必烈器重。在国子学期间,他曾与同舍生坚童、太答、秃鲁等上疏忽必烈,论述读书学习、发展教育、建立学校的重要性,特别是强调了儒学对治国强民、塑造良好的社会风气的重

---

① 赵孟頫:《赵孟頫集》卷六《古今历代启蒙序》,杭州:浙江古籍出版社,1986 年,138 页。
② 宋濂等:《元史》卷一四〇《铁木尔塔识传》,北京:中华书局,1976 年,3372—3374 页。
③ 宋濂等:《元史》卷一四〇《达识帖睦迩传》,北京:中华书局,1976 年,3375 页。
④ 宋濂等:《元史》卷一九六《忠义四》,北京:中华书局,1976 年,4431 页。
⑤ 宋濂等:《元史》卷一三四《秃忽鲁传》,北京:中华书局,1976 年,3251 页。
⑥ 宋濂等:《元史》卷一三五《塔里赤传》,北京:中华书局,1976 年,3275 页。
⑦ 宋濂等:《元史》卷一三〇《不忽木传》,北京:中华书局,1976 年,3172—3173 页。

要作用。① 该上书言简意赅,论说有力,而且情恳意切,表现出中国读书人所具有的"天下兴亡,匹夫有责"的责任感和忧国忧民的情怀,反映了他好读善思的优秀品格和良好的儒学素养。

不忽木之子巙巙,字子山,是元代著名的书法家。幼肄业国子学,博通群书。其正心修身之要得许衡及父兄家传。文宗、顺帝时知经筵事,尝以圣贤格言讲诵帝侧,裨益良多。凡"四书""六经"所载治道,为帝绅绎而言,必使辞达感动帝而后已。如柳宗元《梓人传》、张商英《七臣论》,尤善诵说。② 他博学多识,对时政得失多有匡救。如顺帝至元六年(1340),大臣们建议取缔奎章阁学士院及艺文监。巙巙马上进言:"民有千金之产,犹设家塾,延馆客,岂有堂堂天朝,富有四海,一学房乃不能容耶。"③顺帝听后深感有理,并将奎章阁改为宣文阁,艺文监改为崇文监,功能如初。他在为顺帝进读《资治通鉴》时,建议纂修辽、金、宋三史,也得到采纳。特别是他还建议恢复了元朝的科举制度。由于他的博学多才,所以他始终以重望居高位,并在保护儒士、倡导儒学方面不遗余力。他认为:"儒者之道,从之则君仁、臣忠、父慈、子孝,人伦咸得,国家咸治;违之则人伦咸失,家国咸乱。"④可以想见,这样一位深得儒学精髓的色目大臣,对元代中后期的儒学阅读和发展,应起到了积极的推动作用。巙巙之兄回回,字子渊,敦默寡言,嗜学能文。曾从吴澄游,好读《易》。为官有政声,与其弟皆为时之名臣,号为双璧。⑤

如上所述,许多色目人的儒学阅读水平和修养之所以很高,亦有赖于儒师的言传身教。当然,这也只有那些有条件的色目人才能做

---

① 宋濂等:《元史》卷一三〇《不忽木传》,北京:中华书局,1976 年,3164—3166 页。
② 宋濂等:《元史》卷一四三《巙巙传》,北京:中华书局,1976 年,3414 页。
③ 宋濂等:《元史》卷一四三《巙巙传》,北京:中华书局,1976 年,3415 页。
④ 宋濂等:《元史》卷一四三《巙巙传》,北京:中华书局,1976 年,3415—3416 页。
⑤ 宋濂等:《元史》卷一四三《巙巙传》,北京:中华书局,1976 年,3416—3417 页。

到,而且这样的例子在其他色目人中也很常见。如出于朵鲁别族的郝天挺曾受业于元好问,为官之余,读书著述,有《云南实录》五卷,注唐人《唐诗鼓吹集》十卷,行于世。① 阿鲁温氏浦君,"性颖悟,父与母聂夫人训之尤笃。从名师傅,通《诗毛氏笺》,而折衷以朱吕之传,发为文辞,其光烨然也"②。掌机沙,亦出阿鲁温氏,为礼部尚书哈散公之孙,好读嗜学,工诗能文,曾学诗于萨天锡,故其诗风流俊爽。③

色目人中亦有一些出身贫寒者,他们有幸得到了儒者的教育,能够开启阅读之门,打下良好的阅读能力基础,成为杰出的读者和学者。如泰不华,系出伯牙吾台氏,家贫,好读书,能记问。集贤待制周仁荣养而教之,年十七,江浙乡试第一,年十八进士及第。曾任集贤修撰,转秘书监著作郎,后任中台监察御史。著有《复古编》十卷,"考证讹字,于经史多有据"④。泰不华亦工诗善文,有《顾北集》行世。"论诗至元季诸臣,以兼善(泰不华字)为首,廷心次之。"⑤

这个色目读者群体来自不同的文化背景,他们好学善读,在元代这个空前的多文化交流和碰撞的环境下,他们中许多人的语言文字能力得到了发挥,成为多种文字的阅读者和文化交流者。如西域板勒纥城人察罕,博览强记,通诸国字书。"因诵范仲淹所撰碑词甚熟,帝叹息良久曰:'察罕博学如此邪。'"曾译《贞观政要》《帝范》为蒙古文,译蒙古文《脱必赤颜》为《圣武开天记》。所著《历代帝王纪年纂要》和《太宗平金始末》等书,俱付史馆。⑥ 弗林(叙利亚)人爱薛,通西域诸部语,工星历和医药。忽必烈时期长期掌管西域星历和医药二司事务,后任职秘书

---

① 宋濂等:《元史》卷一七四《郝天挺传》,北京:中华书局,1976年,4065—4066页。
② 宋濂:《宋学士文集》卷十七《西域浦氏定姓碑文》,四部丛刊集部,10页。
③ 陈衍:《元诗纪事》卷二十四《掌机沙》,上海:上海古籍出版社,1987年,594页。
④ 宋濂等:《元史》卷一四三《泰不华传》,北京:中华书局,1976年,3423—3426页。
⑤ 顾嗣立:《元诗选》初集三《忠介公泰不华》,北京:中华书局,1987年,1729页。
⑥ 宋濂等:《元史》卷一三七《察罕传》,北京:中华书局,1976年,3309—3311页。

监,领崇福使,升任翰林学士承旨,兼修国史。① 秘书监藏有回回书籍《忒毕医经十三部》,这部书的传入也许与他有关,但至少他是能够阅读和利用这部书的。暗都剌,字瑞芝,凯烈氏。通经史,兼习诸国语。寻授应奉翰林文字,凡蒙古传记,多所校正。② 由此可见他不仅熟读汉文经史,而且能读包括蒙古文在内的其他文字。西域人怯烈,曾任中书译史,从平章政事赛典赤经略川、陕。③ 哈剌鲁氏买奴,12岁被召入皇宫,从平章政事剌真学习蒙古和畏兀儿文字。哈剌哈孙,翰剌纳儿氏,善骑射,工国书,又雅重儒术。其子脱欢,重厚有文风,喜读书,为政不尚苛暴,得众心。④ 此外,在蒙古国时期,最早的读者,除畏兀儿人外,还有其他部族的人。如西域谷则斡儿朵人曷思麦里,曾为西辽阔儿罕近侍,是成吉思汗西征中的大将,亦曾任必阇赤。⑤ 由此可见,他也是一个至少懂畏兀儿文的蒙古国早期读者。

第五节 汉族读者及其阅读特点

元代的汉族读者是指除蒙古人、色目人外,以汉族人为主,包括女真人、契丹人等民族在内的读者群体。

---

① 宋濂等:《元史》卷一三四《爱薛传》,北京:中华书局,1976年,3249页。
② 宋濂等:《元史》卷一九二《良吏二》,北京:中华书局,1976年,4365页。
③ 宋濂等:《元史》卷一三三《怯烈传》,北京:中华书局,1976年,3236页。
④ 宋濂等:《元史》卷一三五《哈剌哈孙传》,北京:中华书局,1976年,3291—3295页。
⑤ 宋濂等:《元史》卷一二〇《曷思麦里传》,北京:中华书局,1976年,2969页。

一、来源和特点

如前所述,早在成吉思汗时期,汉族读者就已出现于蒙古人中。他们是一些很早就归附于成吉思汗的女真人、契丹人和汉人。如契丹儒士耶律楚材,"读书尚气义"的金人史秉直,好读书、日诵千言的史天倪[1]等。因此,汉文很早就成为蒙古国内通行的文字之一。后来,随着蒙古版图不断南扩,特别是蒙古人入主中原后,汉族人口的比例越来越大,直到全国统一,汉族和已经汉化较深的其他民族人口的数量已经占有绝对优势,并成为元代的主体民族。

在汉族读者群的最初发展中,辽、金、西夏遗士发挥了重要作用。他们不仅是儒学阅读的代表,而且是汉族知识分子的保护者和解救者。同时,随着蒙古统治者对儒士和儒学认识的不断提高,他们采取了多种措施保护、搜求和重用儒士,为元代保留了大批的读书种子,使儒学阅读能够继续生存与发展。如以"戢干戈,行仁义"为己任的耶律楚材在蒙古军攻下汴梁(今河南开封)、将要屠城时,上疏曰:"得地无民,将无所获。"窝阔台采纳其言,遂救活了避乱居汴者147万人。当蒙古军入汴后,他命收太常礼乐生,召名儒梁陟、王万庆、赵著等,使直译"九经",进讲东宫。[2] 1237年,他奏请在中原诸路举行儒士选拔考试,包括被俘为奴者亦令就试。这次考试史称"戊戌试",共得儒士4030人,[3]其中就有刘祁、许衡、雷膺、麻革、赵良弼、杨奂、张文谦、徐之钢、刘德渊、石璧等一批著名的文人学士。通过这次考试,蒙古统治者初步建立了科举考试和儒士保护制度。西夏遗士高智耀从太宗窝阔台到忽必烈时期,亦力谏蒙古统治者保护和重用儒生,使忽必烈释

---

[1] 宋濂等:《元史》卷一四七《史天倪传》,北京:中华书局,1976年,3478—3479页。
[2] 宋濂等:《元史》卷一四六《耶律楚材传》,北京:中华书局,1976年,3459页。
[3] 宋濂等:《元史》卷一四六《耶律楚材传》,北京:中华书局,1976年,3461页。

放了沦为驱口的四千多儒生。金国遗士刘秉忠和王鹗以荐士为己任，向忽必烈推荐的文士有张文谦、王恂、张易、李冶、李昶、王磐、徐世隆、高鸣等。① 元好问也曾上书耶律楚材，推荐金国文士50余人。后来有不少人在元朝主掌翰墨，参与朝政，使元之开国文献、典章文物粲然可观，他们在培养人才、发展读者、开拓文化事业方面起到了先驱者的作用。

蒙古统治者也十分重视搜访儒士。1235年，太宗窝阔台命太子阔出伐宋，"姚枢奉诏即军中求儒、道、释、医、卜士，凡儒生挂俘籍者，辄脱之以归"②。此次得到包括赵复在内的名士数十人及伊洛诸书若干种，成为程朱理学向北方传播的转折点。③ 如前所述，忽必烈在即位之前就十分留意延揽儒士，凡天下鸿才硕学，往往延聘，以备顾问。即位后，忽必烈更加重视对知识分子的寻访和使用。如至元二年（1265）五月，遣王祐于西川等路采访医、儒、僧、道。④ 至元十二年（1275）七月，"诏遣使江南，搜访儒、医、僧、道、阴阳人等"⑤。忽必烈伐宋，在搜集宋朝图书典籍的同时，也重视保护文人学士。"前代圣贤之后，高尚儒、医、僧、道、卜筮，通晓天文历数，并山林隐逸名士，仰所在官司，具以名闻。"⑥至元十三年（1276）三月，"敕诸路儒户通文学者三千八百九十，并免其徭役"⑦。至元二十四年（1287），程钜夫奉诏求贤于江南，求得赵孟适、叶李二名士，又荐赵孟頫、余恁、万一鹗、张伯淳、胡梦魁、曾晞颜、孔洙、曾冲子、凌时中、包铸等二十余人，忽必烈皆

---

① 见《元史》各本传及《元史》卷一六〇《王鹗传》，3756页。
② 宋濂等：《元史》卷一八九《儒学一》，北京：中华书局，1976年，4314页。
③ 宋濂等：《元史》卷一四六《杨惟中传》，北京：中华书局，1976年，3467页。
④ 宋濂等：《元史》卷四《世祖一》，北京：中华书局，1976年，70页。
⑤ 宋濂等：《元史》卷八《世祖五》，北京：中华书局，1976年，169页。
⑥ 宋濂等：《元史》卷九《世祖六》，北京：中华书局，1976年，179页。
⑦ 宋濂等：《元史》卷九《世祖六》，北京：中华书局，1976年，179页。

重用之。① 此外,其他皇帝也十分重视搜访重用儒士。如至治三年(1323年)春,拜住言:"前集贤侍讲学士赵居信、直学士吴澄,皆有德老儒,请征用之。"英宗喜曰:"卿言适副朕心,更当搜访山林隐逸之士。"②由此可见,元朝统治者尽管将汉人列为三、四等人,并有"九儒十丐"的社会地位之分,但还是给了他们一定的生存空间,"我朝儒业之不泯,实权舆于此"。

总之,元朝虽然是由蒙古人建立的王朝,并且除蒙古族外,还有许多其他民族的大量人口入籍元朝版图,但汉族人口仍然占据着多数,而且在文化上仍然是主体民族,代表着先进的汉民族文化,是汉文化的主要继承者和发扬者。其表现在阅读活动方面,有以下三个特点:一是这个群体人数最多,阅读活动最为普遍,代表着元代阅读活动发展的主流;二是这个群体阅读传统深厚,意识强烈,对儒学阅读有着浓厚的兴趣,产生了一批杰出的文人学者;三是许多文人学者不仅是汉族读者的杰出代表,而且是蒙古和色目读者的导师,引领和促进着整个元代阅读的发展,使以儒学为核心的汉文化在元代这个多民族文化的交汇和共存中不仅没有被削弱,反而有所继承和发展。

二、理学传播中的阅读活动

理学,即北宋程颢、程颐和南宋朱熹两学派的合体,故又称程朱理学。理学自北宋兴起,至宋宁宗嘉定五年(1212),立朱熹《四书章句集注》于学宫,取得了官方的合法地位。之后,理学便在南方流传开来。因此,人们普遍认为,由于南宋朝廷偏安于江左,理学的推广和传播只是局限于江南一隅。直到元军在南征中抓获了宋儒赵复,程朱的著述

---

① 宋濂等:《元史》卷一七二《程钜夫传》,北京:中华书局,1976年,4016页。
② 宋濂等:《元史》卷二十八《英宗二》,北京:中华书局,1976年,627页。

才在北方流传,理学亦始在北方传播,即"拔德安,得名儒赵复,始得程颐、朱熹之书"①。"北方知有程、朱之学,自复始。"②实际上,我们可以想象,1226年之后,周程之学虽然随大批知识分子南徙,但在其产生并一度流传过的北方,不可能因此而绝迹。如前所述,金国就有不少人在潜心"伊洛之学",有朱子《小学》流传于金境,更有杜时升这样的儒士在以"伊洛之学"教授学生。这说明有关的阅读活动亦存在于宋室南迁后的北方。由此亦可推断,这种阅读活动也会延续到元代的北方,只是没有形成体系和规模而未受到官方注意而已。

1235年,元军南下攻宋,姚枢受命与杨惟中随军寻求儒、道、释、医、卜士。元军攻下德安(今湖北安陆),俘获宋儒赵复(字仁甫,世称江汉先生)。经姚枢说服,赵复被送往燕京(今北京)。赵复"以所记程、朱所著诸经传注,尽录以付枢"。杨惟中听了赵复的谈吐议论,开始敬佩其学问,于是与姚枢共同筹建太极书院,"立周子祠,以二程、张、杨、游、朱六君子配食,选取遗书八千余卷,请复讲授其中。"赵复遂作《传道图》《伊洛发挥》《师友图》《希贤录》③等书,对程朱理学的宗旨、师承关系及著述做了全面系统的介绍。

此前的北方,由于"南北道绝,载籍不相通",理学的流传只体现为二程学说的残支余脉和朱子著述的零星北传。赵复的到来,从官方层面使理学开始合法和正式地传播,其影响和效果自不必说。当然,赵复的北上,亦不可能在短时间内影响和改变北方的读书风气和学术品格。这主要有两点原因:一是战乱的破坏和蒙古统治者对儒学的歧视;二是宋金以来的旧学风仍然统治着北方的读书界。"文风不振,士气卑陋。学者不过踵雕虫之旧尔。间有一二留心于伊洛之学,立志于

---

① 宋濂等:《元史》卷一五八《姚枢传》,北京:中华书局,1976年,3711页。
② 宋濂等:《元史》卷一八九《赵复传》,北京:中华书局,1976年,4314页。
③ 宋濂等:《元史》卷一八九《赵复传》,北京:中华书局,1976年,4314页。

高远之地者,众且群咻而聚笑之。"①"乡间老儒,说经止传疏义,为文尽习律赋。"②赵复的北上游学,给北方学界带来了系统的程朱思想,与旧的词赋、传注学派形成了鲜明的对立态势。特别是他直接或间接地影响了元代初期的著名理学家如姚枢、许衡、郝经、刘因等,奠定了元代理学发展的基础。

元朝统一全国后,不但促进了民族间的融合,而且实现了南北间思想文化的交流,打破了南北间长期以来"声教不通"的局面。程朱著述大批流入北方,"其书捆载以来"③,使理学在全国范围内得到了传播与推广。特别是在元朝统治者的大力倡导下,理学在元朝取得了官学地位。虞集说:"朱氏诸书,定为国是,学者尊信,无敢疑二。"④苏天爵也说:"至于《论语》《大学》《中庸》《孟子》,专以周、程、朱子之说为主,定为国是,而曲学异说,悉罢黜之。"⑤此外,元朝修撰《宋史》,将以程朱为主体的理学家专门列入《道学传》,以提高他们的学术地位,反映了元人对程朱理学的尊崇。科举制度恢复后,元朝以程朱理学试儒士,更推动了理学阅读从学界走向大众。如虞集所言:"昔者天下方一,朔南会同,缙绅先生固有得朱子之书而尊信表章之者;今其言衣被四海,家藏而人道之,其功固不细矣。"⑥

理学官学地位的确立,不仅是儒家思想文化在元代的延续和发展,以及儒学典籍作为中华民族阅读主流的继续,而且在理学发展方

---

① 王旭:《上许鲁斋先生书》,见苏天爵《元文类》卷三十七,苏州:江苏书局,1889年,10页。
② 苏天爵著,陈高华、孟繁清点校:《滋溪文稿》卷八《静修先生刘公墓表》,北京:中华书局,1997年,111页。
③ 袁桷:《清容居士集》卷三十《真定安敬仲墓表》,四部备要本,上海:中华书局,1936年,247页。
④ 虞集:《道园学古录》卷三十九《跋济宁李璋所刻九经四书》,四部备要本,上海:中华书局,1936年,276页。
⑤ 苏天爵著,陈高华、孟繁清点校:《滋溪文稿》卷五《伊洛渊源录序》,北京:中华书局,1997年,74页。
⑥ 虞集:《道园学古录》卷六《安敬仲文集序》,四部备要本,上海:中华书局,1936年,58页。

面具有承上启下的重要意义。它不仅使蒙古和其他少数民族受到了儒家文化的熏染和深刻影响,而且反映出以儒学为核心的汉文化在中华民族文化的发展中不仅不曾被割裂和阻断,反而始终具有强大的凝聚力和亲和力。

理学的传播无疑给元代的阅读活动带来了深刻的影响。

赵复北上游学,给北方带来了新鲜的读书风气,深刻地影响了一批学者的读书治学活动,为元代理学发展奠定了基础,也推动了阅读活动的发展。如黄宗羲所评论的:"自石晋燕、云十六州之割,北方之为异域也久矣,虽有宋诸儒迭出,声教不通。自赵江汉以南冠之囚,吾道入北,而姚枢、窦默、许衡、刘因之徒,得闻程朱之学,以广其传,由是北方之学郁起,如吴澄之经学,姚燧之文学,指不胜屈,皆彬彬郁郁矣。"①

姚枢是最先接触赵复并接受赵复学说的读者。姚枢,字公茂,号雪斋,柳城(今河南西华)人,为元初重臣和著名理学家。姚枢从军中解救赵复后,自己"首受其学",并深得教诲。后来,姚枢因厌恶官场贿赂之风,弃官携家退隐辉州苏门(今河南辉县)。在这里,他做家庙,奉孔子及周(敦颐)、程(颢、颐)、张(载)、邵(雍)、司马(光)六君子像,刊刻《小学》《四书》及《诗经》传注,传之四方,以化民成俗。他本人则整日沉浸在对程朱学说的研读中,"读书鸣琴,若将终身"②。忽必烈在潜邸,遣赵璧召枢至,一见大喜,待以客礼。询及治道,乃书数千言,陈以治国平天下之道,论兴学校、崇经术、美教化之理,深得世祖倚重。他为元初的儒学发展和读书之风的树立做出了重要贡献。

著名的理学家和教育家许衡是通过姚枢接触到理学的。许衡,字仲平,怀州河内(今河南沁阳)人。幼有奇质,七岁入学,授章句,问其

---

① 黄宗羲:《宋元学案》卷九十《鲁斋学案》,北京:中华书局,1986年,2995页。
② 宋濂等:《元史》卷一五八《姚枢传》,北京:中华书局,1976年,3711页。

师曰:"读书何为?"师曰:"取科第耳!"许衡曰:"如斯而已乎?"师大奇之。每授书,又能问其旨义。① 稍长,嗜学如饥渴,但由于世乱,又贫穷,因此无书读。一次,他从别人家看见一册《尚书疏义》,于是就住在人家家里抄下这本书,带回家读。在徂徕山,他得到一本《易经》,于是在兵荒马乱中夜思昼诵,且身体而力践之,深得其旨要。一次在一个盛暑天中路过河阳,很渴,道旁有梨树,众人争取食,许衡危坐树下自若。有人问他为什么不吃,他说:"不是自己的东西是不能吃的。"这个人说:"兵荒马乱,这梨树也没有主人。"许衡却说:"梨无主,吾心独无主乎?"②许衡虽家贫,以躬耕为食,有时因断粮而食糠菜,但始终能够处之泰然,苦读不辍,"讴诵之声闻户外如金石"③。

后来,许衡转徙至大名(今河北邯郸)。在这里,他结识了窦默,"每相遇,则危坐终日,出入经传,泛滥释、老,下至医药、卜筮、诸子百家、兵刑、货殖、水利、算数之类,靡不研究"④。不久,他在大名听到姚枢的理学言论,很受感动。于是他来到苏门山姚枢处,求得程颐《易传》、朱熹《四书章句集注》《小学》等书,手录而归,并以此教授门徒,遂名声大振。1250年,他移居苏门山,经常与姚枢、窦默一起讲习、探讨理学的真谛。三人中,虽然许衡接触理学最晚,但他却成为元代最著名的理学家之一。

许衡在元代理学发展中的最大贡献是他培养了一批理学读者,从而为元代的理学发展奠定了基础。虞集曰:"南北未一,许衡先得朱子之书,伏读而深信之,持其说以事世祖。儒者之道不废,衡实启之。"⑤

---

① 宋濂等:《元史》卷一五八《许衡传》,北京:中华书局,1976年,3716页。
② 宋濂等:《元史》卷一五八《许衡传》,北京:中华书局,1976年,3717页。
③ 宋濂等:《元史》卷一五八《许衡传》,北京:中华书局,1976年,3717页。
④ 苏天爵:《元朝名臣事略》卷八《左丞许文正公》,丛书集成初编,北京:中华书局,1985年,134页。
⑤ 陈邦瞻:《元史纪事本末》卷十六《诸儒出处学问之概》,北京:中华书局,1979年,129页。

"使国人知有圣贤之学,朱子之书得行于斯世者,文正之功甚大也。"①由于许衡才学出众,深得理学要旨,所以投其门下读书问学者很多。特别是他曾两次出任国子祭酒,为元朝培养了许多杰出的儒学人才。

许衡的弟子中,最有成就者,当数姚燧。姚燧,字端甫,为姚枢之侄。生三岁而孤,育于伯父姚枢家。自幼在姚枢督教下读书问学,打下良好的阅读基础。18岁始受学于许衡,在其指导下,学业大进。24岁始读韩退之文,并试作文章,得到许衡的赞赏。在苏门山时,姚燧读《通鉴纲目》后指出其弊端若干,并著《国统离合表》以疏正之。姚燧的读书治学深受许衡影响,"由穷理致知,反躬实践,为世名儒"②。至元八年(1271),姚燧担任国子伴读,协助许衡培养人才。除姚燧外,此次担任国子伴读的许衡的弟子还有王梓、刘季伟、韩思永、耶律有尚、吕端善、高凝、白栋、苏郁、姚燉、孙安、刘安中,共十二人。③ 此外,许衡弟子中有名者还有:刘宣,自幼喜读书,有经世之志,任中书省掾时,闲暇则往从许衡讲明理学。④ 畅师文,弱冠,谒许衡,与许衡门人姚燧、高凝皆相友善,曾从丞相伯颜攻宋,及归,舟中惟载书籍而已。⑤ 蒙古和色目人的弟子,如不忽木及其子巎巎等,他们也都是理学的尊奉者和杰出的读者。总之,元初曾受学于许衡并深受其影响而嗜学好读的有为之士很多,这里不再一一列举。

元初的另一位著名理学家是郝经。郝经,字伯常,家世业儒,祖郝天挺为元好问之师。郝经生长在金末元初的动乱年代,生活贫困,经常无以为继。所以郝经想中断学业,以求谋生之计。但父母坚定地让郝经继续读书求学,以继承家业。为此,其父有诗云:"日月倘随天地

---

① 虞集:《道园学古录》卷五《送李扩序》,四部备要本,上海:中华书局,1936年,51页。
② 宋濂等:《元史》卷一七四《姚燧传》,北京:中华书局,1976年,4059页。
③ 宋濂等:《元史》卷一五八《许衡传》,北京:中华书局,1976年,3727页。
④ 宋濂等:《元史》卷一六八《刘宣传》,北京:中华书局,1976年,3951页。
⑤ 宋濂等:《元史》卷一七〇《畅师文传》,北京:中华书局,1976年,3995页。

在,诗书终疗子孙贫。"①在父母的鼓励下,郝经更加发奋苦读。白天教书、砍柴、舂米,晚上读书至深夜。几年之后,郝经就已熟读经传而学问大增。于是,他被当地的万户张柔、贾辅延为上客,教授诸子。张柔和贾辅虽出身行伍,但都喜欢收集书籍,征战所及,不废余力。二人皆有万余卷藏书②,经史子集、方技术数、法书名画,无所不有。张柔和贾辅"付公管钥,恣其搜览。公才识超迈,务为有用之学,上溯洙、泗,下迨伊洛诸书,经、史、子、集,靡不洞究。掇其英华,发为论议,高视前古,慨然以羽翼斯文为任,自是声名藉甚"③。"身不离于衽席之上,而游于六合之外,生乎千古之下,而游于千古之上,岂区区于足迹之余、观览之末者所能也?"④有人概括他的读书治学特点是"读书则专治'六经',潜心伊洛之学,涉猎诸史子集,以穷理尽性、修己治人为本,其余皆厌视而不屑也"⑤。他读书是为了行道,为了经世致用,所以讲求实学。他曾自述道:"不学无用学,不读非圣书,不为忧患移,不为利欲拘,不务边幅事,不作章句儒。"⑥

刘因亦是元初理学传播中的一位重要人物。姚枢"退隐苏门,乃即复传其学,由是许衡、郝经、刘因,皆得其书而尊信之"⑦。由此可见,刘因亦是元初最早接触理学并阅读有关著述的学者。刘因,字梦吉,保定容城人,世为儒家,其父刘述刻意问学,邃性理之说,好长啸,

---

① 郝经撰,秦雪清点校:《郝文忠公陵川文集》卷三十六《先妣行状》,太原:山西人民出版社,山西古籍出版社,2006年,505页。
② 宋濂等:《元史》卷一五七《郝经传》,北京:中华书局,1976年,3698页。
③ 阎复:《元故翰林侍读学士国信使郝公墓志铭》,见郝经撰,秦雪清点校《郝文忠公陵川文集》卷首,太原:山西人民出版社,山西古籍出版社,2006年,16页。
④ 郝经撰,秦雪清点校:《郝文忠公陵川文集》卷二十《内游》,太原:山西人民出版社,山西古籍出版社,2006年,296页。
⑤ 苟宗道:《元故翰林侍读学士国信使郝公行状》,见郝经撰,秦雪清点校《郝文忠公陵川文集》卷首,太原:山西人民出版社,山西古籍出版社,2006年,18页。
⑥ 郝经撰,秦雪清点校:《郝文忠公陵川文集》卷二十一《志箴》,太原:山西人民出版社,山西古籍出版社,2006年,316页。
⑦ 宋濂等:《元史》卷一八九《赵复传》,北京:中华书局,1976年,4314页。

曾叹曰:"天果使我无子则已,有子必令读书。"①刘因在父亲影响下,自幼好读嗜学,"接闻大人君子之余论",饱受熏染。"初为经学,究训诂疏释之说,辄叹曰:'圣人精义,殆不止此。'及得周、程、张、邵、朱、吕之书,一见能发其微,曰:'我固谓当有是也。'"②其后便一发而不可收,并有著作《四书精要》三十卷、诗五卷、文集十余卷、《小学四书语录》及《易系辞说》等。欧阳玄曾称赞刘因道:"亦将从周公、孔子之后,为往圣继绝学,为来世开太平者邪!"③

窦默是由金入元的一位儒士,亦是元初较早接触理学的学者之一。他"幼知读书,毅然有立志",长大后,曾一度学医。在金末离乱中,窦默避乱于德安(今湖北安陆),孝感县令谢宪子以伊洛性理之书授之,窦默认为这是他从未学过的知识,于是开始发奋读书。后来他被杨惟中召至北方,隐居大名,与姚枢、许衡朝暮讲习,乃至废寝忘食。后窦默还乡,以经术教授,由是知名。忽必烈在潜邸,遣召之,问以治道,并使皇子真金从之学。④ 忽必烈即位后,窦默一直担任翰林侍讲学士,为元初的理学传播做出了积极的贡献。

在元代的理学家中,与许衡并称为"南吴北许"的吴澄亦是理学阅读与传播中的一位重要人物。吴澄,字幼清,抚州崇仁人。幼聪敏好学,由朱熹《四书章句集注》入门,曾受教于朱熹再传弟子饶鲁的门人程若庸。"于《经》《传》皆习通之,知用力圣贤之学,尝举进士不中。"⑤入元后,隐居乐安布水谷,读书著述。在这里,他著有《孝经章句》,校定《易》《书》《诗》《春秋》《仪礼》及《大戴礼》《小戴礼》等。以文学自负的元明善,尝问吴澄《易》《诗》《书》《春秋》奥义,叹曰:"与吴先生言,如

---

① 宋濂等:《元史》卷一七一《刘因传》,北京:中华书局,1976年,4007页。
② 宋濂等:《元史》卷一七一《刘因传》,北京:中华书局,1976年,4008页。
③ 宋濂等:《元史》卷一七一《刘因传》,北京:中华书局,1976年,4010页。
④ 宋濂等:《元史》卷一五八《窦默传》,北京:中华书局,1976年,3730页。
⑤ 宋濂等:《元史》卷一七一《吴澄传》,北京:中华书局,1976年,4011页。

探渊海。"①皇庆元年(1312),吴澄任国子司业,他融合《学校奏疏》《六学教法》及《学校贡举私议》等不同的学说,将教法分为经学、行实、文艺、治事四门。由此可见他既注重读书,亦提倡为人和做事。他曾对学生说:"朱子于道问学之功居多,而陆子静以尊德性为主。问学不本于德性,则其敝必偏于言语训释之末,故学必以德性为本,庶几得之。"②这既是对朱陆二人的评价,亦反映了他的读书治学主张。吴澄读书既精,著述也富,尤精于诸经。除以上著述之外,他还著有《易纂言》《诗纂言》《书纂言》《春秋纂言》《三礼考注》等,并作《学基》《学统》二篇,使人知学之本与为学之序。③吴澄之孙吴当,幼承祖训,笃实力学,长精通经史百家言,官至翰林直学士。④

一个时代有一个时代的读书之风。元代的理学传播确实影响了元代的大多数读书人。特别是朱熹的著述,"学者家传其书,几遍天下"⑤。"凡'六经'传注、诸子百氏之书,非经朱子论定者,父兄不以为教,子弟不以为学也。"⑥所以,除上述那些著名的理学家作为典型的读者外,还有无数的读书人读朱子之书,受朱子之学,钻研儒家著述,传播儒学文化,形成了一个浩荡的读者群体。其中的优秀者如下。

张䇓,曾从金华王柏受朱熹三传之学。"自'六经'《语》《孟》传注,以及周、程、张氏之微言,朱子所尝论定者,靡不潜心玩索,究极根柢。用功既专,久而不懈,所学益弘深微密,南北之士,鲜能及之。"⑦金履祥,少从父兄读书,敏睿好学。及长,益自策励,凡天文、地形、礼乐、田

---

① 宋濂等:《元史》卷一七一《吴澄传》,北京:中华书局,1976年,4011页。
② 宋濂等:《元史》卷一七一《吴澄传》,北京:中华书局,1976年,4012页。
③ 宋濂等:《元史》卷一七一《吴澄传》,北京:中华书局,1976年,4014页。
④ 宋濂等:《元史》卷一八七《吴当传》,北京:中华书局,1976年,4298页。
⑤ 宋濂等:《元史》卷一九〇《儒学二》,北京:中华书局,1976年,4335页。
⑥ 赵汸:《商山书院学田记》,见李修生《全元文》卷一六六九,南京:江苏古籍出版社,1998年,515页。
⑦ 宋濂等:《元史》卷一八九《儒学一》,北京:中华书局,1976年,4315页。

乘、兵谋、阴阳、律历之书,靡不毕究。及壮,爱濂、洛之学,登朱熹再传弟子何基之门,自是学业大进,造诣益邃。隐居不仕,终身以读书著述为业。著有《通鉴前编》《大学章句疏义》《论语孟子集注考证》及《书表注》等,皆传于学者。① 许谦,幼时,由母口授《孝经》《论语》,入耳不忘。"稍长,肆力于学,立程以自课,取四部书分昼夜读之,虽疾恙不废。"②后受业于金履祥,尽得其所传之奥。于书无所不读,若天文、地理、典章、制度、食货、刑法、字学、音韵、医经、术数之说,靡不该贯,旁而释、老之言亦洞究其蕴。读《四书章句集注》,有《丛说》廿卷;读《诗集传》,有《名物钞》八卷;读《书集传》,有《丛说》六卷。③ 他因才学出众,四方各地从学者众,成为元代的理学名家。齐履谦,自幼聪敏好学,读书过目成诵。13岁从师,闻圣贤之学,自是以穷理为务,非洙、泗、伊洛之书不读。④ 陈栎,致力于圣人之学,涵濡玩索,贯穿古今。最为推重朱熹之学,著《四书发明》《书集传纂疏》《礼记集义》等书,以推广之,微辞隐义,引而伸之,使朱

《松下读书图》

---

① 宋濂等:《元史》卷一八九《儒学一》,北京:中华书局,1976年,4316—4317页。
② 宋濂等:《元史》卷一八九《儒学一》,北京:中华书局,1976年,4318页。
③ 宋濂等:《元史》卷一八九《儒学一》,北京:中华书局,1976年,4318—4319页。
④ 宋濂等:《元史》卷一七二《齐履谦传》,北京:中华书局,1976年,4028页。

熹之说大明于世。所以吴澄称他"有功于朱氏为多","其学必待其书之行,天下乃能知之"①。同恕,少从乡先生学,日记数千言。及长,"由程、朱上溯孔、孟,务贯浃事理,以利于行"②。胡长孺亦初学于朱熹再传弟子,后"专务明本心之学,慨然以孟子自许。唯恐斯道之失其传,诱引不倦,一时学者慕之,有如饥渴之于食饮"③。程端礼,因其家乡庆元不传朱熹之学,他"独从史蒙卿游,以传朱氏明体达用之指,学者及门甚众"④。梁益,博洽经史,以发挥朱熹之学为精。⑤ 胡一桂,其学问出于其父方平,"得朱熹氏源委之正"⑥。其同郡胡炳文,以《易》名家,而于朱熹所著《四书章句集注》,用力尤深。⑦ 黄泽,以明经学道为志,好为苦思,义理一宗程、朱,作《易春秋二经解》《二礼祭祀述略》。⑧ 韩择,信道不惑,其教学者,虽中岁以后,亦必使自《小学》等书始。⑨ 萧㪺,"其教人,必自《小学》始。为文辞,立意精深,言近而指远,一以洙、泗为本,濂、洛、考亭为据,关辅之士,翕然宗之,称为一代醇儒"⑩。韩性曾言:"'四书''六经',千载不传之学,自程氏至朱氏,发明无余蕴矣。"⑪陆文圭,博洽经史,而工于文辞,以发挥朱氏之学为精。⑫ 周敬怀,师事金华王柏,受理性之旨。其子周仁荣亦承其家学。⑬ 杨恭懿,"惟服劳以为养,暇则力学,综博于书,无不经目而究

---

① 宋濂等:《元史》卷一八九《儒学一》,北京:中华书局,1976年,4321页。
② 宋濂等:《元史》卷一八九《儒学一》,北京:中华书局,1976年,4327页。
③ 宋濂等:《元史》卷一九〇《儒学二》,北京:中华书局,1976年,4333页。
④ 宋濂等:《元史》卷一九〇《儒学二》,北京:中华书局,1976年,4343页。
⑤ 宋濂等:《元史》卷一九〇《儒学二》,北京:中华书局,1976年,4345页。
⑥ 宋濂等:《元史》卷一八九《儒学一》,北京:中华书局,1976年,4322页。
⑦ 宋濂等:《元史》卷一八九《儒学一》,北京:中华书局,1976年,4322页。
⑧ 宋濂等:《元史》卷一八九《儒学一》,北京:中华书局,1976年,4323页。
⑨ 宋濂等:《元史》卷一八九《儒学一》,北京:中华书局,1976年,4326页。
⑩ 宋濂等:《元史》卷一八九《儒学一》,北京:中华书局,1976年,4326页。
⑪ 宋濂等:《元史》卷一九〇《儒学二》,北京:中华书局,1976年,4342页。
⑫ 宋濂等:《元史》卷一九〇《儒学二》,北京:中华书局,1976年,4345页。
⑬ 宋濂等:《元史》卷一九〇《儒学二》,北京:中华书局,1976年,4346页。

心。"年二十四始得朱子《四书章句集注》《太极图》《小学》《近思录》诸书,诵其言而推其意,叹曰:"人伦日用之常,天道性命之妙,皆萃此书。"①安熙,既承其家学,又读刘因之书,而尊朱子之说,"其用功平实切密,可谓善学朱氏者。"②蒲道源,强记过人,究心濂洛诸儒之学,尝为郡学正。③孔思晦,受业于导江(今四川都江堰)张翼,读书讲求义理,于词章之习,薄而弗为。④柳贯,尝受性理之学于金履祥,自幼至老,好学不倦。凡"六经"、百氏、兵刑、律历、术数、方技、异教外书,靡所不通。与黄溍、虞集、揭傒斯齐名,号称儒林四杰。⑤宋本,曾从江陵王奎文学,明性命义理之学,造诣日深。⑥张翥,因受业于江东大儒李存先生,其学传于陆九渊氏,所以道德性命之说,多所研究。⑦赵与𤫊,其伯祖尝从朱熹学,家庭受授,具有端绪,于是与"许衡论伊洛阃奥,衡雅敬之"⑧。胡斗元,从朱晦庵从孙朱小翁得《书》《易》之传。其子胡炳文亦潜心朱子之学,作《四书通》《易本义通释》。正大间,执教于明经书院,儒风之盛,甲于东南。⑨

由上所述,"元兴百年,上自朝廷内外名宦之臣,下及山林布衣之士,以通经能文显著当世者,彬彬焉众矣"⑩。其中受理学影响,读程、朱之书而学有所长者,当远不止这些。《元史·儒学传》中收录的学者

---

① 姚燧:《领太史院事杨公神道碑》,见苏天爵《元文类》卷六十,苏州:江苏书局,1889年,1页。
② 宋濂等:《元史》卷一八九《儒学一》,北京:中华书局,1976年,4328页。
③ 顾嗣立:《元诗选》初集一《蒲提学道源》,北京:中华书局,1987年,817页。
④ 宋濂等:《元史》卷一八〇《孔思晦传》,北京:中华书局,1976年,4167页。
⑤ 宋濂等:《元史》卷一八一《黄溍传》,北京:中华书局,1976年,4189页。
⑥ 宋濂等:《元史》卷一八二《宋本传》,北京:中华书局,1976年,4204页。
⑦ 宋濂等:《元史》卷一八六《张翥传》,北京:中华书局,1976年,4284页。
⑧ 宋濂等:《元史》卷一六八《赵与𤫊传》,北京:中华书局,1976年,3960页。
⑨ 顾嗣立:《元诗选》初集一《胡学正炳文》,北京:中华书局,1987年,837页。
⑩ 宋濂等:《元史》卷一八九《儒学一》,北京:中华书局,1976年,4313页。

有 57 人,其中明确提到受理学影响而读书治学者有 30 人。① 其他人虽没有明确提到,但这并不能说明他们就没有阅读朱子之书。此外,理学对元代阅读活动的影响并不限于上述汉族读者群体,也包括蒙古和色目读者。如前所述的朵尔直班和铁木尔塔识等人就是其中的代表。

理学的传播,在催生了无数的杰出读者和学者的同时,也催生了大量的理学读物。理学家们不仅刻苦研读,而且勤于著述,以传播其思想。如上述的刘因、吴澄、金履祥、许谦、陈栎、黄泽等都有著述行于学界。另外,从地域特点来看,新安地区(今安徽黄山市,元时的徽州)作为南宋时理学的发源地,在元代,随着理学的发展,亦产生了许多杰出的理学家和读者。这些人除上述的陈栎、胡一桂、胡炳文外,还有郑玉、赵汸、程若庸、吴锡畴、许月卿、胡允、黄智孙、程复心、倪士毅等人。

总之,程朱理学作为元代的官学和占主导地位的学术文化思潮,决定了社会阅读的价值取向和内容。所以它深刻地影响着社会的各阶层读者群体及其阅读活动。

需要指出的是,虽然元代的经学阅读受程朱理学影响既深又广,但从学术史来讲,元代的经学在创造与发展上则趋于荒落。如皮锡瑞所言:"宋儒学有根柢,故虽拨弃古义,犹能自成一家。若元人则株守宋儒之书,而于注疏所得甚浅,如熊朋来《五经说》,于古义古音多所抵牾,是元不及宋也。"②笔者以为,作为一种阅读风尚,理学在元代的繁荣与兴盛亦属必然。作为学术的继承与发展,在元代这样的社会环境下,其荒落亦在情理之中。

---

① 宋濂等:《元史》卷一八九《儒学一》至卷一九〇《儒学二》,北京:中华书局,1976 年,4313—4353 页。
② 皮锡瑞:《经学历史·经学积衰时代》,北京:中华书局,1959 年,283 页。

三、孜孜不倦的苦读者

在人类浩荡的阅读史上,每个民族和每个时代都有一些少而有志、发奋苦读,或孜孜以求、至老不倦的杰出之士。他们无论是世家富胄,还是平民布衣,都堪称读者中的脊梁,是文化传承与发展的中流砥柱,是大众阅读走向精英阅读的楷模,是社会阅读活动发展的引导者和推动者。他们的读书情景,如元代诗人叶颙《书舍寒灯》诗云:

> 青灯黄卷伴更长,花落银缸午夜香。异日长樂珠翠处,苦心寒焰莫相忘。①

元代,这种孜孜不倦的苦读者当不在少数。如刘壎,"深夜寒镫,父子谈古今,商义理,槁乾苦澹,非人所堪。犹欣然曰:'陋巷读书,对圣贤语,未为非乐。'"②吴澄,少时颖悟力学,夜读书至旦。"母忧其过勤,节膏火,不多与。澄候母寝,燃火复诵习。"③七岁,《论语》《孟子》"五经"皆成诵,能著律赋。十岁始得朱子《大学》等书而读之,恍然知为学之要,日诵《大学》二十过,如是者三年。次第读《论语》《孟子》《中庸》,专勤亦如之,昼诵夜惟,弗达弗措。十三岁大肆力于群书。家贫,尝从粥书者借读,既而还之。粥书者问曰:"子尽读之乎?"吴澄曰:"试举以问我。"粥者每问一篇,辄终其卷乃止,粥者遂献其书。既长,于经传无所不通,终成一代儒学名家。

著名诗人、书法家杨维桢,年少时,其父在峭壁陡立的铁崖山上筑屋,藏书万卷,使杨维桢居之读书。为使他潜心阅读而心无旁骛,杨父撤掉云援梯,使之居崖读书五年。因此,他自号铁崖。其又因读书之

---

① 叶颙:《书舍寒灯》,见顾嗣立《元诗选》初集三,北京:中华书局,1987年,2259页。
② 刘壎:《自志》,见李修生《全元文》卷三五〇,南京:江苏古籍出版社,1998年,418页。
③ 虞集:《道园学古录》卷四十四《临川先生吴公行状》,四部备要本,上海:中华书局,1936年,307页。

余喜吹笛子,故又号铁笛道人。姚枢,"自稚弱,一力于学,昼则经纪其家,向晦则读书,夜分不辍。其母恐伤耽苦,每止之,乃塞牖不使见烛,就枕必尽三鼓"。成人后,不管到那里,他都"徒行怀书,困休于树,宿止于邸,亦出以诵,自期甚高"①。雷复始,"长知读书,不辍朝夕寒暑。君戒其耽苦为疾,虽暂休之,而勤益力。不得则思,有闻斯行,经史诸子积贯淹洽"②。林彦栗,自幼善读强记,人们目之为神童,但他从不自足,而为学益力。其父忧其勤苦太甚而损害身体,常常禁止其夜晚读书,但他往往等父母熟睡后,悄悄起床轻声诵读直到天亮。③ 曾任国史院编修官的曾巽初,"好读书,手不释卷,著书满家,尤好内典。体甚清羸,终岁之间,斋居之日十九,夜半即起,读书至旦,无旷废"④。李冶,在金末元初的动乱中,"流落忻、崞间,聚书环堵,人所不堪,冶处之裕如也"⑤。李昶,"颖悟过人,读书如夙习,无故不出户外,邻里罕识其面"⑥。水村老翁丰有,爱书成癖。教育其孙"凡志贵一,一故有成"。所以扁其读书之室曰"一斋"。其孙弱冠嗜学,斗室中,案书整严,研墨精洁。深更而寐,忘寒暑渴饥,诵读不休。⑦ 阎宏,幼嗜学,"母氏归宁,亦挟书以从,不暂废诵,乡邻异之。成童,尝为冬庠于农隙。得束脩,皆用资以事师。闻士子有声望他郡者,不远数百里徒往,致拜就正"⑧。张养浩,年方十岁,读书不辍,父母忧其过勤而止之,养

---

① 姚燧:《中书左丞姚文献公神道碑》,见李修生《全元文》卷三一四,南京:江苏古籍出版社,1998年,574页。
② 姚燧:《雷君伯静甫墓志铭》,见李修生《全元文》卷三二六,南京:江苏古籍出版社,1998年,763页。
③ 虞集:《道园学古录》卷八《林彦栗墓志铭》,四部备要本,上海:中华书局,1936年,138页。
④ 虞集:《道园学古录》卷十九《曾巽初墓志铭》,四部备要本,上海:中华书局,1936年,142页。
⑤ 宋濂等:《元史》卷一六〇《李冶传》,北京:中华书局,1976年,3759页。
⑥ 宋濂等:《元史》卷一六〇《李昶传》,北京:中华书局,1976年,3761页。
⑦ 刘壎:《一斋记》,见李修生《全元文》卷三四八,南京:江苏古籍出版社,1998年,385页。
⑧ 姚燧:《奉议大夫广州治中阎君墓志铭》,见李修生《全元文》卷三二六,南京:江苏古籍出版社,1998年,767页。

浩昼则默诵，夜则闭户张灯窃读。① 字术鲁翀，稍长即勤学，父殁，家事渐落，鲁翀益加勤奋读书。后从名儒萧克翁和萧㪺学，乃至学问、文章无与伦比。② 他是元代女真人中的杰出读者。此外，元代的契丹人中亦有不少勤于读书，好学博览的杰出读者。如元初著名儒士耶律楚材、耶律有尚、石抹继祖，以及"嗜学问，于书务博览，而长于诗歌"③的石抹宜孙等。

有些人在戎马倥偬中亦能坚持读书问学，并能积极传播儒家学说。如元初大将董文炳之子董士选，幼从父居兵间，昼治武事，夜读书不辍。后从文炳入宋宫，收其文书图籍，"静重识大体，秋毫无所取，军中称之"④。贾居贞从忽必烈北征，每陈说《资治通鉴》，虽在军中，但未尝废书。⑤ 石天应，善骑射，豪爽不羁，颇知读书，乡里人多归之。⑥ 有些军官，在征战中不仅自己阅读，而且重视子女的读书学习。如贾守谦，"视政之休，未尝废书，从戎亦橐驼负书以行。从讨叛王度漠，有暇犹为世祖陈说《资治通鉴》，纳君于善，延师私塾，毓德诸子，日或至其舍"⑦。元初名臣董俊，克汴时，发现侍其轴很有学问，于是请他教诸子读书，并说："射，百日事耳；《诗》《书》，非积学不通。"他还屡诫诸子曰："深愿汝曹力田读书，勿求非望，为吾累也。"所以他的五个儿子皆立志勤苦，读书忘倦，"入则孝亲，出则忠君"⑧，能文能武，为元初名臣。

有些苦读者，在阅读的同时，还勤于抄录，可谓读书中的口到、心

---

① 宋濂等：《元史》卷一七五《张养浩传》，北京：中华书局，1976年，4090页。
② 宋濂等：《元史》卷一八三《字术鲁翀传》，北京：中华书局，1976年，4219页。
③ 宋濂等：《元史》卷一八八《石抹宜孙传》，北京：中华书局，1976年，4310页。
④ 宋濂等：《元史》卷一五六《董文炳传》，北京：中华书局，1976年，3676页。
⑤ 宋濂等：《元史》卷一五三《贾居贞传》，北京：中华书局，1976年，3622—3623页。
⑥ 宋濂等：《元史》卷一四九《石天应传》，北京：中华书局，1976年，3526页。
⑦ 姚燧：《参知政事贾公神道碑》，见苏天爵《元文类》卷六十一，苏州：江苏书局，1889年，4页。
⑧ 宋濂等：《元史》卷一四八《董俊传》，北京：中华书局，1976年，3492—3502页。

到、手到者。如曾任浏阳县尉的阎鼎吉,幼耽诵强记,而日勤于笔录,如《易正义》《论语注》《汉纪传》《旧唐传》《资治通鉴》《文选》《杜诗注》十余书,无虑数百万言,具藏其家。① 杨郁,年十三,始学《易》及科举之业,既而聚书探求圣贤旨意。时遭丧乱,典籍散佚,每从人借观,辄手自抄录,以至忘寒暑饥渴,必卒功而后已。② 著名学者苏天爵在国子学读书和任职翰林院期间,苦读史馆丰富的藏书,"手抄近世诸公及当代闻人逸士述作,日无倦容"③。席生君,曾任威楚路总管,"惟一志于学,虽干戈抢攘不废。苦于无书,从人假本手录,日以万字为程。故经史子集、天官地志、道释丹经药镜,积多至万有余卷。时国尚武,人或问之,用是何为?则曰:'吾子孙他日尚有藉此士而兴者。'"④由此可见,他不仅自己在抄读,而且在为子孙将来的阅读做准备。虽然社会动乱,但他认为将来总会有安宁和读书的日子。

在孜孜不倦的苦读者中,特别要提到的是那些家庭贫困,但有志于读书成才者。这样的读者,除上面提到的吴澄、姚枢外,还有很多。如揭傒斯,幼贫,读书尤刻苦,昼夜不少懈,父子自为师友,由是贯通百氏,早有文名。⑤ 侯均,父母早亡,独与继母居,卖薪以给奉养。积学四十年,群经百氏,无不淹贯,旁通释、老外典。每读书,必熟诵乃已。尝言:"人读书不至千遍,终于己无益。"⑥范梈,家贫,早孤。"天资颖异,所诵读,辄记忆,虽癯然清寒若不胜衣,于流俗中克自树立,无苟贱

---

① 姚燧:《浏阳县尉阎君墓志铭》,见李修生《全元文》卷三二六,南京:江苏古籍出版社,1998年,765页。
② 李谦:《翰林学士杨公神道碑铭》,见李修生《全元文》卷二八七,南京:江苏古籍出版社,1998年,98页。
③ 王守诚:《元文类·跋》,见苏天爵《元文类》卷首,苏州:江苏书局,1889年。
④ 姚燧:《元故奉训大夫同知威楚开南等路总管席君神道碣铭并序》,见李修生《全元文》卷三二三,南京:江苏古籍出版社,1998年,722页。
⑤ 宋濂等:《元史》卷一八一《揭傒斯传》,北京:中华书局,1976年,4184页。
⑥ 宋濂等:《元史》卷一八九《儒学一》,北京:中华书局,1976年,4326页。

意。"①固穷守节,竭力养亲。耽诗工文,用力精深。汪泽民,少警悟,家贫力学,既长,遂通诸经。② 成遵,年十五,丧父,家贫,勤苦不废学问。③ 孔思晦,家贫,躬耕以为养,虽剧寒暑,但为学未尝懈。④ 赵弘毅,少好书,家贫无书,佣于巨室,昼则为役,夜则借书读之。后受经于吴澄,官至国史院编修。⑤ 陈祐,少好学,家贫,母张氏尝剪发易书使读之,长遂博通经史。⑥ 畅师文,幼警悟,家贫无书,手录口诵,过目辄不忘。⑦ 杨士奇的嗜学好读在元末士人中很有名声。他少时孤贫,有志于学,而无钱买书,往往从人借读。一次,他欲买一套《史略》,母亲卖掉了一只养了多年的老母鸡,才换来此书。后来,他做了官,有了固定的收入,才开始购书、藏书。⑧ 中书左丞李德辉,自幼嗜读书,但由于家贫,无以自资,辍业。及长,衣食有余,遂购纸笔抄书,夜诵不休。夫人虑其过耽苦而伤身体,为灭烛止之。他为此叹曰:"仕不足以匡君福民,隐不足以欢亲善身,两者之间,人寿几何?"⑨齐履谦,笃学勤苦,家贫无书。为星历生时,见到了秘书监所藏的原宋朝的大量图书。于是昼夜讽诵,深究自得。故其学博洽精通,上自"六经"、诸史、天文、地理、礼乐、律历,下至阴阳、五行、医药、卜筮,无不淹贯,尤精经籍。⑩ 申屠衡,少贫,耻为商贾胥吏之习,锐意经史,兼工诗翰,善属文。⑪ 秦

---

① 宋濂等:《元史》卷一八一《范梈传》,北京:中华书局,1976年,4183页。
② 宋濂等:《元史》卷一八五《汪泽民传》,北京:中华书局,1976年,4251—4252页。
③ 宋濂等:《元史》卷一八六《成遵传》,北京:中华书局,1976年,4278页。
④ 宋濂等:《元史》卷一八〇《孔思晦传》,北京:中华书局,1976年,4167页。
⑤ 宋濂等:《元史》卷一九六《忠义四》,北京:中华书局,1976年,4431页。
⑥ 宋濂等:《元史》卷一六八《陈祐传》,北京:中华书局,1976年,3939页。
⑦ 宋濂等:《元史》卷一七〇《畅师文传》,北京:中华书局,1976年,3995页。
⑧ 杨士奇:《东里续集》卷十七《史略释文》,四库全书,第1238册,上海:上海古籍出版社,1987年,590页。
⑨ 姚燧:《中书左丞李忠宣公行状》,见苏天爵《元文类》卷四十九,苏州:江苏书局,1889年,1页。
⑩ 宋濂等:《元史》卷一七三《齐履谦传》,北京:中华书局,1976年,4031页。
⑪ 陈邦瞻:《元史纪事本末》卷二十四,北京:中华书局,1979年,599页。

起宗,牛长兵间,"学书无从得纸,父顺削柳为简,写以授之,成诵,削去更书"①。

元末著名画家和诗人王冕的读书故事更是家喻户晓。王冕,字元章,诸暨人。七八岁时,父亲让他放牛,他却偷偷跑到学堂里听孩子们读书。他边听,边默默地记诵,结果就忘了把牛赶回家,以至让牛践踏了别人的庄稼。为此,父亲打了他,但他仍旧继续去学堂听孩子们读书。于是,母亲说服父亲,同意让他去读书。王冕来到一个庙里住下来,晚上悄悄出来,坐到佛像的膝盖上,就着佛像前的长明灯光读书。响亮的读书声通宵达旦,那狰狞可怖的佛像,他就像没有看见一样。著名学者韩性知道王冕后,收他为弟子。王冕勤奋攻读,终成一代通儒。著作郎李孝光想推荐他做府吏,王冕回答曰:"吾有田可耕,有书可读,肯朝夕抱案立庭下,备奴使哉?"②

还有曾任国子祭酒、中书参知政事的吕思诚,未显时,家甚贫。一日晨炊不继,欲携布袍贸米于人,室氏有吝色,因戏作一诗曰:

典却春衫办早厨,老妻何必更踌躇。瓶中有醋堪烧菜,囊内无钱莫买鱼。不敢妄为些子事,只因曾读数行书。严霜烈日皆经过,次第春风到草庐。③

后果登第。

揭傒斯曾有一首《梦西雏》诗,描述了一个热爱读书的儿童,其家庭生活的窘迫和贫困的情景。诗曰:

阿英十二能辟纑,阿牛五岁贪读书。辟纑成缕无人织,读书有志令人惜。汝父飘零汝母休,吾亲虽健俱白头。雨声断道风惊

---

① 宋濂等:《元史》卷一七六《秦起宗传》,北京:中华书局,1976年,4116页。
② 宋濂:《宋学士文集》卷六十《王冕传》,四部丛刊集部,15页。
③ 顾嗣立:《元诗选》三集《吕左丞思诚》,北京:中华书局,1987年,269页。

屋,阿婆独抱诸孙哭。①

在古代苦难深重的劳动人民中,这样的情景当为常见。

四、淡泊世味的读书人

和其他时代一样,元代也有许多淡泊世味的读书人。他们或无意仕进,或远离尘嚣,淡泊明志,以读书为乐,在众多的读者中形成了一道独特的景观。他们作为纯粹的读书人,在文化的传承与发展中往往起着不可替代的作用。诗人叶颙的《读书山月下》,就描述了这些读书人的阅读情景,诗曰:

> 读书山月下,月色流岩扉。松风吹毛发,草露沾裳衣。
> 研精探玄奥,竭思穷幽微。兴亡空感慨,今古谁是非。
> 孔孟几千载,斯文愈光辉。茕茕愚下士,去此将安归。②

这样的读书人,在元代这样的社会环境下,当不在少数。只是多数人被历史湮没了,而仅有少数人被历史点滴地记载下来。其中如萧㪺,辞官后,读书南山三十年。博极群书,天文、地理、律历、算数,靡不研究。时有评论曰:"元有天下百年,惟萧㪺为识字人。"所以,从其受业者甚众,其名望也高。乡人有自城中暮归者,遇寇,欲加害,乡人诡言:"我萧先生也,寇惊愕离去。"③由此可见这样的读书人,连贼寇都惧之。石鹏,世传儒业,资纯笃,恬于世味,唯闭户读书,务为无所不窥,"四书"《小学》,尤所致力。④ 婺州(今浙江金华)许谦先生,隐居金

---

① 揭傒斯:《梦西雏》,见顾嗣立《元诗选》初集二,北京:中华书局,1987年,1084页。
② 叶颙:《读书山月下》,见顾嗣立《元诗选》初集三,北京:中华书局,1987年,2253页。
③ 宋濂等:《元史》卷一八九《儒学一》,北京:中华书局,1976年,4325页。
④ 王恽:《秋涧先生大全文集》卷四十三《义斋先生四书家训题辞》,四部丛刊集部,15页。

华山四十年,不入城府,著书立言,足以垂教后世。浙东廉使王继学访先生于山中,谓先生清气逼人可畏。回去后,以学行荐于朝,先生却无意仕宦。① 谭资荣,敦厚寡言,颇知读书。虽从攻汴梁(今河南开封)有功,但不就官职,退而耕田读书。② 著名学者韩性,县府尝举为教官,韩性谢曰:"幸有先人之敝庐可庇风雨,薄田可具饘粥,读书砥行,无愧古人足矣,禄仕非所愿也。"③ 郑玉,幼敏悟嗜学,既长,覃思"六经",尤邃于《春秋》,绝意仕进,而勤于教。学者门人受业者众,所居至不能容。④ 杜本,归隐武夷山中,屡征不起。平居书册未尝释手。天文、地理、律历、度数,靡不通究。⑤ 张枢,博极群书,淹贯经史,屡征不起。⑥ 危复之,好学嗜读,精于《易》,尤工于诗。屡荐不就,隐于紫霞山中。⑦ 杜瑛,其父为金国隐居山中以伊、洛之学教人的杜时升。金亡,杜瑛避地河南缑氏山中。时战乱中,文物凋丧。杜瑛搜访诸书,尽读之,读辄不忘,而究其指趣,古今得失如指诸掌。间关转徙,教授汾、晋间,屡征不就。⑧ 武恪,国子肄业,屡征不起,居陋巷,教训子弟。⑨ 吴莱,辞官退居深山中,穷诸书奥旨,著书立说,深为前辈推许。⑩ 王樧,举进士不第,入终南山读书,涉猎孙、吴。⑪ 陈栎,举官不赴,居万山间,教授于家,不出门户者数十年。⑫ 方澜,隐居吴中,闭门读书,训

---

① 陶宗仪:《南村辍耕录》卷九,四部丛刊缩印本,上海:上海书店,1985年,8页。
② 宋濂等:《元史》卷一六七《谭资荣传》,北京:中华书局,1976年,3931—3932页。
③ 宋濂等:《元史》卷一九〇《儒学二》,北京:中华书局,1976年,4343页。
④ 宋濂等:《元史》卷一九六《忠义四》,北京:中华书局,1976年,4432页。
⑤ 宋濂等:《元史》卷一九九《杜本传》,北京:中华书局,1976年,4477页。
⑥ 宋濂等:《元史》卷一九九《隐逸传》,北京:中华书局,1976年,4477页。
⑦ 宋濂等:《元史》卷一九九《隐逸传》,北京:中华书局,1976年,4479页。
⑧ 宋濂等:《元史》卷一九九《隐逸传》,北京:中华书局,1976年,4474页。
⑨ 宋濂等:《元史》卷一九九《隐逸传》,北京:中华书局,1976年,4480页。
⑩ 宋濂等:《元史》卷一八一《吴莱传》,北京:中华书局,1976年,4189—4190页。
⑪ 宋濂等:《元史》卷一五三《王樧传》,北京:中华书局,1976年,3611页。
⑫ 宋濂等:《元史》卷一八九《儒学一》,北京:中华书局,1976年,4321页。

徒以自给。① 汪珍,隐居黄山下,博学工诗,渊渟雅赡,卓有古风。②王鉴,喜唐人近体诗,隐居杜门二十余年。家贫无甔石储,应门独一老婢。张士诚尝称其高士。③ 项炯,端行绩学,通群经大义,为时名儒,晦迹不仕。一时名公硕士多从之游。④ 黄镇诚,笃志力学,不嗜荣利,筑南田耕舍,隐居著书,有《秋声集》传世。⑤ 马麐,幼酷志读书,好文尚雅。日诵经史,遇佳客往来,则觞咏不辍,与世泊如也。⑥ 吴克恭,好读书,以举子业无益于学,遂力意古文。⑦ 宋元之际著名学者牟巘亦谈到了他不求仕进,读书自乐的生活追求:"儒有环堵自处,贫不愿仕,啜菽饮水以事其亲,诵诗读书以诲其子,啸歌一室,俯仰千古,亦足以乐而无求矣。"⑧

浙江台州仙居人翁森,字秀卿,号一瓢,入元隐居乡里,以读书、讲学、授徒为事,从游者甚众。其著名的《四时读书乐》组诗,以描绘一年四季中不同的读书感受而脍炙人口、流播久远。诗云:

春

山光照槛水绕廊,舞雩归咏春风香。

好鸟枝头亦朋友,落花水面皆文章。

蹉跎莫遣韶光老,人生惟有读书好。

读书之乐乐何如,绿满窗前草不除。

---

① 顾嗣立:《元诗选》初集二《方布衣澜》,北京:中华书局,1987年,1652页。
② 顾嗣立:《元诗选》三集《南山先生汪珍》,北京:中华书局,1987年,177页。
③ 顾嗣立:《元诗选》三集《王处士鉴》,北京:中华书局,1987年,569页。
④ 顾嗣立:《元诗选》三集《项处士炯》,北京:中华书局,1987年,235页。
⑤ 顾嗣立:《元诗选》初集三《黄处士镇诚》,北京:中华书局,1987年,1802页。
⑥ 顾嗣立:《元诗选》三集《马麐》,北京:中华书局,1987年,654页。
⑦ 顾嗣立:《元诗选》三集《吴处士克恭》,北京:中华书局,1987年,453页。
⑧ 牟巘:《送张刚甫之广德学正序》,见李修生《全元文》卷二三五,南京:江苏古籍出版社,1998年,566页。

夏
新竹压檐桑四围,小斋幽敞明朱曦。
昼长吟罢蝉鸣树,夜深烬落萤入帏。
北窗高卧羲皇侣,只因素稔读书趣。
读书之乐乐无穷,瑶琴一曲来熏风。
秋
昨夜庭前叶有声,篱豆花开蟋蟀鸣。
不觉商意满林薄,萧然万籁涵虚清。
近床赖有短檠在,及此读书功更倍。
读书之乐乐陶陶,起弄明月霜天高。
冬
木落水尽千崖枯,迥然吾亦见真吾。
坐对韦编灯动壁,高歌夜半雪压庐。
地炉茶鼎烹活水,一清足称读书者。
读书之乐何处寻,数点梅花天地心。①

---

① 曾祥芹、刘苏义:《历代读书诗》,北京:中国文联出版社,2001年,207—208页。

《四时读书图》

许多读书人以其读书之室的名字，表达其无意仕宦、以读书为乐的志趣。如彭秉周取韩昌黎《复志赋》语，名其读书之所曰"约心"，欲表达其"脱科举之累而无仕宦之意，堂有可事之亲，案有可读之书，浩然俯仰"①的人生志趣。胡伯正名其堂曰"至乐"，问其何乐，曰"读书教子而已"，并解释曰：

> 昔者吾读书于吾父之侧，天下之至乐也。而吾不知其乐者，科举累之也。科举罢十年，吾犹不知其乐者，犹有所累之也。吾今而后，知其为天下之至乐也。古先圣人之书，至乐具是。天亦哀于四方之士，抱至乐之具，缠于科举之累，而不得有其乐者七百年。车书混同，脱此桎梏，士之读书者，无时文掇拾之劳，无场屋得失之累，心胸旷然，开卷之顷，圣贤之蕴，天地之心，轩豁呈露。是日也，掩书而起，童子伊吾于前，声若金石。素交至门，啜双井斗品共听之。俯仰天地之间，高论六合之外，其乐孰有过此？吾

---

① 赵文：《约心堂记》，见李修生《全元文》卷三三三，南京：江苏古籍出版社，1998年，85页。

所谓至乐也。①

如此读书生活的确是人生之至乐。还有危候,筑堂以为读书之地,名之曰"仁知",出自孔子"知者乐水,仁者乐山"之句。②

五、阅读早慧

当我们翻阅史料时,我们会发现,许多人在儿童时期就表现出了较高的阅读天赋。他们好读嗜学,过目成诵,读书如夙习。这种阅读早慧现象由于得到了较早的发现和培养,为其日后的成长打下了良好的基础,乃至影响了他们的一生。那些后来有成就者,亦往往是阅读早慧者。这是总结一个时代阅读活动时值得关注的现象。当然史料所载大多是一个时代之精英。而实际上,在浩瀚的大众读者中,更有着无数的阅读早慧者,只是没有被史册记载而已。而且,一般来说,阅读早慧的儿童也是智力超常的儿童。但这种超常的智力更需要后天的发现和培养才能得到充分的发挥。由于社会经济和文化教育的落后,有无数这样的儿童没有条件和机会去表现和发展这种天赋,乃至使无数的读书种子没有生根发芽,发挥其应有的作用。这是智力的浪费,亦是时代的局限。

此外,我们从史料所记载的大量事例中可看出,当时的史官和学者们十分重视这种阅读早慧现象。既然他们把这种事实作为一个人的重要特征和表现来记载和描述,这就说明他们对一个人早期阅读能力培养的重要性有着充分的认识。

元代的阅读早慧者当数不胜数,这里笔者仅就史料所见,列举数

---

① 赵文:《至乐堂记》,见李修生《全元文》卷三三四,南京:江苏古籍出版社,1998年,94—95页。
② 姚燧:《仁知堂记》,见李修生《全元文》卷三○五,南京:江苏古籍出版社,1998年,422页。

例，以窥之一斑。

元初著名儒士王恂，"生三岁，家人示以书帙，辄识风、丁二字。母刘氏，授以《千字文》，再过目，即成诵。六岁就学，十三学九数，辄造其极"①。成遵，幼敏悟，读书日记数千百言。② 张枢，"幼聪慧，外家潘氏蓄书数万卷，枢尽取而读之，过目辄不忘。既长，肆笔成章，顷刻数千言。有问以古今沿革、政治得失、宇宙之分合、礼乐之废兴，以至帝号官名、岁月先后，历历如指诸掌"③。吴莱，"天资绝人，七岁能属文，凡书一经目，辄成诵，尝往族父家，日易《汉书》一帙以去，族父迫扣之，莱琅然而诵，不遗一字，三易他编，皆如之，众惊以为神"④。牟应龙，幼警敏过人，日记数千言，文章有浑厚之气。⑤ 刘秉忠，八岁入学，日诵数百言。及长，于书无所不读，尤邃于《易》及邵氏《经世书》。于天文、地理、律历、医卜无不精通⑥，为元初之名臣。陈孚，幼清峻颖悟，读书过目辄成诵，终身不忘。⑦ 李邦瑞，幼嗜学，读书通大义。⑧ 陈颢，幼颖

《童子嗜读图》

---

① 宋濂等：《元史》卷一六四《王恂传》，北京：中华书局，1976 年，3843—3844 页。
② 宋濂等：《元史》卷一八六《成遵传》，北京：中华书局，1976 年，4278 页。
③ 宋濂等：《元史》卷一九九《张枢传》，北京：中华书局，1976 年，4477 页。
④ 宋濂等：《元史》卷一八一《吴莱传》，北京：中华书局，1976 年，4189 页。
⑤ 宋濂等：《元史》卷一九〇《儒学二》，北京：中华书局，1976 年，4337 页。
⑥ 宋濂等：《元史》卷一五七《刘秉忠传》，北京：中华书局，1976 年，3687—3688 页。
⑦ 宋濂等：《元史》卷一九〇《儒学二》，北京：中华书局，1976 年，4338 页。
⑧ 宋濂等：《元史》卷一五三《李邦瑞传》，北京：中华书局，1976 年，3620 页。

悟,日记诵千百言,稍长,游京师,登王磐、安藏之门,习诸国语。① 张思明,颖悟过人,读书日记千言。② 梁曾,少好学,日记数千言。③ 元明善,资颖悟绝,初读书,过目辄记。④ 许有壬,幼颖悟,读书一目五行,尝阅衡州《净居院碑》,文近千言,一览辄背诵无遗。⑤ 宋本,自幼颖拔异群儿,既成童,聚经史穷日夜读之,句探字索,必通贯乃已。⑥ 谢端,幼颖异,五六岁能吟诗,十岁能作赋。弱冠,与宋本同师,明性理,为古文,以文学齐名。⑦ 王思诚,天资过人,七岁,从师授《孝经》《论语》,即能成诵。家本业农,其祖父诟家人曰:"儿大不教力田,反教为迂儒邪!"思诚愈自力弗懈。⑧ 李稷,幼颖敏,八岁能记诵经史。后从师名进士夏镇、方回孙,学业大进。⑨ 盖苗,幼聪敏好学,善记诵,及弱冠,游学四方,艺业大进。⑩ 曹元用,幼嗜书,一经目,辄成诵。每夜读书,常达曙不寐。⑪ 韩性,七岁读书,数行俱下,日记万言。九岁通《小戴礼》,作大义,操笔立就,文意苍古,老生宿学,皆称异。⑫ 孔思晦,童卯时,读书已识大义。及长,从师张𥂖,学业大进,成一代名师。⑬ 金履祥,幼而敏睿,父兄稍授之书,即能记诵。比长,益自策励,博览群籍,靡不毕究。⑭ 干文传,少嗜学,十岁能属文,未冠,已有声

---

① 宋濂等:《元史》卷一七七《陈颢传》,北京:中华书局,1976年,4130页。
② 宋濂等:《元史》卷一七七《张思明传》,北京:中华书局,1976年,4121页。
③ 宋濂等:《元史》卷一七八《梁曾传》,北京:中华书局,1976年,4133页。
④ 宋濂等:《元史》卷一九八《元明善传》,北京:中华书局,1976年,4171页。
⑤ 宋濂等:《元史》卷一八二《许有壬传》,北京:中华书局,1976年,4199页。
⑥ 宋濂等:《元史》卷一八二《宋本传》,北京:中华书局,1976年,4203—4204页。
⑦ 宋濂等:《元史》卷一八二《谢端传》,北京:中华书局,1976年,4206页。
⑧ 宋濂等:《元史》卷一八三《王思诚传》,北京:中华书局,1976年,4210—4211页。
⑨ 宋濂等:《元史》卷一八五《李稷传》,北京:中华书局,1976年,4257页。
⑩ 宋濂等:《元史》卷一八五《盖苗传》,北京:中华书局,1976年,4259页。
⑪ 宋濂等:《元史》卷一七二《曹元用传》,北京:中华书局,1976年,4026页。
⑫ 宋濂等:《元史》卷一九〇《儒学二》,北京:中华书局,1976年,4342页。
⑬ 宋濂等:《元史》卷一八〇《孔思晦传》,北京:中华书局,1976年,4167页。
⑭ 宋濂等:《元史》卷一八九《儒学一》,北京:中华书局,1976年,4316页。

誉。① 刘因,"三岁识书,日记千百言,过目即成诵,六岁能诗,七岁能属文,落笔惊人。甫弱冠,才器超迈,日阅方册,思得如古人者友之,作《希圣解》"②。齐履谦,七岁读书,一过即能记忆。十三岁从师,闻圣贤之学,自是非伊洛之书不读。③ 程端礼,十五岁能记诵"六经",晓析大义。④ 王鹗,幼聪悟,日诵千余言,长工词赋。⑤ 曹泾,八岁能通诵"五经"。⑥ 杨恭懿,童而读书,记识强敏,日数千言。时艰难逃乱,虽间关险阻,未尝怠弛其业。⑦ 任士林,六岁能属文,大父奇之,口授古文百余篇,经耳不忘。父丧,庐墓下,读书其中,凡诸子百家之言,靡不周览,乡子弟多从之学。⑧ 林彦栗,七岁能属文,十岁能记诵"六经"。⑨ 吴澄,三岁,教之古诗,随口成诵。五岁,日受千余言,诵之数过即不忘。七岁,《论语》《孟子》"五经"皆成诵,能著律赋。九岁,乡邑课试,每中前列。⑩ 此外,还有窦默、刘恩、吴师道、刘好礼、孟攀鳞、李谦、阎复、张炤、高源等亦都是幼敏悟、知读书、善记诵、能属文者。

六、妇女阅读

妇女的进步体现着时代的进步。妇女阅读的意义主要有两点:一是妇女的阅读能力和文化水平的提高往往直接影响着其家庭成员阅

---

① 宋濂等:《元史》卷一八五《干文传传》,北京:中华书局,1976年,4253页。
② 宋濂等:《元史》卷一七一《刘因传》,北京:中华书局,1976年,4007页。
③ 宋濂等:《元史》卷一七二《齐履谦传》,北京:中华书局,1976年,4028页。
④ 宋濂等:《元史》卷一九〇《儒学二》,北京:中华书局,1976年,4343页。
⑤ 宋濂等:《元史》卷一六〇《王鹗传》,北京:中华书局,1976年,3756页。
⑥ 李修生主编:《全元文》卷二九〇《曹泾》,南京:江苏古籍出版社,1998年,154页。
⑦ 姚燧:《领太使院事杨公神道碑》,见苏天爵《元文类》卷六十,苏州:江苏书局,1889年,1页。
⑧ 赵孟頫:《赵孟頫集》卷八《任叔实墓志铭》,杭州:浙江古籍出版社,1987年,182页。
⑨ 虞集:《道园学古录》卷八《林彦栗墓志铭》,四部备要本,上海:中华书局,1936年,138页。
⑩ 虞集:《道园学古录》卷四十四《临川先生吴公行状》,四部备要本,上海:中华书局,1936年,307页。

读能力和文化素质的提高,二是妇女阅读活动的普及程度反映着时代的文明与进步水平。

元代妇女的阅读,从所见文献记载来看,是上不及宋,下更逊于明。这显然是由整个元代社会环境,特别是元朝统治者的文化观念落后以及由此带来的学术文化事业衰退所致。不过,元代毕竟是在金、宋文化传统上建立的朝代。如前所述,其儒学亦没有脱离宋代的传统和影响。而且,程朱理学的官学化和普及化也促进了读书风气的形成。在这种环境下,虽然女性阅读仍然不受社会重视,但许多女性受社会风气的感染和家庭环境的影响,不仅贤淑柔静、能纤善绣,而且读书为文,颇知学问,表现出了中国传统女性的优良品格。

元代女性的阅读,也和历史上其他朝代一样,主要有以下三个特点:一是往往表现为一种出于兴趣的向往和主动;二是表现为对家族振兴的自觉和责任感;三是少了功利性,而多了精神愉悦性。具体来说,元代女性的阅读有如下几个方面的特点。

1. 仕宦之女,多能读书

与其他朝代一样,元代的女性读者多出自仕宦家庭。这主要有两点原因:一是她们有着良好的经济条件,不用为生计所操劳;二是受家庭文化环境的影响,耳濡目染而学会了阅读,并养成了读书习惯。如吴江孔克烈之母汪淑贞,"生而渊静聪敏,加以濡染,习礼法,通经史,善笔札,而精于剪制结缕,事父母以为贤。其子在襁褓,常常诏之曰:'先圣人之孙不读书自树,将羞先圣人。'"[1]宜兴知州能枢之妻王晋宁,其夫读书于家,她在旁"日闻其讲说,由是习文史非直"[2]。常熟人金玉,字孟姬,其父为旌德县税务大使。"幼慧齐,性孝谨,日在父母旁不忍顷刻离去,抚婢御未尝见忤气。其织纴组绷及音律书算皆不习

---

[1] 苏伯衡:《苏平仲文集》卷十四《孔教授夫人汪氏墓志铭》,四部丛刊集部,7—8页。
[2] 苏伯衡:《苏平仲文集》卷十四《能知州妻王夫人圹志铭》,四部丛刊集部,15—16页。

而工有过人者。讽诗书即通大义。读《列女传》,见有孝于亲,事舅姑尽苦节者,必识之信践之。"①著名学者刘埙之妻傅氏,"贞淑柔静,宽恤下慈,廉取而乐予,勇为善而好观书,缝纴绣组,精巧过人"②。医者阎瑀之妻申氏,出身于渤海宦族,能通《孝经》《论语》。③

2. 父母之教,幼知读书

由于女子不能像男子一样外出读书受学,所以她们主要是在家庭成员的指导下,学会了读书。当然,这样的家庭多是仕宦之家,否则女子便没有读书的环境和条件。如渤海郡侯解中顺之母樊氏,为金刑部员外郎之女,尝从母受学,故于经史及《列女传》皆尝诵习,且善书。④

3. 女教之书,阅读之首

出于对女性进行封建伦理道德教化的目的,女教书成为女性阅读的首选读物。这在元代是一种很普遍的现象。如苏州人魏云瑞之妻宋氏,生而颖异,七岁能诵《曲礼》《内则》、曹大家《女训》。⑤ 许多家庭也往往把女性阅读的范围仅限制在女教书及部分经传中,而反对女子阅读诗文及其他作品。然而,早在东汉时,班昭就在其《女戒》中主张女子应与男子一样读书。到宋代,司马光在其《家范》中,虽然也同意女子读书,但把女子读书的内容限定为《孝经》《论语》《列女传》之类,而反对女子读诗作文。这种观念影响了元代。如孙惠兰,早失母,父周卿先生以《孝经》《女戒》教之。因其弟"受唐诗家法,她也取而读之,得其音格,辄能为近体五七言,语皆闲雅可诵,非苟学所能至者",然而

---

① 杨维桢:《东维子文集》卷二十五《故邹元铭妻金氏墓碣铭》,四部丛刊集部,15—16页。
② 刘埙:《孺人傅氏墓志铭》,见李修生《全元文》卷三二七,南京:江苏古籍出版社,1998年,426页。
③ 姚燧:《医隐阎君阡表》,见李修生《全元文》卷三二七,南京:江苏古籍出版社,1998年,780页。
④ 姚燧:《少中大夫轻车都尉渤海郡侯解公坟道碑》,见李修生《全元文》卷三二四,南京:江苏古籍出版社,1998年,733页。
⑤ 高启:《高太史凫藻集》卷五《魏夫人宋氏墓志铭》,四部丛刊集部,15页。

在其父"女子当治织纴组纴,以致其孝敬,辞翰非所事也"①的观念下,她只能是自己玩玩而已,而不能理所当然地尽情发挥其读写才能。建阳嘉禾里人丁临,"幼慧,读《论语》《孝经》《孟子》,识其大意。古人文字经目辄成诵。处室时尝学和诗,伯父县丞公戒曰:'妇人只知妇道,诗非所宜习。'盖终身服之,不敢言文"②。如此等等,对女性阅读的限制,不仅限制了她们才华的发挥,而且束缚了她们的思想自由,当然就更谈不上妇女的解放了。

4. 经史百家,兴趣广泛

许多女性的阅读范围并没有仅限于女教书及少量的经传读物中,而是涉及了经史百家,博极群书。如广东龙溪人郭贞顺,"幼聪颖,父教谕,授以书,辄不忘。通经学,旁及子史百家,能为诗,尤长于古"③。黄岩人(今浙江台州)盛贞一,八岁能读《女孝经》《鲁论》、孟氏书及《诗》《书》《易》,于《易》独造到。凡《女箴》《女则》《列女传》、史传,无不遍览,有《梅花诗》百首。④ 武康常阳妻龙辅,善属文,家多异书,女红中馈之暇,辄阅之,择其当意者,编为《女红余志》四十卷。⑤ 由此可见她也是一个博览群书的好读者。还有鲁国夫人葛氏,习于诗礼,通

《女子读书图》

---

① 顾嗣立:《元诗选》初集三《孙氏蕙兰》,北京:中华书局,1987年,2519页。
② 柳贯:《柳待制文集》卷十一《陈母丁儒人墓碣铭》,四部丛刊集部,1页。
③ 胡文楷:《历代妇女著作考》元代卷四,上海:上海古籍出版社,1985年,72页。
④ 胡文楷:《历代妇女著作考》元代卷四,上海:上海古籍出版社,1985年,73页。
⑤ 胡文楷:《历代妇女著作考》元代卷四,上海:上海古籍出版社,1985年,77页。

古今,尝以经义为女师宫中,应圣太后之召讲《资治通鉴》,论古今政治得失。① 有些女性在经传之外,亦喜欢佛老之学。如真州路总管府经历吕郁之母李氏,出身于儒家,读书知文,于佛老学亦造其微。②

5. 词章翰墨,工诗能文

元代许多女性读者不仅阅读兴趣广泛,而且喜词章翰墨,工诗能文,有作品传世者亦有很多。其中如郑允端,姿禀秀慧,尤善诗歌。其《读西汉书》有句云:"临卷三叹之,清风满林麓。"③吴郡富室女子薛兰英、薛蕙英,皆聪明秀丽,能为诗赋。有诗数百篇,号《联芳集》。④ 金豀人黄嗣贞,庄静好学。其夫去世后,"自为文祭之,词旨凄恻。又赋三十韵诗,教其二子,后俱成立。"⑤赵孟頫之妻管道昇,"词章翰墨,不学而能,尤工写竹"⑥。钱唐人张妙净,善诗,晓音律。⑦ 如此等等,陈衍《元诗纪事》收女性作者46人。⑧ 胡文楷《历代妇女著作考》亦收元代女作家16人。⑨ 这些女诗人和作家的词章翰墨,也反映出元代女性诗文阅读的兴盛。

6. 知书识理,尚道守节

爱读书的女性,往往能够深明大义,尚道守节,表现出中国妇女的传统美德。这样的例子,除前面所举外,再如浦城徐嗣源之女徐氏,略通经史,每诵文天祥《六歌》,必为之感泣。遇贼寇,将辱之,投水自尽

---

① 虞集:《道园学古录》卷十七《高鲁公神道碑》,四部备要本,上海:中华书局,1936年,130页。
② 姚燧:《故从仕郎真州路总管府经历吕君神道碑铭并序》,见李修生《全元文》卷三二二,南京:江苏古籍出版社,1998年,698页。
③ 顾嗣立:《元诗选》初集三《贞慈郑氏允端》,北京:中华书局,1987年,2522—2523页。
④ 胡文楷:《历代妇女著作考》元代卷四,上海:上海古籍出版社,1985年,78页。
⑤ 胡文楷:《历代妇女著作考》元代卷四,上海:上海古籍出版社,1985年,74页。
⑥ 胡文楷:《历代妇女著作考》元代卷四,上海:上海古籍出版社,1985年,75页。
⑦ 胡文楷:《历代妇女著作考》元代卷四,上海:上海古籍出版社,1985年,71页。
⑧ 陈衍:《元诗纪事》卷三五至卷三九,上海:上海古籍出版社,1987年,806—846页。
⑨ 胡文楷:《历代妇女著作考》元代卷四,上海:上海古籍出版社,1985年,70—78页。

前,题诗壁间,有"惟有桂林桥下水,千年照见妾心清"①之句。刘公翼妻萧氏,济南人,有姿色,颇通书史。红巾军毛贵部将至,以诗书家女不受辱,自缢而死。② 儒者陈璧之女陈淑贞,七岁能诵诗鼓琴。红巾军至,溺水而死。③ 郑琪妻罗氏,幼聪慧,能谙诵《列女传》。红巾军至,自刎死。④ 儒士李让之女李顺儿,性聪慧,颇涉经传,年十八未嫁。红巾军将至,于后园内自刎而死。⑤ 台叔龄妻刘氏,粗知书,克修妇道。⑥ 李智贞,七岁能读书,事母孝,守妇道。⑦

7. 教子读书,诲之不倦

古今贤母,载之方册,数不胜数。她们勤俭持家,恪尽职守,相夫教子,以其中国妇女的传统美德而为世称颂。特别是其中有无数的女性,她们不仅好学嗜读,谙熟经传,而且能孜孜不倦地亲授其子孙读书问学。不论处在怎样艰难的生活境遇中,她们都能重视子女的文化教育和读书学习,善于让孩子自小亲近书本,养成阅读习惯,并由此形成了一种良好的读书传统和社会风气,无数的家庭秉承了这种传统和风气,形成了一种重要的社会阅读活动形式,从而培养了无数的杰出人才,为社会进步做出了巨大贡献。她们是中国历史上最伟大的母亲,亦是中国阅读史上最伟大的女性读者。因此,母教子读这种现象在阅读史上是不能忽视的。

母教子读,子亦刻苦向上。油灯煌煌,书声琅琅。生命和文化在这里得到了延续和传播。母亲的拳拳之心化作了殷切的期望。历史告诉我们,那些较早受到阅读教育,使阅读能力早慧的人往往也能够

---

① 宋濂等:《元史》卷二〇一《列女传二》,北京:中华书局,1976年,4503页。
② 宋濂等:《元史》卷二〇一《列女传二》,北京:中华书局,1976年,4507页。
③ 宋濂等:《元史》卷二〇一《列女传二》,北京:中华书局,1976年,4505页。
④ 宋濂等:《元史》卷二〇一《列女传二》,北京:中华书局,1976年,4510页。
⑤ 宋濂等:《元史》卷二〇一《列女传二》,北京:中华书局,1976年,4504页。
⑥ 宋濂等:《元史》卷二〇〇《列女传一》,北京:中华书局,1976年,4497页。
⑦ 宋濂等:《元史》卷二〇〇《列女传一》,北京:中华书局,1976年,4497页。

使个人能力得到发展,从而为社会做出较大贡献。纵观元代的阅读史,这种现象亦很普遍。这里仅举数例,以窥一斑。

著名学者和文学家虞集,三岁即知读书,父虞汲挈家趋岭外,干戈中无书册可携,母杨氏口授《论语》《孟子》《左传》,欧、苏文,闻辄成诵。回到中原后,就外傅,始得刻本,则尽读诸经,通其大义。母亲杨氏家族世以《春秋》名家,亦受性理之学,所以杨氏亦尽通其说。虞集和其弟虞槃皆受业母亲杨氏,及长,又从吴澄游,①乃至成为一代大家。范梈,早孤,母熊氏守志不他适,长而教之。所诵读,辄记忆。及长,耽诗工文,用力精深。② 欧阳玄,母李氏,亲授《孝经》《论语》《小学》诸书,八岁能成诵,从乡先生张贯之学,日记数千言,即知属文。③ 耶律楚材,"生三岁而孤,母杨氏教之学。及长,博极群书,旁通天文、地理、律历、术数及释、老、医卜之说,下笔为文,若宿构者"④。其母有诗曰:

挑灯教子哦新句,冷淡生涯乐有余。⑤

著名学者许谦,生数岁而孤,甫能言,母陶氏口授《孝经》《论语》,入耳辄不忘。⑥ 著名儒士王恂,母刘氏授以《千字文》,再过目,即成诵。⑦ 雷膺,生七岁而孤,母侯氏织纴以为业,课膺读书。膺笃志于学,事母以孝闻。后愈自砥砺,以文学称。⑧ 陈栎,生三岁,祖母吴氏口授《孝经》《论语》,辄成诵。五岁入小学,即涉猎经史。七岁通进士

---

① 宋濂等:《元史》卷一八一《虞集传》,北京:中华书局,1976年,4174页。
② 宋濂等:《元史》卷一八一《范梈传》,北京:中华书局,1976年,4183页。
③ 宋濂等:《元史》卷一八二《欧阳玄传》,北京:中华书局,1976年,4196页。
④ 宋濂等:《元史》卷一四六《耶律楚材传》,北京:中华书局,1976年,3455页。
⑤ 陈衍:《元诗纪事》卷三十六《耶律夫人》,上海:上海古籍出版社,1987年,811页。
⑥ 宋濂等:《元史》卷一八九《儒学一》,北京:中华书局,1976年,4318页。
⑦ 宋濂等:《元史》卷一六四《王恂传》,北京:中华书局,1976年,3843—3844页。
⑧ 宋濂等:《元史》卷一七〇《雷膺传》,北京:中华书局,1976年,3990—3991页。

业。十五岁,乡人皆师之。① 田衍,幼孤,母李氏教之读书,姿开爽,善论事。② 说到母教子读,元末明初著名诗人高启曾有一首《卧病夜闻邻儿读书》诗:

> 月淡梧桐雨后天,伊吾声在北窗前。
> 谁知邻馆无儿客,病里听来转不眠。③

高启在一个雨后的夜晚,病卧客馆时听到邻舍儿琅琅的读书声,它除了会使我们想到在这个孩子身边一定会有母亲在聆听外,也会让我们不由得产生许多遐想。

有许多母亲虽然不是亲自教授孩子读书学习,但能够以自己的言行鼓励和督促他们接受教育。如赵孟頫 11 岁时,母丘夫人对他说:"汝幼孤,不能自强于学问,终无以觊成人,吾世则亦已矣!"语已,泣下沾襟。赵孟頫由是刻苦自励,昼夜不休。南宋灭亡时,26 岁的赵孟頫闲居家乡湖州读书、写字、作画。母亲丘夫人对闲居的儿子说:"圣朝必收江南才能之士而用之,汝非多读书,何以异于常人?"④于是,赵孟頫益自力于读书问学,终成一代大家。

由宋入元的刘壎,五岁丧父,与母依外家生活。寡母孤儿,凄凉万苦。母亲勤妇工,致束脩,送他从师问学,并率自督课。刘壎勤奋好学,每孤灯青荧,母纫缝,他读书,迄夜分或鸡鸣乃已。母亲尝曰:"汝家世名儒,吾望汝毋失为儒也。"及长,刘壎工于诗骈,为文流畅,渐有声名。曾任建昌路学正,有著述多种。⑤

---

① 宋濂等:《元史》卷一八九《儒学一》,北京:中华书局,1976 年,4321 页。
② 赵孟頫:《赵孟頫集》卷九《田师孟墓志铭》,杭州:浙江古籍出版社,1986 年,187 页。
③ 高启:《高太史大全集》卷十八《卧病夜闻邻儿读书》,四部丛刊集部,15 页。
④ 杨载:《赵公行状》,见《赵孟頫集》附录,杭州:浙江古籍出版社,1986 年,267 页。
⑤ 刘壎:《先母揭氏孺人圹志》,见李修生主编《全元文》卷三五〇,南京:江苏古籍出版社,1998 年,417 页。

刘壎同乡聂自得之母曾庆云，为儒家之女。"婉淑俭勤，克相夫子，尤笃义方训。常篝灯夜绩，课儿书不息。其事尊抚卑，睦内辑外，惟儒家矩度是循，里益称之。常阅汉晋以来诸《列女传》。"①王恽母亲靳氏，"平居课儿辈读书，傍治丝枲，须夜分乃休，乐闻古人母仪、《女诫》及善恶兴衰事"②。华亭人李淑贞，其父为处州教授，"博极群书，而传业在其女"。李淑贞出嫁后生三子，"择以傅就学，学回必亲试其所诵书，探其课对工拙为赏罚，故三子克有成立"③。江阴人王作逢，其母"训子严有法，日给膏烛诵书，约丙夜止。就外傅之贽师物，躬纺织以资之。且多市古奇书广其闻见"④。

金陵有一个叫王勋的人，世为儒学门族仆，其母甚贤。勋幼时，母令其侍奉主人读书，并常训之曰："汝亲近官人，学做好人，我当纺织供汝衣食，买书与汝读，他日识得几个字，免做贱隶，我含笑入地下矣。"⑤后王勋读书就学，实现了母亲的愿望。

溧阳徐生本制刀者，其妻原为故家之妾。及有娠，使其夫迁居乡先生李仲举之邻，且曰："令子在腹中日闻读书声，必能若是也。"后生子朝显，自五六岁时即能记诵千余言，及长，亦习举子业。⑥上虞人谢生，世为奴役。乡有故家叶氏女，贫而孤，下嫁于谢生。此后，家道日兴，生子变习，诸孙皆知读书学儒之事。⑦这也是母亲教育的结果。

宣江汉，幼失父母，依继母生活。继母训其曰："汝父母亡，汝勿以吾继母有外心。吾固甘心守节而待之。"之后，其母择贤师而教之，躬

---

① 刘壎：《聂母曾氏墓志铭》，见李修生主编《全元文》卷三五〇，南京：江苏古籍出版社，1998年，424页。
② 王恽：《秋涧先生大全文集》卷四十九《先妣夫人靳氏墓志铭》，四部丛刊集部，18页。
③ 杨维桢：《东维子文集》卷二十五《华亭县主簿王佳母夫人李氏墓志铭》，四部丛刊集部，13—14页。
④ 杨维桢：《东维子文集》卷二十五《王母李氏墓志铭》，四部丛刊集部，14—15页。
⑤ 孔齐：《至正直记》卷二《古之贤母》，上海：上海古籍出版社，1987年，73页。
⑥ 孔齐：《至正直记》卷二《古之贤母》，上海：上海古籍出版社，1987年，73页。
⑦ 孔齐：《至正直记》卷二《古之贤母》，上海：上海古籍出版社，1987年，74页。

纺绩供其薪水。江汉"亦不违母意,日则勤诵读之功,夜则尽温清之礼,遂成儒业。乡人无不赞叹"①。

严儒珍,出身贫寒,幼孤,母训其读书,从汤景贤学,于至正年间中进士第。② 尚野,祖母刘氏,厚资之使就学,后任国史院编修官。③ 董士元,祖母李氏爱之,谓其父曰:"俟儿能言,即令读书。"数岁,从名儒受学。④

这样的女性虽然不一定是优秀的读者,甚至不一定会读书,但她们是读书种子的培养者,是深知读书向学对人生和社会意义的伟大女性。

综上所述,元代的女性阅读具有中国历史上妇女阅读的共同特点:虽然她们的读书兴趣很浓,自觉性很高,少了功利性的干扰,但由于社会不重视,阅读普及率低,层次浅,所涉范围窄,教化性强以及缺乏交流和传播的渠道等,因此妇女阅读发展缓慢而难以形成气候。对绝大多数的平民女性来说,她们很少或根本就没有条件和机会去接触读物,即使是有所接触,也是限于最基础的识字和伦理教化,而无法去体会阅读带来的精神愉悦。这是社会的局限,也是女性的不幸,当然更是社会的不幸。然而,也有无数的女性,不管生活境遇多么艰难困苦,都能以勤劳节俭供子女读书求学,并督教他们刻苦自励,奋发向上。这样的女性亦可堪称伟大的读者。她们和那些杰出的女性读者一样,都在中华民族的文明史上留下了不可磨灭的足迹。

七、多种文字读者

蒙古统治者为在文化上突显其民族性,以维护和巩固其统治地

---

① 孔齐:《至正直记》卷二《古之贤母》,上海:上海古籍出版社,1987年,74页。
② 孔齐:《至正直记》卷二《古之贤母》,上海:上海古籍出版社,1987年,73页。
③ 宋濂等:《元史》卷一六四《尚野传》,北京:中华书局,1976年,3860页。
④ 宋濂等:《元史》卷一五六《董文炳传》,北京:中华书局,1976年,3675页。

位,不仅规定蒙古人学习蒙古语言文字,而且强令汉族和其他民族人学习蒙古语言文字。"有元一代诸君,惟知以蒙古文字为重,直欲令天下臣民皆习蒙古语,通蒙古文,然后便于奏对,故人多学之。"①如顺帝至元三年(1337),"禁汉人、南人不得习学蒙古、色目文字"②。忽必烈时期,"书诏令皆用蒙古字",从中亦可见蒙古字在汉人中的通习程度。特别是有很多汉人为获得进身之阶,入蒙古字学读书。"愿充庑吏,皆习蒙古书,南人率学其字",学习蒙古语言文字似乎已成风气。不过,也有一些人出于向蒙古人传播儒家文化的目的或其他原因,主动积极地学会了蒙古和其他民族的语言文字。这类读者,我们虽然不知道他们曾读过何种非汉文书籍,但他们无疑应是多种文字阅读者,这是元代汉族读者阅读活动中的又一个特点。

在这些多种文字读者中,有许多儒士不仅是蒙古人阅读汉文典籍的导师,而且学会了蒙古文,成为汉文典籍向蒙古文读者的译介者和传播者。如元初名儒赵璧,忽必烈令蒙古生十人从他学习阅读儒家经典,并让他学习蒙古文,翻译了《大学》《论语》《中庸》《孟子》等书。③许衡也曾将多部重要的汉文典籍翻译为蒙古文。④许衡之子许师敬,颇习蒙古文,曾将《帝训》译成蒙古文,并改名《皇图大训》,授皇太子。⑤ 曹元用译《贞观政要》为国语,书成,皆行于时。⑥ 元明善与文升共同翻译《尚书》,受到仁宗称赞。⑦ 还有许多担任过经筵官的儒臣,亦充当着汉文经典向蒙古统治者的译介者。如虞集与侍读学士王

---

① 赵翼撰,王树民校证:《廿二史劄记校证》卷三十《元汉人多作蒙古名》,北京:中华书局,1984年,702页。
② 宋濂等:《元史》卷三十九《顺帝二》,北京:中华书局,1976年,839页。
③ 虞集:《道园学古录》卷十二《中书平章政事赵璧》,四部备要本,上海:中华书局,1936年,99页。
④ 艾田蒲:《中国之欧洲》上卷,许钧、钱林森译,郑州:河南人民出版社,1992年,119页。
⑤ 宋濂等:《元史》卷三十九《泰定帝二》,北京:中华书局,1976年,669页。
⑥ 宋濂等:《元史》卷一七二《曹元用传》,北京:中华书局,1976年,4028页。
⑦ 宋濂等:《元史》卷一八一《元明善传》,北京:中华书局,1976年,4172页。

结任经筵官时,"取经史中切于心德治道者,用国语、汉文两进读"①。归旸曾任宣文阁监书博士,兼经筵译文官。②

有许多汉族读者,由于学会了蒙古文,所以往往能够被重用,并且成了多种文字阅读者。如秦起宗,年十七,入蒙古学,学辄成,辟武卫译史。③ 王寿,幼颖敏嗜学,长以通国字,为中书掾。④ 刘天孚,曾任中书译史。⑤ 谭澄,好读书,又习国语,为监县,多善政,后又被忽必烈重用。⑥ 刘好礼,幼有志,知读书,通国言,曾任户部尚书。⑦ 荆飞卿,精于国书,任真定蒙古学教授。⑧ 还有梁德珪,习国语,通奏对,曾任参知政事。⑨

还有不少汉族读者除懂蒙古文外,还学会了其他文字。如陈颢,游京师,登翰林承旨王磐、安藏之门。王磐熟金典章,安藏通诸国语,颢兼习之。⑩ 石天麟,好学不倦,于诸国书语无不习。⑪ 何实,及长,通诸国译语。⑫ 著名天文学家郭守敬在研究天文学时,也曾阅读了由阿拉伯传入中国的回回天文书籍。所以他也应该懂阿拉伯文或波斯文。地理学家朱思本曾从八里吉思家得帝师所藏梵字图书,而以华文译之。⑬ 由此可见他也能阅读梵文图书。还有著名儒士耶律楚材,他

---

① 宋濂等:《元史》卷一八一《虞集传》,北京:中华书局,1976年,4176页。
② 宋濂等:《元史》卷一八六《归旸传》,北京:中华书局,1976年,4270页。
③ 宋濂等:《元史》卷一七六《秦起宗传》,北京:中华书局,1976年,4116页。
④ 宋濂等:《元史》卷一七六《王寿传》,北京:中华书局,1976年,4103页。
⑤ 宋濂等:《元史》卷一九三《忠义一》,北京:中华书局,1976年,4386页。
⑥ 宋濂等:《元史》卷一六七《谭资荣传》,北京:中华书局,1976年,3932页。
⑦ 宋濂等:《元史》卷一六七《刘好礼传》,北京:中华书局,1976年,3925—3926页。
⑧ 赵文:《送蒙古荆教授序》,见李修生《全元文》卷三三三,南京:江苏古籍出版社,1998年,79页。
⑨ 宋濂等:《元史》卷一七〇《梁德珪传》,北京:中华书局,1976年,4005页。
⑩ 宋濂等:《元史》卷一七七《陈颢传》,北京:中华书局,1976年,4130页。
⑪ 宋濂等:《元史》卷一五三《石天麟传》,北京:中华书局,1976年,3619页。
⑫ 宋濂等:《元史》卷一五〇《何实传》,北京:中华书局,1976年,3551页。
⑬ 陈邦瞻:《元史纪事本末》卷十三《治河》,北京:中华书局,1979年,113页。

随成吉思汗西征到西域时,遇到西辽前郡王李世昌。于是他跟李世昌学会了契丹文,并翻译了辽契丹作家寺公大师之《醉义歌》。①

八、阅读的内容特点

元代汉族读者群的阅读活动除上述特点外,我们还发现,在阅读内容方面还有如下一些特点。

1.《春秋》和《易》

在"五经"中,精于《春秋》和《易》者为最多。他们或得自家学,或来自师承,或出于自己的兴趣,使他们读有所精,学有所长,乃至穷尽毕生精力。这个特点是宋代《春秋》与《易》学繁盛的继续,亦反映了元代在儒学经典阅读方面的传统性和继承性。如耶律楚材诗云:"幼蒙父兄训,读书登上庠。大义治三传,《左氏》为纪纲。《诗》《书》究微理,《易》道宗京房。"②

《春秋》的阅读,如虞集之外祖父杨文仲,世以《春秋》名家,虞集之母杨氏受此熏陶,亦尽通其说,故虞集与其弟虞槃皆自幼受业于母亲,于《春秋》尤善。③ 周仁荣,承其家学,治《易》《礼》《春秋》,而工为文章。其弟周仔肩亦以《春秋》登第。二人俱以文学名。④ 元明善,诸经皆有师法,而尤深于《春秋》。⑤ 名进士夏镇、方回孙皆长于《春秋》,李稷从其学,兼得其传。⑥ 成遵亦从夏镇读《春秋》。⑦ 邓文原,年十五,

---

① 耶律楚材:《湛然居士文集》卷八《醉义歌》,北京:中华书局,1986年,171页。
② 耶律楚材:《湛然居士文集》卷十二《赠高善长一百韵》,北京:中华书局,1986年,266页。
③ 宋濂等:《元史》卷一八一《虞集传》,北京:中华书局,1976年,4174—4182页。
④ 宋濂等:《元史》卷一九〇《儒学二》,北京:中华书局,1976年,4346页。
⑤ 宋濂等:《元史》卷一八一《元明善传》,北京:中华书局,1976年,4171页。
⑥ 宋濂等:《元史》卷一八五《李稷传》,北京:中华书局,1976年,4257页。
⑦ 宋濂等:《元史》卷一八六《成遵传》,北京:中华书局,1976年,4278页。

通《春秋》。① 魏初,好读书,尤长于《春秋》,比冠,有声。② 姚天福,幼读《春秋》,通大义。③ 焦德裕,通《左传》,少拳勇善射,从其舅于军中。④ 郑玉,幼敏悟嗜学,及长覃思"六经",尤邃于《春秋》,从学者众。⑤ 张庭珍,综经纬史,尤长《左传》。⑥ 灵山先生董君实,以《春秋》为其家学,遂专经《春秋》。⑦ 福建浦城人谢钥,以《春秋》为学者所器重,著《春秋衍义》《左氏辩证》。其子谢臯羽,世其业,弱冠已有声。⑧ 冯渭,读书为文,不废风雨寒暑,节录经史,细及笺训,又搜集金代文章,凡积若干百卷,专经《左传》。⑨ 王文,读书以《左传》为专门之学,因名其斋曰"麟",盖取《春秋》"获麟"之意也。⑩ 京兆医学教授赵友,三世业医,其长子赵让通经传,尤长于《春秋》。⑪ 大将邸琮之子邸浩、邸湜,骑射之余,皆喜读《左传》。⑫ 邸泽,"忠直沈毅,读书专经《左氏春秋》,故能谋成而事立。临财不吝施予"⑬。翰林直学士林泉生,学

---

① 宋濂等:《元史》卷一七二《邓文原传》,北京:中华书局,1976年,4023页。
② 宋濂等:《元史》卷一六四《魏初传》,北京:中华书局,1976,3857页。
③ 宋濂等:《元史》卷一六八《姚天福传》,北京:中华书局,1976年,3960页。
④ 宋濂等:《元史》卷一五三《焦德裕传》,北京:中华书局,1976年,3617页。
⑤ 宋濂等:《元史》卷一九六《忠义四》,北京:中华书局,1976年,4432页。
⑥ 姚燧:《南京路总管张公墓志铭》,见李修生《全元文》卷三二五,南京:江苏古籍出版社,1998年,748页。
⑦ 姚燧:《灵山先生董君实坟道碑》,见李修生《全元文》卷三二四,南京:江苏古籍出版社,1998年,737页。
⑧ 方凤:《谢君臯羽行状》,见李修生《全元文》卷三六一,南京:江苏古籍出版社,1998年,670页。
⑨ 姚燧:《中书右三部郎中冯公神道碑》,见李修生《全元文》卷三二〇,南京:江苏古籍出版社,1998年,666页。
⑩ 魏初:《麟斋记》,见李修生《全元文》卷二六六,南京:江苏古籍出版社,1998年,471页。
⑪ 魏初:《有元故京兆医学教授赵公墓志铭》,见李修生《全元文》卷二六七,南京:江苏古籍出版社,1998年,494页。
⑫ 魏初:《总押七路兵马邸公神道碑铭》,见李修生《全元文》卷二六七,南京:江苏古籍出版社,1998年,485页。
⑬ 姚燧:《颖州万户邸公神道碑》,见苏天爵《元文类》卷六十三,苏州:江苏书局,1889年,6页。

邃于《春秋》。① 屠性，余姚人，明《春秋》学，幼从黄溍遊。② 郑东，字季明，平阳人，幼酷嗜书，明《春秋》。③ 宁国路宣城县名儒魏彦明以《春秋》之学教授诸生，"而学《春秋》者，因以大震"④。休宁人赵汸，诸经无不通贯，尤邃于《春秋》，有《春秋》传注多种，是元代《春秋》学的代表人物。⑤ 还有吴莱、袁桷、臧梦解、黄泽、汪克宽等亦都是对《春秋》情有独钟者。还有许多人以读《春秋》而登第。如周堂，笃学通《春秋》，登泰定四年（1327）进士第。⑥ 程端学，通《春秋》，登至治辛酉（1321）进士第。⑦ 李廉，元至正年间以《春秋》举于乡，有《春秋诸传会通》廿四卷。⑧ 还有李昶、陈祖仁、汪泽民、陆文圭⑨等。

元代的读者，对《易经》的钟爱较前朝似乎更胜一筹。如胡一桂，生而颖悟，好读书，受父亲方平之学，尤精于《易》。其同郡胡炳文，亦以《易》名家，作《易本义通释》。饶州德兴人沈贵宝受《易》于董梦程，梦程受朱熹之《易》于黄榦，而胡一桂之父方平曾从沈贵宝、董梦程学，著有《易学启蒙通释》。一桂之学出于方平，亦得朱熹源委之正。著有《周易本义附录纂疏》《本义启蒙翼传》等。⑩ 元初名臣刘秉忠，于书无所不读，尤邃于《易》及邵氏《经世书》。其弟刘秉恕亦好读书，受《易》于刘肃，遂明理学。⑪ 何中，博览群书，好读《易》，尤工于诗。⑫ 武恪，

---

① 顾嗣立：《元诗选》三集《林学士泉生》，北京：中华书局，1987年，282页。
② 顾嗣立：《元诗选》三集《屠山长性》，北京：中华书局，1987年，410页。
③ 顾嗣立：《元诗选》三集《杲斋先生郑东》，北京：中华书局，1987年，489页。
④ 申万里：《元代游学初探》，载《中国史研究》，2006年第2期，119—125页。
⑤ 朱汉民等：《中国学术史·宋元卷》，南昌：江西教育出版社，2001年，765页。
⑥ 宋濂等：《元史》卷一九五《忠义三》，北京：中华书局，1976年，4414页。
⑦ 宋濂等：《元史》卷一九〇《儒学二》，北京：中华书局，1976年，4343页。
⑧ 朱汉民等：《中国学术史·宋元卷》，南昌：江西教育出版社，2001年，766页。
⑨ 见《元史》各本传。
⑩ 宋濂等：《元史》卷一八九《儒学一》，北京：中华书局，1976年，4322页。
⑪ 宋濂等：《元史》卷一五七《刘秉忠传》，北京：中华书局，1976年，3688—3694页。
⑫ 宋濂等：《元史》卷一七九《隐逸传》，北京：中华书局，1976年，4479页。

好读《周易》，每日坚坐。① 杨文郁，以《易》为专门之学，扁所居之斋曰"学易"。② 渤海郡侯解中顺，读书力学，强敏过人，淹贯经史，尤邃《易》学，旁及天文历法，靡不精究。③ 欧阳叔子，平生自《易》外，无他嗜好。见《易》辄买之，不可买则借之，昼夜抄写不倦。其子孙皆能世其业。④ 鄞州教授商霖，潜心《易》学，曾以《易》魁南省。揭高，少刻意于学，后舍赋而学《易》。"筑楼数间，焚香读《易》，饮酒赋诗，若将与世相忘。二子亦奋发读书，虽科废无以自见，门户屹然，读书力也。"⑤安滔，自幼读书嗜学，九岁登经童第。读书务躬行，不徒事章句。晚年学《易》，嗜伊川程先生传，读之未尝去手。⑥ 婺源俞君选，《易》为其家学，自幼得教于父亲之《易》学。⑦ 汤炳龙，学问赅博，善谈论，"四书五经"皆有传注，尤深于《易》。⑧ 李简，延祐六年（1319）为泰安同知，精通《易》学，著有《学易记》九卷。⑨ 著名道士郝大通，读书喜《易》，研精尤甚。⑩ 婺源人王埜翁，潜心《易》学，自成一家之言。⑪ 胡次焱，入元

---

① 宋濂等：《元史》卷一七九《隐逸传》，北京：中华书局，1976年，4480页。
② 李谦：《翰林学士杨公神道碑铭》，见李修生《全元文》卷二八七，南京：江苏古籍出版社，1998年，98页。
③ 姚燧：《少中大夫轻车都尉渤海郡侯解公坟道碑》，见李修生《全元文》卷三二四，南京：江苏古籍出版社，1998年，733页。
④ 赵文：《欧阳氏藏〈易〉赞》，见李修生《全元文》卷三三六，南京：江苏古籍出版社，1998年，134页。
⑤ 赵文：《梅峰居士揭公墓志铭》，见李修生《全元文》卷三三七，南京：江苏古籍出版社，1998年，153页。
⑥ 王思廉：《安石峰先生墓表》，见李修生《全元文》卷三二九，南京：江苏古籍出版社，1998年，19页。
⑦ 江雷：《艮轩先生俞公墓志铭》，见李修生《全元文》卷三五七，南京：江苏古籍出版社，1998年，585页。
⑧ 顾嗣立：《元诗选》三集《汤提举炳龙》，北京：中华书局，1987年，92页。
⑨ 李修生：《全元文》卷三五六，南京：江苏古籍出版社，1998年，549页。
⑩ 徐琰：《广宁通玄太古真人郝宗师道行碑》，见李修生《全元文》卷三五九，南京：江苏古籍出版社，1998年，627页。
⑪ 李修生：《全元文》卷三六一，南京：江苏古籍出版社，1998年，651页。

不仕,以《易》教授乡里,从者常百许人。① 吴提刑,闭户读书,"奚暇计寒饿之水火,研朱点《易》,颇欲窥广大之乾坤"②。丁易东,入元隐居不仕,教授乡里。工《易》学,著有《周易象义》《大衍索隐》等。③ 由宋入元的抚州使赵必㠖,博通经史,所学尤邃于《易》,有《易解》十卷。④ 王义山,好学嗜读,治《易》兼词赋。⑤ 李昱,太原榆次人,自少小勤于问学,尤有得于《易》。⑥ 嘉定人瞿智,嗜学明《易》。⑦ 著名儒臣王结号称"非圣贤之书不读,非仁义之言不谈"。晚年邃于《易》,著《易说》一卷,吴澄读而善之。⑧ 名臣董士选,晚年亦好读《易》,淡然终其身。⑨ 金泰和进士张特立,金亡不仕,精研程氏《易》,教授诸生,著《易集说》等。⑩ 还有袁桷、刘肃、郑滁孙、黄泽、龙仁夫、陈谦、吴鄹、鲁云寀、孟立克、危复之⑪等,他们都是元代喜好《易》的读者之代表。

2.《资治通鉴》

司马光的《资治通鉴》问世后,受到社会各阶层的普遍推崇。统治者熟读之,士人青睐之,研究者倾心之。于是,有续修者,有节选者,有注释者,有评论者,更有改编与仿作者,研读《资治通鉴》的热潮蔚为壮观,各种《资治通鉴》学著作不断涌现。元代亦是如此,除蒙古统治者

---

① 李修生:《全元文》卷二五四,南京:江苏古籍出版社,1998年,204页。
② 刘壎:《谢吴提刑特荐》,见李修生《全元文》卷三四三,南京:江苏古籍出版社,1998年,278页。
③ 李修生:《全元文》卷三六〇,南京:江苏古籍出版社,1998年,633页。
④ 刘壎:《赵抚州传》,见李修生《全元文》卷三四九,南京:江苏古籍出版社,1998年,399—400页。
⑤ 王义端:《王义山行状》,见李修生《全元文》卷二四七,南京:江苏古籍出版社,1998年,61页。
⑥ 赵孟頫:《赵孟頫集》卷八《李公墓志铭》,杭州:浙江古籍出版社,1987年,169页。
⑦ 顾嗣立:《元诗选》三集《瞿博士智》,北京:中华书局,1987年,624页。
⑧ 宋濂等:《元史》卷一七八《王结传》,北京:中华书局,1976年,4146页。
⑨ 宋濂等:《元史》卷一五六《董士选传》,北京:中华书局,1976年,3679页。
⑩ 蔡美彪:《中国历史大辞典·辽夏金元史卷》,上海:上海辞书出版社,1986年,276页。
⑪ 见《元史》各本传。

喜欢听儒臣讲读《资治通鉴》,并将其译为蒙古文供蒙古官员阅读外,更有无数的汉族读者喜欢阅读它,研究它,并为之穷尽毕生精力。如史天泽,年四十始折节读书,最喜欢读《资治通鉴》,"每公务之暇,即取读之。有不解,则以问人,必解而后已。虽公务远适,亦恒以数册自随。每举一事辄能推究始终,折衷是非,虽老师宿儒有不及者"①。贾居贞,从帝北征,每陈说《资治通鉴》,虽在军中,但未尝废书。② 胡三省,平生深好《资治通鉴》。入元家居,有《资治通鉴音注》《资治通鉴释文辨误》等著述,为元代《资治通鉴》读者之代表。还有徐诰著有《通鉴要言》,曹仲埜著有《通鉴日纂》,③金履祥著有《通鉴前编》④等。此外,朱熹的《资治通鉴纲目》以其明正统、扬教化、简明扼要、删繁就简的特点深受世人欣赏。它一出现,就受到南宋统治者的重视,学者们也把它视作史学之经典。元代士人更是对《资治通鉴纲目》推崇备至,认为它是天地之经、君臣之义、圣贤之心。于是产生了一批研读《资治通鉴纲目》的著作。其中如严成华《资治通鉴纲目说明》、刘友益《资治通鉴纲目书法》、王幼学《资治通鉴纲目集览》、徐昭文《资治通鉴纲目考证》、何中《通鉴纲目测海》、陈桱《通鉴续编》⑤等。

3. 诗文

中国是一个诗的国度。元代亦是一个诗歌创作繁荣的时期,仅可考的诗人就有四千余位。⑥ 诗歌创作的繁盛,亦说明诗文阅读的普遍性。实际上,一个人从儿童时期的启蒙学习,到成人乃至贯穿其一生的阅读活动,除经史之外,诗文往往是他们最喜欢和最重要的阅读内

---

① 王磐:《中书右丞相史公神道碑》,见苏天爵《元文类》卷五十八,苏州:江苏书局,1889年,4页。
② 宋濂等:《元史》卷一五三《贾居贞传》,北京:中华书局,1976年,3622—3623页。
③ 施宣圆等:《中国文化辞典》,上海:上海社会科学院出版社,1987年,103—104页。
④ 宋濂等:《元史》卷一八九《金履祥传》,北京:中华书局,1976年,4317页。
⑤ 施宣圆等:《中国文化辞典》,上海:上海社会科学院出版社,1987年,103—104页。
⑥ 杨镰:《元代蒙古色目双语诗人新探》,载《民族文学研究》,2004年第2期,5—10页。

容。文人学者自不用说,他们都是能文善诗者。就是普通大众读者,诗文亦往往是他们日常性的阅读内容。正因为如此,人们往往没有特别对这种阅读现象给予注意,只是对那些在日常生活中的比较突出者给予了点滴记载或强调。如崔斌,善骑射,尤攻文学。① 黄㫤,博学明经,善属文,尤长于诗。② 危复之,博览群书,好读《易》,尤工于诗。③ 石抹宜孙,嗜学问,于书务博览,而长于诗歌。④ 陈旅,自先秦以来,至唐、宋诸大家,无所不究,故其文典雅峻洁。⑤ 王鹗,自幼好学嗜读,长工词赋。⑥ 李谦,为赋有声,与徐世隆、孟祺、阎复齐名。⑦ 郭昂,稍通经史,尤工于诗。⑧ 如此等等,不胜枚举。当然在读书学习中,经史作为儒家文化的精华,还是首先被重视和强调的内容。如尚野在担任国子博士时,教育学生先经学而后文艺,并常对学生讲:"学未有得,徒事华藻,若持钱买水,所取有限,能自凿井及泉而汲之,不可胜用矣。"⑨

总之,元代的汉族读者作为元代的主要读者群体和汉文化的主要承载者,其阅读活动的特点除了表现在观念、态度、内容、方法等方面外还有很多,以上只是一个粗略的概括。

这里还应该提到的一个特点是阅读活动的家族性。所谓家族性,即读书治学传统往往会在一个家族中的几代人中得到延续和传承,从而出现了一种世为业儒、读书传家的盛况。

诗书继世,耕读传家,是中华民族的一种优良传统。它源自农耕文明,光大于儒学传统,是中华民族文化孕育、产生和传承与发展的重

---

① 宋濂等:《元史》卷一七三《崔斌传》,北京:中华书局,1976年,4035页。
② 宋濂等:《元史》卷一九六《忠义四》,北京:中华书局,1976年,4433页。
③ 宋濂等:《元史》卷一九九《隐逸传》,北京:中华书局,1976年,4479页。
④ 宋濂等:《元史》卷一八八《石抹宜孙传》,北京:中华书局,1976年,4310页。
⑤ 宋濂等:《元史》卷一九〇《儒学二》,北京:中华书局,1976年,4347页。
⑥ 宋濂等:《元史》卷一六〇《王鹗传》,北京:中华书局,1976年,3756页。
⑦ 宋濂等:《元史》卷一六〇《李谦传》,北京:中华书局,1976年,3767页。
⑧ 宋濂等:《元史》卷一六五《郭昂传》,北京:中华书局,1976年,3882页。
⑨ 宋濂等:《元史》卷一六四《尚野传》,北京:中华书局,1976年,3861页。

要途径,也是社会阅读活动的一种重要方式。所谓"家学渊源""书香门第""读书种子不绝"等,既是对这种传统的张扬,也表达着人们的美好愿望。中国古代的无数读书人就是在这种代代相传的承继中,学会了亲近书本,感受着读书的快乐,体悟着读书的意义,乃至终身受益。其中的很多人成为读书治学的大家,并能够开启和引领一个时代的读书风气。

这种现象和特点在元代也很普遍,如前面提到的耶律楚材、史天倪、郝经、姚燧、姚枢、吴当、程端礼、王恽、苏天爵、赵孟頫等都是产生自读书世家的杰出人物。实际上,元代和古代其他时期一样,由于社会发展水平所限,能读书的人数量很少,而由读书成才者更少。其中的那些杰出的文人学士,绝大多数是在几代人的传承中培养出来的。家族的熏染,使他们自幼浸润于诗书之中,遍览经史百家,并有机会受学于名家宿儒。这样的读书条件,只有书香世家或名卿贵公才能拥有。

这种现象同样明显地存在于蒙古人和色目人中。如上面提到的廉希宪、贯云石、马祖常、赵世延、朵儿赤、安童、合剌普华、巎巎等,无一例外地出自家学渊源、文人学士辈出之家族。

第六节　教育对阅读活动的促进

元朝建立后,蒙古统治者认识到只有儒学才能有助于对中原的统治,因此,尊孔崇儒,提倡理学,成为元初的基本国策,从而使元朝的教育得到了迅速恢复和发展。特别是至元以后,天下臻于太平,教育发展,学术繁荣,人才辈出,读书之风兴盛。所谓"国家臣一,宇内驰武而隆文"①,使元代成为中国文化和阅读史上的一个承前启后的时期。元代教育的发展特点主要有如下三个方面:一是在教学内容、教学程序及教学方法上,将程朱理学确立为官学,以宋儒周敦颐、程颢、程颐、张载、邵雍、司马光、朱熹、张栻、吕祖谦及元代的许衡从祀孔子庙廷。②以朱熹之说作为治经的准绳,以《四书章句集注》作为统一教科书,"上而公卿大夫,下而一邑一乡之士,例皆讲读,佥谓精诣理极,不可加尚"③。教育促进了理学的传播,理学的传播则推动着教育的普及和发展。二者的互动则促进了阅读活动的普及和深入。二是元代教育的恢复和发展主要依靠无数文人学士对学术文化传播的热情和身体力行,以至形成了一个浓厚的儒学教育和阅读的氛围。这除了像姚枢、窦默、许衡、刘因等这样的著名理学家起了很大作用外,其他儒臣亦发挥了积极的作用,使"我朝儒业之不泯",亦使蒙古统治者深受感染,并付诸实践。如至元二十四年(1287),尚书左丞叶李向忽必烈奏曰:"善政不可以徒行,人才不可以骤进,必训以德义,摩以《诗》《书》,使知古圣贤行事方略,然后贤良辈出,膏泽下流。"④忽必烈不仅听从了他的建议,积极兴办教育,而且将他提升为尚书右丞、资德大夫。三是元朝除推广汉文教育外,还设立了蒙古国子学和回回国子学,以教授蒙古文和波斯文,成为多种文字阅读的培养者和推动者。

  根据上述特点,笔者试从官学、私学和科举三方面来考察元代教育对阅读活动的促进。

---

① 黄溍:《金华黄先生文集》卷九《重修绍兴路儒学记》,四部丛刊集部,1页。
② 宋濂等:《元史》卷二十四《仁宗一》,北京:中华书局,1976年,557页。
③ 王恽:《秋涧先生大全集》卷四十三《义斋先生四书家训题辞》,四部丛刊集部,15—16页。
④ 宋濂等:《元史》卷一七三《叶李传》,北京:中华书局,1976年,4049页。

一、官学与阅读

1. 中央官学

中央官学即国子学,包括蒙古国子学和回回国子学。太宗五年(1233),在燕京(今北京)初设学校,学习内容主要是汉语文,以培养翻译人才。至元六年(1269),忽必烈下诏正式设立国子学,以著名理学家许衡为祭酒(校长),选贵胄子弟教养之,培养他们阅读汉文经典的能力。至元八年(1271)三月,忽必烈命重设国子学,选随朝百官近侍蒙古、汉人子孙及俊秀者充生徒。① 许衡复任祭酒,其弟子姚燧、王梓、耶律有尚等十二人为伴读。许衡以其严格而开放的教学方法为元初培养了许多杰出的人才,成为后世之楷模。特别是他通过培养人才,"使国人知有圣贤之学,朱子之书得行于斯世"②。大德十年(1306),国子生增至二百人,生员包括蒙古人、色目人和汉人。③ 所以,国子学亦是元初儒学阅读的渊薮和推动者。

许衡之外,在国子学担任过教师的著名学者还有耶律有尚、尚野、吴澄、虞集、齐履谦、字术鲁翀、陈旅等。其中,由于耶律有尚升祭酒,"儒风为之丕振"④。尚野于大德六年(1302)任国子助教,并在上都设立分校。其教学途径是先经学而后文学。吴澄于至大元年(1308)召为国子监丞,"澄至,旦燃烛堂上,诸生以次受业,日昃,退燕居之室,执经问难者,接踵而至。澄各因其材质,反覆训诱之,每至夜分,虽寒暑不易也"⑤。齐履谦于延祐元年(1314)任国子司业。他"律己益严,教道益张,每斋置伴读一人为长,虽助教阙员,而诸生讲授不绝"。在他

---

① 宋濂等:《元史》卷七《世祖四》,北京:中华书局,1976年,134—135页。
② 虞集:《道园学古录》卷五《送李扩序》,四部备要本,上海:中华书局,1936年,51页。
③ 宋濂等:《元史》卷八十一《选举一》,北京:中华书局,1976年,2029页。
④ 宋濂等:《元史》卷一七四《耶律有尚传》,北京:中华书局,1976年,4064页。
⑤ 宋濂等:《元史》卷一七一《吴澄传》,北京:中华书局,1976年,4012页。

的严格督教下,"自是人人励志,多文学之士"①。由此可见,国子学由于有名师督教,成为元朝读书之圣地,人才之摇篮。因此,它为元朝培养了许多杰出的读者。如蒙古人和色目人中就有不忽木、巙巙、别儿怯不花、铁木尔塔识、达识帖睦迩、坚童、秃忽鲁、也先铁木儿、月鲁帖木儿、廉惠山海牙、阿鲁丁、斡玉伦徒、刘沙剌班等。

国子学所用教材亦是儒家经典。"凡读书必先《孝经》《小学》《论语》《孟子》《大学》《中庸》,次及《诗》《书》《礼记》《周礼》《春秋》《易》。"②

当八思巴蒙古字颁行后,忽必烈为推广这种蒙古新字,培养一批蒙汉兼通的人才,于至元八年(1271)正月,下令在京师设立蒙古国子学,后来又于至元十四年(1277)下令设立蒙古国子监。其招生对象亦是蒙古、汉、色目官员子弟。所读课本是翻译为蒙古文的《通鉴节要》。③ 此外,蒙古国子学员也学习畏兀儿文和汉文。至元二十六年(1289),元朝设立回回国子学,以教习亦思替非文字,"凡公卿大夫与夫富民之子,皆依汉人入学之制,日肄习之"④。这种文字历来被学者们认为是阿拉伯文或波斯文,也有人认为它是另外一种只有少数回回人掌握的文字。⑤ 这种文化教育的多样性更促进了元代多种文字阅读的发展,成为元代教育与阅读的一大特点。

2. 地方官学

元代的地方官学主要有路、府、州、县之学,学校兼收各族子弟,但规模不等,学生数量多寡不一。许多饱学之士任教于这些学校,在传播文化学术中也培养了许多优秀的人才。如宋景祁,元初为德州州学

---

① 宋濂等:《元史》卷一七二《齐履谦传》,北京:中华书局,1976年,4030页。
② 宋濂等:《元史》卷八十一《选举一》,北京:中华书局,1976年,2029页。
③ 宋濂等:《元史》卷八十一《选举一》,北京:中华书局,1976年,2027页。
④ 宋濂等:《元史》卷八十一《选举一》,北京:中华书局,1976年,2028页。
⑤ 马建春:《元代回回教育特征述论》,载《民族研究》,2002年第1期,65—71页。

教授,以经学训诸生,风化太行。① 当婺州东阳学者胡助任集庆路学录时,刘沙剌班和廉惠山海牙曾从其学,后成为元代色目人中杰出的儒士。伯颜子中从龙兴路教授夏溥读书,亦成长为色目人中的杰出学者。

路学和县学内亦设有小学。至元二十八年(1291),"令江南诸路学及各县学内设立小学,选老成之士教之"②。后来,这类学校又被推广到全国,"由京师达于郡邑,海隅徼塞,四方万里之外,无不立学"③。此外,元朝在基层村社还建有社学。至元七年(1270),元朝规定每社设立学校一所,选择通晓经书者为学师,于农闲时令子弟入学,先读《孝经》《小学》,次及《大学》《论语》《孟子》等,以达到"各知孝悌忠信,敦本抑末"的目的。到至元二十五年(1288),全国有社学 24000 余所。④ 社学的建立与后来更为普遍的乡校和村塾有着密切关系。由此可见,元代学校在担负儒学启蒙职责的同时,也在进行着阅读普及活动。

3. 书院

书院始于唐代,盛于宋元,是中国古代特有的一种属于地方性质的教育机构。忽必烈曾下令:"其他先儒过化之地,名贤经行之所,与好事家出钱粟赡学者,并立为书院。"⑤所以,元时书院较宋代又有所发展。据统计,元代的书院至少有 407 所,多数在南方,大部分已具有官学化的性质。从太宗八年(1236)创办太极书院到世祖至元二十八年(1291)将书院纳入官学系统,书院作为元代一种重要的教育形式,亦作为一地之最高学府,对引领当地的读书风气,促进文化的传播和

---

① 李修生:《全元文》卷三五五《宋景祁》,南京:江苏古籍出版社,1998 年,536 页。
② 陈邦瞻:《元史纪事本末》卷八《科举学校之制》,北京:中华书局,1979 年,56 页。
③ 黄溍:《金华黄先生文集》卷九《重修绍兴路儒学记》,四部丛刊集部,1 页。
④ 蔡美彪:《中国历史大辞典·辽夏金元史卷》,上海:上海辞书出版社,1986 年,230 页。
⑤ 陈邦瞻:《元史纪事本末》卷八《科举学校之制》,北京:中华书局,1979 年,56 页。

人才的培养,特别是促进程朱理学的传播和阅读活动的发展起了重要作用。

　　书院的山长或主讲者都是一些饱学之士。他们以授徒讲学为事,将书院作为传播程朱理学的场所,从而促进了当地读书之风的形成。如周仁荣任美化书院山长时,当地人鲜知学,仁荣主持书院后,"士俗为变"①。胡炳文于至大年间主持明经书院,儒风之盛,甲于东南。②著名学者黄泽曾任景星书院、东湖书院山长,受学者众。③ 王柏得朱熹三传之学,尝讲道于上蔡书院,培养了张翌、杨珏、敬孙等一批学者。④ 一些宋朝文士,入元不仕,往往聚徒讲学,传播儒学。如熊鉌,去求濂洛之学,访朱子之门人而从之游。宋亡,隐居不仕,创云谷书院,四方来学者,翕然归之。⑤ 方逢振,宋亡居家,起为淮西宪金,抗节不赴,在石峡书院聚徒讲学。其所讲课程有"六经""三史"《通鉴纲目》《近思录》《通书》《西铭》等,并令学生通习。⑥

　　一些个人办的私塾,由于在当地有所影响,亦发展成为官办书院。如康里人脱脱在其宣德(今河北宣化)别墅延师教其子,受其影响,乡人子弟皆读书向学。于是,元廷赐其精舍额曰"景贤书院",并设学官。⑦ 钦察人千奴,致仕后,退居濮上,于历山下聚书万卷,延名师教其乡里子弟,元廷赐额称"历山书院"。⑧

　　元代书院所授课程,一般以"朱学"为主,也有兼及宋代其他学派著述者。有的书院还设有医学、数学、书学、蒙古字学等课程。

---

① 宋濂等:《元史》卷一九〇《儒学二》,北京:中华书局,1976年,4346页。
② 顾嗣立:《元诗选》初集一《胡学正炳文》,北京:中华书局,1987年,837页。
③ 宋濂等:《元史》卷一八九《儒学一》,北京:中华书局,1976年,4323页。
④ 宋濂等:《元史》卷一八九《儒学一》,北京:中华书局,1976年,4315—4316页。
⑤ 顾嗣立:《元诗选》初集一《勿轩先生熊鉌》,北京:中华书局,1987年,296页。
⑥ 牟巘:《重修石峡书院记》,见李修生《全元文》卷二四二,南京:江苏古籍出版社,1998年,708页。
⑦ 宋濂等:《元史》卷一三八《康里脱脱传》,北京:中华书局,1976年,3326页。
⑧ 宋濂等:《元史》卷一三四《千奴传》,北京:中华书局,1976年,3259页。

4. 热衷于地方教化的官吏们

说到元代教育对阅读的促进,不能不提到有许多官吏热衷于"地方教化",举办地方教育,对促进一方,特别是那些文化落后的偏远地区的文化传播和阅读活动,提高其文化素养做出了积极的贡献。如杨景行任赣州路会昌州判官时,"创学舍,礼师儒,劝民斥腴田以膳士,弦诵之声遂盛"①。木华黎之孙只必在东平任官时,拿出自家藏书二千余卷,置东平庙学,供学徒们阅读学习。② 韩镛,于至正年间任饶州路总管时,针对当地民众信鬼祭妖、愚昧落后的状况,建立学校,令俊秀者入学读书,求儒士中学行俱尊者为"五经"师,并亲自"考订课试,以示劝励"。治政之暇,还与师生一起讨论经义。由是人人自少于学,科第进者,视他郡为多。③ 卢琦,至正十二年(1352)任永青县尹时,"乃新学宫,延师儒课子弟,月书季考,文风翕然"④。刘耕孙,至顺年间任桂阳路临武县尹。临武近蛮僚,文化落后。刘耕孙到任后即号召当地父老,要"训其子弟,孝弟力田,暇则事《诗》《书》",并建学校,求民间俊秀教之,"三年文化大兴"⑤。女真人乌古孙泽任兴化军行总管府事时,在安民治乱、赈灾救荒的同时,兴办学校,召长老及诸生讲肄经义,所以兴化产生了许多文人学士。⑥ 还有济州,"户知读书,人渐礼训,前代名士辈出,故其庙学视他郡为尤盛"⑦。此外,有些官吏更是将儒学经典用于处理民众的纠纷,并以此来促进他们读书学习,提高其道德文化素质。如周自强任义乌县尹时,若民有争讼,"必取经典中语,

---

① 宋濂等:《元史》卷一九二《良吏二》,北京:中华书局,1976年,4366页。
② 宋濂等:《元史》卷一一九《木华黎传》,北京:中华书局,1976年,2943页。
③ 宋濂等:《元史》卷一八五《韩镛传》,北京:中华书局,1976年,4256页。
④ 宋濂等:《元史》卷一九二《良吏二》,北京:中华书局,1976年,4372页。
⑤ 宋濂等:《元史》卷一九五《忠义三》,北京:中华书局,1976年,4415页。
⑥ 宋濂等:《元史》卷一六三《乌古孙泽传》,北京:中华书局,1976年,3833页。
⑦ 李谦:《重修济州庙学记》,见李修生《全元文》卷二八六,南京:江苏古籍出版社,1998年,80页。

反复开譬之,令其诵读讲解。若能悔悟首实,则原其罪;若迷谬怙恶不悛,然后绳之以法不少贷"①。

5. 教育活动向偏远地区的延伸

元代的地方教育,特别是儒学教育,随着元朝版图的拓展,也有了前所未有的延伸与扩展。"元世学校之盛,远被遐荒,亦自昔所未有。"②如至元二十六年(1289)九月,"置高丽国儒学提举司,从五品"③。延祐四年(1317),苏志道出任岭北行省郎中,在和林(今蒙古人民共和国北杭爱省)建孔子庙,延儒士讲学。同时,各斡耳朵、诸王爱马也设置了儒学教授,指导蒙古子弟读书学习。④ 赛典赤任云南行省平章政事期间,看到当地经济、文化落后,子弟不知读书,于是"创建孔子庙、明伦堂,购经史,授学田,由是文风稍兴"⑤。张文谦任中书左丞时,看到"羌俗素鄙野,事无统纪",于是"俾通明吏,教以案牍。旬月之间,枢机品式,粗若可观。羌人始遣子弟读书,土俗为之一变"⑥。张立道任中庆路总管时,"云南未知尊孔子……立道首建孔子庙,置学舍,劝士人子弟以学,择蜀士之贤者,迎以为弟子师……人习礼让,风俗稍变矣"⑦。这表明,汉文阅读在远离中原的高丽、漠北和西南边陲亦有普及。汉文阅读已成为元朝辽阔版图上的主流阅读活动。它不仅是在传播儒家文化,扩大和巩固儒学的影响力,也增强了中华民族的凝聚力,并成为中华民族走向统一、强盛的文化基础。

---

① 宋濂等:《元史》卷一九二《良吏二》,北京:中华书局,1976年,4369页。
② 陈邦瞻:《元史纪事本末》卷八《科举学校之制》,北京:中华书局,1979年,62页。
③ 宋濂等:《元史》卷十五《世祖十二》,北京:中华书局,1976年,325页。
④ 韩儒林:《元朝史》下,北京:人民出版社,1986年,194页。
⑤ 宋濂等:《元史》卷一二五《赛典赤传》,北京:中华书局,1976年,3065页。
⑥ 李谦:《中书左丞张公神道碑》,见苏天爵《元文类》卷五十八,苏州:江苏书局,1889年,6页。
⑦ 宋濂等:《元史》卷一六七《张立道传》,北京:中华书局,1976年,3916—3917页。

二、私学和阅读

元代的私学亦继承了宋、金的传统,而且有所发展。元朝虽然有较完整的官学体系,但由于其数量和普及程度有限,受学人数比较少,而且官学本身时盛时衰,徒具形式,蒙养阶段的教学亦并非官学的任务。所以,私学就成为一种普遍而有效的教育活动,得以继续存在,并有所发展。许多文人学士,特别是宋朝遗士,往往无意仕进而致力于教育活动。他们或开馆授徒,或受聘于家塾,或开办义学,"以程朱之学私淑其徒",既为元代的儒学传播和普及发挥了重要作用,也培养了无数的优秀读者,促进了大众阅读活动的发展。

曾任明宗说书秀才的武恪,屡拒出仕,退居京师陋巷,授徒于家,喜读《易》,尤好邵子之学,从之学者中,如佛家奴、完者不花等多有所成。① 著名学者郑玉,绝意仕进,而勤于教。学者门人受业者众,所居至不能容。② 韩性,精于性理之学,屡却荐举,家居讲学,四方学者受业其门,"户外之履,至无所容"③。安熙,不屑仕进,家居教授垂教十年,四方来学者,多所成就。④ 安滔,"隐居教授逾三十年,贵人子弟往往出其门。""诲人严而有礼,得师之道,终日娓娓无倦色。""戒饬诸子致力经文,不干禄仕"⑤。著名学者许谦,于延祐初居东阳八华山,开馆授徒,学者翕然从之。⑥ 居仁,曾从著名学者同恕受学,博通经史,躬率子弟致力农田,而学徒满门。⑦ 陈栎,延祐开科,中选不赴。教授

---

① 宋濂等:《元史》卷一九四《隐逸传》,北京:中华书局,1976年,4480页。
② 宋濂等:《元史》卷一九六《忠义四》,北京:中华书局,1976年,4432页。
③ 宋濂等:《元史》卷一九〇《儒学二》,北京:中华书局,1976年,4342页。
④ 宋濂等:《元史》卷一八九《儒学一》,北京:中华书局,1976年,4328页。
⑤ 王思濂:《安石峰先生墓表》,见李修生《全元文》卷三二九,南京:江苏古籍出版社,1998年,20页。
⑥ 宋濂等:《元史》卷一八九《儒学一》,北京:中华书局,1976年,4319页。
⑦ 宋濂等:《元史》卷一八九《儒学一》,北京:中华书局,1976年,4328页。

于家,不出门户者数十年。吴澄亟称之,凡江东之士就学于澄者,悉遣而归栎。① 李之绍,家贫,教授乡里,学者咸集。②

除汉人之外,蒙古人、色目人中亦有开馆授徒,从事私学活动者。如伯颜宗道,辞官归乡后,四方来学者,至千余人。③ 还有余阙、迈里古思、丁鹤年等人亦开馆授徒。

由宋入元的文士是私学活动的中坚,更是朱子之学的主要传播者。如熊朋来,宋亡,"隐处州里间,生徒受学者,常百数十人。取朱子《小学》书,提其要领以示之,学者家传其书,几遍天下"④。林栋,福建莆田人,入元不仕,居乡讲学,使朱子之学盛于东湖。⑤

这些遍及乡村的私塾,培养了许多杰出的人才。如著名学者伯颜宗道,六岁从里儒授《孝经》《论语》,后又受业于宋进士黄坦,终成一代名儒。⑥ 欧阳玄,八岁从乡先生张贯之学,日记数千言,即知属文。后以"文章道德,卓然名世"⑦。

富庶人家自立家塾,延师教子,亦是元代私学活动中非常普遍的现象。如前所述的康里人脱脱、偰哲笃、布鲁海牙、月合乃等,都是延师教子的典范。此外,再如董士选延虞汲、⑧范椁⑨于家塾,以教其子。董俊在征战中亦不忘延聘侍其轴教其子读书。这种家塾教育也培养了像一门皆进士的偰氏家族后代和马祖常、廉希宪等这样的文学家、儒士以及无数的杰出读者。

此外,还有无数的读者则是自幼在父亲的教育下开始读书学习,

---

① 宋濂等:《元史》卷一八九《儒学一》,北京:中华书局,1976年,4321页。
② 宋濂等:《元史》卷一六四《李之绍传》,北京:中华书局,1976年,3862页。
③ 宋濂等:《元史》卷一九〇《儒学二》,北京:中华书局,1976年,4350页。
④ 宋濂等:《元史》卷一九〇《儒学二》,北京:中华书局,1976年,4335页。
⑤ 李修生:《全元文》卷三六八,南京:江苏古籍出版社,1998年,787页。
⑥ 宋濂等:《元史》卷一九〇《儒学二》,北京:中华书局,1976年,4349—4350页。
⑦ 宋濂等:《元史》卷一八二《欧阳玄传》,北京:中华书局,1976年,4196—4199页。
⑧ 宋濂等:《元史》卷一五六《董文炳传》,北京:中华书局,1976年,3678页。
⑨ 宋濂等:《元史》卷一八一《范椁传》,北京:中华书局,1976年,4183页。

并成长为优秀的人才。如著名学者、文章家揭傒斯,自幼家贫,刻苦读书,昼夜不少懈,父子自为师友,由是贯通百氏,早有文名。① 张起严,幼从其父学,后中进士,官至翰林待制,博学有文,有著作若干卷。②

义学作为一种公益性的教育活动,在促进阅读活动中也发挥了重要作用。如李希周,先世累以宦业显,家学源渊,贯穿经史。因感到"圣贤一脉不可断",于是建书堂数十楹,聘邑之名士为之师,倡明理学,以训诲后人。并置义田一百亩,以赡四方来学之士。于是,"山谷耆老,无不遣子孙就学。一时万井喁然响风,乡邑中有'义堂藜火'之号"③。

私学不仅有各种类型,而且有不同的教学层次和内容。蒙学阶段主要是进行识字读书的训练。教材和读物除传统的《急就篇》《千字文》《开蒙要训》《太公家教》《蒙求》外,宋代又有《百家姓》《三字经》、程端蒙的《性理字训》、朱熹的《小学》、吕本中的《童蒙训》、吕祖谦的《少仪外传》、方逢辰的《名物蒙求》,元代有陈栎的《历代蒙求》、吴作龙的《左氏蒙求》、翁三山的《史咏》、许衡的《稽古千文》等。其中的《史咏》用五言绝句写成,有诗2000多首,篇幅较长。"其历代之隆替,君臣之得失,粲然具列,辞直而不晦,言简而意足,使初学者读之,易晓而难忘。"④蒙学读物的内容有道德教育、历史故事、典章名物、日常生活等。

在蒙学读物的基础上,学童要读"四书"与一部分经书。因为当时是"使今天下乡校童蒙之师,犹知以《小学》'四书'为先"⑤。所以朱熹

---

① 宋濂等:《元史》卷一八一《揭傒斯传》,北京:中华书局,1976年,4184页。
② 宋濂等:《元史》卷一八二《张起严传》,北京:中华书局,1976年,4193—4196页。
③ 姚云:《荷溪书堂记》,见李修生《全元文》卷三三八,南京:江苏古籍出版社,1998年,181页。
④ 王恽:《秋涧先生大全文集》卷四十三《翁三山史咏序》,四部丛刊集部,14页。
⑤ 姚燧:《中书左丞姚文献公神道碑》,见苏天爵《元文类》卷六十,苏州:江苏书局,1889年,13页。

的著作仍然是初学者阅读的主要内容。此外,学生们还要习字、作对、读诗作文。需要说明的是,印刷术的发展对教材的推广起了极大的作用。

学生们的阅读方法以背诵为主,强调熟读精思与温习的必要。学生在十八岁之后往往要在私设的经馆和书院里继续读经,并读一些科举文章。当然有部分学生,只是认识文字并获得一些基本知识后就不再继续读书了。特别是宋以后中小地主数量增多,工商业亦发达起来,受教育的人数增加了,需要粗通文墨的人数也不断增多,所以这类读者越来越多了起来。

关于读书的内容、次第和方法,程端礼编订的《程氏家塾读书分年日程》具有代表性。此书当时曾被颁行郡邑校官,作为模范。这个"日程"在私学里也应有一定影响,"日程"的具体内容将另叙。

三、科举与阅读

元代的科举虽然时断时续,但也极大地促进了文化教育的发展,促进了阅读活动的深入和普及。

太宗窝阔台九年(1237),在著名儒士耶律楚材的建议下,元朝举行了首次儒士选拔科举考试,史称"戊戌选试"。考试分为经义、词赋、论三科,"儒人被俘为奴者,亦令就试"。这次考试共得儒士 4030 人,①为元初选拔了一批杰出的人才,其中包括刘祁、许衡、雷膺、麻革、赵良弼、杨奂、张文谦、徐之钢、刘德渊、石璧等。这些人在窝阔台和忽必烈时代,为元朝政权的巩固和文化发展做出了积极贡献。这次考试也解放和保护了大批中原儒士,从而保留了文化传播的种子和阅读活动的星星之火。同时,偃武修文、化民成俗、藏富于民的儒家思想

---

① 宋濂等:《元史》卷一四六《耶律楚材传》,北京:中华书局,1976 年,3461 页。

开始为蒙古统治者所接受和理解。特别是这次考试,促进了元代教育的发展。许多儒士能够重操旧业,在各地授徒讲学,如许衡、安熤、赵良弼等。教育活动的恢复和发展无疑促进了阅读活动的发展。所以,这次考试作为元朝初期采取的一次重大举措,不仅对当时的政权稳定具有重要意义,而且对整个元代的发展具有战略意义。这不仅体现了元初的思想文化政策,也为后来元代的学术文化和阅读活动的发展奠定了基础。

"戊戌选试"之后,基于种种原因,元代的科举考试中断了78年而没有继续进行。其间,曾有多人提出建议,如至元十一年(1274),在元军伐宋前夕,赵良弼向忽必烈建言:"宋亡,江南士人多废学,宜设经史科,以育人材,定律令,以儆奸吏。"① 至元二十一年(1284)九月,丞相火鲁火孙与留梦炎等人向忽必烈进言:"天下习儒者少,而由刀笔吏得官者多。"同时,他们建议进行科举考试,让蒙古士人及汉族儒吏、阴阳和医术者都参加考试,这样才能使他们用心于学问。忽必烈对此表示了赞同。② 继而许衡也议学校科举之法,"罢诗赋,重经学,定为新制"③。虽未实行,但科举之制已立。直到延祐二年(1315),元朝政府才恢复了科举,此后虽有一次七年的停废,但还是坚持到了元朝灭亡。

元朝的科举考试在内容上的特点是重经学而轻诗赋。他们认为:"经学实修己治人之道,词赋乃摘章绘句之学,自隋、唐以来,取人专尚词赋,故士习浮华。"所以仁宗在诏书中说:"举人宜以德行为首,试艺则以经术为先,词章次之。"④ 而这里的经术实际上是以朱学为代表的宋代经学。所以朱学著作就成为科举的阅读内容和标准答案。著名儒士和大臣程钜夫建议道:"经学当主程颐、朱熹传注,文章宜革唐、宋

---

① 宋濂等:《元史》卷一五九《赵良弼传》,北京:中华书局,1976年,3746页。
② 宋濂等:《元史》卷八十一《选举一》,北京:中华书局,1976年,2017—2018页。
③ 宋濂等:《元史》卷八十一《选举一》,北京:中华书局,1976年,2018页。
④ 宋濂等:《元史》卷八十一《选举一》,北京:中华书局,1976年,2018页。

宿弊。"仁宗命钜夫草诏行之。① 后来的考试程式就规定为蒙古人、色目人第一场考经问五条，从《论语》《孟子》《大学》《中庸》内出题，要求使用朱熹的《四书章句集注》作答。汉人、南人第一场试"明经经疑"二问，从《大学》《论语》《孟子》《中庸》内出题，并用朱熹的《四书章句集注》作答。经义一道，各治一经，《诗》以朱氏为主，《尚书》以蔡氏为主，《周易》以程氏、朱氏为主。《春秋》许用《三传》及胡氏《传》，《礼记》用古注疏。②

由此可见，朱学已成为整个社会的统治思想和官方哲学。如欧阳玄所言："贡举法行，非程朱学不试于有司，于是天下学术凛然一趋于正。"③读朱子之书，学朱子之学，已不仅是一种学术风气，而且是一种社会时尚。"上自公卿大夫，下至齐民之子，莫不家传而人诵。"有些学子即使不应科举，也会受世风熏染，服膺理学。如陈樵（1278—1365），终生未应举，但其读书治学亦深受理学影响，著有《易象数新说》《洪范传》《四书本旨》《孝经新说》《太极图解》《圣贤大意》《性理大明》等书。④ 所以，科举尽管是少数人的事，但促动了一大批人乃至整个社会去围绕考试内容进行阅读活动。如虞集所言："国家始置进士举，举必欲学者深通朱氏《论语》《大学》《中庸》《孟子》之说。而五经之传，一有定论，盖将使其人专心竭力于此焉。"⑤著名学者韩性亦言："今之贡举，悉本朱熹私议，为贡举之文，不知朱氏之学，可乎？"⑥不仅对汉族学者如此，对蒙古人和色目人亦是这样。"自科举之兴，诸部子弟，

---

① 宋濂等：《元史》卷一七二《程钜夫传》，北京：中华书局，1976年，4017页。
② 宋濂等：《元史》卷八十一《选举一》，北京：中华书局，1976年，2019页。
③ 欧阳玄：《圭斋集》卷五《赵忠简公祠堂记》，四部丛刊集部，9页。
④ 黄仁生：《论元代科举与词赋》，载《文学评论》，1995年第3期，109—121页。
⑤ 虞集：《道园学古录》卷三十六《瑞昌蔡氏义学记》，四部备要本，上海：中华书局，1936年，252页。
⑥ 宋濂等：《元史》卷一九〇《儒学二》，北京：中华书局，1976年，4342页。

类多感励奋发,以读书稽古为事。"①

  应举的学子们,除了要读那些必读书外,还要阅读一些中选士子的考试范文。书商们将历年中选士子的考卷汇编成书,刊行于世,成为有利可图的畅销书。如刊行于至正元年(1341)的《新刊类编历举三场文选》和《元大科三场文选十五卷》②等即属此类。用今天的话来讲,这显然是一种应试性的浅阅读。如果花很多时间去阅读和模仿这类范文,那就可能会淡化对经典的阅读理解和对社会实践的体察与思考,从而使读书学习技巧化而流于肤浅。这会使无数的学子只为谋求功名,丢掉了对读书学习本质的追求,而体会不到读书给人身心带来的快乐。虽然大家都很用功,但"文章盛而古意衰"③。所以,曾任东湖书院山长的赵文曾不无羡慕地说他的朋友宋公路是"无科举之累,有读书之闲;无客外之苦,有养亲之乐"④。

  总之,元代的科举考试对儒学经典,特别是程朱理学的阅读起到了有力的促进作用。尽管它时断时续,并在录取人数比例、考试难度上充满着民族歧视和不平等,但它是汉族儒士学习和继承儒家传统文化,蒙古和其他民族学习汉文化的一个重要契机。这种形式的阅读,促进了各民族的融合。另外,我们也应看到,在科举考试内容规定的导向下,元代儒学阅读的内容范围越来越窄,"海内之学非程朱之书不读"⑤。这种趋向在限制了人们的阅读视野的同时,更束缚了人们的阅读思维和思想自由,从而阻碍了文化与学术的发展和进步。所以,这也是元代的儒学几乎没有什么建树的一个重要原因。

---

① 顾嗣立:《元诗选》初集三《忠介公泰不华》,北京:中华书局,1987年,1729页。
② 黄仁生:《元代科举文献三种发覆》,载《文献》,2003年第1期,95—105页。
③ 牟巘:《重修石峡书院记》,见李修生《全元文》卷二四二,南京:江苏古籍出版社,1998年,708页。
④ 赵文:《送宋公路序》,见李修生《全元文》卷三三二,南京:江苏古籍出版社,1998年,59页。
⑤ 欧阳玄:《圭斋集》卷九《许文正公神道碑》,四部丛刊集部,6页。

第七节　书籍刻印与阅读活动

书籍刻印业不仅反映着一个时代政治、经济和文化的发展水平，而且体现着一个社会阅读活动的发展状况。

元朝统治者所采取的尊经崇儒、兴学重教、科举选士、举贤纳隐以及保护工匠等一系列文治措施有力地促进了元代文化事业的发展和繁荣。特别是南北的统一，不仅推动了多民族统一国家的巩固和发展，促进了经济的繁荣，而且促进了文化的交流、传播和资源的整合，为学术文化的发展和繁荣提供了条件。在这样的社会环境下，元代的书籍刻印业发展和繁荣起来。它刺激着人们的阅读消费，满足着社会的阅读需求，从而促进着社会阅读活动的发展与繁荣。

一、书籍刻印之盛

元代的书籍刻印业在金、宋的基础上又有所发展。如著名学者袁桷说："国家承平，四方无兵革之虞，多用文儒为牧守，公私闲暇，擎鲜享醴，会寮属以校雠刻书为美绩，至于细民亦皆转相模锓以取衣食。"①清钱大昕《补元史艺文志》统计，元代刻印和流通的书籍，经部为 804 种，史部为 477 种，子部为 763 种，集部为 1098 种，共 3142 种，仅次于《四库全书》总数。②

---

① 袁桷：《清容居士集》卷二十二《袁氏旧书目序》，四部备要本，上海：中华书局，1936 年，195 页。
② 钱大昕：《补元史艺文志》，丛书集成初编，北京：中华书局，1985 年。

元代的书籍刻印业有官府、学校、民间和寺院四个系统。

1. 官府刻书

早在太宗窝阔台八年(1236),耶律楚材为保护和传播汉文化,推行文治,促进阅读活动,建议置编修所于燕京(今北京)、经籍所于平阳(今山西临汾),负责掌管、搜访、收藏、编辑、翻译和出版经史典籍。这是元朝专设书籍编辑出版机构的开始,"由是文治兴焉"①。此后,元朝又设立了兴文署,专掌刻印文书,召良工刊刻经、史、子部典籍,以流布天下,其中以雕印《资治通鉴》为起端。"可为识时事之缓急,而审适用之先务。"②这反映了元朝讲求立国之道,寻求借鉴历代王朝治乱兴衰之历史经验的阅读需要。元朝后期,政府又设立了艺文监,其所辖之广成局,"秩七品,掌传刻经籍及印造之事"③。艺文监"专以国语敷译儒书,及儒书之合校雠者俾兼治之"④。由此可见,广成局主要刻印用蒙古文翻译的儒书,以满足蒙古统治者的阅读需求。此外,它也出版一些像《燕铁木儿世家》⑤这样的既非译自儒书,又非经典而具有政治意义的读物。元朝的许多官府刻书也往往通过中书省指令行省雕版印造。如江浙行省所印《宋史》《圣济总录》《农桑辑要》,江浙、江西行省刻印的《辽史》《金史》以及王恽《秋涧先生大全文集》等。由此可见,官府所刻都是一些关乎国计民生的重要读物。

2. 学校刻书

学校为读书养士之所,刻印书籍,流布天下,推动阅读,这是其天经地义的职责。由于隋唐发明了雕版技术,书籍生产能力大大提高。

---

① 宋濂等:《元史》卷一四六《耶律楚材传》,北京:中华书局,1976年,3459页。
② 于敏中等:《钦定天禄琳琅书目》卷五,见《钦定四库全书荟要》史部,长春:吉林人民出版社,1997年,506页。
③ 宋濂等:《元史》卷八十八《百官四》,北京:中华书局,1976年,2224页。
④ 宋濂等:《元史》卷八十八《百官四》,北京:中华书局,1976年,2223页。
⑤ 宋濂等:《元史》卷三十四《文宗三》,北京:中华书局,1976年,765页。

而由于书的产量大增,教学方式也发生了变化。学生可以大量地、经常地、主动地视书而诵。在这种条件下,出现了书院、书堂、书楼等。这种教学机构也可称为"读书学校"。教师讲学、学生读书求学已成为社会的普遍现象。所以科举和书院也是在以雕版印刷术发明和推广为前提下发展兴盛起来的。而且它们之间形成了相互依赖和制约的关系。

由于元朝统治者重视教育,所以学校不仅数量多,而且有学田和房舍,经费充足,有利于刻书活动。所以,学校刻书现象比较普遍,几乎所有路、府、州、县都有刻书,乃至大江南北、黄河上下,刻书蔚然成风。元代学校刻书包括各级地方儒学和书院两部分。

在地方儒学中,路学由于规模较大,经济力量较强,所以刻书也最多。路学刻书以成宗大德年间"九路刻十史"为代表。时任江东建康道肃政廉访司副使的伯都认为"经史为学校之本,不可一日无之。版籍散在四方,学者病焉"①。于是九路儒学共同参与,刻印了十七史中的十史。

书院不仅是讲学、藏书之所,而且往往将刻印书籍作为自己的要务。顾炎武在《日知录》中说:"宋元刻书皆在书院,山长主之,通儒订之,学者则互相易而传布之。"②由于元代书院视宋尤盛,所以其刻书之精、数量之众、流布之广是显而易见的。

地方儒学和书院所刻书籍,由于主要用于教学,所以以经史居多,其中又以程朱理学为主,诗文集亦占相当比重。此外,还有医书、字书、类书等。由于它不以赢利为目的,质量上乘,读者群体稳定,所以它对阅读活动的促进和文化的传播起到了不可替代的作用。另外,儒学和书院所刻书籍有许多是由中央机构和地方监察部门下达的任务,

---

① 潘国允、赵坤娟:《蒙元版刻综录》,呼和浩特:内蒙古大学出版社,1996年,7页。
② 顾炎武:《日知录》卷十八《监本二十一史》,兰州:甘肃人民出版社,1997年,797页。

所以这些具有官刻性质的书也具有官方阅读导向性质。如苏天爵的《国朝文类》是"岂惟四方之士广其见闻,实使一代之文焕然可述也",是"有裨治道"①的读物。还有马祖常的《石田先生文集》、郝经的《陵川集》、宋褧的《燕石集》,以及《汉书艺文志考证》《战国策》《周易郑康成注》等,都是中央或地方政府指令学校刻印的。

3. 民间刻书

民间刻书可分为私宅印书和书坊印书两种,其中尤以书坊刻书为最多。叶德辉说:"元时书坊所刻之书,较之宋刻尤夥,盖世愈近则传本多,利愈厚则业者众,理固然也。"②据记载,元代私宅坊肆不下200家。③ 其中尤以福建建阳和山西平水为盛。建阳继宋之盛业,平水循金之风尚,它们成为元代书籍刻印之两大重镇。

书坊刻书往往以谋利为目的,所以多是面向社会大众的读物。叶德辉说:"大抵有元一代,坊行所刻,无经史大部及诸子善本,惟医书及帖括经义浅陋之书传刻最多。"④所以,元代书坊所刻书主要有四类:一是医书;二是科举用书;三是农书、历书、算学及日用类书;四是通俗文学作品。医学类书如建安余氏勤有堂的《增注太平惠民和剂局方》、叶氏广勤堂的《王氏脉经》、燕京窦氏活济堂的《针灸四书》等。科举类书如平水王氏中和轩的《礼部韵略》、建安虞氏务本堂和余氏勤德堂共同刊行的《类编历举三坊文选》等。日用类书有建阳郑氏积诚堂的《事林广记》《事文类聚翰墨大全》,通俗文学作品如建安虞氏刊刻的《新全相三国志平话》等。⑤ 此外,元人吴海在《闻过斋集》中说:"今天下书多矣……所以多者,皆诸子百氏,外家杂言,异端邪说之不可计其名,

---

① 苏天爵:《国朝文类》卷首,四部丛刊集部,2页。
② 叶德辉:《书林清话》卷四《元时书坊刻书之盛》,沈阳:辽宁教育出版社,1998年,87页。
③ 潘国允、赵坤娟:《蒙元版刻综录》,呼和浩特:内蒙古大学出版社,1996年,15页。
④ 叶德辉:《书林清话》卷四《元时书坊刻书之盛》,沈阳:辽宁教育出版社,1998年,93页。
⑤ 陈高华:《元代出版史概述》,载《历史教学》,2004年第11期,13—18页。

读之毕世不能尽其卷帙。"① 这些书亦当多是书坊所刻，内容丰富多彩，文笔流畅，符合一般民众的阅读要求。实际上书坊所刻书中亦有不少经史和文集类书籍，如建阳余氏勤有堂所刻的《集千家注分类杜工部诗》《国朝名臣事略》，郑氏宗文堂所刻《静修先生文集》②，日新书堂所刻《朱文公校昌黎先生文集》，开夷詹光祖月崖书堂所刻《黄氏补千家注纪年杜工部诗史》，武林沈氏尚德堂所刻《四书章句集注》③等。总之，书坊刻书在种类和数量上比官方和学校多，而且它能够随时根据读者需求的变化推出新书，以满足社会阅读需要。

私宅刻书，又称家刻，是文人学者自行刻印的书籍。如名儒姚枢辞官退隐辉州苏门期间，"汲汲以化民成俗为心，自版《小学》书、《语孟或问》《家礼》，俾杨中书版'四书'，田和卿尚书版《声诗折衷》《易程传》《书蔡传》《春秋胡传》，皆于燕。又以《小学》书流布未广，教弟子杨古为沈氏活版，与《近思录》《东莱经史论说》诸书，散之四方"④。还有相台（今江苏宜兴）岳氏荆溪家塾刻印的《九经三传》，⑤赵氏钟秀家塾所刻《通鉴节要》，⑥以及耶律楚材曾自行刊印的历书⑦等。虽然私宅刻书数量有限，但它是社会刻书业的一个补充。它往往用以解决某些读物在读者中"流布未广"的问题，对知识传播和阅读活动的促进起了重要作用。

元代的宗教经典刻印亦很兴盛，为宗教阅读活动提供了大量的读物，从而使宗教阅读成为元代阅读史中的重要组成部分。有关情况笔

---

① 吴海：《书祸》，见李修生《全元文》卷一六五二，南京：江苏古籍出版社，1998年，204页。
② 陈高华：《元代出版史概述》，载《历史教学》，2004年第11期，13—18页。
③ 崔巍：《明鲁荒王墓出土元刊古籍略说》，载《文物》，1983年第12期，84—87页。
④ 姚燧：《中书左丞姚文献公神道碑》，见苏天爵《元文类》卷六十，苏州：江苏书局，1889年，6—7页。
⑤ 陈高华：《元代出版史概述》，载《历史教学》，2004年第11期，13—18页。
⑥ 崔巍：《明鲁荒王墓出土元刊古籍略说》，载《文物》，1983年第12期，84—87页。
⑦ 彭大雅、徐霆：《黑鞑事略》，东方学会印，1926年，3页。

者将在专门章节中叙述,这里不再讨论。

总之,元代刻书业的兴盛既促进了阅读活动的蓬勃发展,又反映了元代阅读活动的发展状况。

二、书籍刻印的几个特点与阅读活动

元代在书籍刻印的内容上表现出几个特点,这些特点也反映了社会阅读的趋向。

1. 重视对政治教化类书籍的出版和阅读

元朝统治者也像历代多数统治者一样非常重视有关经邦治国之道书籍的刻印和阅读,这反映出他们对阅读的实用价值的认识和追求。如忽必烈曾说:"士不治经讲孔孟之道而为诗赋,何关修身,何益治国!"①大德十一年(1307)八月,中书左丞孛罗铁木儿以国字《孝经》进,武宗诏曰:"此乃孔子之微言,自王公达于庶民,皆当由是而行。其命中书省刻版模印,诸王而下皆赐之。"②大德十一年(1307),仁宗为皇太子,"时有进《大学衍义》者,命詹事王约等节而译之。帝曰:'治天下,此一书足矣。'因命与《图像孝经》《列女传》并刊行,赐臣下"③。至大四年(1311)六月,仁宗读《贞观政要》,对翰林侍讲阿邻帖木儿说:"此书有益于国家,其译以国语刊行,俾蒙古、色目人诵习之。"④延祐五年(1318)九月,仁宗又以江浙省所印《大学衍义》五十部赐朝臣。⑤同年十一月,集贤大学士曲出向仁宗进言:"唐陆淳著《春秋纂例》《辨疑》《微旨》三书,有益后学,请令江西省锓梓,以广其传。"仁宗听从了

---

① 宋濂等:《元史》卷一四八《董俊传》,北京:中华书局,1976年,3502页。
② 宋濂等:《元史》卷二十二《武宗一》,北京:中华书局,1976年,486页。
③ 宋濂等:《元史》卷二十四《仁宗一》,北京:中华书局,1976年,536页。
④ 宋濂等:《元史》卷二十四《仁宗一》,北京:中华书局,1976年,544页。
⑤ 宋濂等:《元史》卷二十六《仁宗三》,北京:中华书局,1976年,586页。

他的建议。① 至顺三年（1332）四月，文宗命奎章阁学士院以国字译《贞观政要》，锓版模印，以赐百官。② 如此等等，元朝统治者对政治教化类读物的刻印和阅读始终给予了极大的重视，反映了他们的阅读指导思想和价值观。

2. 重视农业和日用类书籍的出版和阅读

除政治教化类书籍之外，元朝亦重视其他实用类书籍的编撰和刻印，其中最为突出者是农书类。元朝统治者由于认识到"国以民为本，民以衣食为本，衣食以农桑为本"③，所以除采取各种措施"劝课农桑"外，亦积极鼓励编撰和出版农业技术读物，以此来促进农业的发展。据记载，元代所编撰的农书有十多种，加上前代所流传下来的农书，可以想见，元代所流通的农书当有几十种，而且一些书的印量之大在历史上亦鲜见，可知元代曾有过一个阅读农书的热潮。在这些书中影响最大、流传最广者当数《农桑辑要》《农书》和《农桑衣食撮要》三部书。

《农桑辑要》是世祖至元十年（1273）由司农司奉敕编纂并印行的一部农业百科全书。它总结了13世纪以前我国的农业生产经验，目的是为管理者和生产者提供一部权威的农业通俗普及读物。编纂者"于是遍求古今所有农家之书，披阅参考，删其繁重，撷其切要，纂成一书……以颁布天下"④。该书的编纂，除参考了经史典籍外，主要引用了当时流传的古今农书，是一部农书的集大成者。其中除主要引用了《齐民要术》《氾胜之书》《四民月令》外，还有《士农必用》《务本新书》《岁时广记》《四时类要》《图经》《韩氏直说》《博闻录》《种莳直说》《蚕桑

---

① 宋濂等：《元史》卷二十六《仁宗三》，北京：中华书局，1976年，587页。
② 宋濂等：《元史》卷三十六《文宗五》，北京：中华书局，1976年，803页。
③ 宋濂等：《元史》卷九十三《食货志·农桑》，北京：中华书局，1976年，2354页。
④ 王磐：《农桑辑要·原序》，见《农桑辑要》，丛书集成初编，北京：中华书局，1985年，1页。

直说》《农桑要旨》《蚕经》①等书。由此可见,这些书也是当时流传的农学读物。《农桑辑要》印行的目的是想让天下人都能阅读此书,以掌握农业生产技能。所以它印数之多,流传之广,影响之大,为历史上所少见。仅就史料记载来看,从至元十年(1273)到文宗至顺三年(1332)的60年间,就印刷了六次。其中最多的是延祐二年(1315)和至顺三年(1332),印数都达万部。② 不过,《农桑辑要》尽管印量大、流传广,但由于它所讲内容主要适用于北方地区,而且此前的农书也多适用于局部地区,如《齐民要术》主要限于黄河中下游地区,南宋陈旉《农书》主要限于江浙一带,所以《农桑辑要》流传范围主要是北方地区。

王桢的《农书》成书于皇庆二年(1313),此时元朝并宋已34年,南北实现了空前的大统一,社会安定,南北经济文化交流畅通,是农业生产的大好时机。加上元朝政府推行了种种发展生产的措施,农业生产进入了一个迅速发展的时期。王桢的《农书》应运而生。该书分《农桑通诀》《百谷谱》《农器图谱》三大部分,全面系统地总结介绍了农业生产知识和经验。特别是该书打破南北畛域,是我国第一部在全国范围内研究农业生产的著作,所以它适用于全国范围内不同地区读者的阅读。

王桢《农书》出版的第二年,畏兀儿杰出的农学家鲁明善写的《农桑衣食撮要》出版发行。该书按月令记述农家活动,内容包括耕作、水利、气象、瓜菜、果树、竹木、药草、桑蚕、养蜂、畜牧、酿造以及农畜产品加工等。由于作者对农事活动很熟悉,所以书中对如收藏蔬菜、制作酱菜一类的日常活动介绍得很详细,而且通俗易懂、简明扼要、切合实际,所以很适合一般小农阅读。它与王桢的《农书》尽管都是私家著述

---

① 吴晗:《灯下集》,北京:三联书店,1960年,12页。
② 师道刚等:《从三部农书看元朝农业生产》,见南开大学历史系《元史论集》,北京:人民出版社,1984年,278—298页。

而比不上《农桑辑要》那样可以借助官方力量大批量出版发行,但其能流传至今这一事实说明它们在当时也影响很大、流传甚广,是深受读者欢迎的农家实用类读物。

除上述著作之外,元代编撰和流传的有关农业的实用类读物还有官撰的《农桑杂令》《农桑旧制》《蚕麦图》,私撰的有苗好谦《栽桑图说》、罗文振《农桑撮要》、汪汝懋《山居四要》、脩延益《务本直言》、刘宏《农事机要》、桂见山《经世民事录》、俞宗本《种树书》、宋人董煟《救荒活民书》、陆泳《田家五行》等。此外,元朝政府为了劝课农桑,官员们除写有许多《劝农文》《劝农诗》外,在地方守令衙门两壁皆画有耕织图。虞集曾说:"昔时守令之门,皆画耕织之事,岂独劝其人民哉?亦使为吏者出入观览而知其本。"①

在元代读者中影响较大的实用类书籍还有《事林广记》。这是南宋末年福建人陈元靓为适应社会大众实用性阅读需求,所编撰的一部日用百科全书型民间类书。该书门类广泛,天文、地理、政刑、社会、文学、游艺,无所

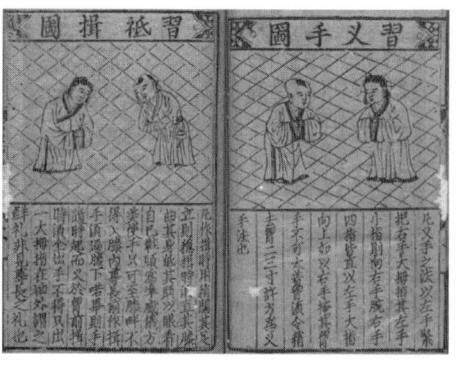

《事林广记》内页

不包。其内容特点有二:一是包含了较多的市井状态和生活顾问内容,如收录了当时城市社会中流行的"切口语"和各种状纸的写法,以及运算用的"累算数法""九九算法"等;二是书中插图很多,其中的"北双陆盘马制度""圆社摸场图"等,是对宋代城市社会生活情景的生动描绘。它开辟了后来实用类书图文并重的途径,明代的《三才图会》、清代的《古今图书集成》都受其影响。

---

① 虞集:《道园学古录》卷十一《纺绩图跋》,四部备要本,上海:中华书局,1936年,91页。

《事林广记》出版后在民间流传很广,自南宋末到明代初期,书坊不断翻刻,每次翻刻都要增补新内容。如元至顺年间(1330—1333)建安椿庄书院刊本和泰定二年(1325)本就收入了大量元代社会生活、语言文字等方面的资料,如《蒙古译语》《大元通制》等。这些内容既保持了该书的生命力,提高了其实用价值,也满足了读者的阅读需求。

三、印刷术和书籍形式的变化对阅读活动的促进

印刷术的发明,提高了书籍的生产率和传播的广度与速度,促进了阅读活动的普及和阅读效率的提高。如果说在唐代,"读书破万卷"还不是一件容易的事,那么到了宋代以后就相对容易多了。活字印刷术的发明是印刷史上的又一次革命。元初,人们已开始使用它印刷书籍,如姚枢曾教其弟子杨古以活字印书。但当时这种活字是用胶泥制成的,容易损坏,不能久用。著名农学家王桢在任旌德(今安徽旌德)县尹时,制作了木活字,并用于刊印《旌德县志》,获得成功。此后,在浙江奉化任州官的马称德不仅开河筑堰,垦荒植树,兴办学校,建藏书楼,还雕刻了十万个木活字,并在至治二年(1322)印刷了《大学衍义》。这说明这一带已开始用木活字印刷书籍。另外,早在元之前,居住在敦煌、吐鲁番的回鹘人为满足回鹘社会对佛经阅读的需求,也开始使用木活字印刷佛经等读物。[①] 进入元代后,由于畏兀儿文仍然是元朝使用的主要文字,所以这种技术继续得到应用与推广。由此可见,活字术,特别是木活字的使用在元代的印刷事业中已占有很重要的地位,它对元代的阅读活动无疑起了重要的促进作用。

元代书籍形式变化的一个显著特点是对插图的重视。图文并重,

---

① 史金波、雅森·吾守尔:《西夏和回鹘对活字印刷的重要贡献》,载《光明日报》,1997年8月5日第5版。

"左图右史"早已是我国书籍制作的传统。插图无疑会增强文本的阐释功能,与文字形成互补。文本的阅读因插图而增强了读者对它的认同和理解。一些好的插图成了书籍的"符号"和"标志"。所以,插图在促进知识传播和增强书籍阅读的接受效果方面具有重要作用。

宋元以来,插图已普遍存在于通俗读物尤其是小说、戏曲刊本中。许多平话(话本)中的插图尽管粗糙,但足以能够增加阅读趣味。这表明平话不再是讲史艺人的话本,而是通俗读物。正如鲁迅所说:"观其简率之处,颇足疑为说话人所用

建安书堂虞氏刻《新全相三国志平话》

之话本,由此推演,大加波澜,即可以愉悦听者,然页必有图,则仍亦供人阅读之书也。"① 至元三十一年(1294),建安书堂虞氏在刻印《新全相三国志平话》中就使用了插图封面,并设计了上图下文、连环插图等版式。小说之外,其他通俗读物也往往通过使用插图来增强其阅读趣味。如前所述的日用类百科全书《事林广记》,它之所以深受读者欢迎而畅销不衰,除了因为其内容通俗实用外,还因为它配有大量的插图而增强了其可读性。还有一些经典著作,为了能够让人们容易理解和掌握其内容,后人也配上了插图,如大德十一年(1307),仁宗命将《大学衍义》与《图像孝经》《列女传》并刊行,赐臣下。② 其中的《图像孝经》就是插图本《孝经》。

毋庸讳言,印刷术的普及使元代通俗读物得以大量刊刻,并以较

---

① 鲁迅:《中国小说史略》,北京:人民文学出版社,1973年,105—106页。
② 宋濂等:《元史》卷二十四《仁宗一》,北京:中华书局,1976年,536页。

快的速度发行流通,特别是那些上图下文、连环画式的通俗文学作品及带有插图的实用类通俗读物的印刷发行,更能够满足大众读者的需求,有利于促进大众读者群体的形成和发展。不仅如此,在文字上,书坊刻印的那些供民间大众阅读的如日用类书、法律文书、小说、剧本等读物,都大胆采用了流行的简体字,这也是迎合大众阅读的重要举措。在书的装订方法上,福建刻本首先改包背为线装,并以低廉的价格,速成速售。这些措施都有利于促进社会阅读活动的发展与普及。

第八节　藏书与阅读

印刷术的普及和发展,不仅使书籍生产效率大大提高,而且使书籍的流通范围相应扩大。它不仅使阅读活动走向大众,而且使藏书活动从士大夫走向乡绅、豪门乃至一般读书人家,成为一种普遍的社会文化现象。尽管藏书活动不能完全说明阅读活动的状况,但一个时代藏书活动之兴衰,亦是一个时代阅读活动兴衰之反映。因为藏书规模既是书籍生产和流通状况的反映,也是阅读活动赖以存在与发展的物质基础。

一、官府藏书与阅读

1. 图书搜集

元初的图书主要来源于宋、金及其他周边地区。崛起于朔漠草原的元朝统治者,在金戈铁马、南征北伐中,亦十分重视对文献典籍的搜集与典藏,这为官方进行书籍编纂、刻印、流通以及教育和阅读活动提供了物质条件,对文化教育和阅读活动的发展具有决定性的意义。

1226年,成吉思汗攻破西夏灵武后,"诸将争取子女金帛,楚材独收遗书及大黄药材"①。这些遗书当是西夏留下的汉文典籍的一部分。这些书之大部有可能由耶律楚材收藏,他作为元初名儒和教育家,会使这些书籍发挥其应有的作用。

1232年,张柔率军攻金之汴京。"汴京降,柔于金帛一无所取,独入史馆,取《金实录》并秘府图书;访求耆德及燕赵故族十余家,卫送北归。"②当然,元朝得自金之典籍当不止于此,亦可见元朝十分重视搜罗故金文人学士。这种举措无疑有利于元初的文化发展,这些人也成为元朝最初的读者和阅读活动的推动者。

1235年,太宗窝阔台命太子阔出伐宋,杨惟中随军前往,"收伊洛诸书送燕都"③,建太极书院,选取遗书八千余卷,请赵复讲授其中。④这八千余卷遗书当是兵燹后宋朝的典籍,亦可见此时书院已有藏书八千余卷。杨惟中所搜罗的书籍也不可能全部留在太极书院,他实际所搜罗的书籍数量会更大。当这些书成为赵复讲学的教材后,以程朱理学为核心的儒学阅读在被战争破坏的北方又以星火燎原之势发展起来。

至元十年(1273),赵秉温"授秘书少监,购求天下秘书"⑤。这是史料所见元朝第一次大规模购求书籍,所获书籍亦成为秘书监之基本馆藏。至元十三年(1276)二月,忽必烈诏谕降蒙古军的临安(今杭州)官吏士卒曰:"秘书省图书、太常寺祭器、乐器、法服、乐工、卤簿、仪卫,

---

① 宋濂等:《元史》卷一四六《耶律楚材传》,北京:中华书局,1976年,3456页。
② 宋濂等:《元史》卷一四七《张柔传》,北京:中华书局,1976年,3473—3474页。
③ 宋濂等:《元史》卷一四六《杨惟中传》,北京:中华书局,1976年,3467页。
④ 宋濂等:《元史》卷一八九《儒学一》,北京:中华书局,1976年,4314页。
⑤ 宋濂等:《元史》卷一五〇《赵璧传》,北京:中华书局,1976年,3555页。

宗正谱牒，天文地理图册，凡典故文字，并户口版籍，尽仰收拾。"①于是伯颜遣宋内侍王埜入宫，收宋宫中图籍。同时，忽必烈"命焦友直括宋秘书省禁书图籍"②。三月，伯颜入临安，遣郎中孟祺收宋秘书省、国子监、国史院、学士院、太常寺图书祭器等物③，又命董文炳入临安收礼乐器及文书图籍，"得宋史及诸注记五千余册，归之国史院"④。还有王构"与李槃同被旨，至杭取三馆图籍、太常天章礼器仪仗，归于京师"⑤。同年十月，两浙宣抚使焦友直以临安经籍、图画、阴阳秘书来上。⑥ 至元十五年（1278），刘容奉使江西，及还，载书籍数车，献之皇太子。⑦ 大德十一年（1307），仁宗"遣使四方，旁求经籍"⑧。由此可见，这又是一次大规模的求书活动，所求经籍如何，虽无记载，但说明仁宗对书籍收藏的重视，亦反映出仁宗朝是元代文化教育和阅读活动的兴盛期。元朝在搜集图书的同时，亦重视括取书版，为印书做准备。如至元十二年（1275）十月，括江南诸郡书版及临安秘书省《乾坤宝典》等书。⑨ 至元十五年（1278）四月，遣使至杭州等处取在官书籍版刻至京师。⑩

2. 典藏与利用

元朝中央官府藏书机构主要有秘书监、奎章阁、国史院、太史院、艺文监以及兴文署等。

---

① 宋濂等：《元史》卷九《世祖六》，北京：中华书局，1976年，179页。
② 宋濂等：《元史》卷九《世祖六》，北京：中华书局，1976年，179页。
③ 宋濂等：《元史》卷九《世祖六》，北京：中华书局，1976年，180页。
④ 宋濂等：《元史》卷一五六《董文炳传》，北京：中华书局，1976年，3672页。
⑤ 宋濂等：《元史》卷一六四《王构传》，北京：中华书局，1976年，3855页。
⑥ 宋濂等：《元史》卷九《世祖六》，北京：中华书局，1976年，185页。
⑦ 宋濂等：《元史》卷一三四《刘容传》，北京：中华书局，1976年，3260页。
⑧ 宋濂等：《元史》卷二十四《仁宗一》，北京：中华书局，1976年，536页。
⑨ 宋濂等：《元史》卷八《世祖五》，北京：中华书局，1976年，170页。
⑩ 宋濂等：《元史》卷十《世祖七》，北京：中华书局，1976年，200页。

(1)秘书监

秘书监建于至元九年(1273),其职责是"掌历代图籍并阴阳禁书"①,"供御览而资圣德也"②。元平宋、金后,全国统一,"典章图籍,皆归秘府"③。至元二年(1265)五月,秘书监丞王道对秘书监藏书进行整理,统计出秘书监在库藏书数量:经 537 部、5227 册,史 261 部、4912 册,子 148 部、785 册,集 642 部、9951 册,释道书 306 部、424 册,医书 65 部、632 册,方书 8 部、152 册,类书 96 部、931 册,小学书 68 部、228 册,志书 33 部、330 册,阴阳 15 部、130 册,农书 12 部、37 册,兵书 5 部、21 册,法贴 42 部、227 册,另有书法名画 5300 轴以及手卷几百卷。④ 秘书监所藏不仅有汉文,还有波斯、阿拉伯和蒙古等文字的典籍,如卷七的"回回书籍"中就收有 26 种波斯、阿拉伯典籍。⑤

秘书监在上都还设有分监,并根据皇上的需要,随时将秘书监的藏书用专车押送至分监以供御览。如大德五年(1301)四月二十日,送《通鉴》690 册、《太平御览》150 册、《通典》20 册。大德七年(1303)三月二十六日,送《太平御览》《事类文集》《通典》《播芳》。延祐二年(1315)四月十六日,送《通鉴》《太平御览》《播芳》《通典》《春秋》《周礼》《礼记》《尚书》等。⑥

在上述送往分监的典籍中,《资治通鉴》作为一部史学巨著,其宗旨是为统治者提供国家治乱兴衰的借鉴,所以一向为历代统治者所重

---

① 宋濂等:《元史》卷九十《百官志六》,北京:中华书局,1976 年,2296 页。
② 王士点、商企翁著,高荣盛点校:《秘书监志·秘书监准监丞王道奉议关文》,杭州:浙江古籍出版社,1992 年,1 页。
③ 宋濂等:《元史》卷一三九《阿鲁图传》,北京:中华书局,1976 年,3361 页。
④ 王士点、商企翁著,高荣盛点校,《秘书监志》卷六《秘书库》,杭州:浙江古籍出版社,1992 年,110—113 页。
⑤ 王士点、商企翁著,高荣盛点校,《秘书监志》卷七《司天监》,杭州:浙江古籍出版社,1992 年,129—130 页。
⑥ 王士点、商企翁著,高荣盛点校,《秘书监志》卷三《分监》,杭州:浙江古籍出版社,1992 年,56—57 页。

视。《春秋》《周礼》《礼记》《尚书》作为儒家经典,亦是治国之圭臬。《太平御览》是一部百科全书式的类书,内容涵盖了政治、经济、历史、文化、军事、医学、农林、自然、社会等知识领域,其知识性和工具性亦决定了它的重要性。《通典》是一部典制类参考工具书,主要记载历代制度源流演变,内容分食货、选举、职官、礼、乐、刑、州郡以及边防等,亦是一部了解和研究历史,能够资以治道的要典。《事类文集》是一部经史方面的类书,是阅读与学习经史的重要参考书。而《播芳》则是一部宋人文集,所选录者均为宋代文章之精华。由此可见,这些书籍显然是经过精心挑选的。它们虽然种类不多,但内容丰富而广泛,足以资政事,长学识,广见闻。从中亦可见元朝皇帝的读书目的主要是借鉴历代兴衰之经验,寻求治国之道。特别是元朝皇帝不辞遥远地把这些书籍运到上都,并使其紧随于他们身边,说明这些书籍是他们经常和必须要阅读的。

秘书监所收掌的"经史子集、典故文字、阴阳禁书,书画宋神容"虽然"专以只备御览也"①,但一般文人学士亦有机会阅读使用。如齐履谦,年少时,笃学勤苦,家贫无书。为星历生时,"会秘书监辇亡宋故书",于是,"昼夜讽诵,深究自得,故其学博洽精通,上自'六经'、诸史、天文、地理、礼乐、律历、下至阴阳五行、医药、卜筮,无不淹贯,尤精经籍"②。他著述甚丰,成为一代名家。郭守敬阅读了秘书监所藏的回回天文书籍,受到很大启发,成为著名的天文学家。著名的天文地理学家扎马剌丁在回回司天台任职期间,根据回回历法编制了《万年历》,后又负责纂修《大元大一统志》。在此期间,他曾参考阅读了秘书监所藏的回回书籍,其内容包括天文、数学、化学、医药、地理、哲

---

① 王士点、商企翁著,高荣盛点校:《秘书监志》卷六《秘书库》,杭州:浙江古籍出版社,1992年,109页。
② 宋濂等:《元史》卷一七二《齐履谦传》,北京:中华书局,1976年,4031页。

学等。①

(2)奎章阁

奎章阁建于天历二年(1329),位于大都皇宫内兴圣宫兴圣殿西,陈列珍玩,储藏书籍,是上都皇城的重要宫殿。奎章阁后改为学士院,成为汇集著名学者文士,进行学术文化研究与交流的殿堂。学士院不仅著书、译书,而且不断丰富藏书。文宗诏令大臣搜集历代经史书籍收藏于此。奎章阁的读者主要是学士们,所以它的藏书以经史类为主。文宗至顺二年(1331),奎章阁学士院编纂成《经世大典》880卷。至正元年(1341),奎章阁改为宣文阁,其职能与奎章阁同。时任宣文阁授经郎的周伯琦有《右咏宣文阁》一诗:"延阁图书取次陈,讲帷日日集儒臣。墨池云合天光绚,东壁由来近北辰。"②其所收藏的图书亦有学士们的著述,如奎章阁学士院学士朵尔直班所著《治原通训》就藏于宣文阁。③

(3)国史院

翰林国史院初建于元世祖中统二年(1261),其职责是修国史、典制诰、备顾问。国史院藏书丰富,主要为修史所用,至元二十三年(1286)二月,太史院上《授时历经》《历议》,敕藏于翰林国史院。现存元刻本《梦溪笔谈》,就钤有"翰林国史院"印章。国史院藏书的读者主要是翰林院的学士和编修官们。如著名学者苏天爵在翰林院任职期间,利用史馆丰富的藏书,手抄笔录,勤奋著述,完成了《国朝名臣事略》和《辽金纪年》等著作。

(4)太史院、艺文监和兴文署

世祖至元十五年(1278),设置太史院,掌管天文历法,负责观测天

---

① 白寿彝:《回族人物志》元代卷六,银川:宁夏人民出版社,1985年,91页。
② 周伯琦:《右咏宣文阁》,见顾嗣立《元诗选》初集三,北京:中华书局,1987年,1864页。
③ 宋濂等:《元史》卷一三九《朵尔直班传》,北京:中华书局,1976年,3361页。

象，编制历书，亦收藏有大量天文历法方面的图书。

天历二年(1329)，置艺文监，秩从三品，"专以国语(蒙古语)敷译儒书，及儒书之合校雠者俾兼治之"①。艺文监下设艺林库，"掌藏贮书籍"②。

世祖至元二十七年(1290)，设兴文署，为集贤院下属机构，掌提调国子生饮膳与雕印文书事。其雕印图书极多，仅次于国子监。该署也为藏书之所，湖南卢挚收江南诸郡四部精善书，运至大都后，即藏于兴文署。

二、书院和学校藏书与阅读

1. 书院藏书

书院本为藏书、读书之所。如元代著名学者欧阳玄所言："唐宋之世，或因朝廷赐名士之书，或以故家积善之多，学者就其书之所在而读之，因号为书院。"③后来它发展为一种地方高等教育机构，但藏书的功能有增无减。

书院藏书的来源主要有以下三种：

一是前代遗留。这要首推太极书院。如前所述，1235年，太宗窝阔台命太子阔出伐宋，杨惟中随军前往，"收伊洛诸书送燕都"④，随之建太极书院，并选取遗书八千余卷，请赵复讲授其中。⑤ 这八千余卷遗书当是兵燹后宋朝的典籍，亦可见此时书院已有藏书八千余卷。这些藏书虽然数量不算大，但对整个元代的学术文化发展具有划时代的

---

① 宋濂等：《元史》卷八十八《百官四》，北京：中华书局，1976年，2223页。
② 宋濂等：《元史》卷八十八《百官四》，北京：中华书局，1976年，2224页。
③ 欧阳玄：《圭斋集》卷五《贞文书院记》，四部丛刊集部，5页。
④ 宋濂等：《元史》卷一四六《杨惟中传》，北京：中华书局，1976年，3467页。
⑤ 宋濂等：《元史》卷一八九《儒学一》，北京：中华书局，1976年，4314页。

意义。因为它开启了理学在北方的传播,亦是理学在元代之滥觞。此后,"穷徼绝域,中州万里之内外,悉家有其书"[1]。"于是伊洛之学遍天下矣"[2]。还有西湖书院,它是在原南宋国子监的基础上改建而成的,内有尊经阁,藏有大量原南宋国子监藏书。还有书版库,存有20余万块书版。泰定元年(1324)九月,山长陈袤《重整书目碑》,所列书目如下:

经部51种:《易古注》《易注疏》《易程氏传》《书古注》《易复斋说》《书注疏》《诗古注》《诗注疏》《谷梁古注》《谷梁注疏》《埤雅》《论语古注》《论语注疏》《论语讲义》《仪礼古注》《仪礼经传》《春秋左传注》《春秋左传疏》《公羊古注》《公羊注疏》《孝经古注》《孝经注疏》《古文孝经注》《语孟集注》《孟子古注》《孟子注疏》《文公四书》《大学衍义》《国语注》《春秋高氏传》《礼记古注》《礼记注疏》《周礼古注》《周礼注疏》《仪礼注疏》《仪礼集说》《陆氏礼象葬祭会要》《政和五礼》《文公家礼》《经典释文》《群经音辨》《尔雅古注》《尔雅注疏》《说文解字》《玉篇》《广韵》《礼部韵略》《毛氏增韵》《博古图》《孔氏增韵雅》《文公小学》。

史部36种:大字《史记》、中字《史记》《史记正义》《东汉书》《西汉书》《三国志》《南齐书》《北齐书》《宋书》《陈书》《梁书》《周书》《后魏书》《元辅表》《刑统注疏》《刑统申明》《刑律文》《成宪纲要》《新唐书》《五代史》《荀氏前汉记》《袁氏后汉记》《通鉴外记》《通历》《资治通鉴》《武侯传》《通鉴纲目》《仁皇训典》《唐书直笔》《子由古史》《唐六典》《救荒活民书》《临安志》《崇文总目》《四库阙

---

[1] 袁桷:《清容居士集》卷十八《庆元路鄞县学记》,四部备要本,上海:中华书局,1936年,161页。
[2] 郝经撰,秦雪清点校:《郝文忠公陵川文集》卷二十六《太极书院记》,太原:山西人民出版社,山西古籍出版社,2006,373页。

书》《唐书音训》。

子部 11 种:《颜子》《曾子》《荀子》《列子》《扬子》《文中子》《太元温公注》《太元集注》《武经七书》《百将传》《新序》。

集部 24 种:《通典》《两汉蒙求》《韵类题选》《回文类聚》《声律关键》《西湖纪逸》《农桑辑要》《韩昌黎文集》《苏东坡集》《唐诗鼓吹》《张南轩文集》《曹文贞公集》《武功集》《金陀粹编》《击壤诗集》《林和靖诗》《吕忠穆公集》《王魏公集》《伐檀集》《王校理集》《张西岩集》《晦庵大全集》《宋文鉴》《六臣文选注》》。①

二是私人购置或捐赠。这种类藏书所占的数量亦很大。宋末儒士,往往入元不仕,退而办学,并拿出自己的藏书供学员阅读。如东平(今山东东平)教授栎菴先生马公,于至元三十年(1293)得地一十二亩,藏书千余卷,构亭讲诵。② 共城(今河南辉县)人张思明,平生不治生产,不蓄财,唯收书三万七千余卷,建共山书院藏之。为便于读者阅读使用,他还编成《共山书院藏书目录》。③ 一些蒙古人和色目人亦热心于藏书办学,以促进读书向学之风的形成。如前所述的勖实戴,早年从平宋,所至唯取图书,归后建立学校。其子慕颜铁木复建稽古阁,贮书万卷。延祐间,赐名"伊川书院"。蒙古人达可在杜甫草堂建立书院,并建藏书楼,遍历各地购书,使书院藏书达 27 万卷之多。④ 钦察人千奴,于历山(今河南范阳)下聚书万卷,出私田百亩给养之,延师教授本族及乡邻子弟。元廷赐额称"历山书院"。⑤

---

① 丁申:《武林藏书录》卷上《西湖书院》,见祁承㸁等《澹生堂藏书约》外八种,上海:上海古籍出版社,2005 年,7—8 页。
② 李谦:《圣泽书院记略》,见李修生《全元文》卷二八六,南京:江苏古籍出版社,1998 年,74 页。
③ 柳贯:《柳待制文集》卷十六《共山书院藏书目录序》,四部丛刊集部,1—2 页。
④ 徐凌志:《中国历代藏书史》,南昌:江西人民出版社,2004 年,242 页。
⑤ 宋濂等:《元史》卷一三四《和尚传》,北京:中华书局,1976 年,3259 页。

三是书院刻印和购置。书院既是藏书之地,亦是重要的刻书机构。书院所刻多为经史和集部,无论内容还是质量都属上乘,亦是书院藏书的重要来源。如西湖书院曾主持刻印了《宋史》《辽史》《金史》和《文献通考》等大部头著作。据统计,元代有32所书院刻了192种著作。① 另据叶德辉《书林清话》记载,元代书院刻书59种。书院购置书籍亦是一种经常的行为,特别是元朝政府以政令的形式要求书院和各路儒学购置"四书""九经"《通鉴》等书,以达到其统一教学内容的目的。

书院藏书之地多称为尊经阁、藏书楼、稽古阁、藏书堂、藏书阁等。

除上述之外,见于史料的元代书院藏书,其规模较大者,还有以下几个:浙江余杭的集虚书院,"蓄书数千卷";江西余干的锦江书院,藏书万卷;渤海东庵书院,"藏书万数千卷";许昌颍昌书院,藏书"凡若干万卷"②。

2. 学校藏书

元代的地方教育亦很发达,所谓"元世学校之盛,远被遐荒,亦自昔所未有"③。其中的地方官学,主要是路、府、州、县儒学,亦多有藏书,其藏书处一般称为"尊经阁",藏以经史及诸子百家书籍。元代著名学者胡长孺所著《尊经阁记》云:"郡县之学皆有尊经阁,以藏群经与凡训诂注释之书,以及诸子、史记、文集无虑数千万卷,少者亦数千百卷。"④

路学中藏书较多者,如大名路学"储书万卷,以重楼贮之"⑤。

---

① 邓洪波:《元代书院藏书研究》,载《湖南大学学报》社科版,1999年第3期,4—10页。
② 邓洪波:《元代书院的藏书事业》,载《图书馆》,1996年第4期,69—71页。
③ 陈邦瞻:《元史纪事本末》卷八,北京:中华书局,1979年,62页。
④ 胡长孺:《尊经阁记》,见李修生《全元文》卷四七二,南京:江苏古籍出版社,1998年,544页。
⑤ 王立平:《元代地方官学的建筑规模及学田》,载中国人民大学资料《宋辽金元史》,1993年第2期,70—74页。

府学中藏书较多者,如彰德府学,胡祗遹在《府学储书记》中记载其事:

> 建学校而储书籍,知务本矣……彰德总管胡公下车,以兴学养士为务。尝与秘书监侯公,议储书以待学者。达噜噶齐晏质谨公,闻而悦之,首出百卷,不数月,收书万二千卷,椟之府,且惧岁久散失,特以书籍总目,助书人姓字,俾刻诸石……穷居寒士,无钱买书,虽矻矻于朝经暮史,昼子夜集,何从而得之?胡公此举,使学者随取随得,如饥得食,如渴得饮,免乞假之劳,无抄录之费,成就后学,惠莫大焉,德莫厚焉。①

学校藏书的来源除前代遗留外,私人捐赠亦是一个主要渠道。如定海县为偏僻之地,文教落后,鲜有学校。泰定二年(1325)春,新任县令说:"县固有学,学必聚书……小民首于文辞,其必自聚书始。"于是他与主簿庞君首捐俸资购经史子集若干卷,并将书目刻于石,以示永久谒记。② 蒙古人只必,至元十四年(1277)监东平,官少中大夫,多善政。尝出家藏书二千余卷,置东平庙学,使学徒讲肄之。③ 济南人张炤致仕后,购书八万卷,以万卷送济南府学以资教育。④ 段直,为官泽州时,"大修孔子庙,割田千亩,置书万卷,迎儒士李俊民为师,以招延四方来学者。"⑤

此外,学校的一些藏书也来自自己购置和刻印。同书院一样,元朝官方亦要求地方学校必须配置"四书""九经"《通鉴》等学生必读之

---

① 胡祗遹:《府学储书记》,见李修生《全元文》卷一五三,南京:江苏古籍出版社,1998年,370页。
② 袁桷:《清容居士集》卷十八《定海县学藏书记》,四部备要本,上海:中华书局,1936年,166页。
③ 宋濂等:《元史》卷一一九《木华黎传》,北京:中华书局,1976年,2943页。
④ 宋濂等:《元史》卷一七〇《张炤传》,北京:中华书局,1976年,3997—3998页。
⑤ 宋濂等:《元史》卷一九二《良吏二》,北京:中华书局,1976年,4364页。

书。"各处学校……及置买'四书''九经'《通鉴》各一部,装背完整,以备检阅,不许借出学。但有欠阙,令教官立便照勘见数,于本学钱粮内刊补。其余路学一体施行,实为相应。"①如前所述,元朝的地方儒学也刻了不少书。据《书林清话》记载,元朝各路儒学刻书47种,亦多为经、史、集部。

另外,程端礼的《程氏家塾读书分年日程》规定了学生读书的内容和次序,并被颁布于全国学校,作为标准程式来推广。该"日程"所列图书既是学校藏书的主要部分,也是生员阅读的最基本内容。

三、私人藏书与阅读

元朝由于实行民族歧视政策,并且在很长时间里废除了科举,因此大多数汉族士人难以仕进。特别是所谓"九儒十丐",使知识分子的地位十分低下。许多宋、金遗士,抗节不事朝庭,以潜心学问、读书、藏书为乐,以保存圣贤之书、传播圣贤之学为己任,声称"宁存书种,无苟富贵"②。"人家有三不幸,读书种子断绝,为第一不幸。"③"资多愚子孙","籯金不如一经"④。所以在元代就形成了一种浓厚的藏书、读书之风,这不仅有利于保存文献、发展文化教育,而且促进了读书传统的延续和发扬。

藏书、读书是中国古代士人的普遍爱好。同其他朝代一样,元代的读书人也多数有藏书,只是数量不同而已。在众多的藏书家中,汉人占有多数,间有蒙古人和色目人。与历代藏书家一样,藏书者的目

---

① 佚名:《庙学典礼》卷五《行台宪司讲究学校便宜》,杭州:浙江古籍出版社,1992年,99页。
② 孔齐:《至正直记》卷二《十六字铭》,上海:上海古籍出版社,1987年,75页。
③ 孔齐:《至正直记》卷一《人家三不幸》,上海:上海古籍出版社,1987年,33页。
④ 方建新、金达胜:《元代私家藏书考析》,载《文献》,1996年第4期,202—216页。

的主要是阅读和利用书籍。诚如著名学者、藏书家杨维桢所言:"夫书之能藏者不难,能读者难;能读者不难,能用者难也。书藏而不读与无等;读而不用与不读等。"①著名学者和藏书家黄仲元亦言:"藏而不善读,犹不藏也;读而不善用,犹不读也。"②这种说法亦代表了元代多数藏书者的观点,即收藏是为了阅读,阅读是为了利用。所以元代的藏书家们大多能够做到为阅读而藏书,为利用书籍而阅读,乃至产生了许多杰出的文人学者和人才。

著名学者马端临,其父马廷鸾为宋末著名学者,有"碧梧精舍",藏书甚丰。马端临自幼濡染其中,好学嗜读,博览群书,课抄经史,日五十纸,学业日进。19岁荫补承事郎,次年漕试第一。宋亡,隐居不仕,专心于读书写作,历时20余年,完成《文献通考》。著名学者苏天爵出身世家,其祖父构置"滋溪书堂",后经苏天爵父子增益,藏书日富。苏天爵自幼好学嗜读,浸润其中,打下了深厚的文史基础,后终成一代文史大家。元人潘纯有《题苏伯修滋溪书堂》诗云:"华屋书充栋,清溪树拂檐。波光浮藻井,云影乱牙签。四世风流在,诸生礼数严。归来谢宾客,长日下疏帘。"③铁笛道人杨维桢,居铁崖山下,其父杨宏筑楼山上,聚书数万卷,使杨维桢读书楼上,并且为使其专心读书,其父去其梯,辘轳转食,如此苦读五年,贯穿经史百家,虽老师弗如。何中,少颖拔,以古学自任,家有藏书万卷,手自校雠。其学宏深赅博,为时人所推服。④ 金华人张枢,幼聪慧,外家潘氏蓄书数万卷,枢尽取而读之,过目辄不忘。及长,肆笔成章,顷刻数千言。⑤ 著名儒士同恕,家无儋

---

① 杨维桢:《东维子文集》卷二十一《读书堆记》,四部丛刊集部,5页。
② 黄仲元:《莆阳黄仲元四如先生文稿》卷一《东野书房记》,四部丛刊三编缩印本,上海:上海书店出版社,1998年,48页。
③ 潘纯:《题苏伯修滋溪书堂》,见苏天爵《滋溪文稿》附录三《赠答题咏》,北京:中华书局,1997年,571页。
④ 宋濂等:《元史》卷一九九《隐逸传》,北京:中华书局,1976年,4479页。
⑤ 宋濂等:《元史》卷一九九《隐逸传》,北京:中华书局,1976年,4477页。

石之储,而聚书数万卷,扁所居曰"桀菴"。① 吴淞(今江苏苏州)人袁易,筑堂曰"静春",聚书万卷,手自校定。② 兰溪(今浙江)人徐均,入元不仕,"家故多书,日以史籍文章自娱"③。钱塘应本,隐居西湖,徜徉山水间。遇奇书必厚其值而取之,所积甚富,手不释卷,抄录成帙。④ 著名学者王应麟,入元不仕,利用自己丰富的藏书,专事著述20余种。⑤ 家世业儒的刘传,"聚书数千卷","穷'五经',尤深于《易》,推明程、朱之传,复辑诸儒之言以辅翼之,又辑《大学》《中庸》要语以授学者……讨论皆造其极,郡人争具礼币延致于家塾而师法焉"⑥。

一些好读嗜学者,由于生活贫困,无钱购书,于是就靠手抄笔录来积累图书。这既是在阅读,又有利于书籍的流传和保存。如兰溪(今浙江)吴师道,未仕前,家贫无书,于是发奋手录盈数箧。⑦ 松江(今上海松江区)孙道明,虽贫甚,但苦志笃学。每借人书,坐肆中且读且抄,密行楷字,积写千余本。⑧

还有一些藏书家,并非无钱购书,而是由于嗜书成癖,以抄书为乐,并将此作为一种读书治学的方法,特别是遇到善本、奇书,必手自抄录不可。如汲县(今河南卫辉)王天铎,累官至户部主事,不治生产,怡然以闭户读书为业。闻一异书,唯恐弗及。"目览手笔,日且万字。不十年得书数千卷。"⑨再如王应麟之子王昌世,家藏累世之书万余

---

① 宋濂等:《元史》卷一八九《儒学一》,北京:中华书局,1976年,4327页。
② 顾嗣立:《元诗选》初集一《袁山长易》,北京:中华书局,1987年,310页。
③ 方建新、金达胜:《元代私家藏书考析》,载《文献》,1996年第4期,202—216页。
④ 方建新、金达胜:《元代私家藏书考析》,载《文献》,1996年第4期,202—216页。
⑤ 方建新、金达胜:《元代私家藏书考析》,载《文献》,1996年第4期,202—216页。
⑥ 苏天爵:《滋溪文稿》卷十四《故静观处士刘君墓碣铭》,北京:中华书局,1997年,230—231页。
⑦ 方建新、金达胜:《元代私家藏书考析》,载《文献》,1996年第4期,202—216页。
⑧ 郎瑛:《七修类稿》卷四十《写字诵经》,北京:中华书局,1960年,584页。
⑨ 王恽:《秋涧先生大全文集》卷四十一《王氏藏书目录序》,四部丛刊集部,4页。

卷,毁于火,于是他"露抄雪纂,至忘寝食,书以复完"①。

有的藏书家,除自己阅读和利用藏书外,还将其提供给他人阅读,或用于办学,以利于师生阅读。如许州(今许昌)冯梦周累官至礼部尚书,由于深感自己早年无书可读之苦,于是购书千卷,筑堂贮之,以待乡里贫而无力购书者阅读,并为之制定借阅规则:"凡借者恣其所取,记其名若书目,读完则归而销其籍,损者不责偿,不归者遂予之,以激其后。缺者随补之。"②其平日所购买之书籍,上自"六经"传注,子史别集,下至稗官杂说,共积之数万卷,最后亦悉归颖昌书院,以资办学。时人张翥为其题诗云:"不惜黄金为买书,要令弦诵被乡间。"③济南人张炤致仕后,购书八万卷,以万卷送济南府学以资教育。④

元代还有一些军人或武将亦喜藏书,并将之提供给他人阅读。如易州(今河北)人张柔,少以豪侠称,读书略通大义。仕金,后降蒙古,从攻金、宋。蒙古军攻占汴梁,诸将士争入城取金帛,柔独入史馆取《金实录》及秘府图书以归,遂积得万余卷。从张柔征战的大将贾辅,平生喜欢读书,聚书万余卷,并筑楼藏之。其藏书之富,"几逾秘监,故贾侯之书甲天下"⑤。著名学者郝经,年少时,好学嗜读,而家贫无书,为守帅张柔、贾辅所知,延为上客。于是郝经博览无不通。⑥ 此外,当张柔取《金实录》及其他图书归史馆后,王鹗利用这些资料参与编纂了

---

① 黄溍:《金华黄先生文集》卷三十一《正奉大夫江浙等处行中书省参知政事王公墓志铭》,四部丛刊集部,18页。
② 许有壬:《至正集》卷三十八《冯氏书堂记》,四库全书,第121册,上海:上海古籍出版社,1987年,273—274页。
③ 张翥:《蜕庵集》卷四《题冯士启士可藏书堂》,四库全书,第1215册,上海:上海古籍出版社,1987年,66页。
④ 宋濂等:《元史》卷一七〇《张炤传》,北京:中华书局,1976年,3998页。
⑤ 郝经撰,秦雪清点校:《郝文忠公陵川文集》卷二十五《万卷楼记》,太原:山西人民出版社,山西古籍出版社,2006年,352页。
⑥ 宋濂等:《元史》卷一五七《郝经传》,北京:中华书局,1976年,3698页。

《金史》。①

　　许多藏书家的藏书除了供自己阅读外,亦为了教育子孙,希望能诗书继世,即所谓:"遗金满籝,不如遗一经。"如著名学者张文谦,平生无他嗜好,家唯藏书数万卷,尝对人言:"吾家素清白,有书数柜,传之子孙,万金不薄也。"②前述的张炤,有藏书室曰"万卷堂",希望子孙升斯堂,诵斯书,有孝悌忠信者出,以不负其储书之意。③ 出身于世儒之家的段思温,家素贫,以授徒为生,缩衣节食,市书至万余卷。"尝顾而乐之,谓以此遗子孙足矣。"④王恽之父王天铎抄书数千卷,以遗子孙,并希望子孙能够读书向学,学有所成,"为卿相,为牧守,为善人,为君子,上以致君泽民,下以立身行道,道其在于是矣"⑤。其子王恽,好学善属文,累官至翰林学士,亦广蓄图书,以教子孙,其示孙诗云:

　　　　传家无长物,临终付青毡。有书五千卷,太平亲手编。三世无白屋,辛苦天所怜。多财只益愚,读书可希贤……近多置书家,万卷图好看。来者不一读,非贸即弃损。人果不好学,方寸如废田。⑥

　　世代为儒的文人学士如此应属常见,而有一些商贾富户亦购书、藏书,希望后代能读书向学,取得功名富贵。如庐陵(今江西庐陵)贺良叔善治生产,年收稻谷万石,蓄书万卷,延名师教子。鄞县(今浙江宁波)胡琪,治田庐,生产悉有法,喜储书,并构精舍藏之,延师儒教诸孙举子业。定海(今浙江舟山)贩粮大贾乐大源,蓄书数千卷,以遗子孙,并曰:"吾子孙必有能读是者。"后其孙乐良果然读祖所藏之书,从

---

① 脱脱等:《金史》附录《进金史表》,北京:中华书局,1976年,2900页。
② 范凤书:《中国私家藏书史》,郑州:大象出版社,2001年,148页。
③ 范凤书:《中国私家藏书史》,郑州:大象出版社,2001年,149页。
④ 方建新、金达胜:《元代私家藏书考析》,载《文献》,1996年第4期,202—216页。
⑤ 王恽:《秋涧先生大全文集》卷四十一《王氏藏书目录序》,四部丛刊集部,4页。
⑥ 王恽:《秋涧先生大全文集》卷三《元日示孙阿鞬六十韵》,四部丛刊集部,8—9页。

名学者程端礼学,洪武初辟为定海教谕。①

除汉人外,许多蒙古人和色目人受汉文化熏染,亦热爱读书、藏书,并重视对藏书的阅读和利用。蒙古人中如木华黎后代只必,幼嗜读书,习翰墨,尝出家藏书二千余卷,置东平庙学,使学徒讲肄之。② 慕颜铁木,贤而能文,藏书万余卷,有诗五百余篇。③ 克埒实,藏书万余卷,无不究览。还有前述的千奴,于历山下聚书万卷,延名儒教其乡里子弟,出私田百亩以给养之。畏兀儿人廉希宪,镇关中时,买田筑室,藏书二万卷,日与名儒许衡讲论其间。其子廉惇等自幼读书其中,后又经修葺,购书万卷,名曰读书岩。④ 高昌王月鲁哥,折节下士,积书万卷,朝诵暮读,未尝去手,几若儒生。⑤ 汪古人阔里吉思,筑万卷堂于私第,日与诸儒讨论经史、性理、阴阳、术数,靡不该贯。汪惟正,藏书二万卷,喜从文士议论古今治乱。如此等等,他们都是蒙古人和色目人中藏书既多、读书也广的杰出代表。

第九节　书籍焚毁与阅读

元朝统治者出于巩固与维护其统治地位的需要,对一些书籍进行了焚毁和禁限。这既表明了元朝政府的政治思想和主张,也反映了他们的阅读观念和文化政策。

---

① 方建新、金达胜:《元代私家藏书考析》,载《文献》,1996 年第 4 期,202—216 页。
② 宋濂等:《元史》卷一一九《木华黎传》,北京:中华书局,1976 年,2943 页。
③ 舒振邦:《蒙古族对元代历史的重大贡献》,见南开大学历史系《元史论集》,北京:人民出版社,1984 年,424—435 页。
④ 范凤书:《中国私家藏书史》,郑州:大象出版社,2001 年,161 页。
⑤ 虞集:《道园学古录》卷十六《大宗正府也可札鲁火赤高昌王神道碑》,四部备要本,上海:中华书局,1936 年,123 页。

一、对道教书籍的焚毁

元朝焚毁的书籍主要是道藏,它起源于佛、道二教之间的冲突和争论。道教本来在元初很受蒙古统治者的宠信,但由于道教徒不断与佛教徒发生剧烈冲突,而且为所欲为,公然抢占佛教寺院,刊行诋毁佛教的道经《老子化胡经》和《八十一化图》等,于是在宪宗蒙哥汗五年(1255)和八年(1258),元朝开展了两次佛、道大辩论,结果都以道教彻底失败而告终。借此,蒙哥汗下令焚毁《老子化胡经》等多种经文及印版,将各路寺庙里石碑上绘、刻的侮辱佛教的《八十一化图》也全部毁弃。其中的《老子化胡经》系晋代道士王浮演义《后汉书·襄楷传》中"或言老子入夷狄为浮屠"一语而写成的一部道教典籍,目的是诋毁佛教,抬高道教的地位。

至元十七年(1280),管理佛教事务的官员控告,道士中仍有《老子化胡经》在流传,并且道士们仍然对佛教充满敌视,且屡有事端发生,于是忽必烈"诏谕真人祁志诚等焚毁《道藏》伪妄经文及版"①。祁志诚是全真教大师丘处机的四传弟子。这是让他自行焚毁《道藏》中的"伪妄经文及版",并不是全部《道藏》。至元十八年(1281),忽必烈又下令焚毁了除《道德经》之外的所有道教书籍和刻版。② 这些道教书籍包括《老子化胡经》《犹龙传》《太上实录》《圣经记》《西升记》《出塞记》《帝王师录》《三破论》《十异九迷论》《明真辨伪论》《十小论》《钦道明证论》《辅正除邪论》《辟邪归正论》《黜邪论》《辩仙论》《三光列纪》《谤道释经》《五公问虚无经》《三教根源图》《道先生三清经》《九天经》《赤书经》《上清经》《赤书度命经》《十三虚无经》《藏天隐月经》《南斗经》《玉纬经》《灵宝二十四生经》《历代应现图》《历代帝王崇道记》《青阳宫记》《纪胜赋》《玄元内传》《楼观先生内传》《高上老子内传》《道佛

---

① 宋濂等:《元史》卷十一《世祖八》,北京:中华书局,1976年,222页。
② 宋濂等:《元史》卷十一《世祖八》,北京:中华书局,1976年,234页。

先后论》《混元皇帝实录》。① 至此,道教书籍在元代遭到了毁灭性的打击。曾经广泛流传的众多道教读物在元朝严厉的法令下,销声匿迹。虽然道教徒众多,但道教读物已相当有限。

关于焚毁这些书籍的理由,忽必烈在一道诏书中称:"除《道德经》是老子真实经旨,其余皆后人造作演说,多有诋毁释教、偷窃佛语。更有收入阴阳、医药、诸子等书,往往改易名号,传注讹舛,失其本真。伪造符咒,妄言佩之令人商贾倍利、夫妻和合有如鸳鸯、子嗣蕃息、男寿女贞。诳惑万民,非止一端,意欲贪图财利、诱说妻女。其有教人非望:佩符在臂,男为君相,女为后妃,入水不溺,入火不焚,刀剑不能伤害等语。"②由此可见,这是一些蛊惑人心,让读者上当受骗,误入歧途,乃至伤身害命的伪劣读物。对其进行焚毁,是元代阅读史上元朝政府做出的扶正驱邪的壮举。之后,元朝的刑法规定:"诸阴阳家伪造图谶,释、老家私撰经文,凡以邪说左道诬民惑众者,禁之,违者重罪之。在寺观者罪及主守,居外者所在有司察之。"③

二、对天文、图谶、阴阳及其他书籍的禁毁

元朝所禁图书除道教著作外,最多的是关于天文、图谶和阴阳的伪书。元朝刑法规定:"诸阴阳家天文图谶应禁之书,敢私藏者罪之。"④这类禁书令在忽必烈执政期间发布得最多。

至元三年(1266)十一月,"诏禁天文、图谶等书"⑤。至元九年

---

① 王海刚:《元代出版管理述略》,载《图书馆杂志》,2005年第1期,71—74页。
② 忽必烈:《僧道二家辨析诏》,见李修生《全元文》卷一〇七,南京:江苏古籍出版社,1998年,372页。
③ 宋濂等:《元史》卷一〇五《刑法志四》,北京:中华书局,1976年,2684页。
④ 宋濂等:《元史》卷一〇五《刑法志四》,北京:中华书局,1976年,2684页。
⑤ 宋濂等:《元史》卷六《世祖三》,北京:中华书局,1976年,112页。

(1272)三月,"括民间《四教经》,焚之"①。七月,"禁私鬻《回回历》"②。至元十年(1273)正月,"禁阴阳图谶等书"③。至元十八年(1281),禁藏《五公符》《推背图》《血盆经》以及天文图书,所有此类图书均由秘书监收存。④ 至元二十一年(1284),"括天下私藏天文图谶《太乙雷公式》《七曜历》《推背图》《苗太监历》,有私习及收匿者罪之"⑤。至元二十三年(1286),"焚阴阳伪书《显明历》"⑥。泰定二年(1325),"申禁图谶,私藏不献者罪之"⑦。

上述禁书令并非忽必烈所发明,只是照搬前代王朝的做法而已。天文、图谶类图书早在西晋就被禁过。《太乙雷公式》《七曜历》《推背图》之禁,则完全依据《宋刑统》的文字,效仿宋朝的做法。《五公符》《血盆经》、阴阳伪书《显明历》也都属于唐宋以来屡禁的阴阳、占卜、妖书之类。《苗太监历》是天文历法方面的书。这方面的书,因为内容不仅涉及预测气象、地震等自然灾害,而且往往涉及预言疾病、死亡、战争、冲突和阴谋等人祸,所以其私编者和私藏者必然要受到统治者的禁限。《四教经》可能也是一部阴阳伪书。忽必烈屡禁这些书籍当然是为了防止产生一切左道乱正乃至阴谋造反的舆论,可见所禁内容与前代王朝并无二致。

元代也曾对戏文、杂剧和评话进行禁限。如元朝法令规定:"诸妄撰词曲,诬人以犯上恶言者,处死。"⑧"诸民间子弟,不务生业,辄于城市坊镇,演唱词话,教习杂戏,聚众淫谑,并禁治之。"⑨顺帝后至元二年

---

① 宋濂等:《元史》卷七《世祖四》,北京:中华书局,1976年,140页。
② 宋濂等:《元史》卷七《世祖四》,北京:中华书局,1976年,142页。
③ 宋濂等:《元史》卷八《世祖五》,北京:中华书局,1976年,147页。
④ 维礼:《元朝的禁书》,载《书品》,2003年第6期,95—96页。
⑤ 宋濂等:《元史》卷十三《世祖十》,北京:中华书局,1976年,266页。
⑥ 宋濂等:《元史》卷十四《世祖十一》,北京:中华书局,1976年,286页。
⑦ 宋濂等:《元史》卷二十九《泰定帝一》,北京:中华书局,1976年,662页。
⑧ 宋濂等:《元史》卷一〇四《刑法志三》,北京:中华书局,1976年,2651页。
⑨ 宋濂等:《元史》卷一〇五《刑法志四》,北京:中华书局,1976年,2685页。

(1336),"丞相伯颜当国,禁江南农家用铁禾叉,犯者杖一百七十,以防南人造反之意。民间止用木叉挑取禾稻。古人所谓食肉者,其智如此。又禁戏文、杂剧、评话等"①。如此等等,具体禁限了什么内容,已无法查考。但从这里,我们可得知,元朝统治者为防止传播犯上舆论,也曾对通俗文学作品进行禁限,但是远没有前两类图书禁限的力度大。因此,禁书行为也没有对元杂剧和话本小说的创作与阅读的发展与繁荣产生不利的影响,但也反映了元朝的民族压迫和思想文化领域内的斗争。

总之,元朝的禁书因为范围有限,没有涉及诸子百家、稗官野史,所以没有对整个元代的阅读活动产生不利影响,反倒对阅读活动有拨乱反正、净化内容之功效。

第十节　通俗文学的勃兴与阅读活动

小说类通俗文学的兴起,促进了以市民为主体的大众读者群体及其阅读需求的兴起,代表着阅读功能审美化和娱乐化相结合的大众阅读活动的发展趋势。

一、元曲

元代最为发达的文学形式是元曲,元曲分为杂剧与散曲两种形式。其中的杂剧创作尤为发达。这有以下几点原因:一是沿袭了金的传统;二是元代科举停废,文人学士的才华无所施展,只能以文学的形

---

① 王利器:《元明清三代禁毁小说戏曲史料》增订本第一编,上海:上海古籍出版社,1981年,10页。

式在民众中实现自己的价值,求得知己;三是汉族文人受民族歧视和压迫,所以只能通过文学创作的形式来求得安慰和解脱;四是城市的发展和经济的繁荣,使得人口集中,且民众的闲暇时间有了增加,从而有了文化娱乐的条件和可能。在这样的背景和环境下,元代的杂剧就像雨后春笋,蓬勃发展起来。

杂剧虽然是一种舞台艺术形式,但其剧本作为一种读物在社会上广泛流传。何况,演员在演出前要反复阅读剧本,以便能够准确地在舞台上再现人物的性格特点。据元人钟嗣成《录鬼簿》和明初贾仲明《录鬼簿续编》等记载,元代杂剧作家有200余位,杂剧作品有600余部。明代学者康海曾说:"予曩游京师,会见馆阁诸书,有元人传奇几千百种,而所躬自阅涉者才十二三。"①这虽然是明人所言,但也反映了元代产生的剧本数量之大和人们对剧本阅读的喜爱。所以,从阅读的角度来讲,剧本虽然还比不上传统的诗文所具有的社会地位和影响,但所体现的文学阅读的娱乐性和教化意义已有超过诗文之趋势。

散曲是一种新体诗,分小令与套数两种形式。小令形式短小,自由活泼,语言清新自然,风格朴实。从现存元代小令来看,它全面地反映了元代的社会生活,是一种深受读者喜爱的文学形式。套数是指由两支以上宫调相同的只曲连缀而成的组曲。它虽然也主要以演唱来表现其内容,但其剧本亦是一种流传广泛的读物。如前所述的金国《刘知远诸宫调》在平水(今山西临汾)刊刻后,亦流传到了几千里之外的西夏边陲重镇黑水城。

二、话本小说

元代通俗文学中对阅读活动影响最大的是话本小说。话本是说

---

① 蔡毅:《中国古典戏曲序跋汇编》,济南:齐鲁书社,1989年,855—856页。

书（宋元时称为说话）艺人所用的底本。说书（或平话）产生自唐代。到宋代，随着市井的繁华和市民群体的壮大，以及宋朝统治者对说话艺术的喜爱和支持，说书获得了空前的发展，成为上自皇帝、下至平民百姓所喜闻乐见的一种文学形式，并为后来通俗小说的繁荣奠定了文本和读者基础。

随着市民文化水平的提高，他们对文化生活的需求已不仅仅满足于听，还需要通过阅读去感受和体会。而且听书还要受到空间和时间的限制。于是，话本开始被辗转传抄，并不断被增删润色，在读者中流传开来。书坊老板看到了其中的利益，就把它们大量地印刷出来，使其成为供人们阅读的话本小说。特别是进入元代，"说话"艺术遭到了统治者的禁抑，"说话"这种表演技艺渐趋衰落。由于"说话"的内容已深入人心，根植社会，因此其教化功能和娱乐价值也被人们有所认识。如元代著名学者杨维桢所言："曰忠曰孝，贯穿经史，于稠人广众中，亦可以敦励薄俗。"①所以，它更多地变换为书面的形式在民间流传。特别是一些不得志的文人，开始不断地对宋以来的"说话"进行整理加工，使话本小说层出不穷，艺术手法渐趋完善。"说话"开始由勾栏瓦肆进入书坊，来到人们的案头和手中，逐渐成为一种最受大众喜爱的读物。口头文学发展为书面文学，这是文学传播的趋势，亦是社会阅读发展的必然结果。从此，掀起了中国阅读史上波澜壮阔的通俗文学阅读高潮，乃至产生了《西游记》《三国演义》《水浒传》等优秀作品。它们不仅是文学创作的辉煌，而且是大众阅读发展的里程碑。

话本小说最初是以单篇的形式流传的。元代流传的话本小说有多少种，流传的情况如何，已难以进行确切的考证。现存的宋元话本数量很少，并多数保存在明人编的集子里。如《京本通俗小说》，这是一个写本，又残缺不全，所以不知原编有多少种；《清平山堂话本》，刊

---

① 杨维桢：《东维子文集》卷六《送朱女士桂英演史序》，四部丛刊集部，12页。

印于明嘉靖年间,残存29种;冯梦龙的《三言》和凌濛初的《二拍》中亦有一小部分①。目前发现的元代刻本有至元十四年(1277)建安书堂刻《至元新刊全相三分事略》、至治年间建安虞氏所刊《全相平话五种》即《武王伐纣书》《乐毅图齐七国春秋平话后集》《秦并六国平话》《前汉书平话续集》《三国志平话》,还有《大唐三藏取经诗话》以及1979年西安发现的一张《新编红白蜘蛛小说》的残页,亦是元代的刻本。② 此外,《西游记》的初本也已在元代开始流传。③ 由此可见,话本小说作为一种通俗读物在元代不仅数量多,而且流传广。

三、文言小说

通俗文学不仅是大众喜闻乐见的读物,而且代表着文学阅读的发展趋势。在文学的发展过程中,除通俗文学作品外,还有雅文学,即在文人学士中创作并流传的文学作品,如诗词、散文、文言小说等。

元代的雅文学的阅读对象,如诗词、散文已在前述的各类读者群中有所涉及。一般来说,文人学士对文学的阅读亦多强调其伦理教化的作用,所以他们往往提倡有益风化的文学作品,并大加宣扬。如虞集曾说:"隐居放言之作,市井田野之歌,谣诵谶纬之文,史传物色之咏,神仙术数之说,鬼神幽怪之语,其类尚多有之。而最善者,君子之道德有乎其身,则发诸音而成文者,足以垂世立教,以成天下之务者也……然以其超诣特卓之见,搏节隐括以为辞,固有浩博宏达大过于人者,则固诗之别出者也。"④

---

① 胡士莹:《话本小说概论》,北京:中华书局,1980年,132页。
② 程毅中:《宋元小说研究》,南京:江苏古籍出版社,1999年,240页。
③ 萧相恺:《宋元小说史》,杭州:浙江古籍出版社,1997年,158页。
④ 虞集:《道园学古录》卷四十五《会上人诗·序》,四部备要本,上海:中华书局,1936年,317页。

然而,他们也喜欢那些既有伦理教化,又有娱乐性的文学作品。所以,这也是文言小说(包括志怪、传奇和逸事)久盛不衰的原因。如明代学者胡应麟所言:"然古今著述,小说家特盛,而古今书籍,小说家独传,何以故哉? 怪力乱神,俗流喜道,而亦博物所珍也;玄虚广漠,好事偏次,而亦洽闻所眂也。谈虎者矜夸以示剧,而雕龙者闲掇之以为奇;辩鼠者证据以成名,而扪虱者类资之以送日。至于大雅君子,心知其妄,而口竞传之,且斥其非,而暮引用之,犹之淫声丽色,恶之而弗能弗好也。夫好者弥多,传者弥众,传者日众则作者日繁,夫何怪焉!"①谢肇淛也说:"宋钱思公坐则读经史,卧则读小说,上厕则阅小词,古人之笃嗜若此。故读书者,不博览稗官诸家,如啖粱肉而弃海错,坐堂皇而废台沼也,俗亦甚矣。"②

尽管我们难以查考元代小说流传和阅读的情况,但可由此推断文人学士们也会将阅读小说作为他们阅读生活的重要内容。

一般来说,文学创作的繁荣也反映着社会阅读活动的繁荣。虽然元代的小说创作在通俗文学的滚滚大潮下显得有点寂寞,但元代之前,特别是唐宋时期产生的大量小说也会继续在元代流传。如唐代的《酉阳杂俎》《羯鼓录》《枕中记》,五代的《北梦琐言》《唐摭言》《开元天宝遗事》,宋代的《青琐高议》《夷坚志》等。何况元代的文言小说创作比起宋代,虽然明显衰落了,但并没有停止,所以它也多少反映了元代小说阅读的状况。

目前已知的元代文言小说,志怪类有佚名的《异闻总录》《新刊湖海新闻夷坚续志》、郭凤霄的《江湖纪闻》等;轶事类有周密的《齐东野语》和《癸辛杂识》、蒋之正的《山房随笔》、徐显的《稗史集传》、杨瑀的《山居新语》、郑元祐的《遂昌杂志》、佚名的《青楼集》、陶宗仪的《南村

---

① 胡应麟:《少室山房笔丛》卷二十九《九流绪论下》,北京:中华书局,1958 年,374 页。
② 谢肇淛:《五杂俎》卷十三《事部一》,上海:上海书店出版社,2009 年,264 页。

辍耕录》等；传奇类有佚名的《李师师外传》、宋梅洞的《娇红记》等。此外，元代出现了陶宗仪编辑的《说郛》，这是一部小说总集，亦是一部综合性的大型丛书，在当时很受人们欢迎。元末学者杨维桢对其评论道：学者读此书，可开所闻、扩所见、博古物、核古文奇字、索异事、知天穷数、搜神怪、识虫鱼草木、纪山川风土、订古语、究谚谈、资谑浪调笑。他还进一步说：应中远《风俗通》、蔡伯喈《劝学篇》、史游《急就章》都能不断被人们阅读而传世，何况这种"用工深而资识者大"的著作，更会传世无疑。①

第十一节　宗教与阅读

由于蒙古统治者对宗教采取了兼容并蓄、广为利用的政策，所以元代的宗教活动异常兴盛。因为宗教活动本身就是一种文化传播行为，而且在很大程度上宗教的传播需要借助于文字。所以，随着宗教的传播与发展，宗教读物不断地产生和传播开来，从而促进着印刷术的发展和社会读写能力与文化素质的提高，促进着社会阅读活动的发展与普及。

一、佛教与阅读

从成吉思汗起，蒙古统治者就崇信佛教。"元起朔方，固已崇尚释教。及得西域，世祖以其地广而险远，民犷而好斗，思有以因其俗而柔

---

① 杨维桢：《说郛·序》，见陶宗仪等《说郛三种》卷首，上海：上海古籍出版社，1988年，2页。

其人,乃郡县土蕃之地,设官分职,而领之于帝师。"①由此可见,蒙古统治者发展佛教主要是出于政治统治的需要。因此,佛教能够在元朝兴盛起来,乃至上升为国教。

蒙古统治者最先接触的佛教似为中原汉地一直流传的禅宗。1253年,吐蕃僧人八思巴谒忽必烈于潜邸。中统元年(1260),忽必烈封八思巴为国师,至元七年(1270),又进封他为帝师。此后,藏传佛教在朝廷取得最高地位。但从全国来讲,最为流行的佛教流派仍是禅宗。

元代佛教之盛对阅读活动的影响主要体现在以下一些方面。

一是元朝重视佛教典籍文献的翻译、刊刻和传播。

除已经在流传的佛教典籍外,大量的吐蕃藏经传入中原,并被译为蒙古文和汉文,如《金光明经》就有三种蒙古文译本,并出现了汉文藏经和藏文藏经比较研究的目录学著作《至元法宝勘同总录》。据统计,元代共刊刻过十几种大藏经,如至元时期的《赵城藏》《普宁藏》《西夏文大藏经》,还有自宋代开始雕造、完成于元代的《碛砂藏》以及武宗时期由藏文译为蒙古文的藏经等。其中《西夏文大藏经》在竣工后的十余年间,曾印刷过140余部,可见该藏经虽是西夏文,但在当时流传甚广。此外,还有许多单行本佛经被译写、传抄、刻印而流传。如至元十七年(1280)十二月,"敕镂板印造帝师八思巴新译《戒本》五百部,颁降诸路僧人"②。至顺

《普宁藏》内页

---

① 宋濂等:《元史》卷二〇二《释老传》,北京:中华书局,1976年,4520页。
② 宋濂等:《元史》卷十一《世祖八》,北京:中华书局,1976年,228页。

三年(1332)四月,文宗"诏以泥金畏兀字书《无量寿佛经》千部"①。

佛教典籍的大量刻印,反映了元代佛学读者之众及其阅读需求的兴盛。此外,元朝还多次组织大规模的诵经活动,以促进阅读。如至元九年(1272)七月,忽必烈"集都城僧诵《大藏经》九会"②。至顺元年(1330)六月,文宗命河南、湖广、江西、甘肃行省诵《藏经》六百五十部,施钞三万锭。③

二是蒙古人对佛教的崇信提高了他们的文化素养和读写能力。

这有三点原因。第一,佛教信仰促进着蒙古人对文字的学习和使用。相对于儒学而言,蒙古人对佛教似乎与生俱来地有一种亲近感。如直到元朝末年,皇太子爱猷识理达腊还说:"李好文先生教我儒书多年,尚不省其义。今听佛法,一夜即能晓焉。"④于是其颇崇尚佛学。蒙古族著名学者、高僧搠思吉斡节儿为准确地翻译佛经,编著了《蒙古文启蒙》,对畏兀儿蒙古文进行了规范化整理研究,从而大大地提高了蒙古文的读写效率,特别是佛经的翻译和印刷效率。第二,大量的佛经被翻译为蒙古文,使蒙古文佛经成为数量最多的蒙古文读物,这必然会促进蒙古文阅读活动的发展与普及。第三,蒙古人由于崇信佛教,因此更信赖同样信佛的西域人。西域人较高的文化素养和善于吸收其他民族先进文化的品质使其成为蒙古人文化学习的导师和元初文化教育发展的推动者。如陈垣先生所言:"当是时,百汉人之言,不如一西域人之言。一西域人儒者之言,不如一西域人释者之言之尤为有力,而得国主之信用也。许衡吴澄之徒之所以能见用于时者,纯恃有二三西域人后先奔走之。而孔子之道之所以能见重于元者,亦纯赖

---

① 宋濂等:《元史》卷三十五《文宗四》,北京:中华书局,1976年,784页。
② 宋濂等:《元史》卷七《世祖四》,北京:中华书局,1976年,142页。
③ 宋濂等:《元史》卷三十四《文宗三》,北京:中华书局,1976年,759页。
④ 宋濂等:《元史》卷四十六《顺帝九》,北京:中华书局,1976年,962页。

有多数异教西域人诵其诗,读其书,倾心而辅翼之也。"①由此可见西域人不仅是元初佛教的传播者,而且是元初儒学阅读的推动者。

三是寺院成为阅读活动的重要场所。

一座寺院实际上就是一座佛教学校。这里不仅有儒释兼通的高僧作为导师,而且有包括世俗典籍在内的丰富藏书供僧徒阅读。所以寺院的阅读内容除了佛学外,亦有经、史、子、集方面的世俗内容。佛学阅读包括读经、讲经和注经等活动。这是僧徒们的日常功课。此外,经、史、子、集的阅读对僧徒也很重要,因为它是佛学阅读的基础和僧人必备的文化素养。特别是佛教要利用经、史、子、集方面的知识和藏书向世俗渗透,以从根本上扩大佛教的影响力。这主要有以下两个途径:一是教育和阅读,如在许多寺院中设有"寺塾",进行普通文化教育,没有"寺塾"的山林寺院则允许民间士子在寺庙中读书;二是用儒家经典解释佛经以感化民众。寺院的阅读活动既促进了僧徒们对世俗图书的阅读,也感染着民众去读书学习。这也是僧人中产生了许多儒释兼通的高僧的缘故。

元代佛教之盛自然使寺院林立。南宋时,朱熹就曾因寺院太多胜过书院而上书朝廷:"今佛老之宫遍满天下,大郡至逾千计,小邑亦或不下数十,而公私增益,其势未已。至于学校,则一郡一县仅一置焉,而附郭之县或不复有。其盛衰多寡之相绝至于如此,则于邪正利害之际亦已明矣。"②南宋如此,到元代当更是这样。据统计,至元二十八年(1291)时,全国有寺院 42318 所,经过登记的僧尼有 213148 人。③寺院和僧尼的阅读活动状况,由此可见一斑。

---

① 陈垣:《元西域人华化考》卷二,见《励耘书屋丛刻》上册,北京:北京师范大学出版社,1982年,28页。
② 朱熹著,郭齐、尹波点校:《朱熹集》卷十三《延和奏劄七》,成都:四川教育出版社,1996年,531页。
③ 黄时鉴:《元朝史话》,北京:北京出版社,1985年,99页。

四是产生了一批释儒兼通的高僧读者。

既精通佛学经典又博览经、史、子、集,亦精通多种文字的高僧读者在元代比比皆是。如畏兀儿人必兰纳识里,幼熟畏兀儿文及梵文,及长又能贯通三藏及诸国语。大德六年(1302),他奉旨从帝师授戒于广寒殿。他所翻译的佛教经典有汉文《楞严经》、梵文《大乘庄严宝度经》《乾陀般若经》《大涅槃经》《称赞大乘功德经》、藏文《不思议禅观经》等。① 畏兀儿人安藏扎牙答思,九岁从师学佛经,十五岁习儒、释二家之书,通各族语。世祖即位,进《宝藏论玄演集》十卷,还将汉文《尚书·无逸》《贞观政要·申鉴》《资治通鉴》《难经》《本草》等译为蒙古文。② 蒙古族学者搠思吉斡节儿被元廷尊为国师。他精通蒙、梵、藏、畏兀儿等多种文字。1305年,他将印度佛经《入菩提行经》由梵文译为蒙古文。1311年,他奉仁宗圣旨,用蒙古文撰写《入菩提行经释》,并在大都白塔寺刊印1000本。他对蒙古文阅读的另一大贡献是编著了《蒙古文启蒙》,这是研究和规范蒙古文语法的最早著作,为蒙古文翻译、书写和印刷的规范化做出了重要贡献。③ 畏兀儿人迦鲁纳答思,通佛教及诸国语。从国师学习藏语文,期年皆通。以畏兀儿蒙古文译梵文、藏文佛经进上,忽必烈命锓版印刷,赐诸王大臣阅读。④ 畏兀儿人阿鲁浑萨理,祖、父三代皆精佛学。他自幼受业于国师八思巴,尽通其学,且解诸国语。世祖闻其才,俾习汉文典籍,于是经、史、百家及阴阳、历数、图纬、方技之说皆通习之。⑤ 除了这些大师级的畏兀儿和蒙古人外,汉族僧人中亦有许多既通佛学,又博览经传、诗文俱

---

① 宋濂等:《元史》卷二〇二《释老传》,北京:中华书局,1976年,4520页。
② 蔡美彪:《中国历史大辞典·辽夏金元史卷》,上海:上海辞书出版社,1986年,174页。
③ 贺希格、陶克陶:《元代蒙古文化泰斗搠思吉斡节儿》,载《中央民族大学学报》,2002年第4期,59—61页。
④ 宋濂等:《元史》卷一三四《迦鲁纳答思传》,北京:中华书局,1976年,3260页。
⑤ 宋濂等:《元史》卷一三〇《阿鲁浑萨理传》,北京:中华书局,1976年,3175页。

佳的杰出读者。如澹居禅师至仁,博综经传,有诗文集《澹居稿》刊行。① 石屋禅师清珙,住当湖之福源寺,有《石屋诗》传世。② 天如禅师惟则,亦有诗文集行世。③ 善住,别号云屋,吴郡僧,所著《谷音集》近体诗若干首。④ 园至,住锡建昌之能仁寺,有《筠溪牧潜集》。⑤ 类似的释家诗人仅在《元诗纪事》卷三十四中就收有50人之多。⑥

五是许多儒士亦能旁通释家经典。

儒释兼通也是元代文人学者读书治学的一大特点。所以文人学士喜读佛教典籍也是元代的普遍现象。如侯均,积学四十年,群经百氏,无不淹贯,旁通释、老外典。⑦ 许谦,于书无所不读,经、史、子、集靡不该贯,旁而释、老之言,亦洞究其蕴。⑧ 石抹宜孙,为学本于经术,而兼通名法、纵横、天文、地理、术数、方技、释、老之说。⑨ 耶律楚材,"壮而涉猎佛书,稍有所得,颇自矜大"⑩。李瓒,多才能文,旁通浮屠。⑪ 畏兀儿著名儒士贯云石亦曾喜读释氏书。汪古部人赵世延虽出身基督教世家,但晚年亦喜道与佛。此外,还有许多人先为儒业,后出家学佛。如平水(今山西临汾)人段氏,幼习儒业,甫冠应经义举。因阅《左传》,悟兴衰之不常,慨然投笔,退居山林。年二十出家,受戒披剃,颇习经论。⑫ 南昌人陈大欣,家世业儒,去而学佛。⑬ 高安(今

---

① 顾嗣立:《元诗选》初集三《澹居禅师至仁》,北京:中华书局,1987年,2505页。
② 顾嗣立:《元诗选》初集三《石屋禅师清珙》,北京:中华书局,1987年,2500页。
③ 顾嗣立:《元诗选》初集三《天如禅师惟则》,北京:中华书局,1987年,2511页。
④ 顾嗣立:《元诗选》初集三《云屋善住》,北京:中华书局,1987年,2461页。
⑤ 陈衍:《元诗纪事》卷三十四《园至》,上海:上海古籍出版社,1987年,781页。
⑥ 陈衍:《元诗纪事》卷三十四《释子》,上海:上海古籍出版社,1987年,771—804页。
⑦ 宋濂等:《元史》卷一八九《儒学一》,北京:中华书局,1976年,4326页。
⑧ 宋濂等:《元史》卷一八九《儒学一》,北京:中华书局,1976年,4318—4319页。
⑨ 宋濂等:《元史》卷一八八《石抹宜孙传》,北京:中华书局,1976年,4309页。
⑩ 耶律楚材:《湛然居士文集》卷十二,北京:中华书局,1986年,256页。
⑪ 顾嗣立:《元诗选》三集《弋阳山樵李瓒》,北京:中华书局,1987年,509页。
⑫ 耶律楚材:《湛然居士文集》卷十三《和公大禅师塔记》,北京:中华书局,1986年,289页。
⑬ 顾嗣立:《元诗选》初集《蒲室禅师大欣》,北京:中华书局,1987年,2482页。

江西高安)人圆至,少习举子业,去为浮屠,著有《筠溪牧潜集》。① 钱塘人上人英,弃官为浮屠,结茅天目山中。其诗有超然出世之趣。②

六是多种文字阅读更显繁荣。

如前所述,汉文、蒙古文和波斯文是元代社会流行的三种主要文字。佛教的兴盛,特别是藏传佛教的传入,又使梵文、藏文、西夏文成为佛教阅读的常用文字,也因此产生了许多能阅读多种文字的高僧学者。特别是北京西北居庸关过街塔门洞里用梵文、汉文、八思巴蒙古文、畏兀儿蒙古文、藏文和西夏文镌刻的六字真言和佛经,更说明元代佛教阅读的多种文字特点。

二、道教与阅读

元初,北方流行的道教主要是太一教、大道教(蒙哥时期改为真大教)、全真教以及浑元教等。全真教由于深得蒙古统治者的器重,所以获得了比其他教派以及佛教和儒学远为优越的地位,乃至统治北方达几十年。全国统一后,活动于南宋故土的旧道教符箓各派继续流行于江南各地。北方大部仍然流行全真教、真大教等教,其中以全真教的势力为最大。

从宪宗蒙哥汗五年(1255)到世祖忽必烈至元十八年(1281),道教遭到元廷几次严重打击。特别是当忽必烈下令,除《道德经》外,其他道教经书一概焚毁后,道教的势力随之减弱。直到元贞元年(1295),成宗"诏道家复行《金箓》《科范》"③,道教势力才有所恢复。尽管如此,由于道教特别是全真教在金末元初势力很大,传布广泛,盛极一

---

① 顾嗣立:《元诗选》初集《筠溪老衲圆至》,北京:中华书局,1987年,2451页。
② 顾嗣立:《元诗选》初集《白云上人英》,北京:中华书局,1987年,2456页。
③ 宋濂等:《元史》卷十八《成宗一》,北京:中华书局,1976年,390页。

时,它主张道、释、儒三教合一,劝人读书著述,特别是要诵《道德经》《清静经》《般若心经》《孝经》等典籍,所以它对阅读活动的影响超过了其他教派。

全真教经过几代人的发展,"学者渐知读书,不以文字为障蔽"①。为争取道流的正统地位,扩大影响,1239年至1244年,全真教主持刊刻了道藏《玄都宝藏》。该藏以《大金玄都宝藏》为基础,搜求遗失,加上全真道人的著述,共计七千八百余卷,共印造了一百数十部。在流传了三四十年后,这些道教经籍大部分在至元十八年(1281)被元廷焚毁。此后,随着道教在元朝的复苏,道教典籍不断得到刊印和流传。如泰定二年(1325)二月,泰定帝颁《道经》于天下名山宫观。②

道教在元初盛极一时,其崇信者之众,影响之广,社会地位之高,为历代少有。特别是由于全真教提倡读书诵经,主张三教合一,所以道士们往往博览群书,工诗能文,其中更有苦心钻研、深得其奥者。如宋德方,"儒道经书,如《春秋》《易》《中庸》《大学》《庄子》《列子》等,尤所酷好。外虽诗书子史,亦罔不涉猎"③。钱有常,学道而好吟,绘李、杜、苏、黄像,置所居堂,又取唐宋诗佳句书于壁,而名其堂曰"诗人堂"④。杜道坚,于通玄观中建揽古楼,聚书数万卷,著《老子原旨》《关尹阐玄》《文子缵义》等书数十万言,可谓学业淹深,文行俱备。⑤ 郑守仁,号蒙泉,天台黄岩人。斋居万松间,一夕大雪填门,蒙泉读书僵卧自若,京师号为独冷先生。至正间,出主白鹤观,有《玉山雅集》。⑥

---

① 韩儒林:《元朝史》下,北京:人民出版社,1986年,347页。
② 宋濂等:《元史》卷二十九《泰定帝一》,北京:中华书局,1976年,654页。
③ 李鼎:《玄都至道披云真人宋天师祠堂碑铭》,见李修生《全元文》卷二八五,南京:江苏古籍出版社,1998年,52页。
④ 赵文:《诗人堂记》,见李修生《全元文》卷三三四,南京:江苏古籍出版社,1998年,107页。
⑤ 赵孟頫:《赵孟頫集》卷九《隆道冲真崇正真人杜公碑》,杭州:浙江古籍出版社,1986年,197页。
⑥ 顾嗣立:《元诗选》三集《郑炼师守仁》,北京:中华书局,1987年,717页。

《元诗纪事》卷三十三收录有道士作者19人。其中,如著名地理学家朱思本,八岁拜访玄教大宗师张留孙,后入龙虎山学道20年。他好读博览,手不释卷,"嗜圣经、史传、诸子百家若饥渴"。他除撰写了《舆地图》这部地理学著作外,还创作了大量诗文。邓青阳,早岁入武当从高士学《黄》《老》《文始》《庄》《列》《周易》《参周》《龙虎》《大丹》诸书,精思纯炼,深得其奥。于立,明敏博学,通古今,学道会稽山中,得石室藏书,有《会稽外史集》。张雨,能诗善文,有《句曲外史集》。马臻有《霞外集》,吴全节有《看云集》等。《元诗纪事》卷三十三共收录了19位道家诗人,①他们都是道士中广读博览、能文善诗的杰出代表。

与其他朝代的儒士一样,元代的儒士们亦往往喜欢道教,阅读道教典籍。如西域人迺贤,善歌诗,爱慕道家,曾为道士赋诗多篇。② 还有前述的侯均、许衡、石抹宜孙、赵世延等,都是精于儒学而旁通释、老外典者。

三、伊斯兰教、基督教与阅读

元朝时期,大批中亚人徙居中原,他们被汉文史籍称为"回回"。其中有相当部分是伊斯兰教徒。从这时起,伊斯兰教传播到全国各地,即所谓"元时回回遍天下"。他们乐居中土,以中原为家。虽然有自己的语言文字和书籍,但随着不断汉化,他们也开始读汉文,习儒书,唯有宗教习俗没有改变。

出嫁或者被卖给回回人的其他民族的男女,有相当一部分改信了伊斯兰教。忽必烈之孙阿难答从小生活在回回人聚集的河西地区(今

---

① 陈衍:《元诗纪事》卷三十三《道流》,上海:上海古籍出版社,1987年,745—769页。
② 陈垣:《元西域人华化考》卷三,见《励耘书屋丛刻》,北京:北京师范大学出版社,1982年,36页。

甘肃酒泉等地),并由回回人养大,为《古兰经》深深吸引。他嗣位安西王后,使其所属十五万蒙古军队的大多数人信了伊斯兰教。这成为元代伊斯兰教向其他族人传播的一个典型例子。

伊斯兰教对阅读活动的影响远没有佛、道二教大。这主要有两点原因:首先,伊斯兰教徒除《古兰经》外,拥有的经书比较少,而且《古兰经》主要靠传抄和口头讲解流传,对阅读活动的要求低;其次,伊斯兰教徒人数相对较少。诵读《古兰经》是伊斯兰教徒们的基本职责。"古兰"一词是阿拉伯语的音译,意为"诵读""宣读"。《古兰经》是要求教徒反复诵读的一部经典,所以出现了许多杰出的诵读者。如泉州清净寺的舍剌甫丁能默记全部《古兰经》。他诵读《古兰经》也很出色,是著名的《古兰经》诵读家。①

基督教的聂思脱里一派在唐初传入中国,称"大秦景教",后几近绝灭,辽金时期,该教在中国的西北和北方的一些游牧民族如乃蛮、克烈、汪古等部中颇为流行。蒙古人西征,又将大批西亚、东欧的基督教徒俘掠东来,他们随蒙古统治者进入中原,定居下来被称为"也里可温"。据载,元初仅大都(今北京)就有也里可温三万多人。1294年左右,罗马教皇派大主教孟特·戈维诺来东方传教。他在大都建教堂二所,并学会了蒙古人的语言文字,翻译了《新约》和祷告诗,为大约6000人洗礼。同时,大都的阿兰人也皈依了天主教,人数在三万以上。② 之后,因元朝政府对宗教采取广蓄兼容的政策,基督教也和其他宗教一样在全国各地发展起来,并同佛、道、儒一样,教徒享受着免差赋徭役的权利。

孟特·戈维诺所翻译的经文可能是蒙古文,而不是汉文。尽管当

---

① 白寿彝:《回族人物志》元代,银川:宁夏人民出版社,1985年,127页。
② 道森编,周良霄注:《出使蒙古记》,吕浦译,北京:中国社会科学出版社,1983年,224页。

时有几百种基督教文献在教徒中流传,但迄今没有发现任何迹象说明当时有经文被译为汉文。所以,大致可以断定,元代的基督教基本不是汉人的基督教,而是阿兰人、突厥人以及少数蒙古人信仰的宗教。[①]因此,基督教对元代阅读活动的影响仅限于这个范围。不过它给元代的阅读活动带来了多种文字,如叙利亚文、拉丁文、突厥文和波斯文等。而这些文字在当时有多少人使用,使用程度如何,已无法查考。但是,出身于基督教世家的汪古人马祖常、赵世延等人都是杰出的汉文读者。还有叙利亚人爱薛亦出身于基督教世家,他虽然通西域诸部语,但更应该通蒙古文和汉文,因为他曾任翰林学士承旨、国史院编修乃至平章政事。他们都以较高的汉文化修养为史书所载。

在元代,宗教在促进阅读活动的普及和深入的同时,起到了稳定社会、健康身心的作用。当时的宗教阅读活动对于提高社会文化素质,促进社会和谐发展有着积极的意义。

第十二节　西藏及其他边疆少数民族的阅读

元朝不仅结束了自唐末以来数百年的天下分裂局面,统一了全国,而且有着中国历史上最为辽阔的疆域。生活在边疆各地的各族人民,同样拥有自己灿烂的民族文化和辉煌的阅读历史。他们的阅读活动既是中国阅读史的重要组成部分,也为中华民族文化的发展和繁荣做出了重要贡献。

---

① 韩儒林:《元朝史》下,北京:人民出版社,1986年,359页。

一、西藏的阅读及其影响

1247年,西藏佛教领袖萨迦班智达带领其侄子八思巴和恰那多吉在凉州(今甘肃武威)与元太宗窝阔台的第三子阔端进行了具有历史意义的会晤。会晤结果是,萨迦班智达同意了西藏的臣属地位,西藏从此归入中国版图。

1. 文字的产生及其阅读概况

藏族有着悠久的历史和灿烂的文化,他们在史前曾使用过象形文字,这种文字有两千多年的历史,用这种文字记录的文献至今仍有留存。7世纪中叶,藏族学者图弥三菩札参照梵文字体创制了藏文,此后就产生了大量的藏文文献。这些文献,从载体和制作形式分有金石铭刻、竹木简牍、文书写卷、印刷品等。从内容来看有历史、语言、文学、艺术、宗教、法律、科技、社会等。需要指出的是,在藏文产生前后,即自唐初开始,随着藏族与中原地区交往日益密切以及藏族不断北上和东迁,汉文、西夏文和回鹘文读物传到藏区,成为藏族人民的读物。如在敦煌发现的藏文写卷中有一些由汉文翻译而来的作品,其中有《尚书·周书》中的章节、《战国策》片断、《孔丘项橐相问》等。这些译作既保持了原作的基本内容,又进行了再创作。如《尚书》中有"斮朝涉之胫,剖贤人之心"一句话,译者将它译作一则颇似《封神演义》中一些情节的故事,①体现了译者对汉文学的熟悉。还有,从唐朝开始就不断有汉文佛经传入西藏。藏文大藏经《甘珠尔》和《丹珠尔》中就有一些论著译自汉文。由此可见,藏族很早就存在着汉文读者,他们既是佛教经典的读者,也是儒家典籍的读者。至于梵文,也应在藏文产生之前就传到了西藏地区,只是读者极少而已。

在13世纪印刷术传入西藏之前,藏文读物主要以写本的形式流

---

① 马学良等:《中国少数民族文学史》上,北京:中央民族学院出版社,1992年,310页。

传。其中,印度梵文写本《贝叶经》的译传对藏族的书籍装订方法和技术发展产生了很大影响。7世纪,西藏出现了长条纸装册成卷的书籍。① 在敦煌和新疆发现的大量8世纪至9世纪的早期藏文文献就是这样的写本。据研究,当时的藏文不仅在西藏地区使用,而且曾流行于河西走廊(今甘肃武威一带)和回鹘人生活的西域广大地区;不仅使用于政府公文中,而且使用于民间借贷、占卜、诉讼等方面的契约、卜辞、讼状中。② 由此可见当时的藏文书写和阅读不仅范围广,而且很普及。印刷术传入西藏后,文献制作效率提高了,但该技术主要用于佛经印刷。

目前所知的早期的藏文读物是敦煌出土的大量文书写卷。其中,文学作品有诗歌(包括卜辞、格言和谚语)和散文(包括纪年、世系、传略和故事等),如《松巴谚语》《止贡赞普传略》以及小说《白噶白喜和金波聂基》③等。这些读物产生自唐、五代时期,但无论是它们的内容还是为藏族读者所喜闻乐见的文学形式,都在元代的西藏继续流传和发展。如格言诗就是藏族读者十分喜爱的一种文学形式。它由谚语、治家格言和民歌融合而成。元代的格言诗代表作是萨迦班智达所创作的《萨迦格言》。它的藏文原名为《嘉言宝库》,共有格言诗457首,内容有劝善、赞美正直、赞美知识、对学者的景仰、处世哲学、针砭时弊、政治主张等,是一部很有教育意义的诗歌读物。此后,格言诗成为藏族文学的一个传统,不断有作品产生,如《甘丹格言》《水树格言》及出现于19世纪的《国王修身论》和《卡切帕鲁训诫》④等。

---

① 桑德:《略论古印度梵语文化对藏族传统文化的影响》,载《中国藏学》,2005年第4期,92—101页。
② 伊伟先:《维吾尔族与藏族之间的文化联系与交流》,见王继光《中国西部民族文化研究》(2003年卷),北京:民族出版社,2003年,664—681页。
③ 马学良等:《中国少数民族文学史》上,北京:中央民族学院出版社,1992年,307—310页。
④ 张炯等:《中华文学通史》第三卷,北京:华艺出版社,1997年,267—289页。

在藏族人民中流传甚广的另一部著名的文学作品是长篇英雄史诗《格萨尔王传》。这部史诗大约产生于11世纪,是在藏族古老的神话、传说、故事、

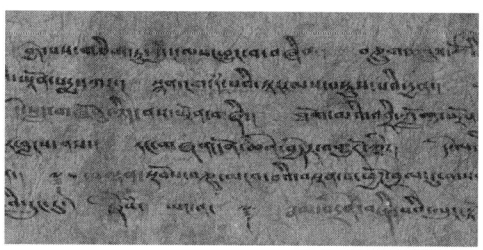

藏文抄本《格萨尔王传》内页

歌谣和谚语等民间文学的基础上,集体陆续创作而成的。到今天,它已成为有百余部之多的鸿篇巨制。

《格萨尔王传》的流传形态有两种:一种是古老的传承方式——民间艺人的口头说唱;另一种是由文人们将口头说唱记录成文,在民间传抄流布。该作品从何时开始呈文本形态流传,已无法查考。另外,在格萨尔艺人中,有一种吟诵艺人,他们根据手抄本或刻本来照本诵读。这种形式也具有大众阅读的形态和功能。

在藏族读者中流传甚广的文学作品还有《死尸的故事》。这部作品源于印度的《僵尸鬼故事》,在藏族地区经过几百年的流传,已成为藏族的一部优秀著作。它在14世纪至16世纪,至少七次被译为蒙古文,并在蒙古族地区广泛流传。

14世纪以后,藏族学者的著述与阅读活动日趋活跃,历史著作大量涌现,乃至卷帙浩繁,比较有代表性的如《巴协》《吐蕃佛教源流》《红册》《王统世系明鉴》《青史》《贤者喜宴》《新红史》《颇罗鼐传》《如意宝树史》等。其中的《巴协》约成书于12世纪,是一部论述吐蕃王朝社会政治与佛教历史的著作。该书以手抄本形式传世,对元代及以后的史学影响很大,如布思端的《吐蕃佛教源流》曾取材于它。① 《巴协》在遵循纪实性的同时,插入了一些民间故事和传说,大大增强了可读性和艺术感染力。如"那囊妃与金城公主夺子"的一段就是汉藏人民所熟

---

① 马学良等:《中国少数民族文学史》上,北京:中央民族学院出版社,1992年,311页。

悉和喜爱的故事。①《吐蕃佛教源流》系著名佛学大师布思端于至治三年(1323)写成的,书中主要叙述佛教的产生、传播及藏传佛教的发展史。此外,产生于元代的史学著作还有著名学者衮噶多吉于至正二十三年(1363)写成的《红册》等。《红册》的内容除藏族历史外,还涉及印度、汉地和蒙古历史等。从书中涉及的众多汉文史料和汉文内容来看,作者也是一位精通藏文和汉文的多种文字读者。从这一点可以看出,随着藏汉交流的日益频繁,藏族读者中懂汉文者越来越多。

2. 佛教阅读是西藏阅读的主流

佛教阅读是藏族人民最初乃至很长的历史时期内阅读活动的主要内容和形态。所以佛教文献在藏文文献中始终占有很大的比重。最初的藏文读物数量最多者就是译自梵文的佛经,梵文佛经亦是西藏佛教徒最早的读物。从7世纪开始,佛教学者把梵文经典译成藏文,到9世纪初,已编写出了《梵藏佛教词典》。② 到11世纪时,佛教在西藏已非常发达,出现了一些非常杰出的僧侣学者,他们中有许多人曾留学印度。同时,印度的许多梵学家也应邀访问西藏。在长期的相互交流中,西藏僧人的梵文水平不断提高,大量的以佛经为主的梵文典籍被译为藏文。其中的佛教经典就有4570余部,从事翻译的藏族译师先后有2000余人。③ 藏传佛教成为西藏的主要文化形态。梵藏翻译成为藏族文化交流史上规模最大、持续时间最长的活动。这对藏族古代的思想意识、语言文字、文学艺术及社会文化产生了广泛、深远的影响,也对他们的阅读内容、阅读观念和阅读方法产生了巨大的影响。

元代西藏阅读史上的一件大事是藏文大藏经《甘珠尔》和《丹珠

---

① 马学良等:《中国少数民族文学史》上,北京:中央民族学院出版社,1992年,311页。
② 中根千枝:《中国与印度:从人类学视角来看文化边陲》,载《北京大学学报》哲社版,2007年第2期,143—147页。
③ 桑德:《略论古印度梵语文化对藏族传统文化的影响》,载《中国藏学》,2005年第4期,92—101页。

尔》的编辑出版。这部大藏经由西藏著名学者布思端和衮噶多吉编辑整理,成书于 14 世纪中叶,分别收书 1108 种和 3461 种。其内容除有关佛教典籍外,还涉及文法、诗歌、美术、逻辑、天文、历算、医药、工艺等知识,可称为一部藏文百科全书。其所收典籍除大部分译自梵文外,也有少部分译自汉文及由藏族人撰写。这些典籍,除部分作品以单行本流传外,大部分只是在寺院里为喇嘛们所诵读和研究。

一座寺院实际上就是一所阅读学校。藏传佛教特别注重记诵能力训练,所以背诵经典是基本的学习方法和课程。当然,背诵是符合教育规律的一种读书方法。学生在记忆力最好的阶段,把大量的书本知识背下来,可以终身受用。而且,背诵能够使心情安定下来,不至于散乱纷移,从而达到阅读的最好境界。因为重视背诵,所以藏族僧人对知识的掌握普遍准确和牢靠。据说噶当派格西夏热瓦能背诵 103 函(约 3000 万字)《甘珠尔》。宗喀巴大师从小养成每天从清晨起床到日出背熟 17 页经文的习惯。一次,大师给一万多僧人讲经,连注释都一字不漏,靠背诵讲解了三个多月。20 世纪 40 年代,拉卜楞寺奴古仁波切能背诵经文 64 函(约 1900 万字)。这与中国古代重视背诵经典、要求将经典内容烂熟于心的教育方法并无二致。因为教育者懂得,一个人只有在一生中不断感受和体验,才能领悟到经典的真谛,所以背诵是初学者最有用的读书方法。

学僧在寺院里读经、背经当然也有一套严格的程序或制度。如韩达垎寺时轮学院的学僧,初级要背诵《妙吉禅名号经》《无上供养经》、诸佛赞、五大护法的《满足心愿经》《普济经简释》,中级要背诵《时轮金刚本续经》《证菩提经》《时轮摄略》《韵律占星》,高级必须背诵《时轮金刚生起与圆满次第经》。高级主要学习声明、诗词、天文历算、梵文和藏文书法等。①

---

① 洲塔:《藏传佛教早期著名寺院韩达垎寺考述》,载《中国藏学》,2005 年第 2 期,81—88 页。

如前所述,佛教阅读无论在数量上还是在内容上都是西藏阅读的主流和代表。佛教阅读的主要组织机构——寺院,也是西藏主要的,甚至是唯一的文化教育和传播机构。僧人们不仅学习文字、阅读佛教经典,而且学习哲学、社会、人文及自然科学知识。所以他们是西藏主要的知识分子和读者群体。佛教的传播与发展,在提高西藏文化教育水平的同时,也极大地促进了西藏阅读活动的发展。在这个过程中,那些杰出的读者与学者,既产生自佛教阅读,又是佛教和其他领域阅读活动的推动者和中坚力量。这样的人,在元代西藏发达的佛教文化环境下当不在少数。其中有代表性的如萨迦班智达,他是西藏佛教领袖和著名学者,是促使西藏统一并归入祖国版图的历史功臣。他自幼出家为僧,青年时广求名师,四处游历,锐意修习,博学经论,并首开藏族学者研习五明之风气。他读书既博,著述也富。除了流传广泛的《萨迦格言》外,其著述还涉及佛教哲学、因果逻辑、语言修辞、乐论和医学等方面,不愧是学富五车的大学者。八思巴,自幼跟随伯父萨迦班智达读书学习,九岁时就能在法会上为众僧说经。1258 年,在忽必烈主持的佛、道二教辩论会上,八思巴以渊博的学问、雄辩的口才,将道教发言人驳得理屈词穷。他受忽必烈之命创制了蒙古新字。这种蒙古新字在元代被广泛用于碑刻、印章、货币、牌符、公文以及书籍的撰写与印刷中,对维护元朝的统一,促进经济、文化的发展起了重要的作用。由于经常与汉文、畏兀儿文及蒙古文同时对照使用,所以蒙古新字也在蒙古、藏、汉之间的文化交流中起到了桥梁和媒介的作用。八思巴的著述也很多,如他为忽必烈的太子真金撰写的《彰所知论》,对蒙古的文化产生了深远的影响。他还将不少佛经翻译为蒙古新字,将《戒本》印制五百部,颁降诸路僧人。① 布思端,为藏传佛教夏鲁派创始人,幼年从母学佛经,18 岁出家,学识渊博,著译有 200 余种,首

---

① 宋濂等:《元史》卷十一《世祖八》,北京:中华书局,1976 年,228 页。

次编校藏文大藏经《甘珠尔》和《丹珠尔》,所著《吐蕃佛教源流》为佛教史名著。衮噶多吉是一位杰出的历史学家,所著《红册》涉及了印度、蒙古、汉地、西藏的历史,史料丰富,说明作者是一位梵文、汉文、藏文、蒙古文皆通的学者。从 11 世纪至 13 世纪,随着佛教的发展与繁荣,以大小五明之学为主要内容的藏族传统文化体系已经形成。这一时期的著名学者,从记载所见就有 2000 余人。他们多数是精通佛教经典及五明之学的高僧大师。他们不仅潜心研读经典,而且形成了著书立说的风气,所撰写的各学科著作有 3 万多卷。① 特别是佛经注释、史书、传记方面的著述,极大地提高了西藏的学术文化水平,促进了西藏阅读活动的发展。

佛教经典的层出不穷,促进了西藏对印刷术的引进和发展。忽必烈时期,西藏领主噶德衮布将印刷术带回西藏,在搽里八(今拉萨东郊)设立了印刷厂。之后,藏区各地先后建起了刻版印刷机构,其中最为著名的有那塘寺印经院、拉萨雪印经院、四川德格更庄寺印经院、甘肃夏河拉卜楞寺印经院、青海塔尔寺印经院、日喀则扎什伦布寺印经院等。《甘珠尔》和《丹珠尔》不同版本的印刷更促进了印刷水平的提高。大量的佛经印刷促进了造纸业的发达,驰名中外的不为虫蛀且易于长期保存的藏纸随之产生。虽然现存最早的藏文印刷品主要是佛经,但也有许多世俗文献被刻印出来。

在此之前,西夏就已经使用了活字印刷术。同时,远在西北的回鹘人也有了活字印刷术。由于他们都与西藏有着密切的关系,特别是藏传佛教早已传播到了这些地区,所以,可以推测,印刷术最晚在 13 世纪就已传入西藏。黑水城(今内蒙古阿拉善盟额济纳旗达来呼布镇以南

---

① 桑德:《略论古印度梵语文化对藏族传统文化的影响》,载《中国藏学》,2005 年第 4 期,92—101 页。

32公里处)出土的藏文木刻本佛经,①经考古证明出自西夏人之手,其中也有从西藏地区流传而来的部分。总之,在西藏归入元朝版图前后,印刷技术已在西藏开始使用,并得到了极大的发展,这无疑极大地提高了西藏的文献生产与传播效率,促进了西藏阅读活动的发展。

佛教的繁荣和印刷业的发达促进了藏文文献的生产与传播。14世纪以后,藏文文献开始大量出现,其数量之多,仅次于汉文文献,位列少数民族文献之首。在内容上,藏文文献的价值亦极高,有大藏经《甘珠尔》和《丹珠尔》,有教法史、寺庙志、高僧传、王统记、世系史、地理志、史册、格言诗、道歌、小说、神话传说、医学、数学、天文及语言学等。文献的大量产生是阅读活动赖以发展和繁荣的前提和条件,亦是阅读需求旺盛的反映。所以,从藏文文献的数量和内容来看,藏文读者数量之众,阅读质量之高,亦位列其他少数民族文字读者之首。不过,由于藏族的文化形态主要以佛教为主,寺院是主要的文化教育场所与传播机构,所以僧徒就是藏族的主要读者群,那些著名的学者和杰出的读者毫无例外地都是精通佛学的大师。但这个读者群在数量和质量上从7世纪以后到元、明、清,经历了一个怎样的发展过程,还有待进一步考察。

3. 藏文阅读的影响

藏文及其阅读对其他民族的阅读也产生着深刻影响。吐蕃时期(唐宋时期),它曾影响了回鹘、西夏乃至金、宋的汉地读者。藏文曾经是西域、河西走廊(今甘肃武威一带)的通用文字。大量的藏文读物,特别是佛经在这些地区流传,藏传佛教是西夏的国教,并由此传播到了金、宋等地。到元代,大量的藏文文献被不断地翻译为蒙古文、汉文及其他文字。这些文献除多数为佛教经典外,还有文学作品和历史典籍。如大藏经中的主要经典已基本上被译为蒙古文。相应地,也出现了许多杰出的翻译家和

---

① 史金波:《最早的藏文木刻本考略》,载《中国藏学》,2005年第4期,73—77页。

学者。如畏兀儿人必兰纳识里在皇庆年间(1312—1313)奉命翻译了许多梵文、藏文及汉文佛经。蒙古学者搠思吉斡节儿不仅从梵文和藏文翻译了多部佛教经典(如流传至今的《菩提行经》等),而且还用藏文撰写了《佛佗十二行状》和《摩诃葛剌颂》等经籍。蒙古学者沙剌布僧格曾将藏文《金光明经》、梵文《五护经》等经文译为蒙古文,①这些经书经刊印后,广泛流传。蒙古学者索南嘎拉于14世纪初将藏文文学名著《萨迦格言》和《萨迦格言注释》译为蒙古文,并刊印流传。这些典籍的翻译,客观上对蒙古族的阅读起了促进作用,使蒙古族接受了藏族和其他民族先进的文化,从而促进了蒙古民族文化的发展与繁荣。

元朝灭亡之后,藏传佛教在蒙古族中继续得到发展,大量的佛教经典继续被译为蒙古文。从16世纪中叶到18世纪中叶,藏族涌现出了大批的翻译家和编撰家。藏文大藏经《甘珠尔》和《丹珠尔》也在这个时期被全部译为蒙古文。著名的翻译家如卫特拉人咱雅班智达(1599—1662),曾将177种藏文作品译为蒙古文,其弟子亦相继翻译了38部作品。这些作品除多数为佛教经典外,还有一些文学和历史方面的典籍,如《苏布喜地》《萨迦格言》》《米拉日巴传》《玛尼丛书》《词汇》等。② 还有著名翻译家锡勒图固什淖尔吉于17世纪初翻译的《米拉日巴传》《米拉日巴道歌》《故事海》等作品,在蒙古地区得到了广泛的流传。③

此外,随着西藏与外界交流的日益频繁,在西藏的周边、蒙古族及中原的汉人中亦产生了许多藏文读者。特别是藏传佛教的盛行,使梵文和藏文成为僧徒必须掌握的文字。藏文和梵文文献随之出现在各

---

① 唐吉思:《藏经蒙译简论》,见王继光《中国西部民族文化研究》,北京:民族出版社,2003年,45—57页。
② 唐吉思:《13至19世纪蒙藏文化交流评介》,见王继光《中国西部民族文化研究》,北京:民族出版社,2003年,410—417页。
③ 唐吉思:《13至19世纪蒙藏文化交流评介》,见王继光《中国西部民族文化研究》,北京:民族出版社,2003年,410—417页。

地。如四川省西昌市曾多次发现有元代纪年的梵文石碑。① 还有一个比较典型的例证就是北京西北居庸关过街塔门洞里用梵文、藏文、八思巴文、畏兀儿文、西夏文和汉文镌刻的佛经。

二、西北地区的多种文字阅读

元代的西北地区幅员辽阔，民族众多。这里通行着多种语言文字。畏兀儿人和哈密立人使用以粟特字母拼写的古回鹘文，即畏兀儿文。畏兀儿以西地区的突厥语系各民族，在察合台汗国统治下，逐渐使用一种以阿拉伯字母拼写的突厥文，即后来的察合台文。在聂思脱里教徒中，则通行古叙利亚文，或用古叙利亚字母拼写的突厥文。当地的汉人使用汉文，其他民族中也有兼通汉文者，汉人中亦有兼通其他民族文字者。河中地区（今乌兹别克斯坦撒马尔罕一带）还通行波斯文。当地的突厥学者中也有人用阿拉伯文写作。② 多种文字的使用亦反映了这一地区多种文字的阅读状况。

1. 畏兀儿及其与宗教的阅读

关于畏兀儿人的阅读，我们在色目人读者群及其他内容中已有所论及，不过所论及的那些人主要是进入中原的畏兀儿人。从这些人的阅读情况来看，畏兀儿族是一个具有悠久历史文化传统的民族。畏兀儿人的文化素质普遍较高，他们对元代及中华民族文化的发展与进步做出了重要贡献。

从9世纪至14世纪，在西域广大地区（今中亚、新疆乃至青海、甘肃、宁夏）包括畏兀儿人在内的各族人民广泛使用着回鹘文。蒙古人最早使用的文字也是回鹘文，他们在回鹘文基础上创制了回鹘式蒙古

---

① 黄承宗：《西昌发现元代梵文石碑》，载《文物》，1987年第2期，88—89页。
② 韩儒林：《元朝史》下，北京：人民出版社，1986年，239页。

文(畏兀儿蒙古文)。金帐汗国、帖木儿帝国和察合台汗国都曾采用回鹘文作为官方文字。直到 17 世纪,甘肃酒泉还用回鹘文刊刻佛经。10 世纪后,伊斯兰教传入南疆,14 世纪后传入北疆。之后,阿拉伯字母随之使用于这些地区,并产生了用阿拉伯字母拼写的文字。

回鹘文是畏兀儿人在使用阿拉伯字母文字之前使用最广、产生文献最多的一种文字。现存的回鹘文文献多数为宗

回鹘文典籍

教经典,其中最多的是佛经。回鹘人生活的敦煌、吐鲁番地区地处东西文化交流的要冲,中原、印度及中亚的文化在这里交汇。从唐代开始,回鹘人就信奉佛教。到宋代,佛教在这里已非常兴盛。如高昌(今新疆吐鲁番东)就有佛寺五十余座,寺中藏有《大藏经》《唐韵》《玉篇》《经音》①等汉文典籍。由此可见,这些寺院不仅是佛教文化传播的场所,而且是汉文典籍的收藏与阅读机构。到元代,佛教中的主要经典被译成了回鹘文。宗教阅读向来是印刷业发展的推动力。早在 11 世纪,印刷术就传到了高昌回鹘地区。到 13 世纪初,这里的印刷业已非常发达。近代以来在这些地区发现了大量的印刷品。这些印刷品主要是用回鹘文、汉文、叙利亚文、梵文、波斯文、突厥文、藏文、西夏文等文字刻印的佛教、摩尼教、景教、伊斯兰教等宗教文书和典籍,②反映了这一地区多种文字和文化并存的阅读状况。而且,在 12 世纪到 13 世纪前期,这些地区开始使用木活字印刷回鹘文佛经。③ 印刷术的发达,无疑促进了回

---

① 王继光:《中国少数民族历史文献概要》,见王继光《中国西部民族文化研究》,北京:民族出版社,2003 年,5—33 页。
② 江应梁:《中国民族史》中,北京:民族出版社,1990 年,478 页。
③ 史金波、雅森·吾守尔:《西夏和回鹘对活字印刷的重要贡献》,载《光明日报》,1997 年 8 月 5 日第五版。

鹘文文献的流通和传播，也反映出当时回鹘文阅读的兴盛状况。

上述迹象表明，僧侣及其他宗教信奉者是这些地区的主要读者群，多种文字和文化并存是这个读者群阅读的主要特点。

2. 世俗文献的产生及其阅读

宗教阅读是回鹘人的主要阅读内容，灿烂的回鹘文化催生了许多优秀的文学作品，它们在读者中流传，被无数的读者阅读，成为回鹘文化的经典之作。在这些作品中，流传最广、影响最大的当数《福乐智慧》和《乌古斯传》等。

《福乐智慧》是 11 世纪维吾尔族作家优素甫·哈斯·哈吉甫用回鹘文创作的一部长诗。它以歌颂正义、知识、智慧、道德为主题，融哲学、伦理、文学、语言于一书，以其丰富的思想内涵和高超的艺术技巧，赢得了很高的声誉，不仅在当时的喀拉汗朝受到极高的评价，而且对周围的国家和地区及后世的文学创作产生了广泛而深刻的影响。该书的序言写道："它以哲士的箴言和学者的诗篇装饰而成，读了此书的人，

察合台文《福乐智慧》内页

转述这些诗篇的人，将比此书更为尊贵。""由于此书无比优美，无论传到哪位帝王手里，无论传到哪个国家，那儿的哲士和学者们都很赏识它……"①"阿拉伯、塔吉克文书籍甚多，用母语写成的仅此一部。"②它作为一部名著在元代仍然使用回鹘文的西北广大地区流传，而且在

----

① 优素甫·哈斯·哈吉甫：《福乐智慧·序言一》，见《福乐智慧》，郝关中等译，北京：民族出版社，1986 年，2 页。
② 优素甫·哈斯·哈吉甫：《福乐智慧·序言二》，见《福乐智慧》，郝关中等译，北京：民族出版社，1986 年，12 页。

13世纪初开始用阿拉伯字母(后来的维吾尔文)抄写而流传。①

《乌古斯传》是在维吾尔及突厥语民族中流传很久的一部英雄史诗。到元代它已有回鹘文抄本在今新疆吐鲁番地区流传。②

随着伊斯兰教的发展与普及,从10世纪到14世纪,以波斯、阿拉伯文化为代表的伊斯兰文化涌入维吾尔地区。维吾尔的知识阶层都以精通波斯语、阿拉伯语为荣,并且维吾尔人也开始用阿拉伯字母记录自己的语言,于是就产生了维吾尔文并代替回鹘文。作家和学者们既使用波斯文和阿拉伯文,也使用维吾尔文。三种文字的阅读和写作成为这一地区的一大特点。阿赫买德·尤赫那吉的

《突厥语大词典》

《真理的入门》是这一时期维吾尔文学作品的代表。马赫穆德·喀什噶尔的《突厥语大词典》则是用阿拉伯文撰写的一部有关突厥语民族社会、历史、文化、经济、自然等的百科全书。该书于1074年撰成后,以手抄本的形式流传于读者中。现存的本子就是至元三年(1266)的抄本。元代流传于这一带的用阿拉伯字母撰写的文学作品还有突厥族的英雄叙事诗《先祖阔尔库特书》。③ 这部长诗至今仍在维吾尔民众中广泛流传。中亚作家拉布乌孜于1311年创作的《拉布乌孜故事集》(《先知传》)亦是一部用阿拉伯字母(察合台文)撰写的优秀文学作品。扎马勒·合儿昔的《苏剌百科全书补遗》是一部描述13世纪至14世纪中亚历史的著述,是为数很少的写于中亚的元代史籍。作者以其亲身经历记述了察合台诸王及其臣属的事迹。此书写成后,以阿

---

① 郝关中等:《福乐智慧·译者序》,见《福乐智慧》,北京:民族出版社,1986年,10页。
② 张炯等:《中华文学通史》第三卷,北京:华艺出版社,1997年,291页。
③ 张炯等:《中华文学通史》第三卷,北京:华艺出版社,1997年,302页。

拉伯文抄本形式流传至今。

除了这些原创作品外,还有大量的波斯文、阿拉伯文作品被翻译为维吾尔文在读者中广泛流传,它们对促进维吾尔人的阅读活动、提高其语言文化水平起到了积极的作用。

三、西南少数民族的阅读

1. 彝族人的读写

大约在8世纪,生活在今四川凉山一带的彝族有了书面文学,最初的作品多为经书。毕摩(祭司)将民间流传的神话、传说故事、习俗采录下来,经过整理、加工,用古彝文书写在绵纸、羊皮或白布上,世代相传,供祭祀之用。现存古彝文文献有祭经、占卜文、律历书、谱牒等,既反映着彝族的社会历史和文化状况,也折射出了古代彝族的阅读活动面貌。

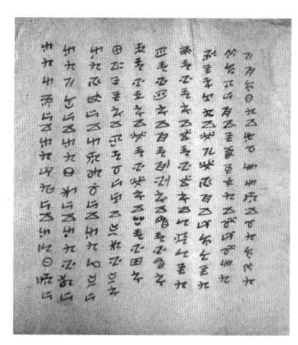

彝文抄本《毕摩经》

这些文献一般为五言韵文体,语言生动,文学性强,很有可读性。其中具有代表性的如《指路经》,是毕摩给死者作祭时念诵的经文,产生于唐代至明末,流传在今川、滇、黔等省的彝族聚居区,但一般只在毕摩和头人中传播,不得传给他人。《送魂曲》也是哀悼死者的经书,流传于各彝族聚居区。《六祖分支》是彝文历史书中的一部优秀作品,文学价值较高,可读性强,主要流传于云南武定一带。《宇宙人文论》是一部讲述自然界变化、阴阳、五行、人体生理、天文历算方面的著作。其内容已在民间流传了很久,最晚在宋代形成文字性记录,之后在民间经辗转传抄,广泛传播,深受彝族读者喜爱。

在汉文化的影响下,在阅读彝文读物的同时,许多彝族人也在阅读汉文读物,特别是一些贵族子弟成了汉文化修养很深的读者。

早在 8 世纪时,在滇西建立了南诏奴隶制政权的彝族和白族,随着经济、文化的发展与繁荣,开始加强与汉族的文化交流。贵族子弟"不读非圣贤之书",专攻儒学,不断派子弟入川读书学习。他们回到南诏后,继续阅读汉文典籍,并用汉文写诗作赋,传播汉文化。这样,在统治集团的上层贵族中就形成了汉文读者群,并产生了一批杰出的诗人和读者。如彝族诗人寻阁劝、白族诗人杨奇肱和段宗义①等。

到宋代时,大理国与宋朝的交往更加频繁,受汉文化的影响更加深远,汉文书籍的阅读也得到了更广泛的推广。如宋孝宗乾道九年(1173),大理商人李观音得、董六斤黑、张般若师等 33 人至广西横山寨议市马,换回五臣注《文选》、广注"五经"《春秋后语》"三史"《本草》《初学记》、张孟《押韵》《五藏论》《大般若十六会序》等大批汉文书籍。② 至于朝中官员,读儒书,治汉学,吟诗作文,则早已成风气。在儒家文化广泛传播的同时,佛教也在此时盛行大理国,儒生无不崇奉佛法。这更促进了儒学阅读的发展与深入。

另外,在大理国时期,"白文"开始广泛使用,出现了一些用白文撰写的历史著作及诗歌、曲本、传说等文艺作品,如《白古通记》《玄峰年运志》《西南列国志》等。

蒙古宪宗三年(1253),忽必烈征云南,次年灭大理,后于 1273 年建云南行省。随着云南统一于元朝版图,它与周边及中原各民族的文化交流更加频繁。汉文阅读得到普及与发展。赛典赤任云南行省平章政事时,首先在大理、中庆路这样的具有汉文化基础的地区设儒学

---

① 马学良等:《中国少数民族文学史》上,北京:中央民族学院出版社,1992 年,316—322 页。
② 江应樑:《中国民族史》中,北京:民族出版社,1990 年,501 页。

提举、建孔庙、修讲堂和学舍,选官员和富民子弟入学读书。同时,其他文字如彝文、白文的阅读继续存在并得到进一步发展。由于这里盛行藏传佛教,所以不能排除这里的僧侣中有能读梵文、藏文佛经者。由此可见,在元代这个统一的多民族国度里,云南及四川这样的多民族地区的阅读活动呈现了多种文字、多文化、多层次特点。而汉文阅读成为这些地区社会阅读的主流。这既说明了先进的汉文化具有强大的吸引力,也反映出中华民族的统一是历史发展的必然结果。

2. 纳西族及其东巴文读写

在今云南的丽江地区,纳西族人民创造了自己的宗教——东巴教。东巴文即东巴教士使用的一种象形文字,是纳西族的早期文字。这种文字只有东巴教士才通晓,并没有在全民族通行使用。东巴经就是用东巴文写成的、供东巴教士念诵的经书。11世纪以来,东巴教士用东巴文写了500多卷、700多万字的东巴经。其内容有天文、历法、历史、地理、文学、医药、动物、植物、武器、衣饰、饮食、生活、风土人情、家庭、宗教等,约40类。

东巴文经书

其中也收录了许多纳西族古代的文学作品,如被誉为东巴经文学中三颗明珠的神话传说《创世纪》、叙事诗《鲁般鲁饶》、英雄史诗《黑白之战》。它们虽然是东巴教士为宣讲教义而整理、加工的,其读者范围非常有限,但其内容却早已家喻户晓。所以,它们对发展纳西族的书面文学、保存和积累纳西文化、促进阅读活动的发展有着非常重要的意义。

3. 傣族与贝叶经读写文化

生活在云南西双版纳德宏、耿马、孟连等地的傣族是一个全民信仰佛教的民族。佛教对其民族文化的发展和阅读活动的普及产生了巨大的影响。在佛教和文字传入（具体时间不可考，应在13世纪之前）之后，其社会文化发生了巨大变化。大量口承作品、生产与生活经验经过贝叶经经文的纪录和整理形成书面文献。所谓贝叶经经文指用梵文、傣文和巴利文等文字写就的，这里主要指傣文，傣文是在古印度巴利文基础上形成的文字。贝叶经原意是指书写在棕榈科贝多罗树干叶片上的佛经，后泛指所有的傣文贝叶文献。傣文贝叶经在内容上包括两大类：一是佛教经典；二是世俗文献。其内容涉及政治、法律、军事、语言、文学、历史、天文历法、数学、农业、医药、生理等，其中以文学作品数量最大。贝叶经的读写活动在傣族中已相当普及，民间为佛寺刻经献书活动蔚然成风。此外，不仅佛寺成为贝叶经的收藏和阅读场所，而且民间也收藏和流传着大量的各类贝叶经文献。贝叶经文献不仅数量巨大，阅读活动普及，而且成为傣族文化的代表和象征。

贝叶经文献的大量出现使古老的傣族口承文化有了更好的保存和传播方式。书面的读写教育更有利于传承一个民族的精神文化财富，提高其智力和文化素质。对阅读活动来说，文字和文献的广泛使用，佛寺教育和读写活动的普及，为傣族社会培养了大批的作者和读者，这些读者和作者又推动了贝叶经读写文化的发展。

贝叶经读写文化的发展和繁荣，促进了大众喜闻乐见的文学作品写作和阅读的发展与繁荣。如明代傣族文学家祜巴勐在其《论傣族诗歌》一书中说："自从有了文字和经书，原来的零星歌谣就变得更加系统起来，被人们用文字刻在竹简和贝叶上，写在纸上和布上，叙事长诗就是在这样的基础上逐步形成的。"[①]所以，读写文化促进了文学的发展与繁荣，文学的发展与繁荣则促进着阅读活动的发展与普及。贝叶经文学作品的来源可分为三大部分：一是傣族古老的民间口承文学；二是随佛教传入的其他国家和民族的文学作品；三是寺院培养的知识分子创

[①] 张炯等：《中华文学通史》第三卷，北京：华艺出版社，1997年，344页。

作的作品。这些作品的出现都与佛教的传入、经书文字的运用和贝叶经的流行有直接关系。① 如果没有佛经文献的传播，就不会有书面文学作品的大量产生，也就不会有古代傣族阅读活动的发展与繁荣。

贝叶经文学作品包括散文和诗歌两大类。散文包括神话、传说、故事、传记、小说等，其中仅长篇故事就有 40 部。诗歌类作品包括民歌、情歌、叙事长诗等，其中在西双版纳所见目录的叙事长诗就有 500 多部。② 一般来说，文学作品的繁荣应是文学阅读繁荣的反映。虽然有些形式的作品主要是通过说唱来传播和发展的，如叙事长诗，但有大量书面文学作品的存在也就应该有文学阅读活动的存在。阅读活动的兴盛是书面文学产生、发展与不断完善的动力之一。

另外，由于贝叶经是随着佛教的传入而由印度传入中国境内的一种文本形式，而且主要是用梵文和巴利文写成的，所以在傣族地区除有大量的傣文贝叶经外，也曾发现有巴利文贝叶经。由此可推断，傣族人中曾存在着巴利文甚至是梵文读者。

第十三节　阅读方法和理论

读书方法的总结作为读书活动中的一种理性、自觉行为，反映着一个人或一个时代阅读活动的进步与发达。元代阅读活动的繁荣与进步当然包括人们在阅读观念和方法理论上的进步。许多人或根据自己的读书体验，或总结前人的读书理论和观点，结合当时的社会要求与时尚，在读书治学的方法与理论方面提出了许多不同的观点和看

---

① 张炯等：《中华文学通史》第三卷，北京：华艺出版社，1997 年，344 页。
② 张炯等：《中华文学通史》第三卷，北京：华艺出版社，1997 年，344 页。

法。特别是宋代之后,由于学者们都很重视读书,都恪守朱熹"为学之道,莫先于穷理;穷理之要,必在于读书"的主张,所以许多学者都有关于读书的见解。程朱理学不仅主导着元代的阅读内容,而且影响着元代乃至后来人们的阅读观念和方法。

一、程端礼的阅读理论与方法

程端礼(1271—1345),字敬叔,号畏斋,庆元(今浙江宁波)人。元代著名教育家。"幼颖悟纯笃,十五岁,能记诵'六经',晓析大义。"曾"从史蒙卿游,以传朱氏明体适用之指,学者及门甚众。所著有《读书工程》,国子监以颁示郡邑校官,为学者式"[①]。

《程氏家塾读书分年日程》简称《读书分年日程》,系程端礼根据"朱熹读书法",为指导青少年读书而写成的。书中论述了读书的目的、内容、次第、方法和原则等,是朱熹读书观的具体化和程式化表现。朱子言其纲,而程氏详其目。这不仅是程氏个人的读书观,而且代表着元代阅读理论的主流,并对明清产生了深远影响。

《程氏家塾读书分年日程》内页

程端礼通过编订《读书分年日程》,希望学子们做到"经之无不治,理之无不明,治道之无不通,制度之

[①] 宋濂等:《元史》卷一九〇《儒学二》,北京:中华书局,1976年,4343页。

无不考,古今之无不知,文词之无不达,得诸身心者,无不可推而为天下国家用"①。其读书思想的要点如下:读书的目的是明理;读书的核心方法是循序渐进,熟读精思;阅读内容要集中专一,次序井然;阅读中要注重温故而知新;等等。在此基础上,他开列了一个具体的读书计划:

8岁之前,读《性理字训》,并将朱熹《童蒙须知》贴在墙壁上,每天饭后记说一段。

8岁入学以后,依次读《小学》《大学》《论语》《孟子》《中庸》《孝经》《易》《书》《诗经》《仪礼》《礼记》《周礼》《春秋》及"三传"(《左传》《公羊传》《穀梁传》)。

15岁以后,读《四书章句集注》,并抄读《论语或问》《孟子或问》集注。同时,依次读《资治通鉴》、韩愈文、《楚辞》等。

由此可见,《读书分年日程》的主要内容是指导学生如何读书和读什么书。此外,该书还附有一篇《江东书院讲义》,它与《读书分年日程》相辅相成,互补互助,进一步阐述了朱熹读书法的精旨。其开篇云:"朱子曰:'为学之道,莫先于穷理;穷理之要,必在于读书;读书之法,莫贵乎循序而致精;而致精之本,则又在于居敬而持志。此不易之理也。'"②然后,程端礼对朱子读书六法,即"循序渐进、熟读精思、虚心涵泳、切己体察、著紧用力、居敬持志",进行了逐条解释。同时他也强调了读、诵、写相结合,经、史、文贯通的主张。其读书方法的核心是循序渐进和熟读精思。

程端礼认为读书应由浅入深,由易到难,循序渐进。"每句先逐字训之,然后通解一句之意,又通解一章之意,相接续作去。明理演文,一举两得。"他也十分重视诵读文章,认为诵读有助于记忆、理解和鉴

---

① 程端礼:《程氏家塾读书分年日程·自序》,见《程氏家塾读书分年日程》,丛书集成初编,北京:中华书局,1985年,1页。
② 程端礼:《程氏家塾读书分年日程》卷三,丛书集成初编,北京:中华书局,1985年,120页。

赏。他说:"未熟快读足遍数,已熟缓读思理趣。"①此外,他对阅读与写作的关系也很有见地。他把读书比作"销铜",将写作比作"铸器"。"所谓劳于读书,逸于作文者,此也。"②

二、苏天爵的读书法

苏天爵(1294—1352),字伯修,真定(今河北正定)人。元代著名学者和史学家,曾从吴澄、虞集等学,时有"学博而识正"之誉。著有《国朝名臣事略》《国朝文类》《滋溪文稿》等。

苏天爵自幼读书于藏书丰富的滋溪书屋,广识博览,潜心典籍,打下了良好的学术基础。虞集《赋苏伯修滋溪书堂》诗曰:"积学抱沉默,时至有攸行。抽简鲁史存,采诗商颂并。"③20岁后,苏天爵入国子学,受业于理学家刘因的私淑弟子安熙,并拜吴澄、虞集、齐履谦、马祖常、袁桷等一批名彦硕儒为师。他在任职于翰林院的十余年期间,熏染于这些名流学者之中,流连于史馆丰富的藏书之间,读经稽古,嗜学不厌,乃至废寝忘食,虽老不倦,最终能够"独身任一代文献之寄"④,成为一代文史大家。

苏天爵的治学特点是"博而知要,长于记载"⑤。他除了勤奋好学,博闻广识,乃至能够"贯穿经史,考核百家"外,还有自己独特的读书治学方法。如曾有人问他:"公之博洽可学乎?"他回答说:"可。吾尝读《汉书》矣,盖数过而始尽之,如治道、人物、地理、官制、兵法、货财

---

① 程端礼:《程氏家塾读书分年日程》纲领,丛书集成初编,北京:中华书局,1985年,8页。
② 程端礼:《程氏家塾读书分年日程》卷二,四部丛刊续编,4页。
③ 虞集:《道园学古录》卷一《赋苏伯修滋溪书堂》,四部备要本,上海:中华书局,1936年,21页。
④ 宋濂等:《元史》卷一八三《苏天爵传》,北京:中华书局,1976年,4227页。
⑤ 宋濂等:《元史》卷一八三《苏天爵传》,北京:中华书局,1976年,4226页。

之类,每一过专求一事,不待数过,而事事精窍矣。参伍错综,八面受敌,沛然应之而莫御焉。"虞集评论道:"善读书者,能如文忠公之于《汉书》也,愿学者推此说以为凡读古书之法焉,其精博可胜言哉。"①由此可见,作为一代史学家的苏天爵能够精悉历代政治、经济、文化制度,正是依仗了这种"专求"一事的读书法,并且,这种方法也受到了大学者虞集的推崇。

三、袁桷读书法

袁桷(1266—1327),字伯长,庆元鄞县(今浙江宁波)人。元代著名文学家、学者。有《清容居士集》《易说》《春秋说》行世。

袁桷是浙东学术在元代的传人,他倡导读书治学需做到经世致用,所以他既讲求多识广闻、贯穿经史,又主张有选择地读书,用志专一地治学。他在一篇序文中对自己的读书治学经验总结道:"余少读书,有五失焉。雅观而无择,滥阅而少思,其失也博而寡要;考古人之言行,意常退缩不敢望,其失也懦而无立;纂录史籍之故实,一未终而屡更端,其失也劳而无成;闻人之长,唯恐不及,将疾趋从之,而辄出其后,其失也欲速而过高;好学为文,未能蓄其本,经术隐奥,茫乎其无所适从,泛然而无所关决,是又失之甚者也。"他总结了自己读书治学中的五大失误后,又总结了自己读书治学的经验。他说:"夫为学之道,用志不能不一,用力不能不专。农夫莽而广种,不如狭垦之为实也;工人泛而杂学,不如一艺之为精也。"②由此可见,袁桷的读书观念和方法主要是强调用志专一。在选择好目标后,就要始终如一、全力以赴

---

① 虞集:《杜诗纂例序》,见苏天爵《元文类》卷三十五,苏州:江苏书局,1889 年,4 页。
② 袁桷:《清容居士集》卷二十二《袁氏新书目序》,四部备要本,上海:中华书局,1936 年,195 页。

地潜心阅读,避免博而无约,无所适从。袁桷的读书观念亦受到时人的好评。苏天爵在给他写的墓志铭中,也将之录入其中,以期对后学者有所裨益。

此外,袁桷在读书内容上也有自己的独到见解。他对当时学界独尊程朱理学的读书之风颇为不满,认为自宋末年,"止于'四书'之注","清淡危坐,卒至国亡而莫可救",目前的"江南学校教法止于'四书'",虽"字义精熟,无有遗忘",但"一有诘难,则茫然不能以对,又近于宋世之末尚"。对此,他进一步说道:"殊不知通达之深者,必悉天下之利害,灌膏养根,非终于'六经'之格言不可也。又古者教法,春夏学干戈,秋冬学羽籥,若射、御、书、数皆得谓之学,非若今所谓'四书'而止。"①由此可见,袁桷在批评当时学界只读朱熹的"四书"之注的同时,也强调要从根本上提高一个人的学养和素质,非经过"六经"的熏染不可。而且古代的教学内容是琴棋书画,文武皆备,并非只是"四书"而已。

四、陈绎曾的阅读理论和方法

陈绎曾(1287—?),字伯敷,处州(今浙江丽水)人,出身于儒学世家,为元代著名文学理论家和书法家。他自幼虽口吃,但精敏异常,而且好学嗜读,博闻强记。"诸经注疏,多能成诵。文辞汪洋浩博,其气烨如也。"②

他在文学批评、书法等领域建树颇多,在元代有着重要影响。他关于读书的论述亦为时人所效仿。

关于在阅读中如何对待各类书的问题,他认为,经、子、性理、礼、乐这5种书要"专精",政术、兵、法律、天文、地理、姓氏、小学、名物、图谱、史、道、传记这12种书要"博习",草木虫鱼、医、卜筮、阴阳、古纬、

---

① 袁桷:《清容居士集》卷四十一《国学议》,四部备要本,上海:中华书局,1936年,321页。
② 宋濂等:《元史》卷一九〇《儒学二》,北京:中华书局,1976年,4348页。

器物、百工这7种书要"旁通",杂艺、异端百家、小说杂书要"泛览",而总集和别集则"当钩玄"。① 由此可见,陈绎曾在阅读范围上主张既要博览群书,又要注意精读和泛读相结合。

关于阅读各类书的功用和目的,他指出:"读书多则学力富","读经以明圣人之用;读子以择百家之状况,以博古今之变;读集以究文章之体"。而且要择其精华,不要学其浮辞。② 这既讲了读书的目的,又点明了读书的方法。

五、赵孟頫读书法

赵孟頫(1254—1322),字子昂,号松雪道人,浙江吴兴(今浙江湖州)人,出身于宋末代皇族,为中国历史上著名书画家,亦是元代著名学者。

赵孟頫幼聪敏好学,读书过目辄成诵,为文操笔立就。父亲去世后,母亲丘夫人更激励他要发奋自强,勤奋苦读。及至仕元后,他仍孜孜以求,忘情于书卷笔砚之间,至老不废,终成一代大家。

赵孟頫一生热爱读书,钟情于书画。他的成就来自他先进的读书理念和成功的读书方法。他的读书方法的核心是多思、善疑。他说:"大凡读书,不能无疑,读书而无所疑,是盖于心无所得故也。无所得则无所思,不思矣,何疑之有?此读书之大患也。善读书者,必极其心思……而诡谬生焉。"③

他还强调,一个善于阅读的人在读书时既要清神端虑,又要注意爱护书籍。他说:"聚书藏书,良匪易事。善观书者,澄神端虑,静几焚香。勿卷脑,勿折角,勿以爪侵字,勿以唾揭页……勿以作枕,勿以夹刺。随

---

① 慈波:《陈绎曾与元代文章学》,载《四川大学学报》,2007年第1期,87—95页。
② 慈波:《陈绎曾与元代文章学》,载《四川大学学报》,2007年第1期,87—95页。
③ 赵孟頫:《赵孟頫集》卷六《叶氏经疑序》,杭州:浙江古籍出版社,1987年,169页。

损随修,随开随掩。后有得吾书者,并奉赠此法。"①由此可见,赵孟頫不仅是一个善读者,而且是一个对书籍充满珍爱的、态度虔诚的嗜读者。

六、揭傒斯的读书铭

揭傒斯(1274—1344),字曼硕,龙兴富州(今江西丰城)人,元代著名文学家、史学家和书法家。其父揭来成为宋乡贡进士。揭傒斯自幼家贫,读书刻苦,昼夜不懈,"父子自为师友,由是贯通百氏,早有文名"②。延祐初以布衣荐于朝,累官至翰林直学士、侍讲学士,同知经筵事。曾任辽、金、宋三史修撰总裁官。《辽史》成,得寒疾卒于史馆,谥文安,著有《文安集》。

揭傒斯为文叙事严整,言简意当。诗词清婉丽密。善楷、行、草书。朝廷典册,多出其手。与虞集、杨载、范梈同为"元诗四大家"。又与虞集、柳贯、黄溍并称"儒林四杰"。

揭傒斯也有许多关于读书的言论或诗文,其中有《读书处铭》和《吾读吾书斋铭》,文中他讴歌了儒家典籍的神圣和伟大,阐述了读书的目的、意义和方法,批评了读书人中存在的弊病,也指出了"著述纷纭,易学难至"对读书治学的影响。当然他更强调读书以修身,齐家以治世的儒家思想。其《读书处铭》云:

> 古者读书,学之一事。力行是务,记诵其次。
> 苟非读书,孰稽古典。读而弗学,去圣逾远。
> 古之读书,于以明道。今之读书,资以为暴。
> 生皆厚也,迁乃去之。人不知学,若之何其。
> 其书伊何,《易》《书》《诗》《礼》。《春秋》笔削,日星垂纪。
> 秦汉以前,传注未立。学必专门,难学易入。

---

① 陈继儒:《陈眉公全集・读书十六观》,南京:中央书店,1936年,240页。
② 宋濂等:《元史》卷一八一《揭傒斯传》,北京:中华书局,1976年,4184页。

秦汉以后,濂洛继起。著述纷纭,易学难至。
学之而至,匪由他人。学而弗至,何有于身。
其学伊何,由蒙而圣。洒扫应对,穷理尽性。
毫厘靡间,德乃日新。一日复礼,天下归仁。
羲皇之上,唐虞之际。若友其人,若共其治。
动之斯应,为乃有功。三纲既立,五典克从。
求之非艰,具在方册。行之非艰,中道勿画。
欲知诗书,与此其处。赵氏行之,名斋其寓。
既修于身,复齐其家。始施于帮,如玉靡瑕。
好正嫉邪,崇本抑末。制财以宽,用刑以活。
扩而充之,仪于天朝。惟是正人,万世之标。
我作铭诗,以规以颂。凡厥读书,勖哉体用。①

其《吾读吾书斋铭》云:

惟皇降衷,万物备我。或昏以迷,或岐而左。
煌煌六籍,如日丽天。由之斯圣,希之则贤。
而怅何之,而思孔悲。孰之子归,而有余师。
伊予云遘,萧氏克有。日就月将,谁掖谁诱。
曰谚有之,吾读吾书。亦既从政,惟书之勖。
吾书伊何,匪圣弗读。成己成物,惟日不足。
于以名斋,于以表志,凡百君子,尚迪弗替。②

虽然元代的历史并不长,但它是中国阅读史上的一个异彩纷呈的

---

① 揭傒斯著,李梦生标校:《揭傒斯全集》文集卷八《读书处铭》,上海:上海古籍出版社,2012年,462—463页。
② 揭傒斯著,李梦生标校:《揭傒斯全集》文集卷八《吾读吾书斋铭》,上海:上海古籍出版社,2012年,460页。

时期。元代疆域辽阔，民族众多，读者广泛，内容多元，文字种类繁多，形式多样，谱写了中华民族阅读史上的灿烂篇章。而以儒学为核心内容的中国传统文化及其典籍，始终是这一时期的阅读主流，显示出中国传统文化生生不息、不可割裂的强大生命力，亦表现出它在中华民族统一富强、和谐共处中所具有的强大凝聚力。

元代阅读文化的多元性也是中国阅读史上的重要篇章，对中华民族文化的影响是深远而巨大的。

主要参考书目

艾田蒲. 中国之欧洲. 许钧、钱林森译. 郑州：河南人民出版社，1992.

北京大学古文献研究所. 全宋诗. 北京：北京大学出版社，1998.

北京辽金城垣博物馆. 北京辽金文物研究. 北京：北京燕山出版社，2005.

白寿彝. 回族人物志. 银川：宁夏人民出版社，1985.

蔡毅. 中国古典戏曲序跋汇编. 济南：齐鲁书社，1989.

陈炳应. 西夏谚语. 太原：山西人民出版社，1993.

陈邦瞻. 宋史纪事本末. 北京：中华书局，1977.

陈寅恪. 金明馆丛稿二编. 上海：上海古籍出版社，1980.

陈述. 全辽文. 北京：中华书局，1982.

陈述. 契丹政治史稿. 北京：人民出版社，1986.

陈述. 辽金史论集. 上海：上海古籍出版社，1987.

陈登原. 古今典籍聚散考. 上海：上海书店，1983.

陈振孙. 直斋书录解题. 上海：上海古籍出版社，1987.

陈垣编纂，陈智超、曾庆瑛校补. 道家金石略. 北京：文物出版社，1988.

陈正祥.中国文化地理.北京:三联书店,1983.

陈垣.励耘书屋丛刻.北京:北京师范大学出版社,1982.

陈衍.元诗纪事.上海:上海古籍出版社,1987.

陈邦瞻.元史纪事本末.北京:中华书局,1979.

蔡美彪.中国历史大辞典.上海:上海辞书出版社,1986.

程毅中.宋元小说研究.南京:江苏古籍出版社,1999.

程端礼.程氏家塾读书分年日程.北京:中华书局,1985.

陈继儒.陈眉公全集.南京:中央书店,1936.

董诰.全唐文.北京:中华书局,1983.

丁鹤年.丁鹤年集.北京:中华书局,1985.

道森编,周良霄注.出使蒙古记.吕浦译.北京:中国社会科学出版社,1983.

多桑.多桑蒙古史.冯承钧译.上海:上海书店出版社,2003.

范凤书.中国私家藏书史.郑州:大象出版社,2001.

傅海波、崔瑞德.剑桥中国辽西夏金元史.史卫民等译.北京:中国社会科学出版社,1998.

盖之庸.内蒙古辽代石刻文研究.呼和浩特:内蒙古大学出版社,2002.

盖山林.阴山汪古.呼和浩特:内蒙古人民出版社,1991.

高启.高太史凫藻集.四部丛刊集部.

高启.高太史大全集.四部丛刊集部.

顾炎武.日知录.兰州:甘肃人民出版社,1997.

顾嗣立.元诗选.北京:中华书局,1987.

韩儒林.元朝史.北京:人民出版社,1986.

洪迈.容斋随笔.北京:京华出版社,2003.

郝经撰,秦雪清点校.郝文忠公陵川文集.太原:山西人民出版社,山西古籍出版社,2006.

胡文楷. 历代妇女著作考. 上海:上海古籍出版社,1985.

胡士莹. 话本小说概论. 北京:中华书局,1980.

胡应麟. 少室山房笔丛. 北京:中华书局,1958.

胡仔纂集,廖德明点校. 苕溪渔隐丛话. 北京:人民文学出版社,1962.

黄时鉴. 元朝史话. 北京:北京出版社,1985.

黄溍. 金华黄先生文集. 四部丛刊集部.

黄宗羲. 宋元学案. 北京:中华书局,1986.

黄仲元. 莆阳黄仲元四如先生文稿. 四部丛刊三编缩印本. 上海:上海书店出版社,1998.

江应梁. 中国民族史. 北京:民族出版社,1990.

揭傒斯著,李梦生标校. 揭傒斯全集. 上海:上海古籍出版社,2012.

孔齐. 至正直记. 上海:上海古籍出版社,1987.

李焘. 续资治通鉴长编. 北京:中华书局,1985.

李范文. 音同研究. 银川:宁夏人民出版社,1986.

刘昫等. 旧唐书. 北京:中华书局,1975.

李范文. 西夏研究. 北京:中国社会科学出版社,2007.

厉鹗. 辽史拾遗. 北京:中华书局,1985.

刘祁. 归潜志. 北京:中华书局,1983.

来新夏等. 中国古代图书事业史. 上海:上海人民出版社,1990.

李心传. 建炎以来系年要录. 北京:中华书局,1985.

李修生. 全元文. 南京:江苏古籍出版社,1998.

罗常培、蔡美彪. 八思巴字与元代汉语. 北京:科学出版社,1958.

柳贯. 柳待制文集. 四部丛刊集部.

郎瑛. 七修类稿. 北京:中华书局,1959.

鲁迅. 中国小说史略. 北京:人民文学出版社,1973.

中共中央马克思、恩格斯、列宁、斯大林著作编译局. 马克思恩格斯选集. 北京：人民出版社，1972.

马可·波罗. 马可波罗行纪. 冯承钧译. 上海：上海书店出版社，2006.

马学良等. 中国少数民族文学史. 北京：中央民族学院出版社，1992.

孟列夫. 黑城出土汉文遗书叙录. 王克孝译. 银川：宁夏人民出版社，1994.

内蒙古博物馆. 成吉思汗——中国古代北方草原游牧文化. 北京：北京出版社，2004.

南京大学历史系. 元史论集. 北京：人民出版社，1984.

欧阳修. 新五代史. 北京：中华书局，1974.

欧阳修、宋祁. 新唐书. 北京：中华书局，1975.

欧阳玄. 圭斋集. 四部丛刊集部.

庞元英. 文昌杂录. 北京：中华书局，1958.

潘国允、赵坤娟. 蒙元版刻综录. 呼和浩特：内蒙古大学出版社，1996.

彭大雅、徐霆. 黑鞑事略. 东方学会印，1926.

皮锡瑞. 经学历史·经学积衰时代. 北京：中华书局，1959.

彭定求等. 全唐诗. 北京：中华书局，1999.

钱大昕. 补元史艺文志. 北京，中华书局. 1985.

祁承爜等. 澹生堂藏书约. 上海：上海古籍出版社，2005.

萨都剌. 雁门集. 上海：上海古籍出版社，1982.

钦定四库全书荟要. 长春：吉林教育出版社，1997.

沈括. 元刊梦溪笔谈. 北京：文物出版社，1975.

施宣圆等. 中国文化辞典. 上海：上海社会科学院出版社，1987.

宋濂等. 元史. 北京：中华书局，1976.

宋濂. 宋学士文集. 四部丛刊集部.

史金波. 西夏文化. 长春：吉林教育出版社，1986.

史金波. 西夏佛教史略. 银川：宁夏人民出版社，1988.

苏伯衡. 苏平仲文集. 四部丛刊集部.

苏辙. 栾城集. 上海：上海古籍出版社，1987.

苏天爵. 元文类. 苏州：江苏书局，1889.

苏天爵著，陈高华、孟繁清点校. 滋溪文稿. 北京：中华书局，1997.

苏天爵. 元朝名臣事略. 北京：中华书局，1985.

苏天爵. 国朝文类. 四部丛刊集部.

苏轼. 苏东坡全集·前集. 北京：中国书店，1986.

孙承泽. 春明梦余录. 香港：龙门书店，1965.

脱脱等. 宋史. 北京：中华书局，1977.

脱脱等. 金史. 北京：中华书局，1975.

脱脱等. 辽史. 北京：中华书局，1974.

陶晋生. 女真史论. 台北：食货出版社，1981.

陶宗仪. 南村辍耕录. 上海：上海书店，1985.

陶宗仪等. 说郛三种. 上海：上海古籍出版社，1988.

陶宗仪. 书史会要. 上海：上海书店，1984.

屠寄. 蒙兀儿史记. 北京：中国书店，1984.

吴泽. 王国维学术研究论集. 上海：华东师范大学出版社，1983.

吴天墀. 西夏史稿. 成都：四川人民出版社，1983.

吴广成撰，龚世俊等校证. 西夏书事校证. 兰州：甘肃文化出版社，1995.

吴晗. 灯下集. 北京：三联书店，1960.

王溥. 五代会要. 上海：上海古籍出版社，1978.

王重民. 敦煌古籍叙录. 北京：中华书局，1979.

王重民. 中国善本书提要. 上海：上海古籍出版社，1983.

王恽. 秋涧先生大全文集. 四部丛刊集部.

王利器. 元明清三代焚毁小说戏曲史料. 上海：上海古籍出版社，1981.

王若虚. 滹南遗老集. 四部丛刊集部.

王士点、商企翁编，高荣盛点校. 秘书监志. 杭州：浙江古籍出版社，1992.

农桑辑要. 北京：中华书局，1985.

王继光. 中国西部民族文化研究. 北京：民族出版社，2003.

薛居正等. 旧五代史. 北京：中华书局，1976.

徐梦莘. 三朝北盟会编. 上海：上海古籍出版社，1987.

薛瑞兆、郭明志. 全金诗. 天津：南开大学出版社，1995.

徐凌志. 中国历代藏书史. 南昌：江西人民出版社，2004.

萧相恺. 宋元小说史. 杭州：浙江古籍出版社，1997.

谢肇淛. 五杂俎. 上海：上海书店，2009.

虞集. 道园学古录. 上海：中华书局，1936.

叶隆礼. 契丹国志. 上海：上海古籍出版社，1985.

叶德辉. 书林清话. 北京：中华书局，1957.

宇文懋昭撰，崔文印校证. 大金国志校证. 北京：中华书局，1986.

耶律楚材. 湛然居士文集. 北京：中华书局，1986.

元好问. 遗山先生文集. 上海：商务印书馆，1937.

元好问. 中州集. 北京：中华书局，1962.

元好问. 续夷坚志. 北京：中华书局，1986.

袁桷. 清容居士集. 上海：中华书局，1936.

杨朝英选，隋树森校订. 新校九卷本阳春白雪. 北京：中华书局，1957.

杨维桢. 东维子文集. 四部丛刊集部.

杨士奇. 东里续集. 上海：上海古籍出版社，1987.

佚名.庙学典礼.杭州:浙江古籍出版社,1992.

张正明.契丹史略.北京:中华书局,1979.

张金吾.金文最.苏州:江苏书局,1891.

张博泉.金史简编.沈阳:辽宁人民出版社,1984.

张廷玉等.明史.北京:中华书局,1974.

张耒.柯山集.上海:上海古籍出版社,1987.

张炯等.中华文学通史.北京:华艺出版社,1997.

庄仲方.金文雅.苏州:江苏书局,1891.

赵孟頫.赵孟頫集.杭州:浙江古籍出版社,1986.

赵秉文.闲闲老人滏水文集.四部丛刊集部.

中国佛教协会.中国佛教.北京:知识出版社,1980.

韩儒林.中国大百科全书·元史·别失八里.北京:中国大百科全书出版社,1985.

中国民族古文字研究会.中国民族古文字图录.北京:中国社会科学出版社,1990.

周密.齐东野语.北京:中华书局,1983.

朱熹著,郭齐、尹波点校.朱熹集.成都:四川教育出版社,1996.

朱汉民等.中国学术史·宋元卷.南昌:江西教育出版社,2001.

索 引

【人名】

A

- 阿保机 9,11—13,18,24,25,27,28,34,37,38,41—43,49,53
- 阿赫买德·尤赫那吉 443
- 阿吉剌 275,277
- 阿老瓦丁 288
- 阿邻帖木儿 250,262,273,274,277,302,306,389
- 阿鲁丁 316,372
- 阿鲁浑萨理 303,306,424
- 阿鲁图 284,287
- 阿鲁威 275,276,284,289
- 阿难答 428
- 阿荣 251,289
- 阿失帖穆儿 244,257,301
- 爱薛 319,430
- 爱猷识理达腊 278—280,422
- 爱育黎拔力八达 273
- 安藏 262,263,272,302,304,349,361
- 安滔 365,377,381
- 安童 282,369
- 安熙 334,377,451

B

- 八思巴 238,240,259,262,266,267,280,303,421,424,

431,436
- 白栋　278,280,328
- 白居易　1,26,28,40,130,192,212
- 拜降　308
- 拜柱　282,283
- 必阑纳识里　262
- 边鲁　306
- 边元鼎　165,222
- 孛兰奚　285
- 伯都　285,386
- 伯颜　284,289,315,316,328,397,415
- 伯颜子中　316,373
- 伯颜宗道　378
- 不忽木　273,317,318,328,372
- 布鲁海牙　244,303,378
- 布思端　241,433—436

C

- 蔡松年　117,120,177,178,200,204
- 曹道安　86,100
- 曹恒　173,222
- 曹望之　154,220
- 曹元用　270,275,278,349,360
- 察罕　270,294,319
- 畅师文　328,340
- 陈颢　348,361
- 陈栎　332,335,343,356,377,379
- 陈旅　368,371
- 陈樵　382
- 陈淑贞　355
- 陈绎曾　453,454
- 陈寅恪　97
- 陈祐　340
- 成吉思汗　39,82,98,236,238,240,241,243,255,257—260,264,265,271,278,281,283,285,286,288,294,301,303,316,320,321,362,396,420
- 成遵　275,340,348,362
- 程宋　200,218,219
- 程端礼　250,333,350,369,380,406,411,449,450
- 程颢　323,370
- 程钜夫　249,254,322,381
- 程若庸　330,335
- 程颐　167,323,324,327,

370,381
- 赤盏晖　130,153,154
- 崔遵　167,173,222

D

- 达可　403
- 达识帖睦迩　275,317,372
- 党怀英　117,123,230
- 道询　148
- 邓青阳　428
- 邓文原　254,275,282,362
- 邸泽　363
- 丁鹤年　251,292,313,378
- 丁洪　35
- 丁临　353
- 丁昈仁　153,169
- 丁易东　366
- 董俊　338,378
- 董士选　338,366,378
- 董文炳　338,397
- 董文甫　221,229
- 窦默　245,271,272,280,282,326,327,330,350,370
- 杜本　343
- 杜道坚　427
- 杜甫　139
- 杜时升　167,324,343
- 杜瑛　167,343
- 段思温　410
- 段直　405
- 朵儿只　273,274,282,288
- 朵尔赤　88

F

- 法悟　48,51
- 范承吉　141,218
- 范梈　254,339,378,455
- 冯梦周　409
- 冯渭　363
- 冯延登　157,225
- 佛家奴　288,377

G

- 噶德衮布　437
- 甘立　88,296
- 甘麻剌　281
- 高嘉甫　316
- 高克恭　242,316
- 高鸣　168,322
- 高启　357
- 高士谈　120—122,135,141,

203
- 高宪 164,222
- 高有邻 157
- 高智耀 88,111,244,293,294,304,321
- 高仲振 224,225
- 骨勒茂才 95
- 贯云石 251,304,369,425
- 衮噶多吉 241,434,435,437
- 郭守敬 241,361,399
- 郭贞顺 353

H

- 哈剌哈孙 296,320
- 哈剌亦哈赤北鲁 244,257,258,301
- 哈麻 275
- 海陵王 82,116,122,159,177
- 海山 261,273
- 韩昉 120,141,159,164,166,176,200,202,203
- 韩企先 200,218
- 韩性 283,333,341,343,349,377,382
- 韩延徽 34,42
- 韩愈 117,139,209
- 韩择 333
- 郝大通 148,234,365
- 郝经 245,325,328,329,369,387,409
- 郝天挺 167,172,215,319,328
- 何伯翰 88,296
- 何中 364,367,407
- 贺良叔 410
- 洪皓 122,164,166
- 洪辉 146,227
- 洪迈 136—138,254
- 侯策 221
- 侯均 339,425,428
- 忽必烈 113,236,238—240,245,246,249,259,262,264,266—273,275,277,280—282,284—287,289,293,298,302—304,308,310,317,319,321,322,326,330,338,360,361,370—373,380,381,389,396,397,412—414,421,422,424,426,428,436,437,445
- 忽都鲁都儿迷失 250,270,

274,275,277,302

- 胡炳文　333—335,364,374
- 胡伯正　346
- 胡长孺　313,333,404
- 胡斗元　334
- 胡砺　153
- 胡三省　241,249,367
- 胡一桂　333,335,364
- 胡益　142,144
- 虎都铁木禄　316
- 黄溍　254,307,334,364,455
- 黄嗣贞　354
- 黄泽　333,335,364,366,374
- 黄仲元　407

J

- 迦鲁纳答思　303,307,424
- 家铉翁　306
- 贾岛　139
- 贾辅　329,409
- 贾居贞　245,338,367
- 贾少冲　219
- 贾守谦　338
- 坚童　286,317,372
- 焦景颜　86,100
- 焦养直　273,278
- 揭傒斯　254,277,334,339,341,379,455
- 洁实弥尔　306
- 金履祥　332,334,335,349,367
- 金玉　351
- 景覃　220,225
- 景询　85,86,100
- 敬铉　298
- 觉苑　51

K

- 克埒实　411
- 孔思晦　334,340,349
- 阔端　293,431
- 阔里吉思　300,411

L

- 拉布乌孜　443
- 郎思孝　51
- 雷复始　337
- 雷希颜　124,199,213
- 雷膺　321,356,380

- 雷渊　127,154,160,186,207,214
- 李昶　322,337,364
- 李纯甫　117,124,125,137,166,205—207,214,223,225,228,230
- 李德辉　340
- 李德明　69,79,80,82,85,99,100,113
- 李汾　127,186
- 李好文　278,279,287,422
- 李继迁　66,80,85,100,113
- 李稷　275,349,362
- 李君　230,232
- 李俊民　117,127,225,405
- 李孟　273,274,278
- 李谦　278,280,350,368
- 李师儿　161,184,185
- 李世昌　39,362
- 李顺儿　355
- 李希周　379
- 李夏卿　144
- 李献甫　127,225
- 李冶　322,337
- 李元昊　66,68,69,80—82,99,100
- 李桢　88,244,294
- 李志常　241
- 廉惇　304,411
- 廉惠山海牙　304,307,372,373
- 廉希宪　272,286,303,304,369,378,411
- 梁德养　74,92
- 梁肃　192,219
- 梁襄　219,225
- 梁陟　244,270,278,321
- 林栋　249,378
- 林彦栗　337,350
- 刘秉恕　245,364
- 刘秉忠　236,245,271,322,348,364
- 刘处玄　149,234
- 刘传　408
- 刘德仁　229,231
- 刘德渊　245,321,380
- 刘耕孙　375
- 刘好礼　350,361
- 刘焕　158
- 刘景　57
- 刘祁　117,124,125,127,137,143,144,154,168,171,213—215,223,245,321,380
- 刘容　296,397

- 刘沙剌班　297,372,373
- 刘天骥　165
- 刘晞　35
- 刘壎　336,352,357,358
- 刘彦宗　129,200
- 刘因　245,325,326,329,330,334,335,350,370,451
- 刘禹锡　139,187
- 刘昭　86,100
- 刘祖谦　144,229
- 留梦炎　249,287,381
- 柳贯　254,334,455
- 龙辅　353
- 卢昶　162
- 鲁明善　252,307,391
- 路仲显　157,163
- 吕思诚　275,341
- 吕祖谦　136,137,370,379
- 罗世昌　86,100

M

- 麻革　127,245,321,380
- 麻九畴　124,165,166,173,211,223,225
- 马得臣　26,35,36
- 马端临　241,250,407
- 马可·波罗　238
- 马易之　315
- 马钰　148,231,233
- 马祖常　251,270,275,276,292,295,298—300,307,369,378,387,430,451
- 买闾　313
- 迈里古思　297,378
- 毛端卿　220
- 毛麾　161,171
- 孟昉　88,296
- 孟速思　244,257,258,301
- 孟特·戈维诺　429
- 木华黎　281—283,288,375,411
- 慕颜铁木　288,403,411

N

- 纳合椿年　156
- 乃燕　282
- 嬛嬛　251,275,277,283,317,318,328,369,372
- 宁明甫　144
- 耨碗温敦兀带　156

O

- 欧阳叔子 365
- 欧阳玄 254,277,307,330,356,378,382,401

P

- 彭秉周 346
- 蒲寿宬 314

Q

- 齐履谦 332,340,350,371,399,451
- 千奴 374,403,411
- 钱有常 427
- 乾顺 83,84,86,110,111,113
- 秦观 139
- 秦起宗 361
- 秦志安 149,232—234
- 丘处机 148,230,231,234,240,241,264,302,412
- 诠明 23,48,51
- 确吉斡惕斯尔 263

R

- 任士林 350

S

- 撒吉思 257,258,301
- 萨都剌 251,292,312,314
- 萨迦班智达 431,432,436
- 赛典赤 320,376,445
- 僧吉陀 244,265,271,294,296
- 沙剌布僧格 439
- 赡思 312,313
- 商衡 144,207
- 商挺 272,282
- 尚野 278,359,368,371
- 舍剌甫丁 429
- 盛贞一 353
- 石璧 321,380
- 石琚 165
- 石抹宜孙 338,368,425,428
- 石鹏 342
- 时戬 219,225
- 史秉直 244,321

- 史天倪　244，321，369
- 史天泽　367
- 史洵直　36，45
- 室昉　31，34，36，37，45，60
- 守中　309
- 术虎邃　189，225
- 硕德八剌　274
- 掬思吉斡节尔　263
- 宋本　277，334，349
- 宋德方　427
- 苏轼　20，21，117，119，139，188，208，295
- 苏辙　20
- 孙安　328
- 孙不二　148，234
- 孙道明　408
- 孙惠兰　352
- 孙九畴　126，127
- 孙九鼎　126，127
- 孙九亿　126，127
- 孙明道　149，233
- 索南嘎拉　263，439

T

- 塔出　288
- 塔塔统阿　238，243，244，257，258，264，266，271，278，301
- 泰不华　319
- 谭处端　148，149，231，234
- 谭资荣　343
- 唐仁祖　303，308
- 陶宗仪　235，279，290，419，420
- 田紫芝　165
- 铁哥　303
- 铁木尔塔识　251，275，317，335，372
- 铁穆耳　273
- 同恕　333，377，407
- 秃忽鲁　317，372
- 图帖睦尔　276
- 徒单克宁　174，198
- 徒单镒　156，172，174，189，197
- 脱欢　285，288，320
- 脱烈海牙　306
- 脱帖穆耳　283
- 驼满九住　174，181，188

W

- 完颜阿骨打　115，179，190，

- 200
- 完颜弼　189
- 完颜陈和尚　137,138,188,225
- 完颜承晖　188
- 完颜亶　164,176
- 完颜璟　181,185,194,195
- 完颜匡　159,160,174,181,182,188,195
- 完颜亮　177
- 完颜孟阳　145,189
- 完颜乞奴　195
- 完颜守绪　183
- 完颜希尹　120,121,164,190
- 完颜珣　183
- 完颜雍　179
- 完颜允恭　181
- 完泽　88,296,308
- 完者忽都　278
- 汪淑贞　351
- 汪惟正　300,411
- 王柏　331,333,374
- 王昌世　408
- 王处一　148,230,234
- 王鼎　38,57,133
- 王鹗　236,245,265,271,272,286,322,350,368,409
- 王甫　219
- 王翰　88,219,292,296
- 王弘相　228
- 王惠寂　228
- 王继恩　46
- 王寂　117,123,124,163,166
- 王建　139
- 王结　275,366
- 王冕　341
- 王磐　167,322,349,361
- 王金　86,100
- 王若虚　117,119,125,136,137,164,193,204,205,214,230
- 王师儒　20,26,35,37,45
- 王师信　86,100
- 王思廉　272,312
- 王天铎　408,410
- 王庭筠　117,123,163,164,166,222,224
- 王万庆　244,270,278,321
- 王渥　124,127,138,164,189,225
- 王玄佐　221,225
- 王勋　358

- 王恂　278,280,317,322,348,356
- 王应麟　249,408
- 王郁　186,211,212,224
- 王恽　189,254,280,358,369,385,410
- 王泽　45,50
- 王喆　148,149,229—231,233,234
- 王祯　263,391,393
- 王志常　224,232
- 王中立　221,225
- 王作逢　358
- 危复之　343,366,368
- 危候　347
- 危素　283
- 卫文仲　221
- 温迪罕缔达　155,189,197,198
- 翁森　344
- 窝阔台　236,243,265,270,271,278,284,288,321,322,380,385,396,401,431
- 斡道冲　86,87,94,99,100,111,112,294,295,297
- 斡朵忽都鲁　309
- 斡玉伦徒　88,295,372

- 乌古孙良桢　275,276
- 乌古孙泽　375
- 吴澄　245,254,275,295,296,318,323,326,330,331,333,335,336,339,340,350,356,366,371,378,422,451
- 吴当　331,369
- 吴昊　85,86,100
- 吴激　117,200,203,204
- 吴莱　254,343,348,364
- 吴师道　350,408
- 武恪　288,343,364,377
- 兀都带　270,284

X

- 希麟　22,48,51,53
- 昔班　244,258
- 昔剌斡忽勒　258,281
- 熙宗　120—122,150,159,164,169,176,177,190,202,218,226
- 席生君　339
- 相威　270,282,284,288
- 萧绰　31,58
- 萧公建　142
- 萧观音　31,32,58

- 萧韩家奴　29,33,38,40,44
- 萧乐音奴　30,41
- 萧蒲奴　30,44,57
- 萧朴　36
- 萧融　21,45
- 萧瑟瑟　32,58
- 萧惟信　30,44
- 萧永祺　199
- 偰百僚逊　307,308
- 偰玉立　307
- 偰哲笃　307,308,378
- 解中顺　352,365
- 辛愿　124,173,212,213,221,224,230,231
- 信光祖　144
- 邢抱朴　36,57
- 邢简　33,36
- 行均　48,51,53
- 熊朋来　249,304,335,378
- 徐世隆　222,272,322,368
- 许衡　245,276,280,282,286,297,304,317,318,321,325—330,334,360,370,371,379—381,411,422,428
- 许谦　288,332,335,342,356,377,425
- 许师敬　275,276,302,360
- 许有壬　254,275,277,295,307,349
- 薛昂夫　305
- 薛蕙英　354
- 薛兰英　354
- 薛元礼　86,100,110

Y

- 燕赤　275,276,284
- 阎复　350,368
- 阎宏　337
- 杨伯雄　181
- 杨朵儿只　297
- 杨恭懿　334,350
- 杨谷　224,225
- 杨奂　321,380
- 杨佶　35,57
- 杨朴　118,175
- 杨士奇　340
- 杨叔能　124,199
- 杨惟中　245,324,330,396,401
- 杨维桢　295,296,336,407,417,420
- 杨皙　35,57
- 杨彦敬　86,100

- 杨郁 339
- 杨云翼 117,125,127,128,143,163,166,183,186,208—210,214
- 姚枢 272,280,282,304,322,324—330,337,339,369,370,388,393
- 姚燧 245,254,305,326,328,369,371
- 耶律倍 18,26—29,37,39,40,43
- 耶律常哥 33
- 耶律楚材 29,39,82,198,241,244—246,270,271,278,321,322,338,356,361,362,369,380,385,388,396,425
- 耶律大石 9,61,63
- 耶律德光 19,25,60
- 耶律国留 31,44
- 耶律洪基 22,26,49,50,56,58
- 耶律良 31,38,44
- 耶律隆绪 25,26,40,58
- 耶律鲁不古 29
- 耶律孟简 56,57
- 耶律蒲鲁 30,41,44,57,61
- 耶律恕 199
- 耶律庶成 29,30,40,44,57
- 耶律庶箴 31,41,44,57,61
- 耶律雅里 27
- 耶律有尚 29,328,338,371
- 耶律资忠 31,44
- 也先不花 281
- 野利仁荣 68,80,100
- 叶李 249,322,370
- 移剌履 29,173,198,225
- 移剌买奴 199
- 移剌愒 199
- 移剌粘合 199
- 移剌子敬 199
- 亦怜真班 275,294,296
- 奕赫抵雅尔丁 311
- 益福的哈鲁丁 310,311
- 于道显 149,232,234
- 余阙 88,251,292,295,296,378
- 虞集 87,254,275—277,288,294,295,297,299,325,327,334,356,360,362,371,382,392,418,451,452,455
- 虞仲文 126,165
- 宇文虚中 117,120—122,135,141,200,202,203

- 裕宗 269,277,278,280,281,294
- 元德明 127,215
- 元好问 117,123,125,127,128,136,138,142,143,154,158,163,166—168,172,186,192,199,201,203—205,210,213,215—217,223,224,230,271,298,319,322,328
- 元明善 270,273,278,331,349,360,362
- 袁从义 232
- 袁桷 254,364,366,384,451—453
- 袁易 408
- 月娥 313
- 月合乃 244,298,378
- 月鲁不花 275,284,289
- 月鲁哥 411
- 月鲁帖木儿 285,288,372
- 月伦石护笃 308
- 岳璘帖穆尔 244,257,258

Z

- 咱雅班智达 439
- 扎马剌丁 311,399
- 粘合重山 265,271
- 张邦直 144
- 张公理 154,165
- 张建 161,185
- 张耒 139
- 张立道 376
- 张潜 221,224,225
- 张柔 329,396,409
- 张邵 120,122,166
- 张栻 137,205,370
- 张枢 343,348,407
- 张思明 349,403
- 张通古 200,218
- 张万公 165
- 张文谦 245,271,321,322,376,380,410
- 张雄飞 88,295
- 张养浩 337
- 张用直 120,159,164,176,177
- 张元 83,85,86,100
- 张炤 350,405,409,410
- 张翥 334,409
- 张子和 134,223
- 掌机沙 319
- 赵秉文 117,119,125,128,

133，143，183，186，208—211，214，216，217，223，224，230
- 赵达夫　222
- 赵端卿　222
- 赵复　240，245，246，322—326，396，401
- 赵弘毅　340
- 赵君　223，232
- 赵可　123，127
- 赵良弼　245，272，321，380，381
- 赵鸾　299
- 赵孟頫　242，249，254，305，322，354，357，369，454，455
- 赵世延　251，275，277，282，299，369，425，428，430
- 赵文　383
- 赵元　127，157
- 赵质　167，222
- 赵著　244，270，278，321
- 真金　280，330，436
- 镇海　244，264，284
- 郑守仁　427
- 郑松　159，181
- 郑玉　335，343，363，377
- 郑允端　354
- 只必　283，375，405，411
- 智光　22
- 智广　104
- 周伯琦　400
- 周敦颐　167，370
- 周仁荣　319，333，362，374
- 朱弁　120，122，126，136，166
- 朱思本　241，361，428
- 朱熹　136，137，205，240，248，323，324，327，330—334，364，367，370，374，379，381，382，423，449，450，453
- 宗翰　120，129，130，141，145，187，197，218
- 宗喀巴　435
- 宗望　129，130，145，187
- 宗宪　120，130，145，156，187，198
- 宗雄　120，197
- 遵项　105，111
- 左泌　200，218
- 左企弓　163，200，218，219，225

【文献名】

B

- 《八十一化图》 412
- 《巴协》 433
- 《白噶白喜和金波聂基》 432
- 《白氏策林》 140,155,191,192
- 《百家姓》 53,59,191,268,269,379
- 《北齐书》 170,402
- 《本草》 134,214,262,302,424,445
- 《毕摩经》 444
- 《不思议禅观经》 262,424

C

- 《蚕麦图》 392
- 《册府元龟》 81
- 《陈书》 170,402
- 《称赞大乘功德经》 262,424
- 《承华事略》 270,276,280,299
- 《成吉思汗的两匹骏马》 260
- 《程氏家塾读书分年日程》 250,380,406,449
- 《重编补添分门字苑撮要》 133
- 《重修凉州感应塔碑》 84
- 《重修政和经史证类备用本草》 132
- 《崇庆新雕五音集韵》 134
- 《崇文总目》 139,402
- 《初学记》 445
- 《创世纪》 446
- 《春秋》 22,62,173,191,192,214,217,223,225,316,330,331,343,356,362—364,372,382,398,399,427,450,455
- 《春秋微旨》 252
- 《春秋左氏传》 165,169,177,182,189,198,220
- 《词汇》 439

D

- 《大宝积经》 23,102
- 《大般若波罗蜜多心经》 75,104
- 《大般若经》 23,147,227
- 《大般若十六会序》 445
- 《大乘杂宝经》 49
- 《大乘庄严宝度经》 262,424
- 《大金玄都宝藏》 149,233,427
- 《大涅槃经》 23,262,424
- 《大苏集》 20
- 《大苏小集》 131
- 《大唐三藏取经诗话》 418
- 《大学》 158,164,270,279,316,325,336,360,372,373,382,408,427,450
- 《大学衍义》 270,271,274,275,279,302,389,393,394,402
- 《丹珠尔》 263,431,434,437—439
- 《道德宝章》 133
- 《道德经》 231,412,413,426,427
- 《道德经注》 149,234
- 《道德清静经》 231
- 《道藏》 241,412
- 《德事要文》 90
- 《德行集》 86,90,100
- 《帝范》 252,270,275,302,319
- 《帝训》 276,302,360
- 《东莱经史论说》 388

E

- 《尔雅》 68,89,110,170
- 《二拍》 418

F

- 《伐檀集》 403
- 《法华经》 45,50,96,263
- 《法华经玄赞会古通今新抄》 23
- 《番汉合时掌中珠》 73,76,95,99
- 《梵藏佛教词典》 434
- 《梵觉经》 47
- 《方脉书》 40

- 《封神演义》 431
- 《讽谏集》 1,26,40,212
- 《福乐智慧》 442

G

- 《甘珠尔》 97,263,431, 434,435,437—439
- 《高丽藏》 147,227
- 《格萨尔王传》 433
- 《古兰经》 429
- 《故事海》 439
- 《观弥勒菩萨上生兜率天经》 104,106
- 《观音经》 104,106
- 《归潜志》 124,125,137, 143,171,213,215,216
- 《国朝名臣事略》 388,400, 451
- 《国语》 90

H

- 《汉书》 22,58,82,112, 140,155,180,191,348,451, 452
- 《劾秦桧疏稿》 134

- 《黑白之战》 446
- 《红册》 241,433,434,437
- 《后汉书》 169
- 《后魏书》 170,402
- 《滹南遗老集》 136,205
- 《华严经》 23,147,227, 228,263
- 《黄帝阴符经》 108
- 《皇极经世》 224
- 《黄庭内景经》 108
- 《皇图大训》 270,276,299, 302,360
- 《晦庵大全集》 403

J

- 《击壤诗集》 403
- 《稽古千文》 379
- 《急就篇》 59,379
- 《集千家注分类杜工部诗》 136,388
- 《家范》 352
- 《见志集》 32,44
- 《金刚经》 104,105,137, 206,228
- 《金光明经》 50,263,421, 439

- 《金光明最胜王经》 105
- 《近思录》 334,374,388
- 《晋书》 169
- 《京本通俗小说》 417
- 《经典释文》 402
- 《经史杂抄》 90
- 《经世大典》 252,277,302,400
- 《经世书》 348,364
- 《救荒活民书》 392,402
- 《旧唐书》 170
- 《旧唐传》 339
- 《旧五代史》 133,170

K

- 《开蒙要训》 379
- 《开元释教录》 48
- 《孔夫子书》 191
- 《困学纪闻》 249

L

- 《拉布乌孜故事集》 443
- 《老子》 130,137,170,173,191,206
- 《老子化胡经》 266,412

- 《类说》 136
- 《楞严经》 262,424
- 《离骚》 212
- 《礼记》 22,59,81,82,90,112,169,295,372,382,398,399,450
- 《历代蒙求》 379
- 《梁书》 170,402
- 《列后金鉴》 276,299
- 《列女传》 90,132,252,274,308,352,353,355,358,389,394
- 《列子》 403,427
- 《灵芝歌》 84
- 《刘知远诸宫调》 82,234,416
- 《刘子》 173,191
- 《六韬》 72,90
- 《六义集》 29,44
- 《龙龛手鉴》 22,48,51
- 《鲁般鲁饶》 446
- 《录鬼簿》 251,416
- 《录鬼簿续编》 251,416
- 《论语》 11,26,53,58,59,81,87,90,112,137,157,158,161,164,165,169—171,173,174,177,178,181,

182，188，189，191，192，270，272，279，294，299，308，315，316，325，332，336，349，350，352，353，356，360，372，373，378，382，450

- 《论语全解》 72，81，90
- 《吕氏家塾读书记》 137
- 《吕忠穆公集》 403

M

- 《玛尼丛书》 439
- 《眉山集》 20，21
- 《蒙古秘史》 260
- 《蒙古文启蒙》 422，424
- 《蒙求》 53，58，59，112，158，379
- 《孟子传》 73，81，90
- 《米拉日巴道歌》 439
- 《米拉日巴传》 439
- 《密咒圆因往生集》 104
- 《苗太监历》 414
- 《妙法莲华经》 74
- 《名物蒙求》 379
- 《魔断要语》 94

N

- 《南华真经》 108
- 《南齐书》 402
- 《难经》 262，302，424
- 《内训》 158
- 《内则》 158，352
- 《尼山萨满》 235
- 《农桑辑要》 241，247，385，390—392，403
- 《农桑旧制》 392
- 《农桑要旨》 391
- 《农桑衣食撮要》 241，252，308，390，391
- 《农桑杂令》 392
- 《农事机要》 392
- 《农书》 241，252，390，391
- 《女戒》 158，352
- 《女孝经》 278，308，353
- 《女训》 352
- 《女则》 353
- 《女真译语》 195
- 《女真字母》 192
- 《女箴》 353

P

- 《盘古书》 191
- 《平水韵》 81
- 《颇罗鼐传》 433
- 《菩提行经》 263,439
- 《普宁藏》 421
- 《普贤行愿经》 104,106

Q

- 《七国春秋平话》 242
- 《七曜历》 414
- 《齐民要术》 390,391
- 《齐书》 170
- 《契丹藏》 22,23,47,131,147,227
- 《碛砂藏》 421
- 《千金方》 93
- 《千秋记略》 276
- 《千字文》 53,59,92,93,112,348,356,379
- 《前汉书》 169
- 《前汉书平话》 242
- 《乾陀般若经》 262,424
- 《秦并六国平话》 242,418
- 《青史》 433
- 《庆元条法事类》 82,91
- 《曲礼》 158,352
- 《全相平话五种》 251,418

R

- 《仁王护国经》 108
- 《如来心经》 97
- 《如意宝树史》 433

S

- 《萨迦格言》 263,432,436,439
- 《三才杂字》 93,112
- 《三国演义》 251,417
- 《三国志》 169,402
- 《三国志平话》 242,418
- 《三略》 90
- 《三言》 418
- 《三余录》 137
- 《三字经》 53,379
- 《山居四要》 392
- 《尚书》 34,86,111,112,177,182,183,198,252,270,273,294,360,382,398,399,

431
- 《尚书注疏》 133
- 《邵氏闻见录》 136
- 《神农本草》 93
- 《圣大乘胜意菩萨经》 102
- 《圣大明暗王随求皆得经》 102
- 《圣济总录》 134,385
- 《圣立义海》 72,96
- 《诗》 22,62,81,110,112,165,166,169,173,184,191,192,212,230,254,284,313,316,330,331,338,353,362,370,372,375,382,455
- 《十二国》 90,112
- 《史记》 22,58,137,140,155,169,191,402
- 《史略》 340
- 《士农必用》 390
- 《事类文集》 398,399
- 《事林广记》 387,392—394
- 《事文类聚翰墨大全》 387
- 《释书品次录》 136
- 《书》 22,62,81,110,112,165,166,169,173,184,191,192,212,230,254,272,284,299,313,316,330,331,334,338,353,362,370,372,375,450,455
- 《水浒传》 251,417
- 《死尸的故事》 263,433
- 《四教经》 414
- 《四库全书》 292,384
- 《四民月令》 390
- 《四时读书乐》 344
- 《四时类要》 390
- 《四书章句集注》 248,323,327,330,332—334,370,382,388,450
- 《四言杂字》 68,89,90,110
- 《松巴谚语》 432
- 《宋书》 170,402
- 《素问》 214,224
- 《隋书》 170
- 《岁时广记》 390
- 《孙膑书》 191
- 《孙真人千金方》 82
- 《孙子兵法》 89

T

- 《太公家教》 59,112,158,379
- 《太平御览》 398,399

- 《太上老子说天生阴经》 108
- 《太上老子消灾经》 108
- 《太上灵宝度理无上阴经》 108
- 《太上南斗六司延寿妙经》 108
- 《太上天堂护卫经》 108
- 《太乙金鉴诀》 80,99
- 《太乙雷公式》 414
- 《太元集注》 403
- 《唐律》 177
- 《唐诗鼓吹》 403
- 《唐史》 81
- 《唐韵》 441
- 《天盛改旧新定律令》 76,82,90,99,106,108
- 《田家五行》 392
- 《通典》 186,241,398,399,403
- 《通鉴纲目》 328,374,402
- 《通鉴节要》 133,267,269,372,388
- 《通历》 1,33,40,177,402
- 《通书》 374
- 《突厥语大词典》 443
- 《图经》 390
- 《图像孝经》 274,389,394
- 《吐蕃佛教源流》 241,433,434,437
- 《推背图》 414
- 《脱必赤颜》 319
- 《陀罗尼经》 297

W

- 《王校理集》 403
- 《王氏脉经》 387
- 《王统世系明鉴》 433
- 《文海宝韵》 95,99
- 《文献通考》 241,250,404,407
- 《文选》 142,217,339,445
- 《文中子》 173,191,403
- 《乌古斯传》 442,443
- 《无量寿佛经》 263,422
- 《无量寿经》 147,227
- 《五代史》 1,40,170,402
- 《五公符》 414
- 《五经传疏》 22,43,56,58,62
- 《五言唱词》 49
- 《五音切韵》 95
- 《五藏论》 445

- 《武经》 280
- 《武王伐纣平话》 242
- 《武王伐纣书》 418
- 《务本新书》 390
- 《务本直言》 392

X

- 《西汉书》 402
- 《西铭》 374
- 《西南列国志》 445
- 《西夏诗集》 72,91
- 《西夏文大藏经》 297,421
- 《西厢记诸宫调》 234,235
- 《西游记》 289,417,418
- 《西游记平话》 251
- 《夏国谱》 86,100
- 《先祖阔尔库特书》 443
- 《贤者喜宴》 433
- 《显明历》 414
- 《小学》 137,138,189,225, 248,249,299,324,326,327, 333,334,342,356,372,373, 378,379,388,450
- 《孝经》 58,59,68,81,89, 90,110,112,158,160,161, 169,170,178,184,189,192, 193,231,261,272,273,279, 280,299,308,315,332,349, 352,353,356,372,373,378, 389,394,427,450
- 《孝经传》 73,81,90
- 《新编红白蜘蛛小说》 418
- 《新雕文酒清话》 82
- 《新红史》 433
- 《新集慈孝传》 86,90,100
- 《新集锦合辞》 74,92
- 《新集碎金置掌文》 92,112
- 《新刊补注铜人腧穴针灸图经》 134
- 《新刊类编历举三场文选》 383
- 《新刊图解校正地理新书》 134
- 《新全相三国志平话》 394
- 《新唐书》 82,112,170, 173,191,402
- 《新五代史》 170
- 《新序》 403
- 《新约》 429
- 《性理字训》 379,450
- 《续一切经音义》 22,48,51
- 《宣和遗事》 251
- 《玄都宝藏》 427

- 《玄峰年运志》 445
- 《血盆经》 414
- 《荀子》 130,170,403

Y

- 《颜子》 403
- 《扬子》 130,403
- 《野战歌》 80,99
- 《义同》 95
- 《艺文类聚》 96
- 《易》 22,30,62,81,112,165,166,169,173,191,192,207,214,219—221,223—225,232,272,296,299,300,312,316,318,330,331,333,334,339,343,348,353,362,364—366,368,372,377,408,427,450,455
- 《阴符经》 1,28,40,43
- 《音同》 73,74,95,99
- 《舆地图》 182,241,428
- 《宇宙人文论》 444
- 《语孟集义》 137
- 《玉篇》 402,441
- 《元朝秘史》 241
- 《元大科三场文选十五卷》 383
- 《乐毅图齐七国春秋平话后集》 418
- 《韵语阳秋》 136

Z

- 《杂抄》 49
- 《杂字》 76
- 《栽桑图说》 392
- 《曾子》 403
- 《增广类林》 133
- 《增注礼部韵略》 133
- 《战国策》 206,387,431
- 《张南轩文集》 403
- 《张西岩集》 403
- 《彰所知论》 280,436
- 《赵城藏》 147,227,421
- 《贞观玉镜统》 76,91
- 《贞观政要》 1,26,27,40,90,133,140,155,180,183,191,192,198,252,269,270,273—275,277,280,302,317,319,360,389,390
- 《针灸四书》 387
- 《真理的入门》 443
- 《正义》 81

- 《止贡赞普传略》 432
- 《指路经》 444
- 《至分金刚经》 108
- 《至元法宝勘同总录》 421
- 《治疗恶疮要语》 93
- 《中庸》 158,164,270,279,325,336,360,372,382,408,427,450
- 《中州集》 117,201,203,204,216,217
- 《种莳直说》 390
- 《种树书》 392
- 《周书》 34,90,170,402
- 《周易卜筮断》 87,94,297
- 《周易郑康成注》 387
- 《肘后方》 22
- 《注华严法界观门》 74
- 《庄子》 90,108,137,142,206,210,217,427
- 《资治通鉴》 121,130,135,180,185,186,249,252,262,269,270,272—275,280,282,284,288,302,318,338,339,354,366,367,385,398,402,424,450
- 《资治通鉴音注》 241,250,367
- 《醉义歌》 39,40,362
- 《尊胜陀罗尼经》 97
- 《左氏春秋》 24,165,189,206,218,219,225,363
- 《左氏蒙求》 379
- 《左传》 28,81,90,112,210,356,363,425,450

【专有名词】

A

- 阿拉伯文 310,311,313,361,372,440,443,444
- 阿拉伯语 310,429,443
- 阿兰 429,430
- 阿鲁温 315,319
- 阿速 238,290

B

- 八思巴蒙古文 266,270,426
- 八思巴文 239,246,268—270,310,440
- 巴利文 447,448

- 白文 445,446
- 白族 445
- 必闍赤 258,259,265,267,269,281,284,294,301,320
- 毕摩 444
- 波斯文 6,239,291,310,311,361,370,372,426,430,440,441,443,444
- 波斯语 310,443
- 渤海人 61,118,175
- 卜筮 68,87,94,98,223,224,297,322,327,340,399,453

C

- 藏书家 29,43—45,140—144,217,255,283,406—410
- 草原文化 14,287,289
- 察合台文 440,442,443
- 承华殿 181,183
- 程朱理学 225,240,248,250,254,322—325,335,351,370,374,383,386,396,449,453
- 崇文馆 34,42
- 词赋 36,62,117,122,152,155,160,165,169—171,199,206,207,210,228,325,350,366,368,380,381

D

- 大道教 229,231,426
- 大理国 445
- 傣文 447,448
- 傣族 446—448
- 党项 1,3,4,65—72,79,80,81,85,87—89,91,93—95,97,99—101,103,106,110,112—114,118,243,251,253,265,293—297,300
- 党项文化 97,253,297
- 道教阅读 231,233
- 雕版印刷术 75,386
- 东巴教 446
- 东巴文 446
- 读书传统 244,253,307,313,314,355,406
- 读书理论 250,448
- 读书种子 111,150,293,321,347,359,369,406
- 读者成分 6,71,250
- 读者群体 2—5,7,15—17,

24,28,34,50,71,84,98,126,175,196,200,221,238,243,244,248,249,252,281,286,290,293,300,315,319,320,331,335,368,386,395,415,436

- 端本堂　279
- 多元文化　67,238,240

E

- 二十四孝　60

F

- 蕃书　68,80,81,89,99
- 蕃学　70,81,109,110,112
- 蕃字　68,81,110
- 梵文　73,97,106,107,239,262,263,291,303,361,424,426,431,432,434,435,437,439—441,446—448
- 梵文佛经　106,107,434
- 佛教　2—4,7,11,14—17,22,23,45—53,67—74,76,82,89,97,99—103,105—108,113,146,147,168,226—228,230,240,241,244,253,262,263,266,270,280,286,289,297,412,420—426,431,433—439,441,445—448,462,464
- 佛教典籍　3,16,23,70,101,105,107,108,421,422,425,435
- 佛教阅读　3,16,47,49,53,72,101,227,426,434,436
- 佛经　3,4,16,22,23,46—50,53,69,70,73—77,82,84,99,101—108,110,142,146,147,227,239,259,262,263,297,302,303,393,421—424,426,431,432,434,436—441,446—448
- 佛经阅读　4,70,73,101,104—107,227,393
- 佛学　16,17,27,46—49,51—53,206,228,229,231,422—424,434,438
- 妇女阅读　31,350,351,359

G

- 高昌回鹘　300,302,441

- 耕读传家 57,162,219,368
- 宫女 159,161,185
- 观书殿 42
- 官府藏书 42,98,99,127,139,246,395,397
- 官府刻书 385
- 国史院 41,42,139,155,180,196—198,307,312,337,340,359,397,400,430
- 国子监 42,55,122,129,130,142,151,152,170,239,371,372,397,401,402,449
- 国子学 56,140,151,152,154—156,239,240,245,246,267,268,280,310,311,317,318,339,370—372,451

H

- 哈剌鲁 238,290,315,320
- 汉化 3—7,14—16,24,44,61,66,67,69,70,80—82,116,118,119,121,122,124,144,177,179,184,189,194,195,198,200,226,249—251,277,283,284,286,287,291,298,300—302,310,312,315,321,428
- 汉文 1—8,11—22,24,25,27—30,32—34,36—41,43—45,48,53,57—61,63,66—70,73,75,79—86,89,90,93,95—97,99,101—109,112,113,117,118,120,121,124—126,129,139,140,145,150,151,155,159,164,166,174—179,181,184,187—191,195—199,201,202,204,231,235,239,240,244,249—254,262,265,267,271—273,275—277,280—287,289,291—299,302—305,307,310—315,320,321,323,326,360,361,368,370—372,376,383,385,396,398,411,421,424,426,428—431,434—441,445,446
- 汉文典籍 1—5,7,8,13,15,17—19,22,24,25,27,29,32,34,37,44,59,69,70,79—84,89,96,117,140,155,176—178,187,191,199,202,244,249—251,

253,262,272,282,283,286,299,302,315,360,396,424,441,445

- 汉文文书　99
- 汉文阅读　1,2,6,15,16,19,24,25,28,33,37,53,63,69,84,86,109,120,124,126,151,187,191,202,244,271,273,285—287,291,292,315,376,445,446
- 汉文著述　70,83
- 汉学　53,83,110—112,304,311,445
- 汉字　13,14,41,48,61,63,68,69,77,79—81,93,121,140,151,155,156,159,176,181,190,195—199,202,244,264—266,269,270,282,285,286,298
- 汉族文人读者群体　34,84,200
- 翰林学士　26,34,36,38,86,100,111,141,199,203,210,211,229,274,275,279,283,302,320,410,430
- 翰林院　14,42,139,246,267,307,310,339,400,451

- 弘文院　139,191,197
- 后妃　32,54,184,267,413
- 华夷同风　2,11,12,15,24
- 话本　49,242,251,394,415—418
- 话本小说　242,251,415—418
- 桦叶四书　164
- 回鹘文　4,13,67,68,97,244,256—259,263,310,431,440—443
- 回鹘文化　244,442
- 回回　238—240,251—253,264,281,290,291,309—314,318,320,361,370—372,398,399,414,428,429
- 回回国子学　239,310,311,370—372
- 回回书籍　311,320,398,399
- 回族　309
- 活字印刷术　77,78,242,263,393,437

J

- 基督教　7,425,428—430

- 基督教文献　430
- 稽古阁　313,403,404
- 金源文化　119,140,215,253
- 经馆　56,380
- 经籍所　246,253,385
- 经世致用　170,178,192,272—274,329,452
- 经筵　183,274—276,283,284,287,288,296,302,318,360,361,455
- 经义　33,49,51,53,62,89,117,136,137,152,155,169—171,173,174,180,199,204,206,210,220,223,279,283,354,375,380,382,387,425
- 景教　240,429,441

K

- 康里　238,251,269,275,290,291,315,317,374,378
- 科举　35,55,60—63,70,72,86,88,111,121,123,126,151,156,168—174,197,206,211,212,214,216,222,240,250,284,286,291,294,306,307,313,318,321,325,339,346,370,373,376,380—384,386,387,406,415
- 科举时文　211
- 克列　251
- 刻字司　72,74,89,91,96
- 课本　4,58,59,93,112,130,164,269,372
- 孔子庙　11,53,55,56,122,177,370,376,405
- 奎章阁　252,260,269,276,277,283,289,302,318,390,397,400

L

- 拉丁文　291,430
- 类书　72,74,94—96,98,133,136,146,157,192,386—390,392,395,398,399,453,454
- 理学　7,99,126,209,225,240—242,246,248,250,251,253,254,304,311,322—332,334,335,351,361,364,369—371,374,

379,382,383,386,396,399,
402,428,449,451,453
- 理学家　240,251,311,325—
328,330,331,335,361,370,
371,399,428,451
- 理学阅读　250,325,330
- 历山书院　374,403
- 辽版书　21,22
- 六字真言　239,297,426

M

- 蒙古　1,6,7,10,29,40,56,
65,66,73,88,112,113,115,
126, 132, 152, 236—241,
243—246, 248, 250—252,
254—273, 275, 277—281,
283—290, 292, 294, 297—
303, 306, 310, 313, 315,
319—324, 326, 328, 335,
359—361, 366, 367, 369—
372, 374, 376, 378, 381—
383,385,389,393,396,398,
401,403,405,406,409,411,
412, 420—422, 424, 426,
429, 430, 433, 434, 436—
441,445
- 蒙古国　236,239,240,243—
246, 255—257, 259, 264, 265,
267, 268, 271, 280, 285, 294,
320,321,370—372
- 蒙古国子学　239,246,267,
268,280,370—372
- 蒙古人　115,236,237,240,
241,243,244,246,248,250,
251, 255—266, 275, 277,
278, 281, 284—290, 292,
301,303,306,315,320,321,
323,360,369,371,372,376,
378,382,403,405,406,411,
422,424,429,430,440
- 蒙古文　40,126,238,239,
241, 243, 244, 246, 252,
256—264, 266, 268—273,
275, 277, 280, 283—285,
287, 296, 297, 299, 301—
303, 310, 315, 319, 320, 360,
361,367,370,372,385,421,
422,424,426,429,430,433,
436—439,441
- 蒙古文化　287
- 蒙古新字　238,246,259,
267,372,436
- 蒙古语　238,256,257,259,

266,267,284,360,401

- 蒙古族　1,6,7,238,256,260,261,263,281,283,288,289,323,411,422,424,433,439
- 蒙童　59,60,92,93,112,158,159
- 蒙学读物　59,379
- 秘书监　19,42,139,277,310,311,319,320,340,396—399,405,414
- 秘书省　35,396,397
- 悯忠寺　22
- 莫高窟　239,297
- 木活字　77,78,242,263,393,441

N

- 纳西族　446
- 乃蛮　238,243,257—259,278,281,290,301,307,429
- 南宋　5,65,82,115,123,132,135—138,141,166,205,236,245—251,253,256,264,305,314,323,335,357,367,391—393,402,423,426
- 聂思脱里　429,440
- 农耕文化　79,238,289
- 农书　241,247,252,308,387,390,391,398
- 女性读者　31,32,308,351,354,355,359
- 女性阅读　299,308,351—353,359
- 女真　1,4—6,9,36,40,41,75,103,115—126,129,135,137,139—141,144—146,150—152,154—156,158—160,164,166,168,172—181,183—185,187—199,202,203,220,226,229,230,234,235,239,243,244,253,264—266,275,276,320,321,338,375,462
- 女真文　5,6,40,41,75,103,121,126,129,135,139,140,145,154,155,158—160,174,175,188,190—192,195—198,220,239,265
- 女真文阅读　5,121,190,191,195
- 女真字学　5,117,121,140,

151,154,156,187,189,220

P

- 平话 242,251,387,394,417,418

Q

- 栖霞太虚观 149,233
- 契丹 1—3,5,6,9—30,32—34,36,38—41,43,44,47,50,54—57,60—64,67,75,92,103,118,120,121,126,131,140,145,147,151,155,156,159,169,175,176,187,190,195—200,226,227,239,243,244,253,264—266,320,321,338,362
- 契丹文 1,2,5,6,12—14,16,29,32,38—41,44,60,75,103,126,140,145,151,155,156,175,187,195—198,239,265,362
- 契丹族 1—3,9,11,13,14,18,21,22,24,26,28,33,34,36,40,41,44,54,61,64,

169,199
- 乾文阁 20,42
- 浅阅读 383
- 羌族 66
- 怯烈部 258,259,281
- 全真教 229—231,233,234,412,426,427

R

- 儒家经典 29,34,40,44,72,81,83,86,88,90,98,99,119,176,178,182,188,192,199,226,228,231,259,276,277,279,294,304,360,372,399,423
- 儒家思想 11,12,27,33,35,58,59,81,91,92,95,156,168,179,188,191,192,209,325,380,455
- 儒家文化 70,118,168,282,287,326,360,368,376,445
- 儒士 10,29,37,84—88,100,142,156,159,169,176,181,189,204,230,240,244,245,250,265,266,270—

272,274,278,282,284,286,287,294,300,318,321—325,330,338,348,355,356,360,361,373,375,376,378,380,381,383,403,405,407,425,428
- 儒学 4,5,7,8,11,12,14,18,22,24—27,29,31,33—36,40,43,47,56,58,70,79—91,97,100,110—112,119,145,166,168,169,171,174,175,179,184,190,198,199,204,209,226,231,240,244,245,248—251,253,254,262,266,271,274—276,284,286,287,291—296,298,300,301,304,306,310,312—314,316—318,321—326,328,331,334—336,351,358,362,368—371,373—377,383,386,396,404,406,422,423,426,428,445,453,457
- 儒学经典 34,89,110,190,240,362,375,383
- 儒学阅读 5,7,35,87,88,204,245,253,262,271,292,293,300,310,318,321,323,371,383,396,423,445

S

- 色目读者 290—292,315,319,323,335
- 色目人 87,238,239,249,250,259,273,275,277,290—293,300,301,304,306,312—315,318—320,328,369,371—373,378,382,389,403,406,411,440
- 僧侣 2,16,17,46,51,125,240,252,253,302,434,442,446
- 僧尼 50,51,105,226—228,423
- 僧徒 3,4,49,69,71,103,107,423,438
- 山房 295,296,299,419
- 社会阅读 3,6,7,15,62,70—72,78,109,111,123,125,159,169,248,250,253—255,301,335,336,355,369,384,388,389,395,417,419,420,446

- 时轮学院 435
- 世俗文献 68,70,103,437,442,447
- 书坊印书 73,387
- 书籍编撰 251
- 书籍刻印 20,126,127,130,138,149,233,251,252,254,384,385,387,389
- 书院 56,246,247,251,255,313,316,324,331,334,373,374,380,383,386,393,396,401—405,409,423,450
- 书院藏书 401,403,404
- 私刻 72—75,130
- 私人藏书 43,45,98,99,127,140,406
- 私塾 56,57,161,166—168,338,374,378
- 私学 55,56,152,161,166,370,377—380
- 私宅印书 387
- 寺塾 423
- 寺院刻书 73

T

- 太极书院 246,324,373,396,401,402
- 太史院 397,400
- 太一教 229,426
- 唐宋文集 191
- 唐兀 238,252,290,291,293,296,304,315
- 天宁寺 147,227
- 天文历法 365,400,401,414,447
- 天主教 240,429
- 铁骊 22
- 通俗文学 117,226,234,251,387,395,415—419
- 童蒙教材 59
- 突厥 67,71,113,430,440,441,443
- 突厥文 430,440,441
- 图谶 413,414
- 吐蕃 66—69,71,79,83,106,113,238,240,241,244,253,290,291,421,433,434,437,438

W

- 汪古 238,239,251—253,290,297—300,411,425,

429,430,459
- 望海堂 29,43
- 维吾尔 432,442—444
- 畏兀儿 238,239,241,243,244,246,250—253,256—266,268—271,278,280,281,284,285,289—291,297,298,300—309,315,320,372,391,393,411,422,424—426,436,439—441
- 畏兀儿文 238,244,251,257—259,261—263,265,269,271,280,281,284,291,301—303,315,320,372,393,424,436,440
- 文言小说 418,419
- 戊戌选试 380,381

X

- 西湖书院 402,404
- 西夏 3—7,14,22,40,41,47,65—116,132,133,138,234,239,253,275,291,293—295,297,316,321,396,416,421,426,431,435,437,438,440,441
- 西夏刻印业 75,76
- 西夏儒学 82,85—87,100,295
- 西夏文 3,4,14,40,41,66—77,80,81,85—91,93—100,102—110,112—114,239,291,295,297,421,426,431,440,441
- 西夏文佛经 102—104,106,297
- 西夏文化 4,66,67,71,72,85,89,97,103,107,113,114,295
- 西夏文经幢 97
- 西夏文献 108
- 西夏阅读 3,4,69,76,80,87,96,101,107,293
- 西藏 7,66,67,69,106,238,241,252,253,266,289,430—432,434—439
- 西藏阅读 434,436—438
- 乡校 151,154,156,373,379
- 小尧舜 123,139,179
- 兴文署 385,397,400,401
- 叙利亚文 239,291,297,430,440,441

- 宣文阁　277,283,318,361,400
- 学校藏书　42,98,140,401,404—406
- 学校刻书　385,386

Y

- 燕云地区　1,17,21,37,45,54,55,57,126
- 岩画　71,112,113
- 也里可温　291,429
- 伊川书院　313,403
- 伊洛之学　167,223,225,232,324,329,402
- 伊斯兰教　7,240,309,311,312,428,429,441,443
- 伊斯兰文化　310,443
- 医书　22,81,99,214,223,313,386,387,398
- 彝族　444,445
- 艺文监　318,385,397,400,401
- 亦思替非文　310,372
- 阴阳　28,33,43,95,129,249,299,300,303,312,322,332,340,381,397—399,411,413,414,424,444,453
- 印经院　23,437
- 印刷术　75,77,78,105,242,263,380,386,393—395,420,431,432,437,441
- 英雄叙事诗　443
- 犹太教　7,240
- 游牧民族　10,24,113,117,289,429
- 游牧文化　7,14,118,238,264
- 谕德　159,160,181,278,279
- 元朝政府　245—247,250,269,285,381,391,392,404,411,413,429
- 元代佛教　421,423,426
- 元代儒学　292,293,383
- 元代学术　7,251
- 元代阅读　239,323,335,388,389,413,430,448,449,457
- 元曲　242,415
- 阅读观念　76,180,192,201,249,273,289,290,411,434,448,449
- 阅读活动　2—5,7,13,15—

18,21,25,28,38,41,46,49,52—56,62,63,69—73,75,76,78—80,83,86,88,94,98,100,101,106—109,111,113,114,117,119—121,124—128,133,135,150—152,156,159,161—163,166,168,169,171,172,175,176,190,196,201,202,204,218,223,225,226,231,234,243,244,246—250,252,253,255,256,260,266,270—272,281,283,284,289—291,294,300—302,308,313,314,323,324,326,335,336,347,351,355,360,362,367—370,374—377,379—382,384—386,388,389,393,395—397,415,416,419—423,427,429,430,433,434,436—438,444,446—448
- 阅读审美　289
- 阅读史　1,6,23,47,64,70,77,78,80,88,96,97,101,107,113,114,119,124,203,205,210,216,217,227,235,261,270,336,355,356,370,388,413,417,430,434,456,457
- 阅读文化　1,2,4,6,7,53,70,79,291,457
- 阅读选择　289
- 阅读早慧　166,347

Z

- 藏传佛教　7,67,102,106,107,240,262,286,289,421,426,434,436—439,446
- 藏文　67,68,73,79,80,97,102,103,106,107,239,262,263,267,291,303,421,424,426,431—435,437—441,446
- 藏文佛经　102,106,107,303,424,446
- 藏文文献　431,432,434,438
- 藏文阅读　106,438
- 杂剧　117,234,235,242,251,289,414—416
- 占卜　4,87,93,94,99,414,432,444

- 中国阅读史　1,6,70,88,270,355,417,430,456,457
- 诸宫调　82,117,133,134,234,235,416
- 尊经阁　402,404
- 尊孔崇儒　2,4,11,15,19,24,25,70,80,87,111,122,177,184,191,198,201,245,369